T0304632

Printed in the United States
By Bookmasters

موسوعة تاريخ أوروبا

الجزء الأول

تأليف
د. مفيد الزيدي

دار أسامة
للنشر والتوزيع

الناشر

دار أسامة للنشر و التوزيع

الأردن - عمان

- هاتف : ٥٦٥٨٢٥٢ - ٥٦٥٨٢٥٣
- فاكس : ٥٦٥٨٢٥٤
- العنوان: العبدلي- مقابل البنك العربي
ص. ب : ١٤١٧٨١

Email: darosama@orange.jo

www.darosama.net

3

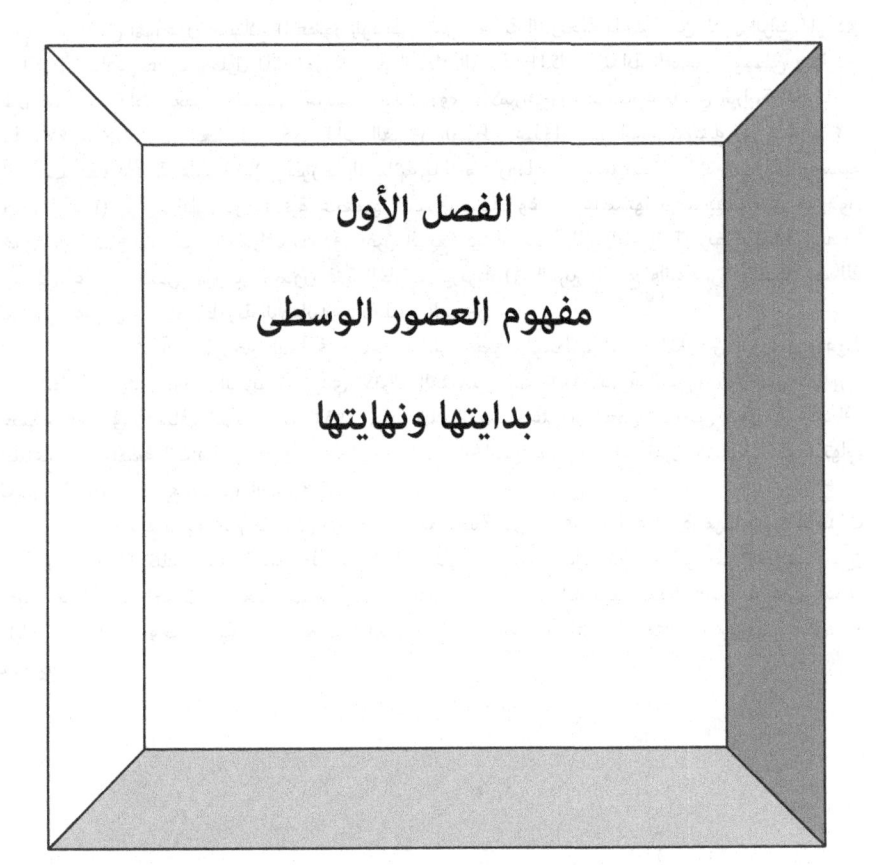

الفصل الأول

مفهوم العصور الوسطى

بدايتها ونهايتها

تمهيد

يطلق المؤرخون اصطلاح (العصور الوسطى) على الحقبة التاريخية الممتدة من القرن الرابع الميلادي إلى القرن السادس عشر، وحاول المؤرخون تحديد الأبعاد الزمنية والمكانية لبداية العصور الوسطى ونهايتها، فقال بعضهم: بدأت العصور الوسطى عندما سقطت روما والإمبراطورية الرومانية بأيدي البرابرة الجرمانيين سنة ٤٧٦ ميلادية، وقال بعضهم الآخر: بدأت العصور الوسطى عندما بنيت القسطنطينية (في سنة ٣٣٠م) وأصبحت هذه المدينة عاصمة للإمبراطورية الرومانية بدلاً من روما، أو عندما شطرت الإمبراطورية الرومانية (في سنة ٣٩٥) إلى إمبراطوريتين: شرقية عاصمتها القسطنطينية، وغربية عاصمتها روما، بينما يرى مؤرخون آخرون في انتشار المسيحية والاعتراف بها (في القرن الرابع) ديانة رسمية للإمبراطورية البيزنطية بداية العصور الوسطى، على ان بعض المؤرخين يعدون فترة الغارات البربرية (في القرنين الرابع والخامس) وتَشَكُّل الممالك الجرمانية على أراضي الإمبراطورية الرومانية بداية لتلك العصور.

وتعددت آراء المؤرخين أيضاً في تحديد نهاية العصور الوسطى، فبعض المؤرخين يرون في سقوط القسطنطينية والإمبراطورية البيزنطية بأيدي الأتراك العثمانيين سنة ١٤٥٣ نهاية العصور الوسطى، كما يرى بعضهم الآخر في اكتشاف أمريكا سنة ١٤٩٢ نهاية تلك العصور، على أن بعض المؤرخين يرون في اكتشاف الطباعة وفي النهضة الثقافية في أوروبا (في أواخر القرن الخامس عشر ومطلع القرن السادس عشر) نهاية العصور الوسطى وبداية العصور الحديثة.

إن تحديد بداية عصر تاريخي أو نهايته بسنة معينة لهو أمر فيه مبالغة كبيرة، مهما كانت الأحداث مهمة وجسيمة في تلك السنة، لكننا نعذر لهؤلاء المؤرخين تحديدهم بداية العصور الوسطى ونهايتها بسنين معينة جرت فيها أحداث تاريخية مهمة؛ إذ كان هدفهم من هذا التحديد تسهيل الدراسة على القارئ والباحث. فالتاريخ وحدة حية لا تنقسم هذا التقسيم الآلي، والعصور التاريخية متداخلة بعضها ببعض، ولا نستطيع أن

نعين حدوداً قائمة بينها بسنين معينة، وإذا ما درسنا التحولات التاريخية الكبرى - كالانعطافات الجذرية في سير البشرية على أساس تغيير الأطر والمفاهيم السياسية وتبدل العلاقات الاقتصادية والاجتماعية والانقلابات الفكرية- نرى أن هذه التحولات لا تتم بنطاق سنين معينة أو ببضع سنين، وإنما تحتاج إلى فترة زمنية طويلة تشمل عدة قرون، عدا أن بعض معالم العصر السابق قد تظل سائدة في العصر اللاحق حتى نهايته، وعلى هذا فالتاريخ وحدة متكاملة والتطور التاريخي يتميز بالاستمرار وهو كسلسلة متصلة الحلقات تتداخل أحداثها في بعضها، وما تقسيم التاريخ بسنوات معينة إلا كوضع راسيات على الطريق الطويلة لتحديد المسافات.

وإذا كنا لا نسلم بتحديد سنة معينة لبداية العصور الوسطى فإننا نوافق على عدّ فترة القرنين الرابع والخامس بداية لتلك العصور، حيث جرت في هذه الفترة تطورات سياسية واقتصادية واجتماعية وفكرية، فأصبحت هذه المظاهر الحضارية تختلف كل الاختلاف عما كانت عليه في العصور القديمة، والطباعة والنهضة الثقافية في أوروبا (في أواخر القرن الخامس عشر ومطلع القرن السادس عشر) نهاية العصور الوسطى وبداية العصور الحديثة.

نلاحظ في العصور القديمة تعاقب السيطرة العالمية بين الأمم وتشكل الإمبراطوريات الكبرى كالإمبراطورية المصرية والآشورية والفارسية والمكيدونية والرومانية، على أن الإمبراطورية الرومانية ضربت الرقم القياسي العالمي وغدت وحدة الإمبراطورية دستور البشرية، فألّهت هذه الإمبراطورية وأُلّه أيضاً الإمبراطور، وأما في القرن الخامس الميلادي فقد سقطت روما وسقطت معها الإمبراطورية الرومانية بأيدي البرابرة الجرمانيين، في حين تشكلت في أراضي هذه الإمبراطورية ممالك بربرية جديدة كمملكة الفرنجة في فرنسا ومملكة القوط الغربيين في إسبانيا ومملكة القوط الشرقيين في ايطاليا ومملكة الوندال في شمال إفريقيا، وهكذا حلت الكثرة مكان الوحدة وقامت الدول المتعددة مكان الإمبراطورية الواحدة، كما لم تقم في أوروبا في العصور الوسطى إمبراطوريات كبرى لها صفة عالمية، وإذا كانت إمبراطورية شارلمان الكارولنجية دولة سياسة عظمى، كما أنها سرعان ما تفتتت إلى ممالك صغيرة

تتناحر وتتصارع فيما بينها، وهكذا بات العالم الأوروبي مجزأ في العصور الوسطى، وإن ظل يسعى لتحقيق الوحدة سياسياً (في تجديد الإمبراطورية)، ودينياً (في إيجاد كنيسة أوروبية واحدة). غير أن القوتين المتناحرتين الدينية والمدنية ظلتا تتغالبان طوال العصور الوسطى في سبيل نصر مستحيل، كما ظل العالم الأوروبي مجزأ إلى ممالك ودويلات صغيرة.

تميزت الإمبراطورية الرومانية في العصور القديمة بتطبيق الأسلوب العبودي في الإنتاج، بمعنى أن العبيد كانوا يشكلون الطبقة الرئيسية المنتجة في المجتمع الروماني القديم. أما في القرنين الرابع والخامس فقد تناقص عدد العبيد في أوروبا، وأصبحت طبقة الكولون في الطبقة الرئيسية المنتجة (الكولون هم الفلاحون المرتبطون بالأرض ويعملون فيها لقاء حصولهم على حصة من الإنتاج)، وتدريجياً رسخت أسس النظام الإقطاعي، فأصبحت طبقة أقنان الأرض الذين يعملون في أملاك الإقطاعيين هي الطبقة الرئيسية المنتجة في أوروبا في العصور الوسطى، وهكذا سادت العلاقات الإقطاعية في الاقتصاد والمجتمع في العصور الوسطى، بعد أن كانت علاقات العبودية هي السائدة في العصور القديمة.

تميزت العصور القديمة في أوروبا (وفي كل مكان) بسيطرة الوثنية وعبادة الآلهة المتعددة، كما أثرت هذه العقائد الدينية القديمة في مختلف المظاهر الحضارية الأخرى وطبعتها بطابعها الخاص، وأما القرنان الرابع والخامس فقد انتشرت في أوروبا ديانة جديدة عالمية وهي الديانة المسيحية القائمة على عبادة إله واحد، فبعد اعتراف الإمبراطور البيزنطي قسطنطين الكبير بالمسيحية ديانة رسمية للدولة أخذت تتهاوى تماثيل الآلهة الوثنية في كل مكان، فعبدت شعوب أوروبا (المتحضرة والبربرية) الإله الواحد السماوي، وكان لانتشار الديانة المسيحية تأثير كبير في مختلف نواحي الحياة الأوروبية، في الأمور السياسية والقضايا التشريعية والعلاقات الاجتماعية والمظاهر الفنية والأدبية والعلمية.

وهكذا طبعت أوروبا كلها بطابع المسيحية في العصور الوسطى، بعد أن كانت مطبوعة بطابع الوثنية في العصور القديمة.

فإذا قارنا صورة الحياة البشرية في أوروبا قبل القرنين الرابع والخامس مع صورة الحياة البشرية في أوروبا بعد هذين القرنين أفلا يحق لنا أن نتحدث عن ولادة عصور جديدة ألا وهي العصور الوسطى؟ وإذا عددنا فترة القرنين الخامس عشر والسادس عشر نهاية العصور القديمة وبداية العصور الحديثة في أوروبا، فلأن صورة العالم الأوروبي التي ارتسمت خلال العصور الوسطى قد تبدلت ملامحها الرئيسية في تلك الفترة.

من الناحية السياسية

جرت أحداث وانقلابات عديدة متنوعة خلال النصف الثاني من القرن الخامس عشر والنصف الأول من القرن السادس عشر، ففي سنة ١٤٥٣ سقطت القسطنطينية والإمبراطورية البيزنطية بأيدي الأتراك العثمانيين، وبذا زالت إمبراطورية أوروبية مسيحية وحلت محلها إمبراطورية آسيوية إسلامية تختلف عن سالفتها بنظمها وتقاليدها وعقائدها.

وفي سنة ١٤٥٣ أيضاً توقعت حرب المائة عام بين فرنسا وانكلترا، فخلفت وراءها حركة قومية في كل من البلدين ما لبثت أن انتشرت في البلاد الأخرى.

وفي النصف الثاني من القرن الخامس عشر انضمت بروسيا الغربية إلى بولونيا (سنة ١٤٦٦)، كما تحررت روسيا من الاستعمار المغولي (سنة ١٤٨٠)، وخرجت إسبانيا نهائياً من أيدي العرب المسلمين (سنة ١٤٩٣)، فظهرت على المسرح السياسي الأوروبي دولة إسبانية جديدة تشعر بشخصيتها ومكانتها بين الدول الأخرى.

أما في النصف الأول من القرن السادس عشر فقد بدأت حركة إصلاحية في ألمانيا دفعت بالدولة الألمانية لتلعب دوراً مهماً في التاريخ في ظل حكم الأسرة النمساوية، كما قامت في إيطاليا نهضة ثقافية كبيرة، وإن ظلت إيطاليا فاقدة الوحدة السياسية، وهكذا تشكلت في أوروبا دول قومية عديدة، وتغلبت فكرة التعدد على فكرة الوحدة بعد أن سئم العالم الأوروبي من البحث عن وحدة لا يمكن تحقيقها.

من الناحية الاقتصادية- الاجتماعية

نرى أن عالماً جديداً في أوروبا أخذت ترتسم صورته منذ القرن الثالث عشر، فتوضحت ملامح هذه الصورة في القرنين الخامس عشر والسادس عشر، لقد انقلب الاقتصاد الزراعي الموضعي الاكتفائي المغلق (السائد في العصور الوسطى) اقتصاداً صناعياً - تجارياً منفتحاً، ينزع إلى الرأسمالية والمبادلة الدولية في مطلع العصور الحديثة.

كما قامت ثورات بورجوازية في أوروبا أطاحت بالنظم والعلاقات الإقطاعية التي كانت سائدة في أوروبا طوال العصور الوسطى، وإذا كانت البرجوازية خطوة تقدمية في المجال الاقتصادي - الاجتماعي بالنسبة للإقطاعية، فإنها من ناحية ثانية لم تكن سوى قوى استغل البورجوازيون الحركات الثورية (التي قام بها أقنان الأرض وعمال المدن ضد الإقطاعيين) لصالحهم، فاستلموا الحكم وأداروا دفة السياسية في خدمة الرأسمالية، هذا ونشط التبادل التجاري بين أوروبا وبلاد المشرق بنتيجة انفتاح البحر الأبيض المتوسط أمام التجارة الأوروبية، بعد أن كان موصداً في وجه أوروبا (في الحقبة الأولى من العصور الوسطى) على أيدي العرب المسلمين.

ومما ساعد على تطور الاقتصاد الأوروبي أيضاً اكتشاف الطرق البحرية المؤدية إلى أمريكا والهند واهتمام الطبقة البورجوازية في أوروبا بتنشيط الصناعة والتجارة الداخلية والخارجية.

من الناحية الفكرية:

نلمس ثمة تطورات أخذت تتغلغل بالمجتمع الأوروبي في القرنين الخامس عشر والسادس عشر، فالمفاهيم الدينية المألوفة في العصور الوسطى أخذت تتغير فتتحرر مع ذلك العقلية الأوروبية من سيطرة الدين.

كذلك دحرت الكنيسة أمام الفكر العلماني بمجال السياسة والعلوم والفنون والاقتصاد، ففي العصور الوسطى استخدم الإقطاعيون الديانة المسيحية والتعاليم الكنيسة لنشر المفاهيم الفكرية التي تلائم مصالحهم الاقتصادية وامتيازاتهم الطبقية.

كما احتكرت الكنيسة الأمور الثقافية فحاربت المفاهيم العلمية والأفكار الحرة التقدمية التي تتعارض مع مصالح الطبقة الاقطاعية، أما في عصر النهضة الأوروبية فقد قامت الحركة الإنسانية ببعث الثقافة الكلاسيكية (اليونانية والرومانية)، فأصبح الفن يضاهي أمجاد الآثار الإغريقية، واكتسبت العلوم نزعة تحررية، وشرع الأدباء والفلاسفة يهاجمون الأفكار الرجعية وليدة العلاقات الإقطاعية وينقدون المفاهيم الدينية التي كبلت العقول الأوروبية وأعمتها من الحقائق العلمية والأمور الواقعية، ويطالبون أيضاً بفصل السلطة السياسية عن السلطة الدينية.

هذا وقد بدأت آلات الطباعة تنشر الأفكار الجديدة التقدمية فلاقت لها صدى ودوياً في الأوساط الأوروبية، كما حدثت ضجة عالمية بنتيجة الاكتشافات الجغرافية وفتح القارة الأمريكية والتعرف على الطرق البحرية المؤدية من جنوب القارة الأفريقية إلى الهند الشرقية، وهذه الملامح الحضارية تنم عن ولادة عصور تاريخية، ألا وهي العصور الحديثة الأوروبية.

بقيت كلمة أخيرة أريد أن أقولها في هذا المجال: متى ظهر اصطلاح (العصور الوسطى)، أو بالأحرى (العصر الوسيط) Medium Aevum، فأول من استعمل هذا الاصطلاح هم الأدباء الإنسانيون الإيطاليون في القرنين الخامس عشر والسادس عشر، ثم شاع هذا الاصطلاح بأوروبا في القرون اللاحقة.

لقد كان الإنسانيون الإيطاليون (بخاصة بترارك) معجبين جداً بالثقافة الكلاسيكية (اليونانية والرومانية)، كما كانوا يعدون العصر الذي عاشوا فيه هو عصر النهضة وعصر بعث التراث الكلاسيكي القديم.

أما الفترة الممتدة بين سقوط روما وعصر النهضة فقد كانوا ينظرون إليها كمرحلة من التأخر والانحطاط سيطرت خلالها حضارة بربرية عقيمة باهتة وطمست فيها معالم الحضارة الكلاسيكية الرائعة، وبهذا فهي - برأيهم - عصور مظلمة ومتخلفة في شتى المجالات، بيد أن هذه النظرة القاتمة إلى العصور الوسطى أخذت تتبدل مع الزمن في أعين بعض المفكرين الأوروبيين الذين تلمسوا فيها حضارة جديدة

مبتكرة، وراحوا يظهرون ويوضحون ملامح هذه الصورة الحضارية للقارئين والباحثين.

أما نحن فلا نريد أن نقوّم - سلفاً - حضارة العصور الوسطى ولا نصفها بمظلمة أو منيرة قبل أن نعرف ما لها وما عليها، ولذا فإننا نرجئ وصفنا لها بالتجريح أو المديح إلى ما بعد الإطلاع والتحقيق[1].

الفصل الثاني

عصر دقلديانوس وقسطنطين

ونهاية الإمبراطورية الرومانية

تبين لنا من الصفحات السابقة أن القرن الرابع الميلادي هو القرن الذي يمكن أن يبدأ منه تاريخ العصور الوسطى مع شيء من التجاوز، واتضح لنا كذلك أن في هذا القرن سارت الحضارة القديمة وهي الحضارة الرومانية في أوروبا جنباً إلى جنب مع ما استجد من المتغيرات التي نقلتها إلى العصور الوسطية، وبذلك يكون المدخل الطبيعي لدراسة تاريخ العصور الوسطى هو القرن الرابع، حيث نلاحظ انهيار الإمبراطورية الرومانية وبداية معالم التاريخ الأوروبي الوسيط، ومن ثم فإن إلقاء الضوء على القرن الرابع وما ساده من أنظمة وتغييرات هو الدارسة التمهيدية لهذا الكتاب.

وعلى أية حال، فمنذ القرن الثالث الميلادي تعرضت الإمبراطورية الرومانية لأزمات عنيفة هددت كيانها وهزت دعائمها، فانتشر الفساد في جميع أركان الحياة وكثرت الغارات على الحدود، خاصة غارات البرابرة على حدود نهر الدانوب، هذا بالإضافة إلى الخطر الفارسي على الحدود الشرقية، وعلى ذلك أصبحت الإمبراطورية الرومانية مهددة بالانهيار.

ويمكن تقسيم أسباب انهيار الإمبراطورية إلى أسباب داخلية وأسباب خارجية، وعلى رأس الأسباب الداخلية سوء أحوال الجيش والحركات الانفصالية وسوء الأوضاع الاقتصادية.

وفيما يتعلق بأحوال الجيش يمكن القول إن القوات العسكرية تحكمت في شؤون الحكم وأخذت تولي وتعزل من شاءت من الأباطرة، وقد أدى هذا كله إلى عدم الاستقرار. وبذلك حاد الجيش عن مهمته الرئيسية وهي الدفاع عن البلاد، فبدلاً من أن يتولى الإمبراطور سلطته بواسطة الجيش أصبح الجيش هو الذي يتولى شؤون الحكم عن طريق الإمبراطور الذي يختاره، وقد أدى هذا كله إلى عدم الاستقرار داخل البلاد.

أما الحركات الانفصالية فهي مترتبة على سوء أحوال الجيش، فقد وجدت جماعات من العسكريين متنافسة على الحكم أدت إلى حروب داخلية حتى شملت الإمبراطورية، وظهرت الحركات الانفصالية التي هددت وحدة الإمبراطورية، وحاول

بعض الأباطرة القضاء على هذه الظاهرة بالفصل بين السلطة العسكرية والمدنية لدى حكام الأقاليم وتصغير حجم الوحدات الإدارية.

وسوء الأوضاع الاقتصادية مترتب على الحروب الداخلية والحركات الانفصالية، فقد أدى اختلال الأمن إلى سوء الأحوال الاقتصادية، ولكي تعالج الدولة عجزها المالي في ميزانيتها لجأت إلى زيادة الضرائب بدرجة لم يتحملها صغار المزارعين فهجروا أراضيهم، ولم تُجدِ محاولات الإصلاح المالي فسارت الأمور من سيئ إلى أسوأ.

أما أسباب انهيار الإمبراطورية الخارجية، فيمكن حصرها في الخطر الفارسي الذي تزايد في هذه الحالة وألحق هزائم عديدة بجيوش الإمبراطورية على الجبهة الشرقية، ولم تكن الجبهة الغربية بأحسن حال من الحدود الشرقية، فقد انتشرت قبائل البرابرة وراء نهري الدانوب والرين وتزايدت هجماتها وعجزت الإمبراطورية عن وقف هذا التيار وتوفير الأمن لمواطني الحدود.

دقلديانوس Diocletian ٢٨٤-٣٠٥:

ولد دقلديانوس بالقرب من مدينة سالونا Salona في إقليم دالماشيا عام ٢٤٥م، وقد أطلق اسمه على مدينة صغيرة تقع في هذا الإقليم، حيث كان مسقط رأس أمه، وكان والداه عبدين في بيت أنولينوس Anulinus احد أعضاء مجلس السناتو.

وعلى ما يبدو أن والده حصل على حرية الأسرة، وأن دقلديانوس قد حصل على وظيفة كاتب، وهي من الوظائف التي يمكن أن يشغلها أمثال دقلديانوس. وبفضل جهوده ونبوغه وصل إلى مرتبة القنصل، ثم تولى قيادة حرس القصر الإمبراطوري وكثير من الوظائف الخطيرة، وتجلت كفاءته العسكرية في حرب فارس. وبعد موت نومريانوس Numerianus (٢٨٣-٢٨٤م) اعترف به بأنه أجدر شخص بعرض الإمبراطورية.

ويبدو أن أول ما قام له دقلديانوس هو تعيين مكسيميان Maximian زميلاً له في الحكم، وبذلك حذا حذو ماركوس أوريليوس Marcus Aurelius (١٦١-١٨٠م)، ومنحه لقب قيصر Caesar في بداية الأمر، ثم أضفى عليه لقب

أوغسطس Augustus فيما بعد، والواقع ان مكسيميان كان صديقاً لدقلديانوس ورفيقاً له في السلاح.

قام دقلديانوس ببعض الإصلاحات ليواجه بها الأزمة التي انتابت الإمبراطورية، فأعاد النظر في نظم الإمبراطورية وألغى ما اعتبره فاسداً، وأبقى على ما رآه غير ذلك، واستحدث بعض التنظيمات التي رأى انه يستطيع بها حل مشاكل الإمبراطورية. واستهدفت إصلاحات دقلديانوس تقوية سلطة الإمبراطور وإقامة جهاز إداري دقيق يُمَكِّنه من السيطرة على شؤون الإمبراطورية، وفصل بين السلطة العسكرية والمدنية، وقد رأى دقلديانوس أيضاً أن الإمبراطورية التي يهاجمها البرابرة من كل جانب تتطلب قوة عسكرية كبيرة في كل موضع من المواضع المعرضة لغاراتهم. لذلك كله قسّم دقلديانوس الإمبراطورية إلى قسمين: شرقي وغربي، حكم كل منهما حاكم يحمل لقب أوغسطس، وتولى دقلديانوس القسم الشرقي، بينما تولى مكسيميان القسم الغربي، وتم تقسم الإمبراطورية إلى أربعة أقسام إدارية عرفت باسم Perfecture، الأولى منها في إيطاليا وعاصمتها ميلان Milan، والثانية غالة وعاصمتها تريف Triev الواقعة على نهر الراين، والثالثة إلليريا Illyricum وعاصمتها سرميوم Sirmium، وهي بلغراد الحالية، أما الرابعة منها فهي الجانب الشرقي وعاصمتها نيقوميديا الواقعة على الشاطئ الآسيوي للبسفور.

هذا وتولى وظيفة القيصرين جاليروس Galerius الذي تبناه دقلديانوس وقسطنطيوس Constantuus الذي تبناه مكسيميان. وألزما كل من القيصرين بطلاق زوجتيهما والتزوج من ابنه متبنية، واقتسم هؤلاء الأربعة الإمبراطورية فيما بينهم، فتولى قسطنطيوس مهمة الدفاع عن غالة وإسبانيا وبريطانيا واتخذ من تريف مقراً له، واعتبرت إيطاليا وشمال افريقيا في نطاق حكم مكسيميان واتخذ من ميلان مركزاً لحكمه، أما دقلديانوس فاحتفظ بإقليم تراقية Thrace وآسيا الصغرى ومصر، وحكم جاليروس إلليريا وأقام في سرميوم الواقعة على نهر الدانوب. وكان كل من الحكام الأربعة سيداً في نطاق إقليمه، ولكن سلطتهم المتحدة امتدت على الإمبراطورية بأكملها،

وكانت القرارات والأوامر تصدر باسمهم جميعاً، ويلاحظ أن هذا التقسيم لم يتم إلا بعد اشتراك مكسيميان في الحكم لست سنوات (٢).

وكان النظام الرباعي يقضي بأنه عندما يعتزل الاوغسطس الحكم يخلفه القيصر الذي يرتقي إلى أوغسطس، ويعين لمساعدته قيصراً جديداً، وهكذا تباعاً، أما الجيش فكانت قواه موزعة بين شركاء الإمبراطورية الأربعة، ورغم كل هذه الاحتياطات ذابت الوحدة السياسية في العالم الروماني شيئاً فشيئاً، وساد مبدأ التقسيم الذي كان سبباً في الفصل الدائم بين أجزاء الإمبراطورية في بضع سنين قليلة. وثمة عيب آخر إلى جانب نزعة التقسيم، وهو فداحة تكاليف الإدارة الحكومية الجديدة مما أدى إلى زيادة الضرائب.

وعلى أية حال فإن تجربة دقلديانوس لم تلق النجاح المرجو رغم فكرتها الرائعة، فإلى جانب المشاكل المتأصلة ابتليت الإمبراطورية بعدة نكبات، منها هجمات البرابرة المستمرة على الحدود، وقيام الحرب الأهلية، وهذا بدوره أدى إلى تفشي الطاعون ونقص عدد السكان وضعف التجارة والصناعة، وترتب على ذلك أيضاً زيادة الأسعار بدرجة كبيرة أدت إلى نقص قيمة العملة، مما دفع دقلديانوس إلى إصدار القرارات الخاصة بتحديد أسعار السلع والمواد الغذائية، ووضع العقوبات لكل من يخالف ذلك، ولكن دون جدوى، وكان من أكبر المشاكل التي سادت عهد دقلديانوس مشكلة المسيحية التي عارضها الإمبراطور بعنف، حتى إنه صادر أملاك الكنائس ومنع المسيحيين من إقامة شعائرهم وإلزامهم بعبادة الأوثان، وكان لتعسف دقلديانوس مع المسيحيين أن أطلق على عصره عصر الشهداء. وفي عام ٣٠٥م اعتزل دقلديانوس الحكم وعمره تسعة وخمسين عاماً بعد أن أصيب بعلل الشيخوخة المبكرة، وقضى دقلديانوس اعوامه التسعة الأخيرة من عمره معتكفاً عن الحياة العامة، وفي الوقت نفسه اعتزل مكسيميان الحكم في ميلان وفقاً لاتفاق سابق مع دقلديانوس.

قسطنطين الكبير Constantian the Great (٣٠٦-٣٣٧):

تمثل العيب الأساسي في نظام الحكم الرباعي في أنه كان لمكيسميان ابن هو مكسنتيوس Maxentius، وكان لقسطنطينوس ابن هو قسطنطين، وتحكم في كليهما

العطف الأبوي على نظام الانتخاب، وحاول جاليروس أن يفرق بين قسطنطينوس وابنه، ولكن هذه المحاولات لم تفلح، ولحق قسطنطين بأبيه في الجزر البريطانية، وعندما مات الوالد في مدينة يورك York نادت الحامية الرومانية بقسطنطين أوغسطساً.

وفي الوقت عينه أقام مكسنتيوس نفسه حاكماً على ايطاليا وأفريقيا، واتسم حكمه بالطغيان فنفرت منه الرعية، وكان في ذلك فرصة طيبة لقسطنطين الذي زحف بجيشه وتولى إدارة غالة، ثم ما لبث أن غزا ايطاليا وهزم مكسنتيوس وقتله عند جسر ميلفيان Milvian عام ٣١٣م خارج مدينة روما، وأعدم ابناءه، ونكل بكل من ينتمي إليه، وتوقع أعوانه أنهم ملاقون نفس المصير، ولكن قسطنطين الذي امتاز بخططه الدفاعية البارعة في الحرب امتاز أيضاً بالمناورات السياسية في السلم، فأصدر عفواً عاماً هدأت به الخواطر. وعندما زار مجلس السناتو أكد احترامه لهذا المجلس ووعد بتدعيم مكانته وامتيازاته القديمة، ورد المجلس على هذا بإصدار مرسوم يقضي بتعيين قسطنطين في المكان الأول بين الأباطرة الذين يحملون لقب أوغسطس، وواقع الأمر لم يكن قسطنطين في حاجة إلى مثل هذا المرسوم؛ لأن المجلس لم تعد له سلطة فعالة، بل كانت السلطة الحقيقة في يد قسطنطين معتمداً على رجال الجيش وعلى النصر الذي احرزه على منافسيه.

ويلاحظ انه في الفترة الممتدة من ٣٠٥-٣١١م وهي الفترة المضطربة التي تلت اعتزال دقلديانوس ومكسيميان، كان يحكم الإمبراطورية جاليروس بالاشتراك مع قسطنطيوس الأول وسيفريوس الثاني Severus II وليسينوس Licinius وقسطنطين الأول ومكسيميان في فترات مختلفة، ومنذ عام ٣٠٩م كان هناك ستة حكام يحملون لقب أوغسطس، ثم انفرد قسطنطين الأول وليسنيوس بالحكم من ٣١٢-٣٢٤م.

وسادت هذه الفترة أيضاً الفوضى والاضطراب والحرب الأهلية نتيجة لمطامع كل منهما، ونشبت الحرب الأهلية من جديد وانتصر قسطنطين على منافسه عام ٣٢٤م وانفرد بالسيادة على الإمبراطورية بعد معركتي ادرنة Adrianoph وكريسبوليس Chrysopolis، وانتهى الأمر بموت ليسينوس، وألغى قسطنطين النظام الرباعي،

وعيّن حكاماً يساعدونه في إدارة شؤون الإمبراطورية، ويلاحظ انه قبيل وفاة قسطنطين تم إعادة تقسيم الإمبراطورية من جديد، وفي هذه المرة قسمها بين أولاده؛ لكي يجنب البلاد النزاع الدموي، ولكن الخلافات ما لبثت أن قامت بين أولاده ونتجت عنها الفوضى والاضطراب، ورغم هذا فإن مبدأ تقسيم الإمبراطورية إلى أقاليم أصبح المبدأ السائد فيما بعد.

شخصية قسطنطين

كان قسطنطين فارع الطول مهيب الطلعة، محمود السيرة، واحتفظ منذ طفولته حتى آخر أيام حياته بقوته وصحته بفضل ما التزم به من العفة وضبط النفس، وكان بشوشاً سمحاً يمزح في تحفظ، ولم يكن لقلة تعليمه أثر على تقديره للعلم والتعليم، ولذلك حظت العلوم والفنون في عهده بالتشجيع والرعاية، وكان عندما يعمل فهو يعمل دون كلل أو ملل، وكان له عزيمة ماضية، فكان يقرأ ويكتب ويفكر ويستقبل السفراء وينظر في شكاوى رعاياه، وكان عندما يتبنى مشروعاً ما فإنه يعمل فيه بكل حواسه ولا يعوقه عنه عائق. وفي ميدان المعركة كان قائداً يقود رجاله في عزم، وكان طموحاً إلى أبعد الحدود ويعرف كيف يضع يده على نبض إمبراطوريته وهي في محنتها. ويبدو أن ذلك قد ملك حواسه منذ اللحظة التي نادت به الحامية الرومانية في انجلترا اوغسطساً، لأنه كان مدركاً لما تنطوي عليه نفسه من مواهب وتطلعات إلى أنه سوف ينجح في حروبه ضد منافسيه لتفهمه روح شعب الإمبراطورية، التي قارنت بين حكمته وعدالته وبين الرذائل المتأصلة في منافسيه مكسنتيوس وليسينوس، لذلك يمكن القول إن نجاحه ينسب إلى قدراته أكثر مما ينسب إلى حظه.

وواقع الأمر أن الحديث عن الإمبراطور قسطنطين وكيفية توليه العرش الإمبراطوري وعن شخصيته وعهده تضيق بها هذه الصفحات، لذلك فإننا نكتفي بإلقاء الضوء على عملين من أهم أعماله، أولهما: الاعتراف بالديانة المسيحية، وثانيهما بناء مدينة القسطنطينية لتكون عاصمة جديدة للإمبراطورية.

الاعتراف بالديانة المسيحية:

المقصود بالاعتراف بالديانة المسيحية هو أن قسطنطين أعلن الاعتراف بالديانة المسيحية كدين داخل الإمبراطورية، وليس ديناً رسمياً، والأمر الأخير تم في وقت لاحق لعهد قسطنطين، أما مسألة اعتناق قسطنطين المسيحية فهو موضوع آخر، وسوف نتناول كل موضوع على حدة.

١- الاعتراف بالمسيحية ديناً داخل الإمبراطورية:

عندما اعتلى قسطنطين العرش البيزنطي كانت الديانة المسيحية قد تغلغلت في كيان الإمبراطورية منذ حوالي ثلاثة قرون، وقد حاول بعض الأباطرة القضاء على هذه الديانة بالعنف والدم، مثل دقلديانوس وجالريوس فقد كان جالريوس رجلاً دموياً شديد البأس على المسيحيين، ولم تجد قسوته نفعاً، بل انتشرت المسيحية أكثر من ذي قبل، وقد وجد جالريوس نفسه بعد سنوات من الاضطهاد ان سياسة العنف هذه سياسة فاشلة، واقتنع آخر الأمر بأن العنف والاستبداد لا يقضيان على شعب بأسره وعلى معتقداته الدينية. ولعل ذلك ناتج عن اعتلال ألمّ بصحته لفترة ليست بقصيرة، فأصدر عن طيب خاطر - لاصلاح ما أفسدته يداه - مرسوماً عاماً يحمل اسمه واسم ليسنوس. ومن هذا المرسوم: "لقد اتجهت إرادتنا إلى بسط مزايا رأفتنا المألوفة على هؤلاء الأفراد المسيحيين التعساء، ولذلك نرخص لهم بإعلان آرائهم الخاصة في حرية تامة، وفي عقد اجتماعاتهم السرية دون خوف أو إزعاج، شريطة أن يظهروا دوماً الاحترام اللائق للقوانين والحكومة القائمة، وإنا لنأمل أن يكون تسامحنا دافعاً إلى الصلاة والتضرع إلى الإله الذي يعبدونه من أجل سلامتنا ورخائنا وسلامتهم ورخائهم وسلامة الجمهورية ورخائها". وعلى ما يبدو أن أعوان جالريوس لم ينشروا هذا المرسوم كما هو، وإنما نشروا تعليمات إلى حكام الولايات تحدثوا فيها عن رفق الأباطرة بالمسيحيين وأشاروا فيه على رجالهم بوقف محاكمة المسيحيين وغض الطرف عن الاجتماعات السرية، وأعقب ذلك اطلاق سراح المعتقلين منهم، ولكن ذلك لم يدم طويلاً بسبب حكم جالريوس القصير ٣٠٥-٣٠٦م وما تبع ذلك من اضطرابات داخل الإمبراطورية.

مرسوم ميلان ٣١٣م

بعد ما انتصر قسطنطين على منافسيه في موقعة ميلفيان عام ٣١٣م أعلن الإمبراطور قسطنطين مرسوم ميلان الشهير الذي أعاد السلام والهدوء إلى الكنيسة المسيحية، وواقع الأمر أن قسطنطين لم ينفرد بإصدار هذا المرسوم، بل شاركه في مسؤوليته شريكه في الحكم على النظام الدقلديانوسي الأغسطس ليسينوس، وقد استُقبل هذا المرسوم على أنه قانون أساسي من قوانين العالم الروماني، ومن هذا المرسوم: "عندما تقابلنا نحن قسطنطين أوغسطس وليسينوس أغسطس في ميلان مكللين بالرعاية والعناية، أخذنا نبحث في جميع الوسائل الخاصة بالصالح العام لرعايانا، ومن هذه المسائل التي تعم الكثيرين وتعود بالنفع عليهم مسألة حرية العقيدة. لذلك قررنا إصدار مرسوم يضمن للمسيحيين وكافة الطوائف الأخرى حرية اختيار وممارسة العقيدة التي يرتضونها، وبذلك نضمن رضاء جميع الآلهة والقوى السماوية علينا، كما نضمن رضاء جميع رعايانا ممن يعيشون في كنف سلطاننا. وهكذا قررنا عن ثبات وتعقل ألا يحرم أي فرد أياً كان من اختيار المسيحية ديانة له، ولكل فرد الحرية في اختيار الدين الذي يناسبه، وبذلك نضمن استمرار تأييد الرب لنا بنفس الكرم والقوة واللذين تعودناهما منه.... وهذا المرسوم الذي صدر من فيض كرمنا يجب ان يذاع على الجميع، ويجب ان يحاط به الجميع علماً، وينشر في كل مكان حتى لا يفوت أحد الأخذ به".

والنص الخاص بالفقرة الأخيرة كما هو منشور باللغة الانجليزية كالآتي:

So that the form of this ordinance and of our benevolence may come to the attantion of all men. It will be convenient for you to promulgate these letters everywhere and bring them to the knowledge of all, so that ordinance of our venevolence may not be hidden.

وعلى ذلك فنحن أمام الحقائق التالية:

١- إن المسيحية ظلت حركة سرية منذ بداياتها حتى إعلان مرسوم ميلان عام ٣١٣م.

٢- يتناول بعض الأباطرة المسيحيين الاضطهاد والتعذيب وغالى بعضهم في ذلك.

٣- لم يكن مرسوم ميلان أول مرسوم بالتسامح مع المسيحيين، بل سبقه المرسوم الذي حمل اسم جالريوس وليسينوس.
٤- إن مرسوم جالريوس لم يعمل به لقصر مدة حكم الإمبراطور.
٥- لعل في العبارة الأخيرة الواردة في مرسوم ميلان ما يؤكد ذلك، وإن عبارة Not be hidden تشير إلى الخوف من سابقة حدثت تحول حول ما تنطوي عليه هذه العبارة من معنى ويخشى تكرارها.
٦- إن مرسوم ميلان لم يصدره قسطنطين منفرداً، بل صدر منه ومن شريكه في الحكم ليسينوس.

واستكمالاً لمحتوى مرسوم ميلان نقول ان المرسوم قضى برد كل الحقوق الدينية إلى المسيحية التي كانوا حُرموا منها ظلماً وعدواناً، ونص على ان تعاد للكنسية كل أماكن العبادة والأراضي العامة المصادرة دون جدل أو إبطاء أو تكلفة. واقترن هذا الانذار الصارم بوعد كريم يقضي بأن يُدفع - لمن اشترى املاك الكنسية ودفع مبالغ كبيرة - تعويض من خزانة الإمبراطورية. ومع تتبع قضية الاعتراف بالمسيحية ندخل في قضية أخرى، وهي متى أصبح قسطنطين مسيحياً؟ لعل النصوص التي تركها المؤرخون المعاصرون لعصر قسطنطين هي التي أوجدت جدلاً حول هذا الموضوع، فنجد أحدهم يسجل ان الإمبراطور اعتنق المسيحية منذ اللحظة الأولى من حكمه، بينما يرى آخر أن إيمان قسطنطين مرجعه إلى شارة الصليب التي ظهرت في السماء عام ٣١٣م. وموجز هذه الرواية ان قسطنطين عندما كان يعد العدة للقاء منافسه مكسنتيوس شهد في السماء راية الصليب وعليها طره نصها (عز نصره) مكتوبة بأحرف من نور، وإن الإمبراطور اتخذ تلك الطره شعاراً للوائه في حروبه، وهناك رواية ثالثة تختلف عن هذه وتلك. ورابعة تقول ان قسطنطين لم يُعَمَّد إلا على فراش الموت، وأنه تلقى في النزع الأخير التعاليم المسيحية، حيث وضع الأسقف يده على رأسه وأتم اجراء الطقوس الدينية. ثم ما لبث أن أسلم الإمبراطور الروح، ولعل ما دفع المؤرخين إلى هذا الخلط وتعدد رواياتهم سلوك قسطنطين نفسه.

والواقع ان هناك تدرجاً بطيئاً غير محسوس انتهى باعلان قسطنطين نفسه حامياً للمسيحية، فلقد كان من الشاق على قسطنطين ان يمحو من ذهنه ما تلقنه من عادات ومعتقدات وثنية، وأن يؤمن بالديانة المسيحية ويعلن ذلك بين يوم وليلة، فلقد علمته ايضاً التأملات التي يحتمل انها شغلت ذهنه ان يسير بخطى حذرة في تغيير الديانة الوطنية وهو تغير له خطره وأهميته. والخلاصة أن تيار المسيحية تدفق طوال سني حياته في حركة هادئة وإن كانت سريعة الخطى. ولكن حذر قسطنطين عوق تارة وانحرف تارة أخرى بالاتجاه العام للمسيحية، فلقد وازن قسطنطين دائماً بين آمال رعاياه وبين مخاوفهم، ومن ذلك أنه كان يصدر مرسومين في وقت واحد، الأول ينص على الاهتمام الشديد بيوم الأحد، وفي ذلك نصر للمسيحيين، والثاني يحض على استشارة العرافين، وفي ذلك نصر للوثنية. ولا شك ان مثل هذه الأمور جعلت المواطنين من مسيحيين ووثنيين يراقبون سلوك إمبراطورهما بنفس القدر من القلق وإن اختلفت مشاعر كل منهم. واستكمالاً لهذه القضية نضع سؤالاً نقول فيه: ما هي الدوافع التي دفعت قسطنطين إلى الاعتراف بالمسيحية؟ اختلفت الآراء حول هذه الدوافع، فالبعض يرى ان قسطنطين اعترف بالديانة المسيحية عن اقتناع وعن إيمان، وحجتهم في ذلك منبثقة من خُلق قسطنطين وتصرفاته إزاء المسيحيين. ومن ذلك مثلاً بناء العديد من الكنائس، والرأي المضاد يعتمد على تصرفات قسطنطين تجاه الوثنية التي لا تقل سخاء عن ما قدمه للمسيحيين. ويرى فريق ثالث ان إيمان قسطنطين بالمسيحية مرجعه الدوافع السياسية، وعلى رأس هذه المجموعة المؤرخ هنري جريجوار Henry gregoire، فيقول هنري - في معرض حديثه عن فترة حكم قسطنطين -: من كان يريد الشرق فعليه أن يكون مسيحياً أو صديقاً للمسيحيين. ولم يكن قسطنطين يستطع أن يسيطر على الشرق وهو الجزء الغني من الإمبراطورية برجاله وموارده إلا بمهادنة المسيحيين، خاصة في الوقت الذي بدأت فيه العناصر الجرمانية تتحرك صوب غرب الإمبراطورية.

وفي نهاية الأمر نستطيع القول ان قسطنطين كان رجلاً على مستوى عال من الذكاء، فلم يكن يستطيع أن يعلن أنه مسيحي فيغضب الوثنيين، ولم يكن يستطيع أن

يعلن انه باق على وثنيته، وفي هذه الحالة يتطلب الأمر منه ان يتخذ موقفاً من المسيحيين، وهذا ما لم يحدث، بل انه عايش الاثنين معاً، وإنه كان يميل إلى المسيحية شيئاً فشيئاً، حتى أصبح في آخر الأمر مسيحياً[٣].

٢- بناء القسطنطينية:

دأب قسطنطين - وتبعاً لدواعي الحرب والسلم - على التحرك في يقظة تامة على حدود مملكته الشاسعة، وكان دوماً على أهبة الاستعداد لملاقاة أي عدو خارجي أو داخلي، وعندما تقدمت به الأيام بدأ يتدبر مشروعاً تستقر به قوة العرش الإمبراطوري في مكان أشد ثباتاً من روما، وبدأ يفكر في بناء عاصمة جديدة للإمبراطورية، ولم يكن موضع القسطنطينية هو الموضع الأول الذي اختاره قسطنطين في بداية الأمر، فقد طرأت على ذهنه عدة أماكن لتكون مقر حكمه الجديد، فنجد انه نظر إلى مسقط رأسه مدينة نيش Nish الواقعة على نهر مورافا Morava شمال شبه جزيرة البلقان ومدينة سرديكا Sardica (صوفيا Sofia الحالية)، ومدينة نيقوميديا التي اتخذها دقلديانوس من قبل. ولما كان قسطنطين يفضل منطقة الحدود بين أوروبا وآسيا ليتمكن من ضرب البرابرة الذين كانوا يقطنون الدانوب ويراقب بعين ساهرة تحركات الفرس، فلقد كانت نيقوميديا أنسب المدن لتكون عاصمة الإمبراطورية، ولما كان قسطنطين لا يريد ان يربط مدينته الجديدة بذكرى دقلديانوس؛ لذلك آثر اختيار موضع آخر يراقب منه تحركات الفرس والبرابرة، وكان هذا الموضع هو قرية بيزنطوم التي بنى على انقاضها مدينة القسطنطينية.

وموقع المدينة الجديدة في شكل مثلث على خليج البسفور يلتقي طرفه المنفرج الذي يمتد شرقاً إلى شواطئ آسيا بأمواج البسفور، وتحد الميناء الجزء الشمالي من المدينة، أما الجنوب فتحفه مياه بحر مرمرة. ومن ناحية الغرب تقع قاعدة المثلث بمواجهة قارة أوروبا. واكتسب ميناء القسطنطينية اسم (القرن الذهبي)؛ لأن الانحناء الذي يرسمه يمكن تشبيهه بقرن الغزال، ولفظ (ذهبي) يعبر عن الثروة التي تدفقت على المدنية من أقصى الأرض إلى ثغر المدينة الواسع الآمن، لان الميناء كان واسعاً ومناسباً جداً لعملية الشحن والتفريغ، حيث يندر حدوث المد والجزر، وكان طول لسان

البسفور من مصب نهر ليكوس Lycus الذي يمد المدينة بالماء العذب إلى الميناء أكثر من سبعة أميال، ويبلغ عرض المدخل نحو خمسمائة ياردة، ويمكن عند الضرورة وضع سلسلة متينة تحمي الثغر والمدينة من هجوم أي أسطول معادٍ، كما كان الحال في مدن العصور الوسطى، مثل مدينة دمياط في مصر. والعاصمة الجديدة تقع على خط عرض ٤٣ وخط طول ٢٩، وتسيطر المدينة على تلالها السبعة، وهي تتمتع بمناخ صحي معتدل وتربة خصبة، ومدخلها إلى القارة الآسيوية قصير المدى، والدفاع عنه ميسور، كما ان خليجي البسفور والدردنيل يعتبران بوابتين للقسطنطينية، ويستطيع من يسيطر عليهما ان يغلقهما في وجه أي أسطول معاد، ويفتحهما في وجه السفن التجارية، وما يتبع ذلك من تدفق الثروات الطبيعية والمصنوعات من الشمال إلى الجنوب عبر البحر الأسود والبحر المتوسط. لعل في كل ما سبق مبرراً كافياً لاختيار قسطنطين لهذا الموقع، ولكن ثمة مزيج من المعجزة والخرافة كان يعكس في كل عصر قدراً من العظمة على نشأة المدن الكبرى. ولهذا نرى قسطنطين ينسب اختيار هذا المكان إلى القوة الإلهية واهتم بأن يسجل في ايجاز بأنه امتثل لأوامر الـلـه، ووضع الأساس الخالد لمدينة القسطنطينية، واستطرد خيال الكتاب اللاحقين لعصره وسجلوا ان شبحاً تراءى لقسطنطين وهو نائم في رحاب بيزنطة، وقالوا ان ربه المدينة وحارستها وهي سيدة عجوز تحولت فجأة إلى شابة ظهرت في أزهى زينتها حين البسها الإمبراطور بيديه شارات الإمبراطورية وأفاق قسطنطين من نومه وفسر الفأل السعيد، وامتثل لإرادة السماء دون تردد، ووردت أسطورة أخرى تقول ان الإمبراطور سار على قدميه تتبعه حاشيته كلها، ورسم بحربته الخط الذي يجب بناء التحصينات الجديدة عنده بحذائه، ولما سار غرباً على ساحل القرن الذهبي وابتعد عنه ميلين قال له رجاله: لقد تجاوزنا الحدود التي تتطلبها المدينة: ولكن قسطنطين أجاب: "سأسير في طريقي حتى يرى الدليل الخفي الذي يسير أمامي أنه من المناسب أن أتوقف". على أية حال، اختيرت قرية بيزنطة موقعاً للمدينة الحديثة، ولما كان أساس الاختيار عسكرياً، فإنه رغم موقع المدينة الحصين فقد حصنت أيضاً بالأسوار وأنفق قسطنطين على المدينة بسخاء لبناء الأسوار والأروقة وقناطر المياه، وعمل جمع غفير من العمال والصناع

في بنائها الذي استمر من عام ٣٢٤-٣٣٠م. ولما حان موعد الاحتفال بذكرى مولد المدينة وهو الحادي عشر من مايو عام ٣٣٠م وضع على عربة من عربات القصر تمثال قسطنطين الذي صنع بأمر منه من الخشب المموه بالذهب، وسارت مواكب الحراس حاملة الشموع المضاءة مرتدية أثمن الثياب، وفي اليوم نفسه نقش على عامود من الرخام مرسوم إمبراطوري يخلع اسم روما الجديدة على المدينة، ولكن اسم القسطنطينية فاق هذه التسمية.

٣- خلفاء قسطنطين ٣٣٧-٣٧٨

توفي قسطنطين في عام ٣٣٧م بعد أن أمضى سنواته الأخيرة في سلام نسبي هيأ له الفرصة لمواصلة إعادة التنظيم الإداري المدني والعسكري للإمبراطورية، وخلفه على العرش ابناؤه الثلاثة مجتمعين، وهم قسطنطين، وقسطنطيوس، وقنستانز Constans، وكان الأخوة الثلاثة ميالين بطبعهم إلى الشقاق والخلاف، ولكن هذا الخلاف ما لبث ان انتهى عندما توفي قسطنطين عام ٣٤٠م، وقنستانز في عام ٣٥٠م، فانفرد قسطنطيوس بالحكم بعد ما انهزم منافسه ماجنينتيوس Magnentius في عام ٣٥١م، واستمر في الحكم حتى وفاته عام ٣٦١م، وفي خلال هذه السنوات عادت الأخطار الخارجية تحدق بالإمبراطورية، فالخطر الفارسي قائم على حدود الإمبراطورية من جهة الشرق، كما ان خطر القبائل الجرمانية على نهر الدانوب والرين في الغرب اصبح أقوى وأشد، وكان ذلك بسبب ظهور قبائل الهون Huns، هذا الخطر الذي توقف لبعض الوقت عندما قضى القيصر جوليان Julian ابن عم الإمبراطور على هذا الغزو، وقد أعلى هذا الانتصار من شأن جوليان، فنادى به جنوده إمبراطوراً عام ٣٦٠م، ولكن قسطنطيوس توفي قبل أن تتفشى الثورة في البلاد فخلفه جوليان على العرش دون إراقة دماء.

جوليان Julian ٣٦١-٣٦٣م

كان الاهتمام بتوفير الأمن والرفاهية للرعية هو شغل جوليان الشاغل، وكان يخصص أوقات الفراغ الشتوية التي اعتاد قضاءها في باريس في أعمال الإدارة المدنية، وقد وجد جوليان متعة في شخصية الحاكم والقاضي أكثر من شخصية القائد.

العسكري، وكان من عادته أيضاً قبل أن يذهب للحرب إحالة معظم القضايا العامة والخاصة إلى حكام الولايات، حتى إذا عاد راجع كل أعمالهم، كما أعاد جوليان معظم مدن غالة إلى سابق عهدها بعد أن ظلت ردحاً طويلاً من الزمن عرضة للاضطرابات الأهلية وحروب المتبربرين، وانتعشت روح الإقبال على العمل أملاً في المتعة والتنعم، وازدهرت الصناعة والتجارة مرة أخرى تحت حماية القوانين، وزخرت الهيئات المدنية مرة أخرى بالأعضاء النابغين المرموقين، وتجلى الرخاء الوطني ورغد العيش في كثرة الاتصالات بين الأقاليم وبعضها. ولم يكن كل هذا سبباً في شهرة جوليان التاريخية، بل اكتسب شهرته بارتداده إلى الوثنية، وقد كان معروفاً بهذه الميول من قبل بسبب نشأته، وبعد أن أصبح إمبراطوراً أعلن عن ذلك صراحة، وأصدر مرسوماً يقضي بفتح المعابد الوثنية، وتقدم القرابين على المذابح من أجل عبادة الآلهة، ولا شك أن مثل هذا العمل قد انعش آمال الوثنيين بعدما عادت لهم الحقوق الدينية والسياسية، وحتى لا يغضب جوليان رجال الدين المسيحي، فإنه دعاهم إلى قصره كما دعا رجال الدين الوثنيين، وأعلن لهم أنه يريد ان تعيش الإمبراطورية في تسامح، ولكل فرد الحرية في اختيار الدين الذي يراه، وبذلك نقول ان جوليان حذا حذو قسطنطين من الجانب المضاد، فإن كان قسطنطين اعترف بالديانة المسيحية ثم مال إليها في آخر الأمر، فإنه على العكس نجد جوليان أعاد للوثنية كيانها من أول الأمر، ثم عاد إليها بعد ذلك، فقد أبعد جوليان المسيحيين من الوظائف العليا وأحل محلهم الوثنيين، كما رفع الرموز والصلبان المسيحية من بيارق الجيش واسلحة الجنود ووضع مكانها شارات وثنية، كما منع تعيين المدرسين المسيحيين في المدارس، وجعل هذه الوظائف مقصورة على الوثنيين حتى يشب الجيل الجديد وهو متشرب بالديانة الوثنية، وكان في ذلك ضربة قاصمة للمسيحية؛ لأن بعض المدرسين من المسيحيين تحولوا إلى الوثنية حتى يحافظوا على وظائفهم.

جوفيان Jovian ٣٦٣-٣٦٤م

ورغم كل هذا فإن هذه الحركة انتهت بالإخفاق، فلم يعد العالم متقبلاً للوثنية وكانت المسيحية أنسب له، وإن كان جوليان قد فشل في هذا الجانب فإنه فشل أيضاً في

الجانب العسكري، فلقد حاول غزو فارس، وأمعن في تقدمه، ولكنه مات أثناء عودته في عام ٣٦٣م. فانتخب الجيش قائداً مسيحياً يدعى جوفيان الذي وقع معاهدة مهينة تقضي بهدنة لمدة ثلاثين عاماً نظير تنازله عن أربع ولايات، كما تنازل أيضاً عن سيادة الإمبراطورية على دولة أرمينيا، ولكن هذا الإمبراطور الجديد ما لبث أن مات في العام التالي ٣٦٤م.

فالنز Valens ٣٦٤-٣٧٨م

نادى الجيش بالقائد فالنتيان إمبراطوراً بعد وفاة جوفيان، وقد آثر فالنتيان أن يحكم الإمبراطورية من روما، لذلك ترك أخاه فالنز إمبراطوراً شريكاً له في القسطنطينية، وكان فالنز هذا يعتنق المسيحية على المذهب الأريوسي، فكرهه الناس واعتبروه مهرطقاً، ولذلك اتسم حكمه بالفتن المتواصلة، وكانت نهايته عندما دفع الهون بالقوط الغربيين إلى حدود الإمبراطورية، حيث حصلوا على إذن من الإمبراطور بعبور نهر الدانوب والاستقرار داخل حدود الإمبراطورية، وعندما شجر النزاع بينهم زحف القوط إلى القسطنطينية فخرج فالنز لملاقاتهم على عجل دون ان ينتظر المدد القادم من الغرب، فلقي جيشه هزيمة قاسية في معركة أدرنة عام ٣٧٨م، وقتل فالنز في هذه المعركة، وبموته تظهر أسرة جديدة على عرض الإمبراطورية، وهي أسرة ثيودوسيوس Theodosius [٤].

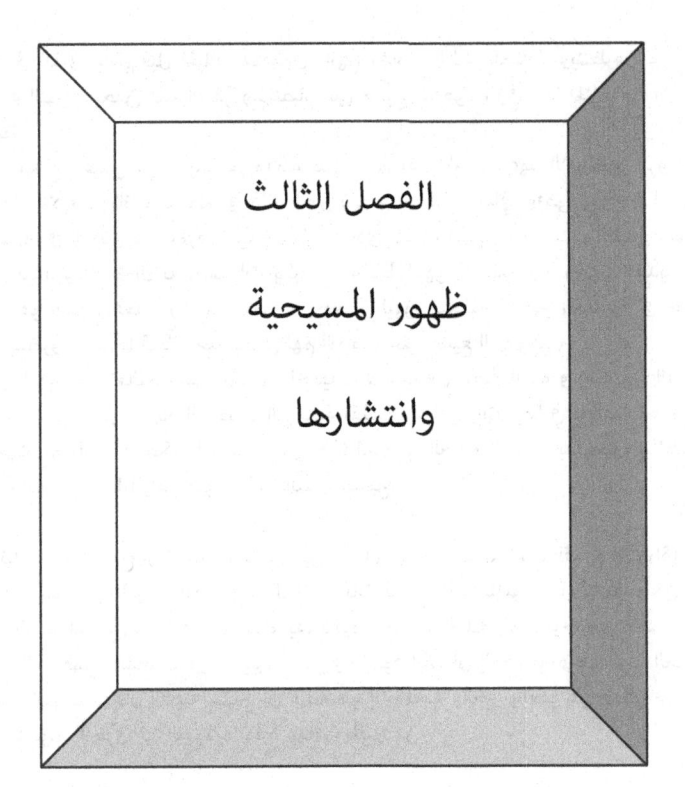

الفصل الثالث

ظهور المسيحية

وانتشارها

١- ظهور المسيح:

كان اليهود في القرن الأول قبل الميلاد يعتقدون بأنهم (شعب الله المختار)، وينتظرون مجيء المسيح الذي تعدهم به التوراه ليحقق لهم الظفر والانتصار على جميع الشعوب، وفي هذا المناخ من القلق العام ظهر المسيح المنتظر.

ولد السيد المسيح (عيسى بن مريم) في مدينة بيت لحم بفلسطين في عهد الإمبراطور الروماني أوغسطس (توفي سنة ١٤ميلادية)، وكانت فلسطين في ذلك الحين تخضع للحكم الروماني، وقضى يسوع شبابه في مدينتي الناصرة والخليل. وفي الثلاثين من عمره جاب فلسطين ونادى بنفسه المسيح أي (رسول الله). انضم إلى المسيح اثنا عشر تلميذاً، وظل طوال ثلاث سنوات يكرر في أوساط اليهود ويبشرهم بالحادث الجديد - الانجيل - (البشرى)، وهو الوعد بالعدل والسلام، وقد آمن بعض اليهود بتعاليم المسيح الجديدة، في حين عارضه الآخرون الذين ينتظرون مسيحاً قوياً ماجداً يحقق لهم الانتصار على جميع الشعوب.

استاء أحبار اليهود من تعاليم السيد المسيح الجديدة؛ لأنه يجعل محبة الله والإخاء بين الناس فوق تعاليم التوراه (الناموس)، فأثاروا ضده السلطات الرومانية بفلسطين، التي رأت أيضاً في تعاليمه تحريضاً يمكن أن ينقلب إلى حركة ثورية ضد الحكم الروماني، وعلى هذا استجاب الحاكم الروماني بفلسطين ببلاطس النبطي لمطلب المحكمة اليهودية العليا وأمر جنوده بقتل السيد المسيح.

٢- تعاليم المسيح:

لم يكن في نية السيد المسيح أو تلاميذه تأسيس دين جديد، بل إتمام كتاب العهد القديم (التوراة) في داخل اليهودية، فلقد أكد تمسكه بالناموس اليهودي، وقال إنه لم يأت ليلغي ذلك الناموس، بل ليتمه، ولكن في الواقع ابتعدت تعاليم السيد المسيح عن المفاهيم اليهودية، فاليهود رأوا ان الله إلههم وحدهم، بينما قال السيد المسيح ان الله إله لجميع الشعوب دون تمييز، وقد رأى اليهود أيضاً أن إلههم يهوه هو الرب الجبار الذي ينتقم لهم من أعدائهم، بينما قال السيد المسيح ان الله هو إله المحبة والخير والعفو عن خطايا خلقه. كذلك نظر اليهود إلى الشعوب الأخرى غير اليهودية نظرة عداء، وطلبوا من

إلههم يهوه ان يقف إلى جانبهم ضد تلك الشعوب، أما السيد المسيح فقال إن جميع الناس أخوة، ويجب أن يحبوا بعضهم بعضاً، ويعفوا عن الذنب، ويقابلوا السيئة بالحسنة ومن جهة أخرى تمسك اليهود بتطبيق تعاليم التوراة بكل ما فيها، بينما دعا السيد المسيح إلى تطبيق مكارم الأخلاق التي هي أعلى من الناموس اليهودي نفسه.

وظهر التعارض أيضاً بين تعاليم السيد المسيح والنظم التي قامت عليها الدولة الرومانية، مع أن تلك التعاليم لم تكن تمثل نظرية ثورية تدعو إلى تحريض الجماهير ضد السلطات الرومانية الحاكمة، وأقوال السيد المسيح صريحة في هذا المجال، ومنها قوله: (أعطوا ما لقيصر لقيصر، وما لله لله)، كذلك علم تلميذه بطرس أن (لا سلطة إلا من الرب، فمن يعارض السلطة يقاوم النظام الذي أقره الرب).

لكن السيد المسيح وتلاميذه رفضوا تأليه الإمبراطور الروماني وعبادته، كما رفضوا الخدمة في الجيش الروماني، فرأت السلطات الرومانية في هذا الرفض أمراً يفكك الروابط التي تربط شعوب الإمبراطورية، ويشكل خطراً على السلطات الحاكمة.

كذلك نظرت الطبقات الغنية المسيطرة في المجتمع الروماني إلى دعوة المسيحية إلى المساواة والعدل والكفاف الاقتصادي بمثابة إنذار موجه لها للكف عن استغلال جهود الفقراء الكادحين، كما خشيت ان تنقلب تلك الدعوة إلى ثورة شعبية تطيح بالأوضاع الاجتماعية القائمة على الفروق الطبقية، وعلى هذا تعاضدت الطبقات العليا الغنية مع السلطات الرومانية الحاكمة في شن حملات الاضطهاد المتكررة ضد المسيحيين منذ القرن الأول حتى العقد الأول من القرن الرابع الميلادي، لكن تلك الاضطهادات فشلت في تحقيق أهدافها، فظلت المسيحية آخذة في الانتشار حتى حظيت بالاعتراف بشرعية وجودها من قبل السلطات الرومانية (٥).

٣- العوامل التي ساعدت على انتشار المسيحية:

هناك عدة عوامل ساعدت على انتشار المسيحية وانتصارها، نذكر أهمها:

١- قوة إيمان المسيحيين الأوائل، وجهودهم الفائقة في نشر المسيحية، بما في ذلك استشهادهم برحابة صدر في سبيل انتصار عقيدتهم.

٢- كانت المسيحية ديناً سماوياً عـاماً لجميع البشر ولجميع الطبقـات الاجتماعية دون

تمييز، في حين كانت اليهودية ديناً خاصاً للشعب المختار.
٣- سمو المفاهيم الأخلاقية في المسيحية.
٤- قصة حياة السيد المسيح وتضحيته بنفسه في سبيل إنقاذ البشرية، كان لها جاذبية مميزة وتأثير فعال في نفوس مختلف الشعوب.
٥- الفراغ الروحي الذي تعانيه مجتمعات الإمبراطورية الرومانية، على الرغم من انتشار عقائد دينية متنوعة، أهمها: عبادة الإمبراطور الروماني، عبادة مثرا إله النور الفارسي الأصل، عبادة إيزيس وأوزوريس المصرية، عبادة سيبيل التي أصلها من آسيا الصغرى، عبادة يهوه اليهودية العنصرية المنغلقة والمخصصة لشعب المختار، يضاف إلى ذلك بعض العقائد الفلسفية، مثل الرواقية والأبيقورية والأفلاطونية الحديثة التي ظل انتشارها محدوداً في الأوساط الثقافية.
٦- ساعد اتساع الإمبراطورية الرومانية وخضوعها لسلطة مركزية في روما على انتقال المبشرين المسيحيين بأمان بين المدن والولايات الرومانية.
٧- ساعدت هيئة اللغة الآرامية (السيرياينة) في الوطن العربي، واللغة اليونانية في القسم الشرقي من الإمبراطورية الرومانية، واللغة اللاتينية في القسم الغربي من الإمبراطورية على انتقال التعاليم المسيحية بسهولة إلى مختلف أرجاء الإمبراطورية، حيث وجد مبشرون يتقنون هذه اللغات أو بعضها.
٨- كان الخوف من الموت يمتلك البشر، لكن دعوة المسيح التي بشرت ببعث الجسد حياً مرة أخرى، ودعت إلى الإيمان بعودته يوم القيامة - كل هذا بعث في نفوس المؤمنين أملاً بالعودة إلى الحياة ثانية، مما حبب إليهم الموت وجعله أمراً مألوفاً لديهم وعلى صخرة هذا الأمل قامت المسيحية.

انتشار المسيحية وانتقالها إلى روما:

بعد رفع السيد المسيح إلى السماء قام تلاميذه الحواريون بإتمام رسالته التي عهد بها إليهم بقوله: (اذهبوا إلى العالم أجمع واركزوا بالانجيل للخليقة كلها). وخرج هؤلاء التلاميذ من فلسطين وطفقوا ينشرون الديانة المسيحية في مختلف أنحاء سورية مصر وآسيا الصغرى وغيرها من البلدان. (ويحتوي العهد الجديد الأناجيل الأربعة

وهي: انجيل القديس متى، أنجيل القديس يوحنا، انجيل القديس أوقا، انجيل القديس مرقس، يضاف إلى ذلك رسائل القديس بولس وأعمال الرسل ورؤيا القديس يوحنا).

واشهر المبشرين بالدين المسيحي بولس تارسا، الذي كان في السابق يهودياً، أصله من كيليكا، كما كان خصماً للمسيحيين، وعندما بدأ بولس وهو في طريقه إلى دمشق آمن بالسيد المسيح وغدا القديس بولس، بعد اعتناقه المسيحية جاب بولس سوريا وآسيا الصغرى وقبرص واليونان مبشراً بالدين الجديد، ومن ثم ذهب إلى روما عاصمة الإمبراطورية الرومانية وعاش فيها ردحاً من الزمن، لاقى خلاله الاضطهاد على أيدي السلطات الرومانية في زمن الإمبراطور نيرون.

وكذلك بشر القديس مرقص في مصر وأسس فيها الكنيسة المسيحية، وايضاً قام الرسل والحواريون الآخرون بنشر التعاليم المسيحية في مختلف البلدان. واشتهر ايضاً من تلاميذ السيد المسيح القديس بطرس {الاسم بطرس تعريب لكلمة بترا Petra في اليونانية ومعناها الصخرة، وبطرس هذا كان اسمه سمعان ابن يونا} الذي يعد زعيم الحواريين ومقدم الرسل، لأن السيد المسيح لقبه بالصخرة التي سيبني عليها كنيسته، لقد خاطب السيد المسيح سمعان بن يونا قائلاً: (وأنا أقول لك أيضاً: أنت بطرس (أي الصخرة) وعلى هذه الصخرة ابني كنيستي، وابواب الجحيم لن تقوى عليها، وأعطي مفاتيح ملكة السموات، فكل ما تربطه على الأرض يكون مربوطاً في السموات، وكل ما تحله على الأرض يكون محلولاً في السموات)، وهكذا اصطفى السيد المسيح القديس بطرس وقدمه على سائر الرسل المسيحيين.

ويروى أن القديس بطرس أول من نقل المسيحية من سورية إلى مدينة روما، وأسس فيها كنيسة مسيحية سرية، لكنه لقي فيها التعذيب، ثم القتل على أيدي السلطات الرومانية في عهد الإمبراطور نيرون، وبناء على مخاطبة السيد المسيح لبطرس بقوله: (انت الصخرة وعلى هذه الصخرة أبني الكنيسة) عد القديس بطرس خليفة السيد المسيح في الأرض واستمد سلطته منه مباشرة، وبما أن القديس بطرس أول من أسس كنيسة مسيحية في روما، فقد عد رجال الدين الأوروبيون أسقف روما خليفة للقديس بطرس (نائب المسيح في الأرض)، وبالتالي فهو رئيس أساقفة العالم المسيحي كله، وبيده سلطة

الحل والربط، يضاف إلى ذلك اقتناع الشعوب العربية واليونانية واللاتينية بأن مدينة روما تمتاز على سائر المدن المسيحية بشيء من الاحترام والقدسية لاحتوائها على رفات القديسين بطرس وبولس، وقد جاء في موعظة ليوحنا الذهبي الفم ما يلي: (...أحب روما من أجل هذين العميدين الاثنين (بطرس وبولس) اللذين ارتكزت على اكتافهما صروح الكنيسة..)، وعلى هذه الأسس والمعتقدات بنيت النظرية البطرسية فيما بعد.

٤- اضطهاد المسيحيين

شكلت المبادئ المسيحية التي وضع أسسها السيد المسيح وتلاميذه خطراً كبيراً على الطبقات الغنية والسلطات الرومانية، فشنت اضطهادات متكررة ضد المسيحيين، وفي عهد الإمبراطور كلود (٤١-٥٤م) طُرِد المسيحيون الأوائل المعروفون من مدينة روما، اما في عهد الإمبراطور نيرون فقد أحرق اليهود بعض أحياء روما واتهموا المسيحيين بذلك، فأصدر الإمبراطور مرسوماً يقضي بألا يكون أحد مسيحياً، وبعد صدور هذا المرسوم أخذ المسيحيون يتعرضون للملاحقة والاضطهاد من قبل السلطات الرومانية فلاقى الكثيرون حتفهم، ومنهم القديس بطرس والقديس بولس وعدد كبير من رؤساء الكنائس، ويشير المؤرخون إلى عشرة اضطهادات كبيرة تعرض لها المسيحيون (بين سنتي ٦٤-٣١٣ميلادية)، لكن تلك الاضطهادات لم تكن جميعها عامة وشاملة، وعلى الرغم من الاضطهاد الذي لقيه المسيحيون فقد تميز القرن الثالث الميلادي بسعة انتشار المسيحية، اذ زادهم الاضطهاد قوة واندفاعاً، فصار بعض المسيحيين يلتمس الشهادة طريقاً مباشرة إلى الحياة الأبدية. وقد أشار إلى سعة انتشار المسيحية ترتولين (في سنة ١٩٧م) بقوله: (كان دم المسيحيين كالبذار).

لقد أتى اضطهاد المسيحيين بنتيجة عكسية بالنسبة لسياسة السلطات الرومانية؛ لأن روح الشجاعة والصبر والإيمان التي واجه بها شهداء المسيحية مصيرهم أصبحت موضع اعجاب الكثيرين من الوثنيين، فأقبلوا على اعتناق المسيحية، وهكذا أضحت المسيحية في القرن الثالث الميلادي قوة خطيرة بسبب ازدياد عدد اتباعها ازدياداً مطرداً، وهذا ما دفع الإمبراطور الروماني ديو كليسيانوس

(٢٨٤-٣٠٥) إلى التطرف في قمعها، لان ازدياد عدد المسيحيين في صفوف الجيش هدد بالقضاء على ولاء الجند للإمبراطور والإمبراطورية، ففي سنة ٣٠٣م أصدر ديو كليسيانوس عدة مراسيم إمبراطورية يأمر فيها بهدم كنائس المسيحيين ومنعهم من الصلاة، وإحراق كتبهم وسجن قساوستهم وطردهم من صفوف الجيش والوظائف الحكومية، لكن تلك المراسيم لم تردع المسيحيين عن إيمانهم، فأصدر ديو كليسيانوس مراسم لاحقة يأمر فيها بتعذيب المسيحيين وقتلهم، فلاقى الكثيرون منهم حتفهم على ايدي السلطات الرومانية، مما جعل المسيحيين يطلقون فيما بعد على الفترة الأخيرة من حكم ديو كليسيانوس عصر الشهداء.

أسباب اضطهاد المسيحيين

أهم الأسباب التي دفعت السلطات الرومانية لاضطهاد المسيحيين هي التالية: ١- رفض المسيحيون عبادة الإمبراطور وآلهة وما الوثنية، وهذا الرفض يدل على عدم الولاء للدولة الرومانية وإمبراطورها، ويعد من العوامل المفككة لوحدة الإمبراطورية.

٢- بدت التعاليم المسيحية كأنها ثورة اجتماعية – اقتصادية ضد الاستغلال والتفاوت الطبقي السائد في الإمبراطورية الرومانية آنذاك؛ اذ قال السيد المسيح: (ما أعسر دخول ذوي المال إلى ملكوت الـلـه.... مرور جمل من ثقب إبره أيسر من أن يدخل غني من ملكوت الـلـه)، ولهذا تخوف الارستقراطيون الأغنياء من تلك التعاليم؛ لأنها تشكل خطراً على مصالحهم الاقتصادية والاجتماعية والسياسية.

٣- تخوفت السلطات الرومانية من اجتماعات المسيحيين السرية لممارسة عبادتهم، وخشيت أن تتحول حركتهم الدينية إلى حركة ثورية تقوض النظام القائم في الإمبراطورية.

٤- اتخذ اليهود موقفاً عدائياً من المسيحيين، ولفقوا التهم والافتراءات ضدهم، كما حرضوا السلطات الرومانية على اضطهادهم؛ لأن التعاليم المسيحية تتناقض في كثير من الأمور مع التعاليم اليهودية.

٥- رفض المسيحيون تأدية الخدمة العسكرية الإلزامية، وهذا الرفض يشكل خطراً على تنظيم الجيش وولائه للإمبراطورية.

٦- تخوفت السلطات الرومانية من انتشار المسيحية في الأراضي الخاضعة للدولة الفارسية- العدوة التقليدية للرومان-، وخشيت أن يقف هؤلاء المسيحيون إلى جانب الفرس في حروبهم مع الرومان.

٥- اعتراف قسطنطين الكبير بالمسيحية ومرسوم ميلانو:

إن الاضطهاد العنيف الذي مارسه الإمبراطور ديوكليسيانوس ضد المسيحيين جعلهم يتمسكون بعقيدتهم أكثر فأكثر، ولمس الحكام الرومان الذين خلفوا ديوكليسيانوس النتائج السلبية لسياسة اضطهاد المسيحيين، فقرروا العدول عنها، ففي سنة ٣١١م أصدر الإمبراطور (الأوغسطس) غاليروس - بالاتفاق مع القياصرة الثلاثة وليكينوس ومكسيمينوس - براءة في مدينة سارديكة تنص على السماح للمسيحيين بممارسة شعائرهم الدينية، بشرط ألا يخلّوا بالنظام، وفي سنة ٣١٣م اجتمع قسطنطين بزميله ليكينوس، الذي جاء إلى مدينة ميلانو بإيطاليا ليتزوج من قسطنطينه أخت قسطنطين، وتشاور معه بأمور الدولة، فقرر إعلان حرية المعتقد في جميع أنحاء الإمبراطورية وتنفيذ براءة سارديكة التي سمحت للمسيحيين بممارسة شعائرهم الدينية.

وقد جاء في مرسوم ميلانو ما خلاصته: (نحن قسطنطين أوغسطس وليكينوس أوغسطس، بعد تداول الرأي في ميلانو تبين لنا أن مصلحة الدولة تقتضي بمنح المسيحيين وجميع الرومانيين حق اتباع الدين الذي يختارونه). وبهذا التشريع الجديد انتهى عصر الاضطهاد واعترفت السلطات الرومانية بشرعية وجود الديانة المسيحية، كما أصبحت الكنائس المسيحية تتمتع بحق التملك، لكن المسيحية لم تصبح في ذلك الحين ديانة رسمية للدولة الرومانية، بل صارت متساوية مع الأديان الوثنية الرومانية.

في سنة ٣٢٤م انتصر قسطنطين في حربه مع زميله ليكينوس وصار حاكماً وحيداً في الإمبراطورية الرومانية، فأصدر مرسومين ينصان على وجوب إنهاء اضطهاد المسيحيين ومنح حرية المعتقد للمسيحيين والوثنيين على السواء، وعلى الرغم من مبدأ المساواة الذي أعلنه الإمبراطور قسطنطين، فقد كانت ميوله نحو المسيحية

أقوى من ميوله نحو الوثنية، إذ إنه قدم الأموال لبناء الكنائس المسيحية، ومنح الأساقفة المسيحيين سلطة قضائية، وبتأثير التعاليم المسيحية أصدر قسطنيطين بعض القوانين التي تحرم الخطف والاغتصاب والتسرر والعهر، كما تحدد حالات الطلاق وتوصي بحماية الأرامل واليتامى والمساكين، وكان لعطف قسطنطين على الكنيسة المسيحية وقع عظيم في الأوساط المسيحية، فأطلق عليه المسيحيون فيما بعد لقب (القديس قسطنيطن)، وعلى الرغم من هذا فلا تزال قضية اعتراف الإمبراطور البيزنطي الأول قسطنطين بالمسيحية موضع جدال بين الباحثين والمعاصرين، فبعض الباحثين يرى أن اعتراف قسطنطين بالمسيحية كان تعبيراً عن إيمانه بهذه الديانة، وبعضهم الآخر يرى أن اعترافه بالمسيحية كان لخدمة أهدافه السياسية[٦].

٦- الأريوسية ومجمع نيقية الديني:

بعد اعتراف الإمبراطور البيزنطي قسطنطين الأول بشرعية وجود الديانة المسيحية نشبت الخلافات العقائدية بين المسيحيين انفسهم، وأول خلاف عقائدي نشب في مصر بين كاهن مثقف من الاسكندرية يدعى آريوس وبطريرك الاسكندرية اثناسيوس الكبير.

لقد انكر أريوس ألوهية السيد المسيح ودعا إلى الاعتقاد بإله واحد هو الأب، أما الابن (أي المسيح) فهو مخلوق من العدم بإرادة الأب، كما يحمل صورته وإرادته وقدرته ومجده، لكن الابن لا يتساوى مع الأب وإن المسيح ليس إلهاً.

أما البطريرك أثناسيوس الكبير فقال: إن فكرة الثالوث المقدس (الأب والابن وروح القدس) تحتم أن يكون الابن مساوياً للإله الأب تماماً في كل شيء بحكم انهما من عنصر واحد بعينه، وإن كانا شخصين متميزين، وهكذا كان اتباع آريوس من الموحدين في حين كان اتباع اثناسيوس من الثالوثيين أي المؤمنين بوحدة الثالوث المقدس.

وعندما اشتد الجدل وتفاقم النزاع بين انصار المذهب الأريوسي، وانصار المذهب الأثناسيوسي، خشي الإمبراطور البيزنطي قسطنطين ان تؤدي الخلافات العقائدية إلى فوضى ومشكلات تهدد الامن والسلام في ولايات الإمبراطورية، فحاول

ان يوفق بين المذهبين، إذ أوفد إلى مصر الأسقف هوسيوس وحمله رسالة إلى رؤوس الطرفين المتخاصمين، يقول فيها ما معناه: إن السلم أهم بكثير من مثل هذه المشادات العقائدية، وإن مصلحة الدولة تتطلب أن يتساهل الطرفان للوصول إلى حل مرض.

لكن الأسقف هوسيوس أخفق في محاولته حل الخلاف العقائدي، فاقترح عقد مجمع ديني مسكوني (عالمي) للنظر في هذا الخلاف.

قبل الإمبراطور قسطنطين هذا الاقتراح ووجه الدعوة إلى جميع أساقفة الإمبراطورية للاجتماع في مدينة نيقية (في آسيا الصغرى)، فلبى الدعوة نحو ثلاثمائة أسقف أكثرهم من الولايات الشرقية.

في سنة ٣٢٥م انعقد المجمع السكوني بمدينة نقية، فكان أول مجمع ديني عالمي في تاريخ الكنيسة المسيحية. حضر الإمبراطور قسطنطين الجلسة الافتتاحية وألقى كلمة دعا فيها الأساقفة إلى توحيد الصفوف والآراء، ناقش المؤتَمِرون البدعة التي جاء بها آريوس، فأيدها عشرون أسقفاً ورفضها الآخرون الذين يشكلون الأكثرية، وهكذا أدان معظم الاساقفة المجتمعون في نيقية البدعة الأريوسية، وحكموا على آريوس وانصاره بالحرمان من الكنيسة، فأيد الإمبراطور قسطنطين هذا الحرمان وحكم على آريوس بالنفي إلى ايليريا.

وضع الأساقفة المجتمعون في نيقية سنة ٣٢٥م دستور إيمان المسيحيين لا يزال باقياً حتى اليوم، بعد تعديله في المجمع السكوني الثاني سنة ٣٨١م، وقد جاء في هذا الدستور ما يلي: (إن المسيح ليس مخلوقاً من العدم، بل هو مولود من جوهر الأب قبل الدهور (أي منذ الأزل) ومساو للأب في الجوهر، وهو إله حق من إله حق، ومن أجل البشر وخلاصهم نزل من السماء وتجسد وتأنس (أي أصبح إنساناً)، وتألم ومات، ثم قام في اليوم الثالث وصعد إلى السماء وسيأتي ليدين الأحياء والأموات). كذلك سن مجمع نيقية الأول عشرين قانوناً لتنظيم الكنيسة المسيحية.

بعدما انفض مجمع نيقية الديني وعاد الأساقفة إلى أبروشياتهم، أخذ بعضهم يتحدث عن صحة آراء آريوس وطفق الأريوسيون ينشطون فازداد عددهم في الولايات الشرقية، وفي سنة ٣٣٠ اقنع يوسيبيوس اسقف مدينة نيكوميدية (في آسيا الصغرى)

الإمبراطور قسطنطين بصحة آراء آريوس، فأعاد الإمبراطور آريوس من منفاه، وفي سنة ٣٣٠ أيضاً عقد الأساقفة الاريوسيون مجمعاً دينياً في مدينة انطاكية السورية، وعزلوا بطريركها افسيتاثيوس الاثناسيوسي، وعينوا مكانه بطريركاً اريوسيا.

وفي سنة ٣٣٣ عقد الأساقفة الأريوسيون أيضاً مجمعاً دينياً في مدينة قيسارية بفلسطين، ودعوا إليه بطريرك الإسكندرية أثناسيوس فلم يحضر، وبعدها في سنة ٣٣٥ عقدوا مجمعاً دينياً في مدينة صور ودعوا إليه اثناسيوس، فحضر فقطعوه (أي حرموه من الكنيسة).

وفي سنة ٣٣٦ دعا الإمبراطور البيزنطي قسطنطين الأول إلى انعقاد مجمع ديني في القسطنطينية، فكان الأساقفة الأريوسيون يشكلون الأكثرية فحكموا على البطريرك أثناسيوس بالنفي، فنفي إلى غاليا بأمر من الإمبراطور قسطنطين، وظل فيها منفياً حتى أعاده الإمبراطور جوليانس المرتد (٣٦١-٣٦٣).

وهكذا انتصر الأريوسيون وأيدهم الإمبراطور، كما ظل آريوس في العاصمة البيزنطية حتى توفي سنة ٣٣٦، ثم توفي بعده الإمبراطور قسطنطين في سنة ٣٣٧ بعد أن تم تعميده وهو على فراش الموت على يد أسقف مدينة نيكوميدية الآريوسي.

نلاحظ من تتبع الأحداث تذبذب الإمبراطور قسطنطين الأول في سياسته الدينية، فلقد أيد النقيويين الاثناسيوسيين عندما كانوا الأكثرية، ثم أيد الأريوسيين عندما صاروا الأكثرية.

ولعل ازدياد عدد الأريوسيين في الشرق دفع الإمبراطور قسطنطين إلى تغيير رأيه وتأييدهم بعد ان نقل العاصمة من روما إلى القسطنطينية في سنة ٣٣٠، مما استلزم استرضاء أهالي الجزء الشرقي من الإمبراطورية.

انتقال المسيحية إلى برابرة أوروبا على المذهب الأريوسي:

بعد وفاة الإمبراطور قسطنطين الأول (في سنة ٣٣٧) تقاسم ابناؤه الثلاثة حكم الإمبراطورية، فتولى قسطنطين الثاني الغرب (أيطاليا وغاليا وقسماً من شمال إفريقيا)، وتولى كونستانتيوس الشرق بأكمله، في حين تولى كونستانس إيليريا وقسماً من شمال إفريقيا.

وسعى كل من هؤلاء الأخوة إلى توطيد نفوذه عن طريق تأييد المذهب السائد في البلاد التي يحكمها، فعمل كونستانتيوس على تأييد الأريوسية وتشجيعها في الشرق، في حين دأب أخواه على تأييد الاثناسيوسية النيقيونية في الغرب.

وفي سنة ٣٥٠ صار كونستانتيوس إمبراطوراً وحيداً، وحكم الإمبراطورية بأكملها حتى سنة ٣٦١، فعمل على فرض المذهب الآريوسي على الأجزاء الغربية من الإمبراطورية، مما جعل كفة الأريوسية ترجح في الإمبراطورية البيزنطية، ولم تعرقل الردة الوثنية (في عهد الإمبراطور جوليانوس الذي ارتد من المسيحية إلى الوثنية بين سنتي ٣٦١-٣٦٣) انتشارَ الآريوسية؛ لأن تلك الردة انتهت بوفاة الإمبراطور المرتد، وحكم بعده الإمبراطور جوفيانوس لمدة سنة واحدة (٣٦٣-٣٦٤)، ثم خلفه في الحكم أخوان، هما فالانتينيانوس الأول في الغرب (٣٦٤-٣٧٥)، وكان نيقيويا اثناسيوسيا وأخوه فالانس في الشرق (٣٦٤-٣٧٨)، وكان اريوسياً ومشجعاً للاريوسيين.

وخلف فالانس على عرش القسطنطينية الإمبراطور تيودوسيوس الأول (٣٧٨-٣٩٥)، فدعا إلى عقد المجمع الديني المسكوني الثاني في القسطنطينية في سنة ٣٨١، فأقر ذلك المجمع إدانة المذهب الأريوسي وتأييد المذهب النيقيوني الأثناسيوسي، وبذا قضي على المذهب الأريوسي، وأخذت الاريوسية تضمحل وتتلاشى داخل حدود الإمبراطورية البيزنطية في حين ظلت آخذة بالانتشار بين برابرة أوروبا من القبائل الجرمانية.

من خلال عرض الأحداث نلاحظ ان معظم الأباطرة الذين حكموا الامبراطورية البيزنطية منذ سنة ٣٣٠ حتى سنة ٣٨١ قد أيدوا الأريوسية وشجعوها، والى تلك الفترة بالذات يعود انتقال المسيحية على المذهب الاريوسي إلى البرابرة الجرمانيين، ففي سنة ٣٤١ رسم يوسيبيوس أسقف نيكوميدية الآريوسي شخصاً يونانياً من كبادوكيا بآسيا الصغرى يدعى أولفيلا أسقفاً، وأرسله ليقيم بين القوط الغربيين الذين نزلوا شبه جزيرة البلقان، ويبشرهم بالدين المسيحي على المذهب الاريوسي. وتمكن اولفيلا من ترجمة الأنجيل من اللغة اليونانية إلى اللغة القوطية، مما هيأ للقوط الإطلاع على التعاليم المسيحية واعتناقها، ونقل القوط الغربيون الاريوسية إلى القوط الشرقيين،

ثم اعتنقها على التوالي الجيبيديون والوندال والروغ والآلاماني والثورنجيون واللومبارديون.

وكان لاعتناق معظم البرابرة المذهب الاريوسي نتائج سياسية سلبية بالنسبة لهم، لأن الجرمانيين باعتناقهم هذا المذهب وضعوا حائلاً بينهم وبين الرومان الكاثوليك.

لقد بدأ يرتسم شكل جديد للوطنية الرومانية امتزجت فيه فكرة الإمبراطورية وفكرة الكاثوليكية معاً، وهذا الشعور حال دون انصهار العناصر البربرة الاريوسية مع العناصر الرومانية الأصلية الكاثوليكية في الممالك الجرمانية التي نشأت على أراضي الإمبراطورية الرومانية.

كانت مقدرات الشعوب الجرمانية بموقفها الديني والمذهب الذي تعتنقه، فالشعوب التي اعتنقت المذهب الاريوسي كان ذلك المذهب شؤماً عليها، لقد استنكر الأريوسية مجمع نيقية المسكوني الأول، كما لعنها بابا روما واستهجنها جميع رجال الدين الغربيين في ايطاليا وغاليا واسبانيا، وقالوا لابناء كنائسهم الكاثوليكية: إن المؤمن بالمذهب الأريوسي عدو السيد المسيح، وإن في الأريوسية تحدياً لألوهية عيسى بن مريم.

وعلى هذا أدى اعتناق القوط الغربيين والقوط الشرقيين والبرجنديين والوندال المذهب الاريوسي إلى زوال ممالكهم التي أقاموها في أراضي الإمبراطورية الرومانية. وعبثاً حاول ثيودورك الأريوسي ملك القوط الشرقيين ان يطبق التسامح الديني مع الكاثوليكية في أيطاليا، وقد قال في هذا الشأن: (إننا لا نستطيع أن نفرض ديناً؛ لانه لا يمكن إجبار إنسان على الإيمان رغماً عنه).

أما جيزريك ملك الوندال وخلفاؤه الأريوسيون فقد كانوا يضطهدون الكاثوليك في المملكة الوندالية التي اسسوها في شمال أفريقيا (٤٢٩-٥٣٤). ولقد دامت ذكرى تلك الاضطهادات طويلاً، اذ نرى غريغوري التوري (أسقف مدينة تور بفرنسا) كاثوليكي المذهب يتطرق في أواخر القرن السادس في كتابه الثاني لتاريخ الكنيسة إلى

جرائم الوندال الاريوسيين. وعلى نقيض ذلك اعتنق البرابرة الفرنجية الديانة المسيحية على المذهب الكاثوليكي، مما أدى إلى بقاء دولتهم واستمرارهم.

ففي سنة ٤٩٦ اعتنق كلوفس (ملك الفرنجة الميروفنجي) الديانة المسيحية على المذهب الكاثوليكي؛ إذ تم تعميده مع ثلاثة آلاف من كبار رجاله على يد اسقف مدينة ريمس الفرنسية، وكان لذلك الحدث أهمية كبيرة في تاريخ أوروبا في العصور الوسطى، فلقد شبه غريغوري التوري اعتناق كلوفس المسيحية الكاثوليكية باعتناق الامبراطور البيزنطي قسطنطين الأول المسيحية، وأطلق عليه اسم قسطنطين الجديد، وترتبت على اعتناق كلوفس المسيحية على المذهب الكاثوليكي نتائج سياسية إيجابية بالنسبة للفرنجة على الصعيدين الداخلي والخارجي، ومن تلك النتائج ما يلي:

١- كسب كلوفس ولاء سكان غاليا من الكلت والرومان الكاثوليك، مما ساعد على إقامة قاعدة شعبية صلبة للحكم الفرنجي في غاليا وتثبيت أركانه.

٢- حدث تآلف وتعاون وامتزاج بشري وحضاري بين الفرنجة (الجرمان) والكلتيين والرومان المقيمين في غاليا، مما جعل تلك الشعوب جنساً واحداً يكون أمة واحدة، وهكذا صارت الوحدة الدينية الروحية التي تجمع تلك الشعوب اساساً ثابت الدعائم لدولة كلوفس وخلفائه من الملوك الميروفنجيين والكارولنجيين.

٣- انتشرت المسيحية الكاثوليكية في أوروبا الغربية على نطاق واسع بنتيجة الجهود التي بذلها ملوك الفرنجة في هذا المجال.

٤- قام تحالف بين ملوك الفرنجة والبابوية تمخض عنه وقوف البابوية إلى جانب هؤلاء الملوك في حروبهم التوسعية وإعطاء تلك الحروب مع القوى الجرمانية الاريوسية طابعاً دينياً عقائدياً، وبالمقابل وقف ملوك الفرنجة إلى جانب البابوية ورجال الدين الكاثوليك في الغرب الأوروبي، ودافعوا عن أملاكهم وثرواتهم فمنعوا البرابرة من اغتصابها.

٥- صار كلوفس وخلفاؤه من ملوك الفرنجة خلفاءً مرغوباً فيهم من قبل الأباطرة البيزنطيين لوقوفهم ضد ملوك البرابرة الجرمان الآريوسيين.

وهكذا كان اعتناق كلوفس المسيحية على المذهب الكاثوليكي السائد في روما لأهداف سياسية أكثر من أية اعتبارات أخرى، وكان عمله هذا خطوة سياسية ناجحة جداً، إذ أعطت نتائجها الإيجابية في عهده وعهد خلفائه من ملوك الفرنجة الميروفنجيين والكارولنجيين.

نشأة الكنيسة المسيحية وتنظيمها

الكنيسة لفظ مأخوذ من الكلمة اليونانية (اكليزا)، وتعني المجلس أو الجماعة، والكنيسة مكان العبادة والصلاة عند المسيحيين، كما تطلق ايضاً على جماعة المؤمنين بالدين المسيحي أو بمذهب من مذاهبه.

كانت الكنيسة في بادئ أمرها هيئة بسيطة من المؤمنين تختار واحداً من الكبراء ليكون كاهناً يرشدها، وواحداً أو أكثر من القراء أو السدنة أو الشمامسة ليساعدوا الكاهن في إقامة الصلاة أو الحفلات الدينية كحفلة التعميد أو الزواج وغيرها.

ولما كثر عدد المؤمنين اختاروا لأنفسهم في كل مدينة رئيساً دينياً سموه إبسكوبس Episcops أي مشرفاً أو أسقفاً، ولما زاد عدد الأساقفة أصبحوا بحاجة إلى من يشرف على أعمالهم وينسقها، فاختاروا في كل ولاية رئيس اساقفة Archepiscops، وسموه مطراناً، وفي القرن الرابع صار يشرف على جميع رجال الدين في العالم المسيحي ستة بطاركة يقيمون في القسطنطينية وروما وانطاكية والقدس والإسكندرية وقرطاجة، وفي أدنى الكهنوتي يأتي القسيس أو الكاهن في القرية، وهكذا ظهر سلم كهنوتي متدرج يشبه إلى حد كبير سلم الوظائف الإدارية في الإمبراطورية الرومانية.

وكان الأساقفة ورؤساء الأساقفة يجتمعون بناء على دعوة من البطريرك (البطرك) أو الإمبراطور في مجامع دينية، فإذا كان المجمع الديني يمثل أساقفة ولاة بمفردها أو أساقفة إقليم بمفرده سمي مجمع الولاية أو المجمع الإقليمي، وإذا كان المجمع يمثل جميع ولايات الإمبراطورية في الغرب والشرق سمي مجمعاً عاماً، أو مسكونياً، (نسبة إلى المسكونة، والمقصود بها الكرة الأرضية)، أما إذا كان المجمع الديني يمثل كنائس الشرق البيزنطي وحده، أو يمثل كنائس الغرب الأوروبي وحده

سمي المجمع الكلي، وإذا كانت قرارات المجمع الديني ملزِمة لجميع المسيحيين في العالم سمي المجمع الأكبر، أما المجمع الذي يجتمع فيه قساوسة أسقفية واحدة برئاسة الأسقف فقد سمي المجمع الأسقفي.

في القرون الثلاثة الميلادية الأولى لم يكن يطلب إلى القسيس (الكاهن) أن يظل عازباً، بل كان بمقدوره أن يحتفظ بزوجته إذا كان قد تزوج بها قبل رسامته، ولكن لم يكن يجوز للقسيس ان يتزوج بعد ان يلبس ثياب الكهنوتية، كما لم يكن يجوز لرجل تزوج باثنتين، أو بأرملة، أو طلق زوجته، أو اتخد خليلة ان يصبح قسيساً، وفي القرن الرابع ظهر بعض المتطرفين المسيحيين الذين عارضوا زواج القسيس، ومع ان مجمع جنجرا الديني سنة ٣٦٢ أقر زواج القسيس فقد ظلت الكنيسة تنصح قساوستها بأن يظلوا بلا زواج، وفي عام ٣٨٧ امر البابا سيريسيوس بتجريد كل قسيس يتزوج أو يبقى مع زوجته التي تزوج بها من قبل، وأيد هذا القرار كل من جيروم وامبروز واوغسطين في حين لقي مقاومة متفرقة جيلاً بعد جيل، فلم يطبق بصورة مطلقة في الغرب الأوروبي.

إن قيام هيئة كهنوتية إلى جانب هيئة موظفي الدولة، كان لا بد أن يخلق نزاعاً على السلطة بينهما، إلا إذا خضعت إحدى الهيئتين للأخرى، وعلى هذا خضعت الكنيسة للدولة في الشرق البيزنطي، أما في الغرب اللاتيني فقد أخذت كنيسة روما البابوية تناضل دفاعاً عن استقلالها بضعة قرون، ثم أخذت بعدئذ تحارب لفرض سيادتها على الدولة والسلطة الإمبراطورية.

وكان اتحاد الكنيسة والدولة يتطلب احياناً تعديلاً في مبادئ المسيحية، من ذلك أن ترتليان (أو ترتولين) القرطاجي وأورويجين الاسكندري كانا يعلمان من قبل ان الحرب غير مشروعة في جميع الأحوال، أما عندما اصبحت الكنيسة تحت حماية الدولة، فقد رضيت بالحروب التي تراها ضرورية لحماية الدولة أو الكنيسة.

بعد اعتراف الامبراطور قسطنطين الأول بالديانة المسيحية أخذت الكنيسة تحصل تدريجياً على امتيازات خاصة من الحكومة الإمبراطورية، منها حق الحصول على الهبات، وحق الإعفاء من الضرائب، وحق الأساقفة بالفصل في المنازعات التي

تنشأ بين المسيحيين، وهكذا ازدادت ثورة الكنيسة؛ إذ امتلكت الأراضي الواسعة التي قام العبيد والكولون بفلاحتها، كما أغدق عليها الأباطرة والحكام والمؤمنون الهبات والهدايا والاموال، كذلك ازدادت ثروة الأساقفة وعظم نفوذهم، مما أدى إلى اختفاء روح الأخوة والبساطة والمساواة التي امتاز بها المسيحيون الأوائل، وحلت محلها مسحة من القسوة والتعالي والتباعد بين رجال الدين ورعاياهم المسيحيين، فلقد صار الأسقف يجلس على عرشه الأسقفي، كما كان يفعل الحاكم الروماني من قبل، وأحاط نفسه بالحشم والخدم الاتباع والموظفين.

لم يضع السيد المسيح لاهوتاً منظماً، وإنما علّم الناس أسلوباً جديداً في الحياة، في البدء نشر تلاميذ السيد المسيح الدعوة المسيحية بين أناس بسطاء غير مثقفين، واقتصرت دعوتهم على تعليم المسيحيين أسلوب المسيح في الحياة، وفيما بعد انتشرت المسيحية بين المثقفين، فأخذوا يتساءلون عن العلاقة بين اللـه والمسيح ويستفسرون عن طبيعة الملائكة، وعن كيفية تحول الخبز والنبيذ إلى لحم المسيح ودمه.

وعلى هذا اصبحت الحاجة ماسة لوضع دراسات لاهوتية تقنع المسيحيين المثقفين، وقد قام بهذه المهمة مجموعة من كبال المفكرين المسيحيين الذين عرفوا الفلسفة والمنطق، ولا سيما الفلسفة الأفلاطونية الحديثة، فأفادوا منها في تقديم العقائد المسيحية بصورة يتقبلها المثقفون.

كذلك عملوا على التوفيق بين تعاليم العقائد المسيحية بصورة يتقبلها المثقفون، كذلك عملوا على التوفيق بين التعاليم المسيحية من جهة ومطالب الدولة والكنيسة في عهدهما الجديد من جهة أخرى.

وقد أطلق على هؤلاء المفكرين - الذين وضعوا أدباً مسيحياً جديداً يساعد على فهم العقائد المسيحية - لقب آباء الكنيسة، وأشهرهم: جوستين النابلسي، ترتليان (أو ترتولين) القرطاجي، كليمنت الاسكندري، اوريجين الاسكندري(١٨٥-٢٥٤)، اثناسيوس الاسكندري، باسيلوس الكيساري، امبروز (٣٤٠-٣٩٧)، جيروم (٣٣١-٤٢٠) الذي ترجم التوراه السبعينية والأناجيل من اليونانية إلى اللاتينية،

وسميت ترجمته هذه الفلغاطه، أوغسطين الجزائري (٣٥٤-٤٣٠) الذي من أهم آثاره الأدبية اعترافات أوغسطين ومدينة الـلـه [٧].

الفصل الرابع

الغزو الجرماني

للإمبراطورية الرومانية

قبائل الهون:

وصلت قبائل الهون أوروبا منذ القرن الأول الميلادي، وكانت بعض هذه القبائل قد فرت في سنة ٩٣ من وجه جيوش الصين التي ألحقت بها عامئذ هزيمة نكراء عند السفوح الشمالية لجبال آلطاي اضطرتها إلى اللجوء إلى غربي جبال أورال وحوض الفولغا، لكن بما أن أعداد الفارين لم تكن كبيرة، فإنها أبيدت في صراعها مع القبائل المرابطة في تلك البقاع بمجرد اقترابها من ضفتي نهر الدون، بينما كانت جموع الهون المهاجرة في القرن الرابع غفيرة، حيث إن شعباً بكامله بدأ إيغاله في الزحف والانقضاض على أوروبا، وكانت هذه الهجرة الجديدة بمثابة وثبة شعب كامل أهوى على أوروبا، وستكون نتائج غارته عليها بمثابة كارثة سيل جارف لا يبقي ولا يذر، وكانت القبائل الجرمانية القاطنة من حدود الإمبراطورية قد رصت صفوفها ودفعت بعضها بعضاً، وألقي بها بشكل غير منظم نحو الجنوب.

فتلك القبائل الجرمانية التي كانت مستقرة في أقاليم أوروبا الشرقية والوسطى دفعت على شكل كتل بلغت الحدود الرومانية التي رضخت حامياتها أمام هذا السيل الجارف، ولم يكن دخول أولئك الضيوف غير المرغوب فيهم من بعض مخافر الحدود متوقعاً، إنما فتحت الحدود كلها وبصورة مفاجئة أمام هذا الزحف الفوضوي للقبائل الجرمانية، علماً أن مخافر وولايات الحدود كانت إلى هذه الآونة قد استطاعت التماسك ورد المغيرين. وكانت تلك القبائل الجرمانية التي عبرت الحدود الرومانية قد فرت من وجه عناصر الهون.

لم يكن هؤلاء الجرمان الذين سمح لهم بعبور حدود الإمبراطورية أول عناصر جرمانية تجاوزت تلك الحدود، إنما كانت أول شعوب جرمانية برمتها سُمح لها بعبور تلك الحدود والاستقرار على أرض الإمبراطورية وتملّك تلك الأرض، وعلى الرغم مما بذلته الحكومة الإمبراطورية من جهود نشداناً لصيانة كرامتها، فإن هؤلاء الجرمان الذين سُمح لهم بالاستقرار داخل الحدود سينظمون جماعاتهم بصورة بطيئة ويمارسون حكم أنفسهم، بمعنى أنهم سيتمتعون باستقلال ذاتي مُعدِّين الإمبراطورية لأن تتحول إلى خليطة من الدول البربرية.

دخول عناصر الهون إلى أوروبا وعناصر الفيزيغوط إلى الإمبراطورية الرومانية:

ليست لدينا سوى معلومات بسيطة عن دخول الهون إلى أوروبا، وكانت العناصر الآلانية Alains أول من تلقى صدمة الهون من العناصر البربرية، وقضت صدمة الهون لهذه العناصر على مقاومتها وبصورة مباشرة، إنها أفقدتها القوة فأفسحت الطريق أمام الغزاة الجدد بتنحيها عن طريقهم وحاول الاوستروغوط ان يوقفوا بدورهم المجتاح الجديد، وصمدوا في وجهه ببسالة، لكنهم لم يستطيعوا سوى تأخير وقوع الكارثة، وخاصة بعد الهزيمة الساحقة التي أنزلها الهون بهم سنة ٣٧٠م.

وسرعان ما تلقى الفيزيغوط الصدمة غير المباشرة لهزيمة بني عمهم المستقرين في الشرق وزحزحتهم عن مناطق استقرارهم، وغدا الجو الشمالي نهر الدانوب بالنسبة إلى عناصر الفيزيغوط جحيماً لا يطاق، وقد عبرت أول مجموعة فيزيغوطية نهر الدانوب في ربيع سنة ٣٧٦، وقدرت بحوالي ٣٥-٤٠ ألف فيزيغوطي وفق التقدير الأكثر اعتدالاً، ولربما كان عبور هؤلاء النهر مقابل مقاطعة سيليستريا, وكان هؤلاء الفيزيغوط قد التمسوا من الإمبراطور فالانس ولو من حيث الشكل السماح لهم بالدخول إلى أراضي الإمبراطورية كعناصر حليفة، لكن عما قليل فإن الآلاف المؤلفة من الفيزيغوط صارت تعبر تلك الحدود نفسها بدون طلب أي اذن من السلطات الرومانية العليا، على جناح السرعة، وبدون سابق إعلام لمخافر الحدود موالية زحفها إلى داخل ميزيا الداخلية (القسم الشرقي من بلغاريا الحالية).

وقد حيل بين هؤلاء الفيزيغوط وبين موالاتهم الزحف داخل الإمبراطورية خلال حقبة وجيزة بنتيجة الجهود اليائسة التي بذلها الإمبراطور فالانس، ولم يمكن إيقاف هذا المد الفيزيغوطي إلا في صيف سنة ٣٧٩ بعد الحملة المظفرة التي قادها الشاب تيودوسيوس، وكان قد نصب إمبراطور منذ عدة أشهر.

غادر هذا القائد سالانيك بأقصى سرعة، ووصل إلى نهر الدانوب، ونجح في تطويق عناصر الفيزيغوط وأسر حملة كاملة من قواتهم وإجبار فالتهم على الفرار من وجه قواته نحو الشمال.

أمكن الحفاظ على الإمبراطورية الرومانية، لكن القسم الأكبر من ولاية ميزيا قد بقي بأيدي الفيزيغوط، مع هذا التحفظ الذي نص عليه في معاهدة أبرمت بينهم وبين الإمبراطورية سنة ٣٨٢، وجاء فيه أن الفيزيغوط لن يقيموا ولن يتوقفوا في هذا الربوع إلا بصفتهم عناصر حليفة، مما يضطرهم - وأسوة بباقي الحلفاء - إلى تقديم مقاتلتهم للاشتراك في حروب الإمبراطورية مقابل دفع جزية سنوية من قبل إمبراطور القسطنطينية إلى رئيس هذه العناصر.

كان هذا التحفظ وهمياً من حيث ان الفيزيغوط الذين سمح لهم بعبور حدود الإمبراطورية سوف لن تبقى عناصرهم مدة طويلة ساكنة وهادئة قابعة في الرقعة الضيقة التي حددت لهم، وهكذا فسرعان ما استأنفت هذه العناصر غاراتها المدمرة على ولاية تراقيا، حيث أمكنها الوصول إلى أبواب القسطنطينية، وذلك بقيادة ملكها آلاريك، ثم كان جرأة الفيزيغوط تزداد باطراد بدرجة ازدياد الفوضى في رحاب الإمبراطورية، وتبعاً لذلك اجتاز الفيزيغوط مقدونية في سنة ٣٩٦، ثم والوا منها تقدمهم فوصلوا تساليا واجتازوا ممر ترموبيلاي في اليونان، وأخيراً دخلوا مظفرين أثينا وسواها من مدن اليونان، مستولين في كل منها على أسرى وغنائم، لكن هؤلاء الفيزيغوط لم يلبثوا أن فروا من وجه الحملة البحرية التي وصل - ومسرعاً - على رأسها ستيليكون الوصي على الإمبراطورية الغربية أو مدير إداراتها، والتي أنزلت قواتها إلى البر، وصل الفيزيغوط في فرارهم من ستيليكون إلى مقاطعة ابيراوس (شمال غربي بلاد اليونان)، ولم يتوقفوا عن موالاة زحفهم في سنة ٣٩٧ إلا بعد أن أعطوا الوعود بمنحهم أقاليم أخرى.

لقد نفذ الوعد المقطوع للفيزيغوط الذين كانوا - مؤكداً - قد بدأوا يغيرون على المناطق المجاورة، فمنحهم آركاديوس إمبراطور القسطنطينية إذناً رسمياً بالاستقرار - كعناصر حليفة أيضاً - وفي ولايات إيلليريا في ظل ملكهم آلاريك الذي منح كذلك وفي الوقت نفسه لقباً يحسد عليه، وهو قائد الحرس الوطني – الميليسشا - في إيلليريا الممتدة حدودها آنذاك حتى جبال الألب النمساوية، ذلك التدبير الذي جعل الفيزيغوط تشرئب أعناقهم، فيحملون على موالاة زحفهم إلى غربي أوروبا في هذه المرة، وذلك

في ظرف كان فيه مفهوم المؤازرة والمساندة بين شقي الإمبراطورية قد أخذ ينمحي بصورة متزايدة من يوم لآخر، وتمكن الإمبراطور في القسطنطينية من جعل الفيزيغوط يرنون بأبصارهم نحو غربي أوروبا فأتاحت له خطته حماية القسطنطينية من السقوط بيد أولئك الغزاة الجرمان، وكانت خطته سياسية بارعة.

وفي جميع الأحوال لئن نفذت تلك الخطة بما قد تقوم به عناصر الفيزيغوط في المستقبل، أو توقع ذلك، فإن هذا التنبؤ قد صدق من حيث إنه لم تمض سنتان على استقرار الفيزيغوط في مواقعهم الجديدة إلا ووجدناهم قد اجتاحوا - بقيادة ملكهم آلاريك وفجأة - جميع ايستريا مفاجئين آكيليه (في ١٨ تشرين ثاني سنة ٤٠١)، ومجتازين البندقية، صاعدين وادي نهر البور حتى مدينة بلزانس، ومنها حاولوا الاستيلاء على ميلانو، حيث كان إمبراطور الشق الغربي من الإمبراطورية، وهو هونوريوس مقيماً مع بلاطه، وقد ظن ملك القوط آلاريك أنه لن يجد القائد ستيليكون في طريقه ذلك القائد البطل الذي كان وزيراً لهونورويس الفتى، وبعد أن هدد آلاريك بأن يطوق هو وقواته لم يتفاد وقوع هذه الكارثة إلا بإسراعه في البيهمونت، وعلى الرغم من ذلك فقد هزم مع قواته في ٦ نيسان سنة ٤٠٢، واعتبر نفسه سعيداً ان تمكن بالمفاوضة من الانسحاب بحرية نحو إيلليريا.

لقد أخفق آلاريك في محاولته، ولو أنه بوسعنا القول إن المشروع (أي احتلال ايطاليا) قد أرجأ تنفيذه، وأصبح آلاريك وعناصر الفيزيغوط من ورائه كإسفين دق بين شطري الإمبراطورية، وبعد سيطرة آلاريك على ميزيا وعلى قسم كبير من ولايات إيلليريا صار بوسع الفيزيغوط الانقضاض كما يحلو لهم على ايطاليا، أو على تراقيا ومقدونية وبلاد اليونان، فمن البدهي والحالة هذه توقع استئناف محاولاتهم من هذه الجهة.

الاوستروغوط

غزا قسم من الاستروغوط بقيادة رئيسهم راداغير ايطاليا والغزو الفاندالي الأكبر في سنة ٤٠٥:

سرت الهزة العنيفة التي حدثت في عالم البرابرة من جراء دخول عناصر الهون إلى أوروبا في جميع أوساطهم الأدنى فالأدنى، ولم تلبث ان بلغت المناطق أو الحدود البعيدة لجرمانيا الغربية.

وفي الذي بدأ الفيزيغوط فيه، تحت وطأة وضغط العناصر الوافدة الجديدة (الهون)، يستقرون في ميزيا (صربيا) فان مجموعة من الاوستروغوط دخلت إلى ولاية بانونيا، (وهي هنغاريا الحالية)، حيث قبلهم الإمبراطور تيودوسيوس في سنة ٣٨٠ أيضاً كحلفاء، وبعد ان وصلتهم أنباء زحف ملك الفيزيغوط آلاريك على ايطاليا فإنهم لم يلبثوا ان اقتفوا إثر خطاه، كما زحفوا في نهاية سنة ٤٥٠ بقيادة رئيسيهم راداغيز، وكان بمعيتهم عصابات برابرة آخرين، وقد دخلوا بالقوة إلى ايطاليا الشمالية التي كانت وشيكة بالنجاة من الغزو الفيزيغوطي، وأخذ الغزاة الجدد يسلبون وينهبون ويحرقون جميع ما يصادفونه في طريقهم ناشرين الذعر في البلاط الإمبراطوري الذي اضطر - وعلى جناح السرعة - ان يعبئ حملة من المتطوعة التي عُبِّئت من بين جميع طبقات السكان بما فيهم أفراد طبقة العبيد، وتمكن ستيليكون في هذه المرة أيضاً من الانتصار وبسهولة على الغزاة. وحوالي نهاية آب ٤٠٦ وقع القائد الاوستروغوطي في أسر عدوه حينما كان يحاول اختراق صفوف هذا العدو وأرسل إلى التعذيب، اما بالنسبة إلى باقي قواته التي كانت تقوم بعملياتها منفردة فإنها لم تنج من الذبح إلا باجتيازها جبال الألب بأقصى سرعة، ولم يحن الوقت بعد الذي سترضخ فيه ايطاليا صاغرة تحت نير الحكم الاوستروغوطي.

لم يكد الرومان يستردون روعهم من هذا الغزو أو الإنذار إلا وظهر في منطقة أخرى من الإمبراطورية أثر غزو قبائل الهون لأوروبا الشرقية وسيكتوي الرومان بنار هذا الغزو الهوني، وبعد ان دفعت العناصر الآلانية نحو غربي أوروبا في سنة ٣٧٧ فإنها بلغت مصب نهر الدانوب، ثم عبرت بعد عشرين عاماً وادي نهر الثيس، حيث تمكنت من ان تجلي عنه عناصر الفاندال الآزينج، وسعياً من هؤلاء وراء البحث عن مأوى جديد ومستقر فإنهم بدأوا زحفهم منذ سنة ٤٠١ جارّين معهم قبائل السويف المجاورة لهم، لقد حاولوا بادئ الأمر إيجاد مخرج على الضفة اليمنى لنهر

الدانوب. وجعل منهم القائد ستيليكون حلفاء للإمبراطورية وفق القاعدة التي غدت منذ ذاك دارجة مألوفة. وقد منحهم وباسم الإمبراطور هونوريوس الأراضي في القسم الشمالي، في النمسا وبافاريا، لكنهم لم يبقوا فيهما فترة طويلة، حيث اجتازوا الدانوب في حوضه الأعلى ملتقين عند نهر الماين بأقاربهم الادنين وهم الفاندال السيلينج، وكان عدد الفاندال أنفسهم قد ازداد بمن انضم إليهم من عناصر القبائل الأخرى التي يستهويها حب الحصول على الغنائم، وأخيراً وبعد معركة مستمية لاقى فيها الملك الفاندالي (غوديجيزيل Godigisel) حتفه والى الفاندال زحفهم دافعين أمامهم قسماً من البورغونديين، ومزحزحين قوات الفرنجة حلفاء الإمبراطورية والدفاع عنها، وقد اجتازت طلائع قوات هذه الكتلة العظيمة من الشعوب التي بدأت زحفها نهر الراين عند مايانس في ٣١ كانون الأول ٤٠٦ فاتحة وممهدة الطريق أمام كتلة البرابرة التي تحث الخطا من خلفها، والتي ستحتل قريباً جميع الأجزاء الشمالية الشرقية من غاليا.

وقد وهنت قوى الحكومة الإمبراطورية ثمت، فان ستيليكون الذي كان الرئيس الفعلي للإمبراطورية في الغرب، والذي اضطر إلى مجابهة الأعداء على جميع الجبهات لم يجد قوات لصد الفاندال ورفاقهم، لذلك تمكّن هؤلاء من موالاة تقدمهم نحو الجنوب بدون ان يجدوا مقاومة جدية على طريقهم.

ثم حدثت في سنة ٤٠٨ عدة اشتباكات في غاليا بين القوات الإمبراطورية بقيادة الإمبراطور قسطنطين والفاندال وحلفائهم، وتجنباً من البرابرة أن يُطَوَّقوا من قِبَلِه فإنهم اجتازوا جبال البرانس في خريف ٤٠٩ مكبِّدين إسبانيا نفس الخسائر التي ألحقوها بغاليا، وخاصة بولايات غربي اسبانيا وجنوبها، وأخيراً - وبعد أشهر طويلة - مارسوا خلالها السلب والنهب والعنف فإنهم جعلوا من شبة جزيرة أيبريا صحراء قاحلة جرداء، وبعد شعورهم بالحاجة الملحة لتموين قواتهم فإنهم بدأوا المفاوضة مع السلطات الرومانية، وقد أبرمت معاهدة بين الجانبين في سنة ٤١١ غدا بموجبها جميع الفاندال ورفاقهم حلفاء للإمبراطورية وأعطوا بمقابل ذلك الأراضي والقمح.

الفيزيغوط:

استقرار عناصر الفيزيغوط في غاليا: لم تكد غاليا تتخلص من عناصر الفاندال

وحلفائهم حتى فوجئت بغزو الفيزيغوط لها، والذي كان آلاريك عاهلهم قد حاول وبدون جدوى سنة ٤٠٣ محو عار الهزيمة التي مني بها في شمالي إيطاليا سنة ٤٠٣، لكنه وحتى في هذه المرة أيضاً لم يكن أسعد حظاً، حيث اضطر إلى التراجع أمام ازدياد ضغط ووطأة القائد الروماني ستيليكون عليه. لذلك كله فإنه - وبالاتفاق مع هذا الأخير - اخذ يصب جام غضبه - وثأراً لخيبة أمله في محاولاته المتكررة - على الولايات التي كانت خاضعة للقسطنطينية، لكن الآمال التي علقها على هذا الاتفاق لم تلبث ان انهارت لتخلي ستيليكون عنه وتركه يزج بنفسه - وعلى رأس قواته الخاصة وحدها في سنة ٤٠٧ - في أتون معركة حامية الوطيس في مقاطعة ايبراوس، مما جعله يمنى بالهزيمة، ويرتد وهو يجر أذيال الخيبة والفشل، وهكذا فإنه عقد العزم في سنة ٤٠٨ على الانقضاض على شمالي ايطاليا مجبراً الحكومة الإمبراطورية على تلبية رغباته وقبولها ان تدفع له الجعل الذي اعتادت تسديده إلى رئيس القوات البربرية المحالفة، لكن جميع محاولاته في هذا العام ذهبت عبثاً، لا سيما حصاره لروما وإخفاقه. وبعد أن أخذ شبح المجاعة يهدده هو ومقاتلته في الأشهر الأخيرة من سنة ٤١٠ فانه قرر بلوغ شمالي إفريقيا، حيث شاهد بأم عينه لدى حصاره لروما السفن المترعة بالحبوب والتي كانت متجهة إلى روما نفسها تعود ادراجها إلى تلك الأقاليم مخافة وقوعها بيد محاصري روما، لكنه أثناء تراجعه عبر شمالي ايطاليا حزيناً كسير الفؤاد فاجأته المنون في إقليم كالابريا، وذلك عندما كان على طريق العودة للانضمام إلى جميع عناصر شعبه.

إذ ذاك بدأ الفيزيغوط زحفهم وبكامل كتلتهم، وبقيادة ملكهم الجديد آتولف Athaulf نحو غاليا، حيث لم يكن بوسع أحد في تلك الأرجاء أن يحول دون موالاتهم الزحف، وكان القائد ستيليكون قد اغتيل في شهر آب ٤٠٨، هذا وفي الوقت الذي استنفذ فيه الإمبراطور الضعيف هونوريوس طاقاته في الحروب ضد المغتصبين الذين حاولت غاليا ان تثيرهم ضده، وسواء أرضي أم لم يرض فانه سمح الميزيغوط باجتياز شمالي ايطاليا؛ ليسلكوا منها الطريق الموصلة إلى سهول إقليمي اللانغدوك وآكيتانيا في جنوب غربي فرنسا في سنة ٤١٢، وتمكن هؤلاء الغزاة من الدخول وبصورة متتالية

إلى كل مدن ناربونة وطولوز وبوردو ليبلغوا بعد تلك المسيرة الطويلة ساحل الأطلسي في سنة ٤١٣. وبعد أن استهلكوا جميع محصول المنطقة من الجنوب تذكروا أنهم من الشعوب المتحدة مع الرومان والمحالفين لهم في نطاق الإمبراطورية الرومانية. وانطلاقاً من هذه الفكرة فإنهم طالبوا الحكومة الإمبراطورية بأن تميرهم بالقمح.

وكان ثمة رجل قوي في روما هو قائد الحرس الوطني واسمه كونستانس قد تمكن من الاستئثار بالحكم الفعلي في الإمبراطورية في ذلك الظرف الراهن، إنه رفض طلب الفيزيغوط الميرة، وعلى العكس من ذلك فانه حاصر ساحل غاسكونيا (المنطقة الساحلية المطلة على الأطلسي في جنوب غربي فرنسا)؛ مؤملاً ان يحمل أولئك البرابرة وبعد اشتداد وطأة المجاعة عليهم على الخضوع، وكان عازماً على تنفيذ خطته، لا سيما وأن ادعاءات آتولف ملك الفيزيغوط لم تعد محتلمة، ولا يمكن السكوت عنها، ومن قبيل ذلك أنه بعد وقوع أخت الإمبراطور هونوريوس أثناء غارة الفيزيغوط على روما سنة ٤١٠ أسيرة بيد هؤلاء فإن آتولف الملك الفيزيغوطي الجديد أجبرها على الزواج منه، وقد أنجبت منه غلاماً ذكراً في الظرف الحالي، فطالب آتولف ان يرث ابنه عرض الإمبراطورية الرومانية، ورغب الفيزيغوط بعد حصار كونستانس لهم بحرياً ان يمتاروا من إسبانيا، لا بل فكروا بتنفيذ مشروع ملكهم الراحل آلاريك، وذلك في الانتقال من إسبانيا إلى شمالي أفريقيا، لكن آتولف اغتيل في نهاية سنة ٤١٥، فأعلن ملك الفيزيغوط الجديد استعداده للتفاوض مع حكومة روما.

ولئن تم النصر في النهاية لروما لكن بمقابل ذلك فإن الحل الذي فرضته حكومتها هو ما كان الفيزيغوط يسعون إلى تحقيقه منذ وصولهم إلى غاليا: وهو أنه بمقابل اعترافهم القطعي بسيادة روما على الأراضي التي ستمنح لهم والوعد بأن يقدموا المدد العسكري المطلوب منهم إلى روما عندما تدعو الحاجة إليه، ذلك المدد العسكري المطلوب منهم بوصفهم حلفاء لروما، وبمقابل ذلك فإن روما تضمن لهم بصورة ثابتة حصولهم على الميرة التي سترسلها إليهم سنوياً، كما منحتهم حق الاستقرار في القسم الساحلي من إقليم آكيتانيا (المطل على الأطلسي وهو جنوب غربي فرنسا)، ثم لم تلبث

ان ضمت إليهم قسماً من ولاية اللانغدوك الذي توجد فيه مدينة طولوز، وذلك بين سنتي ٤١٦-٤١٨.

الفاندال:

استقرار عناصر الفاندال في إفريقيا: وكانت باكورة أعمال كونستانس بعد إقراره السلام مع الفيزيغوط استخدامه هؤلاء لاسترداد اسبانيا من عناصر الفاندال والسويف والآلانيين. وفعلاً فإن ملك الفيزيغوط الجديد (واسمه واليا) أنجز هذه المهمة وبدأ اشتباكه بهم منذ سنة ٤١٦ بصفته قائداً لقوات حليفه، وقد نجح بالانتصار على ملك أحد عنصري الفاندال (عنصر السيلينج) وأسره، كما شتت شمل الآلانيين بعد هزيمتهم، فلجأت فالتهم إلى ملك عنصر الفاندال الثاني (وهم عنصر الآسدينج) الذي كان أسعد حظاً من زميله ملك العناصر الفاندالية الأخرى؛ لتجنبه الاشتباك بالفيزيغوط واتجاهه على رأس شعبة إلى الأقاليم الإسبانية الغنية الواقعة إلى الجنوب الشرقي من هذه البلاد، وقد تمكن في سنة ٤٢٢ بعد إحرازه عدة انتصارات على الحاميات الرومانية المرابطة في تلك الربوع من بلوغ المنطقة الساحلية مستولياً على مدينتي قرطاجنة (على الساحل الإسباني) وإشبيلية، وذلك في سنة ٤٢٥ وبعد استيلائه على وحدات الأسطول الروماني المرابطة على هاتيك الربوع الغنية ولا سيما بالحبوب، والتي اعتبرت بالنسبة إلى أولئك الجرمان بمثابة جنة عدن، بيد أنه لم يكتب له تحقيق هذا الحلم الذهبي؛ لأن المنية عاجلته في سنة ٤٢٨، بينما أنجزه خلفه جينسريك Genseric الذي اجتاز بشعبه مضيق جبل طارق (وكان يدعى آنذاك مضيق أعمدة هرقل)، وبعد معارك عديدة وإخفاق حاكم أفريقيا الروماني في رده على أعقابه فإنه استقر في منطقة الجزائر.

وأخيراً وبعد عجز القوات الرومانية عن طرده من هذه الربوع وافق قائد الحرس الوطني في روما (الذي غدا المسيطر الفعلي على الحكومة الإمبراطورية في عهد الإمبراطور الصغير الجديد فالانتينيان/٣) في شهر شباط ٤٣٥ على اعتبار الفاندال مجدداً من العناصر الحليفة لروما، وسمح لها بالاستقرار في ولاية نوميديا (وتقابل ولاية قسطنطينة في الجزائر). لكن هذا الحل لم يضع حداً لأطماع الفاندال لأنه

لم يسمح لهم بالاستيلاء على السهول المنتجة للحبوب والواقعة في الولاية التي كانت تدعى ولاية أفريقيا (وتقابل المناطق الشمالية من تونس الحالية). وهذا ما حدا بملك الفاندال الآنف الذكر إلى احتلالها في سنة ٤٣٩, وبما أن الإمبراطورية الرومانية كانت عاجزة في هذه الفترة عن صده فإنها وافقت على احتلاله هذه الولاية، وخاصة مدينة قرطاجة، وذلك بموجب معاهدة جديدة أبرمت في سنة ٤٤٢.

الفرنجة:

استقرار عناصر الفرنجة والبورغونديين في غاليا: ذكرنا من قبل استقرار الفرنجة البحريين (أي الساليين) منذ عام ٣٥٨ في الأجزاء الشمالية من بلجيكا، وأنه اعترف بهم في العام نفسه كشعب حليف لروما، وهذا ولو أنهم لم يتوقفوا عند حدود هذه الولاية، وخاصة بعد أن لحقت بهم عناصر جديدة من قبائلهم قدمت عليهم من أقاليم الضفة اليمنى لنهر الراين. استأنف هؤلاء الفرنجة البحريون زحفهم، وبلغوا منطقة غاند في بلجيكا، كما بلغوا الإقليم الغربي من الفلاندر (في بلجيكا)، وعلى الرغم من نجاح قائد الحرس الوطني الجديد في روما واسمه إيتيوس في الانتصار عليهم، فإنهم والوا زحفهم وتمكن أحد زعمائهم من الاستيلاء على مدينة كامبريه الفرنسية في سنة ٤٣٠، كما بلغ هذا الزعيم في زحفه وادي نهر السوم، ولشعور قائد الحرس الوطني بعجز القوات الرومانية عن ردهم على أعقابهم فإنه وافق على استقرارهم في هذه المنطقة مع إبرامهم عقد التحالف الذي اعتُبِروا بموجبه حلفاء لروما وتعهدهم بتنفيذ ما يفرضه عليهم هذا العقد من واجبات نحو روما ليغدوا بموجبه حلفاء شرعيين لها.

ووقف قائد الحرس الوطني وقفة مشابهة بإزاء عناصر جرمانية أخرى هي عناصر البورغونديين التي وافقت روما منذ سنة ٤٠٨ على استقرارها في منطقتي وورمز ومايانس، لكن عناصر بربرية ثانية هي عناصر الهون - سنتحدث عنها فيما بعد - بدأت منذ سنة ٤٣٠ تهاجم مؤخرة قوات البورغونديين ضاغطه على هؤلاء وراغبة في زحزحتهم عن الأماكن التي كانوا مستقرين فيها.

وهكذا فبعد أن كان البورغونديون قد حطوا رحالهم في المناطق الواقعة على الضفة اليمنى لنهر الراين فإنهم عبروا النهر للانسياح وموالاة الزحف على الأجزاء

الغربية من حوض هذا النهر، ولخشية قائد الحرس الوطني في روما إيتيوس أن تستولي هذه العناصر على إقليم اللورين أو إقليم شامبانيا البالغي الأهمية بالنسبة إلى روما فإنه سمح لهم - وطواعية - بالاستقرار في إقليم بعيد هو السافوا، حيث قطع أي اتصال أو احتكاك بينهم وبين جرمانيا، وهذا ما حدا بهم إلى الاندماج بالسكان والانصهار بهم، وهكذا تم استقرار البوغونديين في هذا الإقليم في سنة ٤٤٣ مع إضفاء صفة الحلفاء عليهم[٨].

امبراطورية الهون:

توالى زحف عناصر الهون باتجاه الغرب طيلة القرن الرابع مجبرين القبائل البربرية التي كانت على طريقهم ان تغادر أماكن استقرارها وتهاجر منها أو تخضع. وبتلك الصورة أمكنهم إخضاع معظم قبائل القوط الشرقيين والهيرول، كما أخضعوا قبائل أخرى، ومن بينها العناصر اللومباردية، وهكذا غطت إمبراطورية الهون في مستهل القرن الخامس نصف مساحة أوروبا باحتلالهم المناطق الواقعة بين جبال القوقاز ونهر الألب.

وعلى الرغم من ذلك فإن تلك الإمبراطورية لم ترو ظمأهم وتعطشهم إلى الغزو والاحتلال. وهكذا فإنهم اجتازوا ودورياً كلاً من القوقاز ونهر الدانوب وأخذوا يهددون - وفي الوقت نفسه - منطقة تراقيا وتخوم الإمبراطوريتين الرمانية والفارسية. ثم بلغت الجرأة ببعض قبائلهم في سنة ٣٩٥ ان تنقض - وعبر أرمينيا - على ولاية كابادوكيا (في آسيا الصغرى) وعلى شمالي سورية، حيث وصلت أطراف إنطاكية.

ومع ذلك افتقرت إمبراطورية الهون هذه - وفي ذلك الظرف الراهن - إلى الانسجام، وأخذت تحاول - وطوال النصف الأول من القرن الخامس - تمثيل العناصر الجرمانية التي أخضعتها، وبدأ رؤساء قبائل الهون يقتبسون بعض مظاهر الحضارة، كما بدأوا يقتفون أثر الغزاة والبرابرة السابقين من قوط وفاندال وفرنجة وبورغونديين في مهاجمة تخوم الإمبراطورية الرومانية التي أخذت أهبتها لصد هؤلاء البرابرة الذين كانوا أشد قسوة ووحشية من جميع الشعوب البربرية السابقة.

وحري بالذكر أنه لم يكن لذلك المد الهوني في القرن الخامس من أثر دائم في حد ذاته من حيث جهود الهون للاجهاز على الإمبراطورية الرمانية في غربي أوروبا. ومهما يكن فإن غزوات الهون لتلك الإمبراطورية هزت جميع بقاع أوروبا الغربية التي قضت بعض مناطقها فترة طويلة في تضميد جراحها واستعادة قوتها. هذا بينما كانت النتيجة غير المباشرة لتلك الغزوات ان استنفذت طاقات الإمبراطورية الرومانية وأوهنت قواتها، مسهلة بذلك مهمة القبائل البربرية الثانية.

غارات الهون بقيادة ملكهم آتيلا Attila: استقرت عناصر الهون بعد نجاحها في طرد قبائل القوط من ربوع شرقي أوروبا في منطقة السهوب الواقعة شمالي مجرى نهر الدانوب في الأقاليم التي تدعى حالياً: هنغاريا ورومانيا، وتبعاً لذلك تم توسع وانتشار حكم الهون بصورة مطردة إلى درجة تمكنوا معها من أن يغدوا السادة الحقيقيين لجميع المنطقة الواقعة بين جبال القوقاز شرقاً ونهر الراين غرباً، وحوض الدانوب جنوباً وشمالي المانيا وبولونيا شمالاً.

وصل في سنة ٤٢٣ إلى هنغاريا (المجر) ضابط روماني كبير (هو رئيس الحرس الوطني)، وهو ايتيوس؛ ليجند مرتزقة من الهون لحساب مغتصب للعرش الروماني أعلن نفسه إمبراطوراً في رافينا. نجح ايتيوس في مهمته، فجند ستين ألفاً من مقاتلة الهون وصل على رأسهم إيطاليا، لكن الرومان كانوا قد استطاعوا وقبل وصول هذا الجيش اللجب قمع ثورة ذلك المغتصب وقتله، مما سبب إزعاجاً لموفده ايتيوس الذي لم ير انجع من الدخول في خدمة الإمبراطور الجديد، مع أنه كان مزمعاً على الإطاحة به من الحكم. وقد نقل كضابط في الجيش الروماني إلى غاليا حيث رقته الأميرة بلاسيديا أم الإمبراطور الروماني الجديد القاصر إلى رتبة قائد أعلى للجيش الروماني، ونجح ايتيوس بهذه الصورة في أن يغدو الحاكم الفعلي لجميع الإمبراطورية الرومانية الغربية.

وكثيراً ما أطلق على ايتيوس - وعن جدارة - لقب (آخر الرومانيين) لتحديده الهدف النهائي لمهمته في هذه الحياة وهي استرداد جميع الولايات التي فقدتها الإمبراطورية الرومانية من جراء غارات قبائل الجرمان عليها، ولتحقيق هذا الهدف لم

يتورع ايتيوس عن إبرام تحالف مع الهون، وتمكن خلال فترة طويلة من ان يجني ثمار تحالفه المجدي مع حلفائه الذين كان اسمهم وحده بعثاً للذعر بين الأفراد، ثم إنه بجعله الهون دعامة وسنداً للإمبراطورية فإنه أوجد خطراً أشد وطأة على الإمبراطورية من خطر القبائل الجرمانية، وهذا ما وضح وبجلاء في سنة ٣٤٨ عندما أوسدت رئاسة قبائل الهون إلى عاهل عبقري هو آتيلا.

أطلق آتيلا في سنة ٤٥١ العنان لقبائله لتهوي على بلدان الإمبراطورية الرومانية الغربية، وقد غادرت تلك الجحافل الجرارة التي قدرها المعاصرون بنصف مليون محارب بلاد المجر لتهاجم بقاع غربي أوروبا، إنها عبرت نهر الراين لتنتشر في غاليا مستولية على جميع ما صادفته في طريقها أو جعلته طعمة للنيران، واعتبرت غارات الهون هذه بمثابة قضاء مبرم على الحضارة الغربية، ومع ذلك تمكن ايتيوس وحتى في أحلك الساعات التي مر بها من الاحتفاظ برباطة جأشه وهدوئه واتزانه كروماني قديم، إنه توجه وبأقصى سرعة ممكنه إلى غاليا وتولى شخصياً قيادة القوات التي ستلتحم بقوات الهون والتي كانت غالبيتها من البرغونديين والفرنجة، كما وأنه وقع بعض رسائل إلى عاهل الفيزيغوط طالباً منه الإسراع لنجدته، فلم يذهب طلبه عبثاً؛ لأن عاهل الفيزيغوط المسن تيودوريك لم يتلكأ أو يتردد، إنما جمع مقاتلته وهب مسرعاً لنجدته.

اشتبكت هاتان القوتان المتعاديتان في سهول قاطالونيا وفي سهول شامبانيا الفسيحة بين طلوع الفجر وهبوط الظلام، ولربما لم ينشب وعبر حقب التاريخ جميعها قتال أضرى وأشد من ذلك الاشتباك الذي وقع بين الهون والفيزيغوط، ولئن صدقنا تقديرات المعارضين فقد بلغ عدد قتلى هذه المعركة عشرين ألفاً، وتعرض الفيزيغوط إلى صدمة عنيفة ومروعة أثناء التحامهم بأعدائهم، وذلك بمصرع عاهلهم تيودورك، لكن على الرغم من فداحة المصاب فإن الكارثة لم تفتّ في عضدهم في قتال خصومهم إلى درجة أنه لم يكد جناح الظلام يلف ساحة القتال في ذلك اليوم حتى وهنت قوى الهون، مما حدا بآتيلا إلى الانسحاب من المعركة متحصناً في معسكره التي كانت العجلات واقفة فيه.

لاحظ مقاتلة الفيزيغوط سنوح فرصة الإجهاز على خصومهم، لكن إيتيوس عارض ذلك مبرهناً على انه أحد دهاقين السياسة بدرجة ما كان قائداً مغواراً ومحنكاً، حيث سيكون بوسع روما وفي أحد الأيام استخدام هؤلاء الهون لنهنهة طغيان الفيزيغوط وسواهم من الشعوب الجرمانية والحد من جبروتها، وهكذا استولى العجب على آتيلا الذي وجد طريق انسحاب قواته خالية، فعمد - وعلى جناح السرعة - إلى الانسحاب، بدون اعتراض خصومه المنتصرين طريقه، وبدون أن يعملوا السلاح في أقفية فالته وجنوده، عائداً إلى سهول المجر.

لكن بعد سنة واحدة من هزيمة آتيلا وقبائله الهونية عاد هذا القائد ليهدد جميع إيطاليا في هذه المرة، حيث هاجم الهون - وعلى حين غره من الإيطاليين - إيطاليا من حدودها الشمالية الغربية مستولين على سهل البو، وكان أن غدا الطريق إلى روما مفتوحاً أمامهم، ولم يعد بإمكان أي قوه في العالم أن تحول دون سقوط تلك المدينة بأيدي عصابات فرسان الهون الباعثة للذعر، ومع ذلك حدث أمر لا يمكن تصديقه إلى درجة انه بدا للمعاصرين وكأنه لم يكن يمكن حله، وذلك الأمر أن آتيلا لم يتوجه إلى روما، إنما - وبخلاف وما كان ينتظره المعاصرون - عاد أدراجه سالكاً نفس الطريق التي أوصلته إلى هاتيك الربوع.

لقد تنفست الإمبراطوريتان الغربية والشرقية الصعداء، كما سرت الطمأنينة إلى جميع النفوس عندما انتشر خبر مصرع آتيلا أو (الآفه التي سلطها الـلـه على البشر)، وروى بعض المعاصرين انه توفي مقتولاً على يد زوجته الحسناء هيلدغوند Hildegonde ابنة مكل البورغونديين التي أجبرها على الزواج منه، وبقيت ذكرى آتيلا ماثلة للغاليين الجرمان، ولم تُمْحَ أبداً من أذهانهم، وذلك عن طريق القصص الأسطوري التي تناقلوها عنه، ثم فقد أعطيت إلى وجهه في تلك القصص ومع مرور الزمن تقاطيع عملاقة، وفضلاً على ذلك فإن المجرمين الذين احتلوا هنغاريا (أي أرض الهون) منذ بداية القرن الحادي عشر الميلادي علقوا على أعلامهم رمز أو شعار أتيلا أثناء طوافهم في مختلف انحاء أوروبا، كما اعتبروه دائماً أحد أبطالهم القوميين، وقد

وضع مصرع آتيلا حداً لقوة الهون، وبدأت الشعوب الجرمانية الخاضعة إلى حكمهم تثور عليهم، ولم تلبث مملكة الهون أن انهارت وغدت أثراً بعد عين.

انحلال إمبراطورية الهون:

لم تكن إمبراطورية الهون راسخة الجذور وموطدة الدعائم، ولم يكن بين صفوف الهون مَن بوسعه ان يشغل الفراغ الذي خلفه الزعيم الراحل آتيلا، ولأن آتيلا كان قد اقترن بعدد من الزوجات فانه رزق أولاداً كثيرين قسمت السلطة بينهم، ولم يكن أحد منهم كفئاً لفرض طاعته واحترامه على الشعوب الجرمانية التي كانت قد خضعت وتباعاً إلى حكم الهون منذ نهاية القرن الرابع.

تحدث الاستاذ لويس هالفين عن الفوضى التي ذرت قرنها في إمبراطورية الهون بعد وفاة آتيلا قائلاً ما نصه: "وقد استشرت ثورة عارمة وعامة في إمبراطورية الهون، أذكى لهبها الجرمان الذين رغبوا حتى في نفس العام الذي توفي فيه آتيلا تحطيم نير الهون، وتمكنت قبائل القوط الشرقيين وحلفاؤهم من باقي العناصر الجرمانية الخاضعة للهون من إلحاق الهزيمة بابن آتيلا البكر، واسمه إيلاي Ellae في سهل بانوينا غربي المجر، واضطر الهون إلى التراجع مع احتفاظهم بحكم أقاليم الحوض الأدنى لنهر الدانوب وأقاليم سهول حوض البحر الأسود، وهكذا حدث ذلك الانهيار المفاجئ لأكبر إمبراطورية بربرية عرفتها أوروبا حتى هذه الفترة.

وعلى الرغم من ذلك، فإن تاريخ الهون لم تنته حلقاته، فلا يمكن لشعب ما أن يختفي بصورة مفاجئة عن مسرح الاحداث العالمية بعد أن كانت أخباره ملء سمع الدنيا وبصرها، وبعد أن كانت الشغل الشاغل للعالم طيلة قرن، ومع ذلك فإن تلك القبائل البربرية التي أغرتها الانتصارات التي احرزتها في ظل الملك روا وأولاده انتظم عقدها والتفت من حول ملوك هذه الأسرة الحاكمة، لكن وفاة آتيلا جعلت ذلك العقد ينتثر، وجعلت شمل قبائل الهون يتبدد، فانهار التنظيم الذي وضعه ملوك الهون، ولم تعد ثمة وحدة، إنما عاد التجزؤ والانقسام، كما عادت الفوضى والاضطراب ليلفا مملكة الهون، ثم استؤنف تنظيم هذه المملكة مجدداً، ولكن في أطر أضيق، حيث قامت

الشخصية العنصرية لكل جماعة من تلك القبائل بدور كبير، ونجحت في أن تؤسس كل منها كياناً سياسياً مستقلاً.

فثمة - أولاً - جماعة الهون الغربيين (وهم الكوتريغور Coutrigours) التي استقرت في حوض الدانوب الادنى، وفي جوار البحر الاسود حتى نهر الدنيبر)، وبقيت هذه الجماعة مثيرة لقلق وفزع حكومة القسطنطينية طوال أكثر من خمس عشرة سنة، وذلك من جراء غاراتها المستمرة على أقاليم الإمبراطورية ولا سيما على تراقيا، وكان يحكم هذه المجموعة أحد أبناء آتيلا الذي أسر في سنة ٤٦٨ وقتل، وقد نصب رأسه على رمح في ساحة من ساحات عاصمة الإمبراطورية البيزنطية، وقد انهارت قوة جماعته، ولم يعد البيزنطيون يأبهون بها طيلة عدد من السنين، لكن تلك القبائل بدأت توحد أمرها منذ سنة ٤٨١ متخذه لنفسها اسماً جديداً، وهو البلغار، وقد دقت هذه العناصر البلغارية منذ ذاك باب التاريخ ودخلته، واعتبر العالم الروماني هؤلاء البلغار الورثة الحقيقيين والأصلاء للهون، وكانت أعدادهم قد تضاعفت بمن انضم إليهم من عناصر جديدة أمت منطقتهم حوالي نهاية القرن الخامس، وكان مقاتلة البلغار فرساناً مهرة، ومقاتلين أشداء، لا يستولي عليهم التعب أو النصب من موالاة غاراتهم، ولم يكونوا أقل شراسة ولا وحشية من فِرَق مقاتلة آتيلا نفسها، وقد بعثوا في أوروبا نفس الذعر وكان نمط معيشتهم شبيهاً جداً بطريقة الهون أنفسهم، ولم يلبثوا أن غدوا ألد أعداء الأباطرة البيزنطيين، لا بل فإن هؤلاء البلغار سيبقون وطيلة تاريخ البيزنطيين قذى في عين الإمبراطورية البيزنطية وألد أعدائها ولطالما عرضوها إلى المهالك.

وهناك جماعة ثانية من الهون هي عناصر الأوتيغور Outigours المؤلفة من قبائل عديدة استقرت بين حوضي نهري الدنيبر والدون، أما جماعة الهون الثالثة فهي السابير، وقد استقرت شرقي الجماعة الثانية بين مجرى نهر الدون وجبال القوقاز، ويبدو أن السابير كانوا خليطاً عنصرياً ضمّ رواسب مختلف القبائل التي كانت خاضعة للهون، وثمة كذلك مجموعات أخرى لم تلبث أن ظهرت في جميع المناطق التي كان آتيلا قد استولى عليها، وأقام فيها إمبراطوريته، ونذكر على سبيل المثال الجماعة التي عاشت في وادي نهر الفولغا، حيث البلغار دولة ثانية.

وعلى العموم، وبما أن إمبراطورية الهون قد ظهرت منذ فترة مبكرة بالنسبة إلى تاريخ الهجرات الجرمانية وانقضاضها على غربي أوروبا فإنه في الفترة التي أعقبت انهيارها وقبل تمكن القبائل جرمانية أخرى من أن تشيد على أنقاض تلك الإمبراطورية دولها وممالكها - فإنه اتيح لأوروبا وفيما بين هاتين الفترتين ان تتنفس الصعداء وان تنعم بالهدوء والراحة طيلة فترة وجيزة.

سقوط غربي أوروبا بيد الجرمان والبرابرة:

لم يسق انحلال إمبراطورية الهون الرومانية سوى الدمار، ولم تعد هذه الأخيرة لمقاومة البرابرة المستمرة والمنظمة سوى زيادة حالة الفوضى التي رانت على جميع أجزائها وزيادة أعمال العنف التي ترتكبها السلطات الرومانية الحاكمة في الولايات بإزاء أهلها, وقد استمرت الحال على هذا المنوال إلى اليوم الذي لم يبق فيه لممارسة أعباء الدفاع عنها ولصد غارات المغيرين سوى حفنة من القوات البربرية المرتزقة، وأخيراً هوى النسر الروماني من عليائه وسقط صريعاً مضرجاً بدمائه، وانهارت الإمبراطورية الغربية نهائياً بعد أن أجهز المغيرون عليها وسط شعور عام من عدم الاكتراث لما حدث، طغى حتى على جميع المواطنين الرومان أنفسهم.

انهيار الحكم الروماني في غربي أوروبا

طبعت سلسلة من الاضطرابات والجرائم مراحل فترات ذلك الاحتضار الطويل الذي تعرضت إليه الإمبراطورية في الغرب بطابعها الخاص، وفعلاً فقد أعقب مقتل قائد الحرس الوطني إيتيوس على يد الإمبراطور فالانتينيان٣ في ٢١ أيلول ٤٥٤ مقتل هذا الإمبراطور نفسه على يد منافسه ماكسيم (في ٣١ مارس ٤٥٥)، ولم يتمتع خليفتا ماكسيم بالمنصب الإمبراطوري، حيث عُزل أولهما، وهو أفيتوس على يد البطريق ريسيمير Ricimer سنة ٤٥٦، كما عزل الثاني واسمه مارجوريان، وقتل بعد خمس سنين على يد البطريق نفسه، ونصب ريسيمير شخصاً من الهمل، وهو سيفيروس إمبراطوراً، لكنه لم يلبث ان توفي وشيكاً (في ١٥ آب ٤٦٥)، وللملاحظة ريسيمير أن اختياره لسيفيروس وهو من النكرات في روما، لم يصادف قبولاً ولا استحساناً لدى الرومان، ونشداناً منه أن يوطد سلطته بعد أن لاحظ أن أرض السيطرة

والحكم بدأت تميد تحت قدميه، فإنه أولاً أوسد العرش الإمبراطوري في روما إلى أحد ذوي النفوذ فيها، وهو أرنتيميوس Anthemius، وقد تزوج من ابنة هذا الأخير الذي تزوج بدوره من ابنة الإمبراطور البيزنطي (مارسيانوس المتوفى سنة ٤٦٧)، لكن لشعور ريسيمير أنه أخفق في أن يجعل من حميه (والد زوجته) سلس القياد في يده، وأن يطويه تحت جناحيه، فإنه حاصره في روما، وألقى القبض عليه، ثم تخلص منه بقتله في ١١تموز ٤٧٢ رافعاً على سدة العرش الإمبراطوري شخصاً يدعى أوليبريوس Olybruis كان ومنذ البداية لا يتمتع بأي تقدير أو اعتبار من قبل الرومانيين لملاحظتهم خضوعه إلى نفوذ ملك عناصر الفاندال جينسيريك، وأمست الإمبراطورية الرومانية في النزع الأخير، فبعد وفاة أوليبريوس ووزيره ريسيمير نفسه في سنة ٤٧٢ استشرى النزاع داخل روما على العرش الإمبراطوري بين زعيمين ثانويي الاهمية، هما غليسيريوس وجولوس نيبوس وبعد انتصار جوليوس على خصمه في حزيران ٤٧٤ ثار عليه قائد الحرس الوطني الجديد، وهو أوريستوس الذي لجأ إلى تدبير لم يجرؤ عليه أحد من أمثاله من قبل، ألا وهو تنصيب ابنه إمبراطوراً على روما، وهو رومولوس الشاب، وذلك في ٣١ تشرين الأول ٤٧٥. وبلغ من هزء الرومانيين بهذا الإمبراطور الجديد الشاب أنهم لقبوه أوغستوليه Augustule (أي اغستوس الصغير).

وفي وسط هذا الجو المشحون بالتوتر والاضطراب الذي خيم على روما منذ منتصف القرن الخامس تدخل البرابرة للاجهاز على هذه الإمبراطورية بعد طول فترة احتضارها، وكانوا بزعامة رئيسهم اودواكر الذي نصبوه ملكاً عليهم في ٢٣ آب ٤٧٦ بعد قبضهم على أوريستوس وقتله وسجنهم ابن هذا الإمبراطور، وبعد أن قلّ صبر هذه العناصر البربرية من اضطرارها إلى خدمة دولة محتضرة وميئوس من شفائها فإنهم طالبوا أن يعاملوا فيها على قدم المساواة مع الكثيرين من أمثالهم الذين منحوا كياناً مستقلاً في الوقت الذي كانوا يعاملون فيه كمرتزقه برابرة في الجيش الروماني، وقد طالبوا في هذا الظرف أن يمنح شعبهم كياناً مستقلاً ذاتياً، وأن يحكموا من قبل العاهل الذي انتخبوه بمحض اختيارهم، وهو أودواكر نفسه، وبموجب قوانينهم واعرافهم القومية، علماً أنهم وحتى في ظل هذا الكيان المنشود سيستمرون في خدمة

الإمبراطورية، لكن بعد منحهم كيان الاحلاف، وليس كمجرد مرتزقة، وبعد أن يمنحوا أسوه بباقي أحلاف روما من البرابرة إقليماً ليستقروا فيه مع تزويدهم بالأراضي الزراعية الضرورية التي ستمكنهم من العيش على محاصيلها، وبعد ان تخصص الإمبراطورية أتاوة أو جعلاً سنوياً تدفعه إلى ملكهم.

ومن ناحية ثانية، فبما أنهم مرابطون في ايطاليا وفي منطقة مدينة رافينا نفسها وهي المدينة التي نقلت الإمبراطورية الرومانية الغربية حاضرتها إليها منذ بداية القرن الخامس، وبنتيجة أنه لم تعد ثمة حاجة إلى بقاء هذه الإمبراطورية الرومانية في الغرب، وكما كانت الحال بالنسبة إلى الإمبراطورية الرومانية القديمة لم تعد ثمة ضرورة لأن يكون لهذه الإمبراطورية في ظروفها الراهنة إمبراطور في حاضرتها الشرقية وآخر في قسمها الغربي سواء في رافينا أم في روما، فلجميع ما ذكر فان الملك اودواكر بصفته زعيماً للأحلاف والذي سيستقر في قصر الأباطرة الغربيين في مدينة رافينا حيث تعاقب على حكم الإمبراطورية عدد كبير من الأباطرة، سيقوم وبعناية زائدة بأعباء الحكم.

وهكذا فإن هذا الزعيم القوطي أودواكر أعلن أن ايطاليا لم تعد بحاجة إلى إمبراطور، ولذلك جمع كل الشعارات الإمبراطورية وبعث بها إلى القسطنطينية وأعلن انه سيمارس حكم ايطاليا والأجزاء الخاضعة لها كنائب عن الإمبراطور الروماني الذي لم تعد حاضرته لا في رافينا، ولا في روما، إنما في القسطنطينية، حيث سيكتب لتلك الإمبراطورية ان تعيش ايضاً قرابة عشرة قرون إلى ان يتم القضاء عليها في مطلع النصف الثاني من القرن الخامس عشر على يد السلطان العثماني محمد الفاتح.

مملكة الفاندال في عهد جينسريك:

كان موقف اودواكر - الذي لم يعلن تَمَلُّكه لإيطاليا بحق الفتح، إنما أعلن استيلاءه على الأرض الرومانية موجب القواعد المتبعة في معاهدات التحالف المبرمة عادة بين روما والقبائل الجرمانية التي استقرت في أحد أقاليمها - مناقضاً لموقف غالبية ملوك الجرمان الذين كانوا قد منحوا من قبل كيان الحلفاء نفسه، وبدأ ملوك البرابرة هؤلاء يتناسون وتدريجياً التغيرات المفروضة على ممارستهم الحكم كحلفاء،

وصاروا منذ منتصف القرن الخامس يمارسون الحكم كعواهل مستقلين تماماً وذوي سيادة، وذلك في جميع الأقاليم التي كانت الإمبراطورية الرومانية الغربية قد سمحت لهم بالمقام فيها كحلفاء.

وكان جينسيريك ملك الفاندال أول أولئك الملوك الحلفاء ممارسة للاستقلال، فبعيد استقراره في ولاية إفريقيا (تونس) كملك حليف بموجب المعاهدة التي أبرمها مع روما في سنة ٤٤٢ بدأ هذا الحليف يسلك سلوك الملوك المستقلين، كما لو لم تكن الإمبراطورية الرومانية موجودة، والتي يعتبر بموجب المعاهدة الآنفة الذكر كأحد حكام ولاياتها، ومن قبيل ذلك انه دمر الحصون والقلاع الإمبراطورية المشيدة في ولايته، والتي كان من الممكن ان تلجأ إليها القوات الإمبراطورية، كما صادر قسماً من الأراضي العامة وطرد من ولايته جميع الذين كان يشك بولائهم وفرض على جميع سكان ولايته ان يقدموا إليه الطاعة العمياء، مع تدخله في تعيين افراد هيئة الأكليروس في ولايته، وعلى الرغم من ذلك لم تكن جميع هذه الأعمال التي لا يسمح له كيانه كحليف القيام بها سوى بداية شوط، وهكذا فإنه انتهز في سنة ٤٥٥ فرصة قتل الإمبراطور فالانتينيان/٣ ليعلن رسمياً أنه لم تعد تربطه أي علاقة تبعية بخلفه ماكسيم المسؤول عن قتل سلفه، ثم تحول بعد ذلك إلى روما، حيث أبحر على بعض السفن باتجاه الساحل الإيطالي ومعه حمله قويه نزل على رأسها إلى البر في ميناء بورتو عند مصب نهر التير، ثم دخل وبمعيته قواته إلى روما في ٢ حزيران، حيث كان الإمبراطور ماكسيم نفسه قد ذبح منذ يومين، فأعملت قوات الفاندال في روما وطيلة أسبوعين سلباً ونهباً، ثم انسحبت محملة بالغنائم وحاملة معها عدداً من الأسرى من ذوي المكانه المرموقة، ومن بينهم الإمبراطورة أودوكسي Eudox أرملة فالانتينيان وابنتيها، وبدأ جينسيريك بعد ذلك يقوم بغارات متوالية على عدد من سواحل المقاطعات الايطالية في كل من صقلية وكالابريا وكامبانيا، كما قطع خطوط المواصلات البحرية بين ايطاليا وولايتي موريتانيا ونوميديا (وتمثلان الجزائر الحالية) اللتين انتهى ضمنهما إلى ولاية أفريقيا (تونس)، كما استولى في الوقت نفسه على ولاية طرابلس الغرب.

ثم استولى الفزع على جينسيريك في سنة ٤٥٧ وذلك عندما بلغته انباء تولي رجل قوي في روما المنصب الإمبراطوري، وهو ماجوريان من حيث ان هذا الإمبراطور يمثل قوة أباطرة روما السابقين، وكان ابناً وحفيداً لضابطين محترفين في الجيش الروماني، وكان باكورة أعمال هذا الإمبراطور تفكيره بتوجيه حملة إلى افريقيا لإخضاع جينسيريك، هلع فؤاد هذا الاخير ووجد أنه من الأنسب له فتح باب المفاوضة مع العاهل الجديد؛ من أجل إبرام الصلح مع روما (وذلك في مارس ٤٦٠)، لكنه لم يلبث ان عدل عن موقفه عندما وصل نبأ سقوط ومقتل ماجوريان نفسه (آب٤٦١).

تحدث الأستاذ لويس هالفين عن الحرب البحرية المظفرة التي خاضها العاهل الفاندالي ضد روما وتحالف إمبراطورها مع الإمبراطور البيزنطي ضد الملك الفاندالي، والتنازل النهائي لهذا الأخير عن ولايات الإمبراطورية في أفريقيا، وعن جزر الحوض الغربي من البحر الأبيض المتوسط، وأخذ يغير بين الفينة والأخرى على سواحل ايطاليا، لا بل اخذت سفنه بمن عليها من القراصنة الأفارقة تنشر الذعر والهلع في كل من بلاد اليونان وصقلية وإيطاليا إلى درجة حملت امبراطوري روما وبيزنطة على الاتفاق على عمل موحد ضده، فاتفق إمبراطور بيزنطة ليون/١ وإمبراطور روما انتيميونس على توجيه حملة بحرية مشتركة كبرى لسحق قوة الفاندال، بيد أن وحدات اسطوليهما التي كانت تنقل قوات من الإمبراطوريتين لتنزلها إلى البر في تونس فوجئت عند رأس ونه ودمرت في سنة ٤٦٨، وذلك إلى الشمال الشرقي من مدينة قرطاجنه.

لقد اسكرت نشوة الظفر ذلك الزعيم البربري، فانبرى إلى تحقيق انجاز احتلال باقي سواحل الحوض الغربي من البحر الأبيض المتوسط، وهكذا تم له الاستيلاء على كل من جزر سردينيا وكورسيكا والبليار وصقلية وضمها إلى إمبراطوريته، وعندما شرع الملك الفاندالي بتهديد الجزر اليونانية فإن الإمبراطور البيزنطي زيتون - وكان العاهل الشرعي الوحيد الذي بقي لممارسة الحكم في الإمبراطورية الرومانية بعد عزل آخر أباطرة روما رومولوس اوغوستوليه في يد أودواكر - ذكر ان السياسة الرشيدة والرأي السديد يفرضان عليه التنازل النهائي عن ولايات الإمبراطورية في أفريقيا وعن جزر الحوض الغربي من البحر الأبيض المتوسط مقابل توقف عاهل الفاندال

جينسيريك عن متابعة غاراته وإيقافه للقتال، (وذلك في خريف ٤٧٦)، ومعنى ذلك الاعتراف الرسمي بالمملكة التي أسسها جينسيريك الفاندالي وتماسكها بمختلف اجزائها حتى وفاته (في ٢٥ كانون الثاني ٤٧٧)، ومع ذلك فان هذا الملك الفاندالي رأى أنه من الأفيد إلى ابنه - وليتيح إلى وريثه ان ينصرف وفي ظل السلام إلى تنظيم حكم البلاد التي احتلها ابوه - ان يتنازل إلى اودواكر الذي خضعت ايطاليا إلى حكمه عن كل صقلية، ما عدا ميناء مارسالا الحالي؛ ليتخذ منه نقطة استناد وقاعدة بحرية ممتازة من أجل الاسطول الفاندالي مقابل دفع هذا الأخير اتاوة سنوية إلى الفاندال.

مملكة القوط الغربين (الفيزيغوط) في النصف الثاني من القرن الخامس:

سرت عدوى الاستقلال الذي حصل عليه عاهل الفاندال إلى جميع رؤساء قبائل البرابرة المستقرين في العالم الروماني، ولا سيما إلى ملوك القوط الغربيين.

إنه وبالرغم من محاولة ملكي القوط الغربيين اللذين حكما في النصف الأول من القرن الخامس، (وهما تيودوريك /١ ٤١٨-٤٥١ وثوريسمود ٤٥١-٤٥٣) الإفادة من ضعف الإمبراطورية الغربية لتوسيع رقعة البلاد التي كانت هذه الإمبراطورية قد منحتها لهؤلاء القوط، فإن هذين العاهلين أظهرا - ولو نسبياً - الانقياد والاحترام والخضوع إلى الإمبراطور، وتقيداً منهما بوضعها كحليفين فانهما اشتركا على رأس القوات القوطية في معارك عديدة بجانب القوات الإمبراطورية، لكن الملك الفيزيغوطي تيودورك/٢ ابى الاعتراف في سنة ٤٥٧ بالإمبراطور ماجوريان، وذلك أسوة بما فعله ملك الفاندال حينسيريك قبل عامين عند مقتل الإمبراطور فالانيتنيان/٣، وفاجأ تيودوريك/٢ على رأس قواته مدينة آرل (جنوبي غاليا عند مصب نهر الرون) ذات المركز الممتاز، لكنه فشل واضطر إلى التراجع عنها، إلا أنه استولى في سنة ٤٦٢ على ميناء ناربونه، وهو بمثابة منفذ لمملكته على البحر الأبيض المتوسط ويُمَكِّنها من التوسع مستقبلاً.

ثم حاول أحد خلفائه وهو أوريك (٤٦٤-٤٨٤) استئناف الكرة فزحفت قواته الفيزيغوطيه داخل اسبانيا؛ لأن الرومان لم يستطيعوا ممارسة حكمها الفعلي بعد مغادرة الفاندال لها، وكثيراً ما لجأ الإمبراطور الروماني إلى تكليف قوات القوت الغربيين

حلفاء روما بقمع حركات السويف التي كانت تنحدر من جبال غاليسيا لتمكث في شبه جزيرة ايبريا، ولتحاول الاستيلاء على جميع ولاياتها، ولعل أهم نتائج تدخل الفيزيغوط في اسبانيا أنه جعلهم يتعرفون على هذه البلاد، ويحلمون بالاستيلاء عليها، لم تستطع روما استرداد حكم اسبانيا مع انها حاولت ذلك مراراً.

ومع انه أمكن إجلاء السويف عن بعض الولايات الإسبانية فقد بقي هؤلاء محتفظين بولايات الساحل الغربي مع ميناءيها الهامين، وهما بورتو وليشبونه، ثم أدت الفتن الداخلية التي استنفذت طاقات السويف إلى أن هؤلاء لم يعودوا منذ سنة ٤٥٧ يشكلون خطراً على إسبانيا، وأنه مذ ذاك لن يتمكن السويف الرومان انفسهم من منع وقوع اسبانيا بيد غازٍ جديد، لذلك كله بدت ظروف اسبانيا مواتيه لملك الفيزيغوط كي يغزو اسبانيا، فلم يدع هذه الفرصة تفلت من يده.

بعث العاهل الفيزيغوطي في سنتي ٤٦٨و٤٦٩ قواته إلى كل من غاليا واسبانيا فهزمت الوسيف وردتهم إلى غاليسيا، ثم بدأت تحتل تباعاً جميع ولايات إسبانيا ووصلت جنوباً حتى قرطاجنة نفسها، كما حقق قادة الفيزيغوط انتصارات شمالي جبال البرانس في غاليا، حيث ألحقوا الهزيمة بالحاميات الرومانية في ديول Deols في سنة ٤٦٩، مبعدين القوات الرومانية إلى أقاليم الضفة اليمنى لنهر اللوار، وفي الوقت الذي تابع فيه الفيزيغوط - وبصورة منظمة - احتلال منطقة سلسلة جبال الكتلة المركزية والأقاليم المحيطة بها فإن قوات فيزيغوطيه أخرى توجهت لتهديد مدينة آرل وإقليم البروفانس في جنوبي غاليا في سنتي ٤٧١-٤٧١.

لم يكن لدى الرومان في الظرف الراهن أية قوة لتوجيهها ضد القوط الغربيين الذين غدا ملكهم نشوان بانتصاراته الكثيرة، فعندما توجه الفيزيغوط إلى إقليم البروفانس ثار قائد الحرس الوطني ريسمير في رافينا (مركز الإمبراطورية الرومانية الغربية الجديد) على الإمبراطور الروماني الجديد آنيموس، وشغلت هذه الثورة وقمعها جميع قوات الإمبراطورية، فكانت إما تقاتل العاهل بإيعاز من قائد الحرس، أو تقاتل هذا الأخير بإيعاز من العاهل؛ لذلك لم تتمكن حكومة الإمبراطورية الرومانية في رافينا من التدخل لا في جنوبي غاليا، ولا في إسبانيا إلا في سنة ٤٧٥، وذلك للحيلولة دون

سقوط إقليم البروفانس بيد القوط؛ لأن سقوطه سيفتح أمام هؤلاء الطريق إلى إيطاليا، وقبل سقوط الإمبراطور نيبوس أبرمت معاهدة صلح بين الإمبراطورية والقوط الغربيين، حيث تنازلت الإمبراطورية لهم عن جميع الولايات الإسبانية والغالية التي كان عاهلهم أوريك قد أتم احتلالها حتى هذا الوقت.

وبمجرد وصول نبأ سقوط آخر أباطرة روما إلى عاهل القوط الغربيين في اسبانيا فإنه انجز احتلال باقي ولايات هذا القطر باستثناء غاليسيا. وبذلك أضحت مملكة القوط الغربيين ضامة مناطق شاسعة تقع بين مضيق جبل طارق جنوباً ومصب نهر اللوار شمالاً، وبين سواحل الأطلسي غرباً وسلسلة جبال الألب شرقاً، شاملة ثلثي الممتلكات التي كانت وحتى فترة وجيزة بيد الأباطرة الرومان الغربيين ويديرونها من حاضرتهم الجديدة رافينا.

تأسيس مملكة البورغونديين:

إن ثمة شبهاً بين تاريخ كل من البورغونديين والفيزيغوط، حيث بقي البوغونديون أول الأمر وكالقوط الغربيين أوفياء لمعاهدة التحالف مع الإمبراطورية الرومانية الغربية التي حددت منطقة سكناهم في إقليم السافوا، وبمجرد تسلم الإمبراطور الروماني ماجوريان الحكم سنة ٤٥٧ بدأوا توسعهم وحرصهم على تغيير كيانهم كمحالفين مستقرين في أحد أقاليم غاليا، ونجح مارجويان في إجبارهم على الخلود إلى السكينة، كما استرد منه في سنة ٤٥٨ مدينة ليون التي كانوا قد استولوا عليها من مدة قريبة، لكنهم ما لبثوا أن عادوا إليها بمجرد مصرعه، فجعلوها عاصمة لهم وتمكنوا في أقل من عشرين عاماً من احتلال بلاد وادي الرون وروافده ما عدا إقليم البروفانس الذي تحدثنا عن مصيره، وشغل القسم الذي احتلوه في غاليا مساحة كبيرة، وهو الذي يتحكم بمواصلات غاليا مع ايطاليا التي افلتت من القبضة الإمبراطورية الرومانية بدون أن يؤمل أحد باسترداد هذه الإمبراطورية لها.

استقرار القوط الشرقيين (الأسترغوط) في ايطاليا في ظل تيودوريك الكبير:

بدأ الاحتكاك الاوستروغوط بإيطاليا منذ مطلع القرن الخامس (٤٠٥-٤٠٦)، فهاجمت جماعة منهم إيطاليا، كما ذكرنا من قبل، علماً أن تلك الجماعة كانت موالية

لإمبراطورية الهون، وتابعة لها، ولم تتحرر هذه الجماعة من تلك التبعية إلا بعد وفاة عاهل الهون آتيلا سنة ٤٣٥، فغدا أفرادها أحراراً، وأظهروا خلال عدد من السنين احتراماً تاماً لحقوق الإمبراطورية التي وافقت على ان يعيشوا في ربوعها كأحلاف، محددة لهم منطقة لسكناهم شمالي ولاية بانونيا (في المنطقة الغربية من هنغاريا الحالية) على الضفة اليمنى لنهر الدانوب، حيث سكن قسم من شعبهم، وأسوة بباقي الحلفاء البرابرة المستقرين في عدد من الولايات الرومانية فان القوط الشرقيين غدوا مزعجين ومثيرين لقلق الرومان، واخذوا يعيشون في المناطق المجاورة لهم فساداً، ويغيرون عليها، ويعملون فيها سلباً ونهباً، وبلغت غاراتهم نهر الساف، ثم احتلوا موقع مدينة بلغراد وسواه، وقد سمح لهم الرومان حوالي سنة ٤٧٠ باحتلال ولاية ميزيا (بلغاريا الحالية) التي كان بنو عمهم القوط الغربيون قد جلوا عنها منذ مطلع القرن الخامس.

استأنف الأوستروغوط في الربع الأخير من القرن الخامس الزحف مجتازين جبال البلقان، حيث أغاروا على ولايات تساليا ومقدونية وترافيا، وأخيراً هددوا القسطنطينية نفسها مجدداً في سنة ٤٨٧.

لجأ الإمبراطور البيزنطي زيتون إلى نفس الطريقة التي كان سلفه آركاديوس قد لجأ إليها سنة ٣٩٩، والذي نجح في جعل الزعيم القوطي الغربي آلاريك يزحف على غربي أوروبا بعد منحه اللقب الفخم، وهو قائد الحرس الوطني الروماني (الميليشيا) الذي يجعل منه ولو في الظاهر قائداً رومانياً. منح زيتون في هذه المرة اللقب نفسه إلى ملك القوط الشرقيين تيودوريك، كما أضاف إليه رتبة اجتماعية مغرية وهي لقب بطريق روما. وقد اقترح عليه مهاجمة ايطاليا واستردادها من ملك القوط الغربيين أودواكر، وان يستقر فيها وشعبه متمسكاً بالشروط التي نص عليها في معاهدة التحالف التي تشده إلى الإمبراطورية بوصفه حليفاً لها.

ونظراً إلى أن العرض الإمبراطوري مغر فإن تيودوريك وشعبه هللوا له وكبروا وهشوا وبشوا، وهكذا بدأ الشعب القوطي الشرقي بقضه وقضيضه وبنسائه وشبانه وأطفاله وأمتعته وعجلاته مسيرته بزحفه نحو غربي أوروبا، وذلك في خريف ٤٨٨، فسلك هؤلاء طريق وادي نهر الساف الذي سيقودهم بعد سفر مضن وشاق إلى

الشمال الشرقي من ايطاليا، وقد بدأ اشتباكهم بقوات أدواكر في ٢٢ آب ٤٨٩، فلم تتمكن من الصمود في وجههم، وتراجعت إلى فيرونا، ثم إلى رافينا، بينما دخل تيودوريك بقواته إلى ميلانو وبافيا، وعبثاً ما حاول أودواكر في العام القادم زحزحته عن المواقع التي احتلها، وعلى العكس فانه استسلم إلى تيودوريك في ٥ آذار ٤٩٣, وقد دعاه تيودوريك بعد عشرة أيام إلى وليه ليوثق معه عرى تحالف وتفاهم دائمين، ثم اغتاله أثناء الوليمة بضربه بسيفه، وبذلك نجح تيودوريك وبت في مصير ايطاليا.

لم يكن مصرع اودواكر في جوهره - أي الاستئثار بالحكم في ايطاليا - سوى إبدال ملك بربري بآخر، فحل تيودوريك مكان اودواكر كزعيم لشعب حليف للإمبراطورية، وعلى الرغم من هذا الشبه فثمة فارق جذري عميق بين قوة مركزي الرئيسين القوطيين (الغربي المقتول، والشرقي الذي حل محله) من حيث إن زعيم الفيزيغوط المقتول أي اودواكر لم يحصل إطلاقاً على الاعتراف الأصولي بمنصبه من قبل إمبراطور الإمبراطورية الرومانية الذي صارت حاضرته القسطنطينية وليس رافينا أو روما في ايطاليا. بينما تسلم تيودوريك حكم ايطاليا مزوَّداً بتوكيل رسمي أو بقرار تعيين رسمي ممهور بخاتم الإمبراطور، مما أضفى على حكمه صبغة شرعية.

ومع ذلك فإن هذا الحاكم الجديد الشرعي لم يعد ليقنع بعد تسربه إلى قلب الإمبراطورية النابض بالدور المتواضع الذي يسند عادة إلى زعيم شعب بربري حليف، أما وقد سمح له بالاستقرار في ايطاليا فليكن سيدها الفعلي، وعلى الرغم من كل ذلك فإن تيودوريك - وبشيء من الحذر يعزى إلى سداد رأيه ورجاحة عقله - مارس حكم إيطاليا بصفته نائباً عن السلطة الإمبراطورية، مطالباً ولا شك في ذلك باللقب الذي أصبح من حقه، وهو (قائد الميليشيا) إلى الحرس الوطني، ولم ير الإمبراطور لنفسه مفراً من الاعتراف بالامر الواقع، وذلك سنة ٤٩٧، وكانت خطة حكيمة لجأ إليها الإمبراطور من أجل الحفاظ على حقوقه في المستقبل في ايطاليا، فبفضل الحل الذي لجأ إليه الإمبراطور زينون ستبقى ايطاليا معتبرة كجزء أصلي من الإمبراطورية الرومانية، (علماً أن هذا التعبير صار مرادفاً، وبكل معنى الكلمة لتعبير الإمبراطورية البيزنطية)، فالقوانين الصادرة في القسطنطينية سوف تطبق في ايطاليا والسكة

الإمبراطورية المضروبة في تلك المدينة ستصرف في ايطاليا بسعرها الرسمي، ثم نحن نجد أن الشروط التي سيمارس تيودوريك بموجبها حكم ايطاليا هي اكثر ملاءمة لمصلحة الإمبراطورية الرومانية نفسها، من حيث ان تيودوريك نفسه لم يطلب الاستقلال، انما مارس حكم ايطاليا كنائب عن الإمبراطور أو كأحد ولاته.

هذا، ويجب ألا نبالغ كثيراً في الاعتقاد ان تيودوريك سلس القيادة وبصورة تامة إلى الإمبراطور الروماني، فيكون أطوع له من بنانه، فمع إعلانه انه يشرفه ان يحكم إيطاليا بوصفه موظفاً رومانياً، وانه أوسد المناصب الهامة والحساسة في حكومته إلى رومانيين اقحاح أصلاء، فإن سلوكه الفعلي في ممارسة الحكم كان بنفس النزعة الاستقلالية التي كان بنو عمه ملوك الفيزيغوط يمارسونها في الولايات الرومانية التي أخضعوها إلى حكمهم، على غرار سياستهم في الحكم فان سياسته كانت وقبل كل شيء قومية، (أي لمصلحة شعبه القوطي الشرقي قبل مصلحة الإمبراطورية الرومانية أو الشعب الروماني)، ولشعوره ان مستقبل الدولة التي انتهى من إقامتها وشيكاً يكمن ليس في اشتراكه أو اسهامه مع الإمبراطور الروماني في حكمها، إنما في تفاهمه واتفاقه مع باقي العواهل الجرمان من جيرانه، فإنه تحقيقاً منه لهذه الخطة المرسومة أبرم مع هؤلاء العواهل محالفات، كما بسط في الوقت نفسه سلطانه وسيطرته على جميع المناطق المجاورة لايطاليا ليس على الساحل الشرقي للبحر الأدرياتيكي فحسب، حيث بقيت ومؤكداً جماعات من شعبه عند مغادرته ولاية ميزيا (بلغاريا)، إنما أخضع إلى حكمه الأقاليم الواقعة على السفوح الشمالية لجبال الآلب، سواء في أقليم التيرول، أم في إقليمي ستيريا وكارنثيا، أما في الغرب فقد استولى على إقليم بروفانس جنوبي غاليا، وكان من قبل تابعاً لايطاليا، كما ساعد تيودوريك ملك القوط الغربيين ضد كلوفيس ملك الفرنجة في غاليا، وذلك في سنة ٥٠٨، وغدا بمثابة حام لملك القوط الغربيين الضعيف آلاريك /٢، كما صار عند وفاة هذا الأخير في سنة ٥١٠ بمثابة وصي وحام لابنه، كما خضعت شعوب جرمانية إلى نفوذه، سواء أتم ذلك تلقائياً بوضعها نفسها تحت حمايته أم قسراً، ومن بين تلك الشعوب العناصر الألمانية والثورنجية واليهرول.

ويبدو ان الشعب الأوستروغوطي تمكن - من زاوية ان عاهله مارس حكم إيطاليا بتفويض من الإمبراطور الروماني وكنائب عن هذا الأخير - من السيطرة على غربي أوروبا، وأن تغدو دولته اول وأقوى دولها، لكن على الرغم من تلك المظاهر فإن الإمبراطورية الرومانية الغربية لم تلبث ان فقدت تلك السيطرة التي مارستها على تلك الشعوب البربرية ودخلت سيطرتها في زاوية النسيان.

استقرار عناصر الآنفاو ساكسون في بريطانيا:

لم يعد أية هيبة أو سيطرة للإمبراطورية الرومانية في الجزيرة البريطانية التي استمر الحكم الروماني فيها إلى مطلع القرن الخامس، وبدأت آخر الحاميات الرومانية بمغادرة ثكناتها في انكلترا منذ سنة ٤٠٧. وغداة خلو البلاد من قوات مسلحة لتمارس أعباء الدفاع عنها ضد الغزاة فإنها سقطت وشيكاً وغنيمة باردة بيد عناصر السكسون وجيرانهم المستقرين شمالي جرمانيا، وهم عناصر الآنجيل Les Angles والجوت Les Jutes بعد ان كان الأسطول والقوات الرومانية قد نجحا وبمشقة زائدة وطوال نصف قرن في إقصائهم عن بريطانيا وفي الحيلولة دون اجتياحهم لها وسقوطها في ايديهم، وقد وهنت مقاومة السكان المحليين في سنة ٤٤١ في شرقي وجنوبي هذه البلاد، ولم يعودوا قادرين على الصمود في وجه هؤلاء الغزاه الذي تضاعفت اعدادهم بانضمام قبائل اخرى قدمت لمساعدتهم من صلب القارة الأوروبية، وهكذا والى الغزاة الجدد غاراتهم وإيغالهم في وسط هذه الجزيرة مزحزحين العناصر البريطانية من طريقهم وملقين بها إلى الشمال، أو في أي اتجاه آخر، أو مبيدينها، وقد هاجرت فئات من تلك العناصر البريطانية المغلوبة على أمرها والتي لم تستطع صد الغزاة الجدد الذين انقضوا كالسيل الجارف على بلادها إلى منطقة آرموريكا (في الشمال الغربي من غاليا أي فرنسا الحالية) التي لم تلبث ان حملت بعيد فترة اسم العناصر البريطانية التي استقرت فيها بعد هجرتها إليها في مطلع القرن الخامس، فصار هذا القسم من فرنسا الحالية يدعى ومنذئذ شبة جزيرة بريتانيا.

وخاض البريطانيون الذين بقوا في جزيرتهم نضالاً شاقاً ومريراً وطويلاً ضد غزاة جزيرتهم الجدد، ولو أن المؤرخين المعاصرين لم يفيضوا في الحديث عن

تفاصيله، هذا ولو أننا نعلم ان العناصر الجرمانية بدأت منذ مطلع القرن الخامس اجتياحها للجزيرة البريطانية وانقضاضها عليها، وبنتيجة المقاومة البطولية والباسلة التي أبداها السكان في وجهها، فإنها لم تستطع وحتى منتصف القرن السادس ان تسيطر على الأقاليم الجنوبية في تلك الجزيرة.

وان أولئك الغزاة البرابرة لم يتعرضوا بسوء إلى الانجازات الرومانية، علماً انه لم يكن التنظيم السياسي ولا التنظيم الاجتماعي لدول الجرمان في غربي أوروبا ليذكرا إطلاقاً وبالنسبة إلى خطوطهما العامة بتنظيمي الإمبراطورية الرومانية السياسي والاجتماعي.

ومما لا يمكن جحوده - وذلك وفق نظرية تاريخية قل ان نجد لها شذوذاً - ان الشعوب المنتصرة إن كانت أدنى في مستواها الحضاري من مستوى الشعوب التي قهرت وغلبت على أمرها فإنها تقتبس الشيء الكثير، وذلك وفق ما تسمح به الظروف، أو حسبما تسمح به درجة انسجامها مع المجتمع الروماني، ومع ذلك فمن المفيد ان نلاحظ ان من بين جميع الشعوب الجرمانية التي استقرت في غربي أوروبا تمكن شعب الفرنجة وحده وبنجاح من مقاومة تسرب الأفكار الرومانية إلى صفوفه ومجتمعه، وسيقوم هذا الشعب في المستقبل بدور طليعي بالغ الأهمية، وبينما انهارت - وتباعاً - شعوب البورغونديين والقوط الغربيين والشرقيين، فان شعب الفرنجة وحده هو الذي احتفظ بشخصيته واحتفظ بهويته واصالته، وان هذا الشعب وحده الذي أمكنه البقاء عبر التاريخ.

مملكة القوط الشرقيين أو الاوستروغوط

التشريعات وروح القتال:

اعتبرت مملكة القوط الشرقيين التي أسست في إيطاليا في نهاية القرن الخامس ومطلع السادس نسيج وحدها؛ لانها اختلفت عن بقية الدول التي اسسها البرابرة والجرمان على انقاض الإمبراطورية الرومانية في غربي أوروبا. ولئن حرصت باقي دول الجرمان في كل من غاليا واسبانيا وشمالي افريقيا على الإطاحة بتلك الإمبراطورية والإجهاز عليه لأنها لم تهتم بسوى الاقتباس عن نظمها السياسية

والاقتصادية ونقل تنظيمها، لكن هذه الدول الجرمانية بقيت وفية لأهدافها القومية وأن يبقى الطابع الجرماني القومي مسيطراً على الدول التي أنشئت في تلك البقاع، بمعنى دول الفرنجة والقوط الغربيين والفاندال محتفظة بذاتيتها وهويتها الجرمانية أي بأصالتها، أما دولة القوط الشرقيين في ايطاليا فهي وإن شاركت نظيراتها من الدول الجرمانية الأخرى في انها اسست على يد غزاة مجتاحين، إلا انها اختلفت عنها في الوقت نفسه في ان مؤسسيها بذلوا قصارى طاقاتهم للحفاظ على تراث روما القديم، وعلى الرغم من أن مؤسس هذه الدولة وهو تيودوريك كان كباقي اترابه من مؤسسي الدول الجرمانية الأخرى جرمانياً قحاً، أي بربرياً وفق التعبير الروماني المعاصر، فإنه اختلف عن باقي زملائه الذين كانوا معاول دمرت صرح البناء الروماني الشاهق في المناطق التي استقروا فيها ليقيموا على أنقاضه دولهم القوية، لعقده العزم على ترميم صرح ذلك البناء الإمبراطوري الروماني الذي تداعت أركانه وغدا وشيك الانهيار.

لاحظ الأساتذة فرديناند لوط وبفيستير وغانشوف حرص عاهل هذه الدولة أودواكر على الحفاظ على النظم والحضارة والتقاليد الرومانية، وذلك أنه غداة تخلصه من إمبراطور روما بعث إلى إمبراطور القسطنطينية يعرض ولاءه، وانه سيبقى في حكم روما نائباً عنه، وبحسب قوله: الإمبراطورية الرومانية لم تعد بحاجة إلى إمبراطورين، فقال هؤلاء الأساتذه ما معناه: وعندما عمد إلى توزيع ثلث أراضي أملاك الدولة في واد نهر البو على الجنود استأنفت الحياة مجراها الطبيعي الذي توقف خلال حقبه وجيزة من جراء وفاة اوريستوس (الوصي على ايطاليا ووالد رومولس آخر أباطرة روما) وسقوط رومولوس، وبقي مجلس الشيوخ الروماني متمسكاً بموقفه الحيادي، وقد انضم كثيرون من سراة الرومان إلى نظام أودواكر الأستروغوطي وأيدوه، وبقي شعب روما كما كان من قبل معالاً على نفقة السلطات الحاكمة التي كانت في الوقت نفسه تقيم له الأعياد والمباهج والافراح لتسليته، كما بقيت مدارس النحو والفصاحة مفتوحة وواصلت النهضة الفكرية الرومانية طريقها متقيدة بالأطر القديمة.

ولم تتعرض الكنيسة الكاثوليكية في روما إلى أي اضطهاد في ظل العهد الجديد، على الرغم من أن رئيس الهيئة الحاكمة وشعبه كانوا من الآريوسيين (أي الأرثدوكس).

اولاً: التنظيم السياسي والإداري لدولة القوط الشرقيين:

كان تنظيم هذين المجالين وعلى عهد تيودوريك هو الأشد قرباً ومحاكاة للنظام الروماني القديم، وقد استمرت الحال كما كانت عليه من قبل حيث كان الأباطرة الرومان الغربيون يديرون ويوجهون شؤون إمبراطوريتهم من عاصمتهم (رافينا) الجديدة.

ومن المحتمل أن الإدارة في ظل هذا العاهل الأوستروغوطي الجديد جعلت توحي بأنه ليس ثمة تغيير جديد سوى ما يتعلق بشخص العاهل الأوستروغوطي الجديد، محاطاً بنفس تلك المجموعة المتسلسلة من كبار الاعيان الموظفين الذين غص بهم بلاط الأباطرة الرومان، وبقي كذلك مجلس الشيوخ الروماني فلم يلغه تيودوريك، ولطالما وجه إليه بلاغات وقرارات بأسلوب فخم وجزل محاكياً فيه الأسلوب البلاغي الروماني وعباراته الطنانه وألفاظه الجزلة الفخمة، كما احتفظ هذا العاهل القوطي الشرقي بنفس هيئة كبار الموظفين الذين كانوا يمارسون أعباء الإدارة في عهد الأباطرة الرومان وبنفس طرق الحكم وبنفس الموظفين المدنيين، وبقي حكم ولايات الدولة ممارسة من قبل ولاة مصنفين، كما كانت حالهم في ظل الإمبراطورية في ثلاث زمر، وقل الأمر نفسه بالنسبة إلى النظام البلدي من حيث تقسيم المدينة إلى وحدات، وبقي النظام المالي على حاله كما بقيت السكة نفسها.

وصفوة القول ان تيودوريك آل على نفسه ان يحترم التراث الروماني القديم وأن يعيده إلى حيز التطبيق والعمل في بعض الزوايا والنواحي، وقد وضح منهاج تيودوريك من رسالة بعث بها إلى آناستازيوس الإمبراطور الروماني في القسطنطينية: "ومن ان مملكتنا هي تقليد ومحاكاة لإمبراطوريتكم".

وكانت هذه المحاكاة والتقليد لكل ما هو روماني مقصودين في حد ذاتهما، من حيث ان تيودوريك نفسه كان قد قرر ومنذ البداية ان يحتفظ لدولته بذلك الطابع

الروماني معتقداً بأن محاكاة الرومان ستكون أحد الأسباب التي ستؤدي إلى رفعة وازدهار شعبه الاستروغوطي من دون باقي الشعوب الجرمانية، وهذا ما وضح لنا كذلك من رسالة تيودوريك إلى ممثله أو عامله لدى البلاط البيزنطي، حيث أورد فيها: "سيتفوق الشعب القوطي الشرقي على نظرائه من باقي الشعوب الجرمانية ما تمكن من محاكاة نظم الحكم الموضوعة من قبل الحكومة الإمبراطورية".

ولتكون تلك المحاكة تامة لم يتردد هذا العاهل إطلاقاً في انتقاء أفراد هيئة موظفي دولته من بين الأوساط الرومانية فحسب، ومن قبيل ذلك فإن ساعده الأيمن في تسيير دفة الحكم هو كاسيدور الروماني، وهو ابن رئيس الشؤون القضائية في البلاط الروماني، وقد شغل كاسيدور هذا تباعاً مناصب رئاسة الشؤون المالية، ومديرية المراسم ومديرية الشؤون القضائية في دولة الأستروغوط بعد وفاة تيودوريك نفسه، كما استعان هذا الأخير بموظفين رومانيين آخرين واحتفظ بألقاب القناصل والبطارقة وغيرها من ألقاب التمجيد والتعظيم في العهد الروماني، ووفق الأسس والتقاليد التي كانت متبعة في العهد الروماني منذ عهد دقلديانوس فقد استمر التفريق بين المناصب المدنية والمناصب العسكرية إلى درجة ان الانخراط في الجيش غدا وقفاً على البرابرة المؤلفين لمجموع القوات الأستروغوطيه، وان الضباط الاستروغوط هم الذين بوسعهم - وتبعاً لذلك - تسلم المناصب القيادية فيه، وكثيراً ما ردد تيودوريك نفسه هذا القول: "ان الرومان سيقومون بأعباء المناصب السلمية أو المدنية، بينما يسهر القوط على حمايتهم بواسطة السلاح".

وحمل رئيس الضباط القوط لقب الكونت الذي كان يقوم بالمهام العسكرية الصرفة والمهام القضائية التي يمارسها بإزاء مرؤوسيه، من حيث ان الضباط القوط كانوا دائماً يمارسون المهام القضائية على جنودهم وعلى من دونهم رتبة من الضباط أنفسهم، بيد أن هذا الحاكم العسكري (الكونت) لا يملك صلاحية النظر أو الفصل بسوى القضايا التي يكون فيها الجنود القوط أو أسرهم أطرافاً فيها، أما ما يتعلق بالدعاوى المثارة بين الرعايا الرومان انفسهم فكان يفصل فيها القضاة الرومانيون المدنيون، وبالنسبة إلى الدعاوى الخليطة (أي التي يكون الأطراف فيها قوطاً ورومانيين)، فإنه

من غير المسموح للمحكمة العسكرية التي يرأسها الكونت القوطي أن تبت فيها إلا ان ينضم مساعد روماني إلى هيئة قضاتها.

وقد امكننا هذا العرض من ملاحظة انه بالنسبة إلى تنظيمي المملكة الأوستروغوطية الإداري والسياسي روعيت نفس الأهداف والمبادئ التي كانت سارية في فترة الحكم الإمبراطوري الروماني، ونشداناً من رئيس الدولة القوطية الشرقية هذه ان يحقق ذلك الهدف وتلك المبادئ فانه حدد وضيق عمل وصلاحيات الموظفين القوط أنفسهم علماً بأنهم الممثلون الطبيعيون لشعبه.

ثانياً: التشريع

وكان ذلك الحرص على رومنة نظم ومؤسسات الدولة القوطية الشرقية أوضح ما يكون في المجال التشريعي، وفعلاً فإن المملكة الاستروغوطية كانت الوحيدة من بين جميع الدول الجرمانية الأخرى التي ألغيت منها وبصورة اصولية وجذرية التشريعات البربرية (الجرمانية) على يد تيودوريك نفسه، وذلك لحساب التشريع الروماني الذي بلغت سيطرته حداً جعلنا نبقى في جهل مطبق لجميع ما كان يعالجه القانون الأوستروغوطي القديم أو البدائي من قضايا أو نواح، وبمقابل ذلك فإن المؤرخين عثروا على قانون اصدره تيودوريك نفسه في سنة ٥٠٠، وكان مطبقاً وفي نفس الوقت على رعاياه القوط والرومان، وهذا القانون بكامله عبارة عن نص منقول حرفياً عن القانون الروماني، ويذكرنا بالحلول والشروح التي أدمجت وحشرت من قبل فقهاء القانون الرومان في قانون تاداسيوس نفسه أو في كتاب العقوبات لبولس، وعلى العموم فإن القضايا التي اثيرت والتي أوردها كبير موظفي تيودوريك القضائيين، وهو كاسيدور تثبت ان القانون الروماني قد غدا في حيز الواقع، وحتى قبل نهاية عهد تيودرويك نفسه، متمتعاً بمركز الصدارة، وانه غدا المرجع الوحيد في هذا المضمار.

أما بالنسبة إلى تطبيق القوانين الخاصة بكل شعب من الشعوب التي تعيش في رقعة مملكة الأوستروغوط مما كان يدعى بـ(شخصية القوانين) ذلك العمل الذي اعتاده رؤساء باقي الدول الجرمانية، فإن هذا التطبيق لم يلجأ إليه عواهل القوط الشرقيون، لا بل كانوا يكرهونه، وهذا ما يتضح لنا من الرسالة التي بعث بها عاهل

هؤلاء القوط في سنة ٥١٠ إلى الكونت (قائد الجيش)، وقد ورد فيها: "إننا لا نسمح إطلاقاً ان يطبق تشريعان مختلفان على القوط والرومان، وذلك في الوقت الذي نحيطهم فيه جميعاً بنفس العطف ونوليهم نفس الرعاية".

وكانت فكرة انصهار الشعبين الروماني والقوطي عزيزة على قلب تيودوريك إلى درجة انه غالباً ما رددها في رسائل أو توجيهات اخرى إلى كبار موظفيه من رومان وقوط، كما طبق خليفته آتالاريك Athalaric نفس الفكرة بمجرد استلامه الحكم بعده، حيث اذاع على الشعب الروماني في سنة ٥٢٦ بلاغاً بمناسبة توليه الحكم جاء فيه: "أن قواعد القانون في دولتنا واحدة بالنسبة إلى الجميع، سواء أكانوا قوطاً أم رومانيين، وإن الخلاف الوحيد بينهم هو في ان القوط يمارسون الأعباء العسكرية، وذلك خدمة للمصلحه العامة من أجل ان يتيحوا لكم أيها الرومان التمتع وبسلام بحسنات ومنجزات الحضارة الرومانية".

ثالثاً: الحضارة في ايطاليا في ظل دولة الأوستروغوط:

كانت الفكرة العظمى التي اخذت على تيودوريك تفكيره هي صيانة الحضارة الرومانية من الدمار، وادى هذا بالعاهل كرعيته وطيلة عشر سنين من شبابه في مدينة القسطنطينية إلى احتفاظه وحتى وفاته بالانطباعات العظيمة التي تركها هذا المقام والاحتكاك المستمر بالفن والثقافة القديمين، ومع أنه غدا ذواقة لمنجزات هذا الفن الرفيع لكنه كان أمياً أو شبهه، وانه لم يكن بوسعه توقيع اسمه إلى أن حددت له الحروف بواسطة ثقوب ملونة تترك أثرها على الورقة التي يراد ان يمهرها هذا العاهل بتوقيعه، واعتبر الجهد الذي بذله هذا العاهل البربري للحفاظ على التراث الفني الروماني سليماً، كما اعتبر عمله لإعادة تلك التحف إلى حالتها الأصلية بعد ترميمها وإصلاحها عملاً عظيماً للغاية، وعند مقامه في روما طيلة الفترة من سنة ٥٠٠ وضع مشروعاً من أجل إصلاح الحمامات العامة، وقنوات المياه والمجاري بنفس العناية التي أحاط بها ترميم القصور والتماثيل، وقد عين رائزاً (مهندساً معمارياً) خاصاً، وكلفه بمهمة مراقبة عملية ترميم وصيانة ذلك التراث الفني، كما أولى هذا الملك القوطي مسرح مدينة بومبية ومدرج الكوليزية في ورما وأسوار هذه المدينة عنايته ورعايته.

وبالنسبة إلى مناطق أخرى فإن تيودوريك لم يكتف بترميم وإصلاح وصيانة المنجزات الفنية القديمة، إنما أمر ببناء القصور والحمامات والمدرجات في مدن بافيا وفيرونا وتيراسينه وسبوليت ورافينا، كما اهتم ببناء الكنائس لينافس بها مدينة القسطنطينية.

وهكذا فإنه شيد كنيسة كبرى أو قصراً للعدل أطلق عليها اسم كنيسة هرقل، وقصراً ملكياً هو محاكاة جزئية للقصر الذي كان الإمبراطور قسطنطين قد شيده على ضفاف البوسفور، كما بنى خمس كنائس أخرى، وقد تدمر قسم من هذه الأوابد الشهيرة أو رممت فتغير شكلها الأصلي، وعلى الرغم من ذلك فما بقي منها هو عظيم جداً، ومع أن ذوق الفنانين الذين عهد إليهم بانجاز هذه الأوابد لم يكن دائماً سليماً، فإنها تدلنا على تعلق هذا العاهل القوطي بالفن، ثم إن الانطباع الذي تتركه في النفس هو كبير جداً وجدير بفناني بيزنطه الكبار الذين حرص زملاؤهم - الذين انجزوا الاعمال التي طلبها منهم تيودوريك - على محاكاتهم ومنافستهم.

ومن المؤكد ان هذا الفن أو منجزاته لم تكن أصيلة، وكل شيء في الأوابد المشيدة في عهد تيودوريك من صفوف الأعمدة وتيجانها وتغطية بعض الأقسام بالمرمر ومنجزات الفسيفساء المتألقة عبارة عن تقليد ونقل لمنجزات من الفن البيزنطي أو لروائع كانت قد انجزت من قبل في مدينة رافينا نفسها في عهد غالا بلاسيديا اخت الإمبراطور هونوريوس.

إن فناني تيودوريك لم يهتموا بمسألة الأصالة من حيث ان الشيء الهام بالنسبة إلى هذا العاهل هو تأكيده - في مجال الفن كما في غيره من المجالات - على ديمومة واستمرار التقاليد الرومانية. وذلكم ايضاً كان هدفه الأسمى في ميدان الانتاج الفكري، فالشخص الذي أولاه هذا العاهل ثقته والذي كلفه بالتعبير - وبواسطة الكتابة - عن رغباته، كان ذا ثقافة رفيعة، وهو كاسيدور نفسه، وقد برهن هذا الأخير على انه أدى وبأمانه تامة المهمة الملقاة على عاتقه، هذا ولو أن أسلوب كاسيدور الكتابي كان أقل قيمة من ثقافته، حيث حشر فيه تشبيهات واعتبارات خلقية وفلسفية وتاريخية ولاهوتيه

اراد بواسطتها ان يؤكد لقارئه طول باعه وأن زاده من الثقافة القديمة والعلم والقديم دسم وغني ومنوع.

وقد راج في إيطاليا تعلق وتذوق مثقفي هذه الفترة بالآداب والثقافة الكلاسيكية القديمة، سواء في بلاط رافينا (حيث تيودوريك وبلاطه)، أم في روما نفسها، أم في ميلانو وغيرها من أمهات المدن الإيطالية، واخذ أساتذة الفصاحة والشعراء والعلماء يتنافسون لإرضاء ذوق جمهور المثقفين، أو ذوق العاهل نفسه الذي غالباً ما كان يغدق عليهم أنعمه وآلاءه، ويخلع عليهم ألقاب الشرف، وثمة بين أعلام مفكري هذه الحقبة من لم يكن بوسع أحد أن يشق لهم غبار، أو أن يجاريهم في مضمار، ونخص بالذكر منهم إينوديوس، أسقف مدينة بافيا المقرب من تيودرويك نفسه، وكان ناثراً وشاعراً وكاتب رسائل، وكان يكثر في كتابته من الاستشهاد بشعر فيرجيل وغيره من شعراء عصر أغسطوس. ومن أقطاب رجال الفكر في هذه الفترة الشاعر آراتور Arator الذي نظم ملحمة دينية عنوانها (أعمال الحواريين)، تبدو كأنها قطعة من الأدب الكلاسيكي القديم نظمت باللغة اللاتينية تمجيداً للحواريين القديسين بطرس وبولس، ومن جهابذة الفكر وأساطين العلم في هذه الفترة بويس Boece الذي ترجم وشرح آراء الفيلسوفَين: أرسطاطاليس الإغريقي، وبورفيروس الفيلسوف الإسكندري (وهو تلميذ أفلوطين)، كما درس الرياضي الإسكندري أوكليدويس Euclides، ودرس ايضاً العالم الفلكي بطليموس (وهو أيضا من مصر)، كما ألف بويس هذا كتاباً في الفلسفة.

وصفوة القول أن إيطاليا عاشت في عهد هذا الملك القوطي الشرقي عصر نهضة فكرية يجب البحث عن منطلقها في سياسة تيودروريك نفسه، فهذا العاهل الذي لم يكن حظه من الثقافة جيداً، كما لم يكن زاده منها شيئاً يذكر، ونظراً إلى أنه لم يكن بوسعه شخصياً تذوق الروائع الأدبية، أو فهم العبقريات، أو حتى النظريات العلمية الواردة في تواليف معاصريه، فإنه على الأقل اعتبرها حلية ضرورية؛ لتزدان بها دولته التي شيدت على نسق روما في عهدها الإمبراطوري، واعتبر لذلك أن من واجباته كعاهل ان يساعد على تفتح تلك النهضة الفكرية. ولم يكن ثمة مظهر من مظاهر حضارة روما القديمة إلا وأولاه تيودوريك عناية، ورغب في أن يعيد إليه سابق

روائه وبهائه وعظمته، ومن قبيل ذلك انه لم يهمل حتى ألعاب السيرك خاصة، وقد كان سكان القسطنطينية أو بحسب التعبير المعاصر (روما الجديدة) قد أقاموا سيركاً فخماً جداً على ضفاف البوسفور، كما وجه عناية زائدة إلى الاحتفال بالاعياء التي أقرتها التقاليد الرومانية، وكما كانت الحال قديماً فإن قنصلي مدينة رافينا كانا يدشنان في كل عام عهدهما باحتفالات عامة وبتوزيع الأموال والهبات، وهكذا فإن روما القديمة قد صحت من رقدتها وسباتها العميق، وتلكم كانت رغبة العاهل البربري تيودوريك.

اما على الصعيد الشعبي فإن الشعب القوطي لم يلبث ان سئم القيام بذلك الدور المصطنع، وهو دور المدافع عن الحضارة الرومانية وحاميها، ذلك الدور الذي لا ينسجم مع واقعه كشعب مؤلف من غزاة يجيدون الكر والفر، لذا حاول هذا الشعب التخلص من ذلك الحمل أو العبء الثقيل، وهو التراث الحضاري القديم الذي أوشك ان ينهار ليعود القوط الشرقيون إلى تقاليدهم القومية، وعلى الرغم من ان عمل تيودوريك في هذا المضمار لم يعمر طويلاً، وسرعان ما انهارت أحلامه فإن هذا العمل كانت له أهميته، وذلك أنه بإبقائه ايطاليا في نفس الطريق التي أراد لها الأباطرة الرومان سلوكها فإن هذا العاهل القوطي تجنب حدوث قطيعة تامة بين عهده وعهد الإدارة والحضارة الرومانية، وجعل من الممكن ان يقوم غيره بمحاولة إحياء تلك الإمبراطورية الرومانية الغربية، أما تلك المهمة فهي التي ألقيت على كاهل الإمبراطور البيزنطي جستنيان العظيم في القرن السادس[٩].

الفصل الخامس

الإمبراطور جستنيان

وإحياء الإمبراطورية الغربية

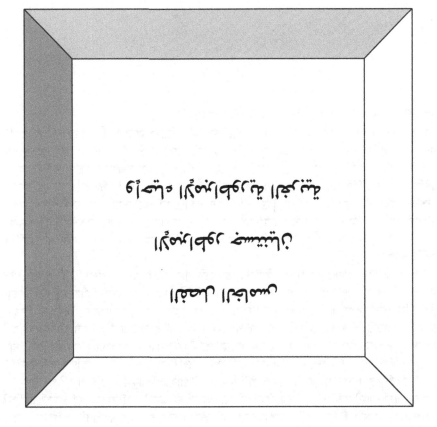

لم تنهر الإمبراطورية الرومانية تماماً تحت وطأة انقضاض المغيرين الجرمان عليها في عهد الأباطرة الأواخر الذين استقروا في رافينا، وبينما تم القضاء على الجزء الغربي من تلك الإمبراطورية وتحت ضغط الضربات القوية التي أهوى بها الغزاة الجرمان على ذلك القسم فإن الشق الثاني منها، وهو قسمها الشرقي استمر موجوداً، هذا فضلاً على الأباطرة الذين مارسوا الحكم في ذلك الجزء الشرقي وسيطروا على مقدارته.

وعلى الرغم من إقصائهم عن ايطاليا وعن الحوض الغربي من البحر المتوسط فإنهم بقوا يعتبرون انفسهم ورثة تراث قياصرة روما الخلقي، فذلك التراث الغربي اعتبروا ان عبء الدفاع عنه قد ألقي على كواهلهم، وانطلاقاً من هذه الفكرة فإنهم لم يتنازلوا إطلاقاً عن أي من الحقوق التي مارسها قبلهم عدد من أباطرة القسطنطينية على الأجزاء أو الولايات الغربية التي اخذت تسقط تباعاً بيد البرابرة أي الجرمان، وهكذا فإنه ما من أحد من أباطرة بيزنطة تخلى عن ثقته التي لا تتزعزع، وعن إيمانه القوي الراسخ في ان يوم ثأر الرومان من البرابرة لا محالة آت، فإنهم سيستردون بكل تأكيد تلك الولايات الغربية ويعيدون إلى إمبراطوريتهم سابق مجدها.

وبدت تلك الأماني في النصف الأول من القرن السادس وشيكة التحقيق، وذلك لأن الإمبراطورية الرومانية التي استردت هيبتها وقوتها في المشرق لم تعد تلتزم جانب الدفاع، إنما عادت مجدداً إلى استئناف الهجوم، وهكذا فإن الإمبراطور البيزنطي أخذ يحرص على الإفادة من اقل تصدع يحدث في جبهة أعدائه الجرمان في غربي أوروبا ليحاول استرداد ولايات غربي اوروبا في ايطاليا، بالاضافة إلى ولايات شمالي افريقيا، أو استرداد قسم منها على الأقل من الجرمان الذين أقاموا في ربوعها، وان وحدات الأسطول الإمبراطوري ستعود لتعبر عباب اليم بين مضيق أعده هرقل (جبل طارق) والضائق والبحر الأسود، ويبدو أن يأس الإمبراطورية من استرداد اجزائها الغربية لم يعد له ما يبرره، لا سيما وأن هذه الإمبراطورية كانت تمر في النصف الاول من القرن السادس بفترة إفاقه ونهضة عسكرية، وخاصة في عهد جستنيان

العظيم بعد ان ران عليها جو من السبات العميق والانهزامية في عهد أسلافه المباشرين.

الأباطرة البيزنطيون

احتفاظ الأباطرة البيزنطيين بما كانوا يدعونه من حقوق على ولايات غربي أوروبا قبل عهد جستنيان:

كان ممكناً ان تتغير وضعية الإمبراطورية في المشرق، لا بل كان من الممكن ايضا ان تزداد الحصة المقررة لآسيا من عناية ورعاية الأباطرة، أي ان تنصرف هذه الإمبراطورية وبمعظم جهودها إلى معالجة قضايا آسيوية، ومع ذلك فإن اسم هذه الإمبراطورية سيبقى وبدون ادنى شكل هو الإمبراطورية الرومانية، وبقيت فكرة عالقة في الأذهان، وقد استمرت ما بين القرنين الرابع والسادس، ولم تتبخر حتى بعد اختفاء آخر أباطرة رافينا في سنة ٤٧٦ من على خشبة المسرح السياسي لاحداث ايطاليا، وذلك أن قسم الإمبراطورية الذي نطلق عليه الآن (الإمبراطورية البيزنطية) ليس في واقعه سوى جزء من تلك الدولة الرومانية التي تغلبت وحدتها على جميع حوادث التقسيم التي تمت بالنسبة إلى السلطة السياسية التي تمارس الحكم والسيادة في هذه الإمبراطورية .

فما بقي من ايطاليا بلاط إمبراطوري، فسيبقى جزءا الإمبراطورية الشرقي والغربي متآزرين ومتساندين، وما من احد يعجب من متابعة حكومة كل من هذين القسمين - ما كان ذلك في استطاعتها - تطور الأحداث في القسم الآخر، وان تتدخل فيها، ان كان ذلك متيسراً لها اذا ما دعت الحاجة إلى ذلك، وفعلاً وعلى ضوء الواقع لم تكن دائرة أو نطاق عمل قائد الحرس الوطني ستيليكون في مطلع القرن الخامس تقف عند حدود الولايات المخصصة لإمبراطوره هونوريوس من التقسيم، وإنه عند وفاة آركاديوس أخي هونوريوس في سنة ٤٠٨ فإن حكومة أخيه هونوريس قررت ودونما تردد التدخل لحل قضية وراثته في القسطنطينية.

ثم انعكست الآية بعد عدد من السنين، حيث سيملي امبراطور القسطنطينية تاوداوسيوس/٢ (٤٠٨-٤٥٠) أو بالاحرى اخته القوية جداً رغبته في انتقاء

الإمبراطور الحاكم على الغربيين، وبعد وفاة الإمبراطور الغربي هونوريوس بدوره بعد عامين (في سنة ٤٢٣)، فإن أخت تاوداسيوس/٢ نفسها تدخلت مجدداً، وبعد ان حلمت ولفترة قصيرة بإعادة توحيد جزأي الإمبراطورية مجدداً، فإنها فرضت وعن طريق القوة والتهديد على الغرب الإمبراطور الذي يوافق حكمه مصالحها، وهو الشاب فالانتينيان/٣ وهو ابن قائد الحرس الوطني، (ويدعى كونستانس، وكان الغربيون قد رغبوا في رفعه إلى سدة الإمبراطورية في سنة ٤٢١، فحالت دون ذلك) حيث لم ترغب في بادئ الامر واطلاقاً في توليه الحكم.

لكنه نظراً إلى انه قد تربى في القسطنطينية تحت مراقبتها، لا بل فإن مما جعلها تقبل بحكمه انه لم يكن آنذاك إلا في سنته الرابعة، وسيغدو هذا الغلام بالنسبة إلى الإمبراطور البيزنطي الأسلس قياداً من دون جميع الزملاء، وقد زوجه الإمبراطور البيزنطي تاوداسيوس/٢ في سنة ٤٧٣ من ابنته، ثم جعله في نهاية سنة ٤٣٨ يوافق على نشر مجموعة قوانين تاوداسيوس في العالم الغربي، كما قبض بعيد ذلك وبمقابل مناورة قامت بها وحدات الاسطول البيزنطي أمام سواحل البلاد الخاضعة إلى الفاندال الثمن، فإن بيزنطة نالت من الإمبراطورية الغربية قسماً من ولاية دلماسيا (يوغسلافيا الحالية)، ولم يبد جزءا الإمبراطورية أشد تأزراً مما كانا عليه في هذه الفترة.

وعند وفاة تاوداسيوس/٢ في سنة ٤٥٠ ضعف وفتر - وخلال عدة سنين - ذلك التآزر والتساند، وقد آل عرض بيزنطة إلى مارسيانوس وكان جندياً شجاعاً وناضجاً من حيث سنه، لكنه اهتم في عهده القصير (بين سنتي ٤٥٠-٤٥٧) بممارسة أعباء الدفاع عن الإمبراطورية وإعادة التنظيم الداخلي للولايات البيزنطية نفسها، ثم خلفه على العرش البيزنطي جندي آخر، وهو ليون التراقي الذي أستأنف الاتصال بالقسم الغربي في رافينا، خاصة وأن حكومة هذا القسم كانت تشعر في الوقت نفسه بحاجة ملحة إلى دعم الحكومة البيزنطية لمنع أو لايقاف الغارات البحرية الجريئة التي ما ونت وحدات الأسطول الفاندالي عن القيام بها والتي انتهت في الوقت نفسه بمهاجمة المواقع الخاضعة للبيزنطيين انفسهم، وقد وافق ليون هذا على تجهيز القسمين الإمبراطوريتين حملة عسكرية مشتركة يمولاها معاً، شريطة تعيين ختن الإمبراطور

البيزنطي إمبراطوراً على القسم الغربي، وهكذا غدا الإمبراطور البيزنطي الفيصل الذي سيبت في شؤون الإمبراطورية الغربية، لكن هذه الحملة فشلت فشلاً مريعاً، مما اوردناه من قبل.

ولم تفت رغبة أباطرة بيزنطة في أن يغدوا أوصياء على القسم الشرقي على الأستاذ لويس هالفين وغيره من كبار المؤرخين، فقال بصددها ما نصه: "وقد بدا واضحاً ان الإمبراطور البيزنطي يعتبر نفسه مزوداً وبصورة نظامية بالحق في التدخل بشؤون غربي أوروبا، ومن قبيل ذلك انه أبى في سنة ٤٧٣ الاعتراف بالإمبراطور غليسيريوس الذي وضع على منكبيه الرداء الأرجواني (من شارات الإمبراطورية)، ورشح للمنصب نفسه يوليوس نيبوس وبادر إلى إرساله وعلى جناح السرعة إلى ايطاليا وبمعيته جيش صغير لدعمه، وتوفي أثناء تلك الحوادث الإمبراطور البيزنطي ليون، وذلك في سنة ٤٧٤.

وخلفه زينون وهو أحد أفراد الأباطرة الجبليين الإيساوريين (وهي ولاية على الساحل الجنوبي لآسيا الصغرى، وهي قبالة جزيرة قبرص) الأشداء والذين تعاقب الكثيرون منهم على العرش البيزنطي وكان ليون هذا قد جعل زينون ختناً له على ابنته، ولم يعد لهذا الإمبراطور أي حرية للعمل أو التدخل في غربي أوروبا، وبعيد توليه الحكم نشبت الثورة في بيزنطة وقد اضطر خلال ثلاث مرات ان يصمد في وجه منافسيه الذين أثارهم ضده وحسداً منه زعيم إيساوي آخر يدعى إيلوس Ilos، واشتبك الطرفان سنين طويلة في حرب أهلية ضروس، فتلك الظروف الجديدة التي زج فيها الإمبراطور البيزنطي زينون ظروف صعبة وحرجة لن تمكنه من مد يد المعونة إلى الإمبراطورية الغربية لإنجاح المرشح لعرشها الموفد من قبل ليون نفسه.

ثم سقط الإمبراطور يوليوس نيبوس في رافينا وتوج آخر أباطرتها في هذه الفترة وهو رومولوس أوغستيليه، وأخيراً قضي على الإمبراطورية الغربية على يد أودواكر في سنة ٤٧٦ على النحو الذي سبق بيانه(١٠).

لم يعد ثمة إمبراطور في رافينا، لا بل إن ايطاليا كلها بدأت ومنذ هذه الفترة تسقط تدريجياً بيد البرابرة، وعلى الرغم من ذلك وحتى في هذه الفترة ذاتها فإن

الحقوق التاريخية التي يحق لرئيس الإمبراطورية - الذي ما زال على قيد الحياة، وهو بالنسبة إلى هـذا الظـرف إمبراطور بيزنطة - ممارستها قد صينت، حيث غدا الإمبراطور الروماني بالنسبة إلى أودواكر والى تيودوريك من بعد، لا بل بالنسبة إلى جميع زعماء القبائل الجرمانية هو العاهل الذي يحكم القسطنطينية.

ولم يكن هؤلاء يتبادلون الرسائل معه إلا باستعمالهم عبارات التمجيد والتفخيم اللائقة بمنصبه، ومهما كان نوع أو درجة الاستقلال الذي مارسه هؤلاء الزعماء الجرمان في حكم مناطقهم فإنهم لم يحجموا اطلاقاً عن يحيوا في شخص الإمبراطوريتين ليون، ثم زينون، ثم في شخص ورثتهما من بعدهما، الورثة الشرعيين لجميع الإمبراطورية الرومانية أي بقسميها الغربي والشرقي.

وقد أرسل اودواكر في سنة ٤٧٦ إلى الإمبراطور زينون الشعارات الإمبراطورية التي وجدها في بلاط رافينا، ثم أقر مجلس شيوخ روما فكرته وأيده عندما أبلغ زينون ان الإمبراطورية لم تعد منذ الآن بحاجة إلا لرئيس أو إمبراطور واحد، وعندما هاجم تيودوريك بعد ذلك اودواكر فانه هاجمه بصفته نائباً عن الإمبراطور، وسيبقى هذا الوهم عالقاً في أذهان أباطرة بيزنطة.

وعندما توفي زينون في سنة ٤٩١ فإن العرش الإمبراطوري آل من بعده وتباعاً إلى رجلين مسنين، اولهما آناستاسيوس (حكم بين سنتي ٤٩١-٥١٨)، وهو يوناني مسن في الحادية والستين من العمر، وهو من مقاطعة ايراوس، وقد جردته الحروب الدينية التي خاضها ورد هجمات كل من الفرس والسلافيين والبلغار على إمبراطوريته من قوته.

أما الإمبراطور المسن الثاني والذي كان قد بلغ سنه السبعين، فهو فلاح مقدوني الأصل، وكان قائداً للحرس الإمبراطوري، واسمه جستنيان (حكم بين ٥١٨-٥٢٧)، وهو عم جستنيان الذي سيغدو بعيد قليل خليفته ووريثه في المنصب الإمبراطوري، وكان جستنيان إمبراطوراً في سنة ٥٢٧، فان وضعية الإمبراطورية كانت على الشكل التالي: لم تعد الإمبراطورية الرومانية تمثل واقعاً أو حقيقة راهنة ملموسة، إلا بالنسبة إلى جزئها الشرقي الذي ما زال يقاوم، ولو بعناء زائد الضربات

التي كان البرابرة يكيلونها اليه من غير ان سقوط آخر إمبراطور غربي في رافينا سنة ٤٧٦ لم يؤد إلى محو هـذه الفكرة من رأس الأباطرة البيزنطيين، وهي أن الإمبراطورية البيزنطية بقيت ولو على الصعيد النظري كما كانت من قبل، وان مهمة السهر على مصائر غربي أوروبا ألقيت على كواهل أباطرة بيزنطة كما كانت مـن قبل قـد وقعت على عاتق الورثة الأوائل للإمبراطور تاوداسيوس العظيم.

وحدد الإمبراطور جستنيان لنفسه مهمة، وهي ان يعبر عـن هذه الآراء بالأعمال، وسـوف يكرس نفسه - وبهمة لا تني - لإعادة تأسيس وإعادة وحدة الإمبراطورية الرومانية على حساب البرابرة الجرمان.

استرداد جستنيان الولايات الإمبراطورية في أفريقيا:

هذا الإمبراطور ظهر في فترة متأخرة، أي بعـد ان أمسى ـ الانفصال بين جـزأي الإمبراطورية حقيقـة راهنة، وان الانفصال كان قد تم بين عالمين متعارضين، واتجاهين متعاكسين، وعقيـدتين متناقضتين، فـإن هـذا الإمبراطور الجديد كان نصيراً متحمساً لإعادة وحدة هذين القسمين، وانه سوف لن تغمض له عين قبل أن يرى الجهود المضنية التي بذلها لتحقيق حلمه الذهبي الـذي أخـذ عليه تفكيره قد كُللت بالنجاح، وان ما كان الكثيرون يعتبرونه وهماً وخيالاً قد امسى حقيقة وواقعاً.

كان جستنيان أصلاً - وكعمه جوستين - فلاحاً من مقاطعة إيلليريا في مقدونية بجوار ألبانيا، ولكنه تربى في القسطنطينية في كنف عمه الذي أتاح له أن يزود وبثقافة ممتازة من نوع الثقافة التي كان أساتذة المدارس البيزنطية يقدمونها إلى تلاميذهم، وهي ثقافة خليطة، ولو أن لغته الأصلية كلغة عمه هي اللاتينية.

ومع ان جستنيان كان متوسط الذكاء، لكنه حجب هذه الثلمة بحبه للعمل؛ فكان دؤوباً، ويعمل باستمرار، ولا يحب ان يخلد إلى الراحة، وقيل عنه إنه الإمبراطور الذي لا ينام أبداً، كان دائم الرغبة في العمل وأن ينجز بيده ما بدأ عمله، ولم يكن يرغب في الاتكال على الآخرين، سواء من قبيل الحذر والاحتياط أم لرغبته الصادقة في ان ينجز الأعمال التي قد بدأها.

كما غطى هذا العاهل على ذكائه المتوسط باستعانته بنخبة خيرة من رجالات عصره وفي مختلف المجالات، ففي المجال العسكري أتاح له قائداه الفذان اللذان قل ان رزقت الإمبراطورية البيزنطية بأمثالهما، وهما بليزاريوس Belisarius ونارسيس Narses تحقيق مشاريعه، لا بل حلمه في إعادة وحدة الإمبراطورية الرومانية باستردادهما كلاً من افريقيا وايطاليا.

أما في شؤون الحكم والإدارة فقد كان ساعده الايمن يوحنا الكادبادوكي من ولاية كابادوكيا في آسيا الصغرى الذي كان نعم المستشار والمعين على تصريف شؤون الحكم.

أما فيما يتعلق بالعمل الذي ابقى اسم جستنيان خالداً على الدهر وهو قانونه أو مجموعته القانونية، فقد أوسد رئاسة اللجنة التي أنيطت بها مهمة انجاز هذه المشروع العملاق إلى فقيه قانوني ضليع كان أحد جهابذة وأساطين القانون في القرن السادس، وهو تربيونيان Tribonian، وكان هؤلاء الأربعة بمثابة أربع درر كريمة ازدان بها تاج جستنيان، ولئن ذهب هؤلاء بفخار ما تم من انجازات في عهد هذا الإمبراطور (٥٢٧-٥٦٥م) فانه حسب هذا العاهل فخراً أنه حدد لكل منهم المهمة الملقاة على عاتقه ورسم له معالم الطريق التي سيسلكها وزوّده بالوسائل الكفيلة بنجاحه، وانه كان لا يكف عن مراقبته وتوجيهه، فكل ذلك يعتبر مناقب وصفات ممتازة تحلى بها هذا العاهل.

وقد عدد بعض خصوم جستنيان أو حساده بعض نقائصه، فقالوا إنه غير متزن في تفكيره، وانه حاد الطبع ونزق وسريع الغضب، وانه احياناً متردد ويعوزه الحزم، ولكن هذه الهنات حاولت زوجة تيودورا، (على الرغم من أصلها الوضيع فهي من فتيات الملاعب - السيرك) ان تقلل من أثرها؛ لأنها كان قوية الإرادة وحازمة، ذلكم هو العاهل الذي سيسيطر وخلال أربعين عاماً على مقدرات الإمبراطورية البيزنطية والذي سيحقق بعض النجاح في إعادة الوحدة الإمبراطورية.

لم تكن ظروف هذا الإمبراطور مواتية لإرسال حملات إلى مناطق بعيدة كشمالي أفريقيا واسبانيا؛ لان الخطر الفارسي الذي زادته هجمات ملوك الحيرة -

حلفاء وحامي الفرس - حدة وقوة، ومن قبيل ذلك أن بلوغ قوات المنذر ملك الحيرة في سنة ٥٢٩ ضواحي انطاكية نفسها أخذ يثير قلق هذا الإمبراطور ويقض عليه مضجعه، لا سيما بعد أن أوشكت سورية كلها أن تسقط بيد الفرس في سنة ٥٣٩ بعد ان حاقت الهزيمة - وفي جوار مدينة الرقة على الفرات - بأعظم قادة البيزنطيين آنذاك، وهو نارسيس، وغدا سقوط سورية بيد الغزاة المدعومين من قبل قوات المناذرة قاب قوسين أو أدنى.

وحتى بالنسبة إلى شبة جزيرة البلقان، فإن أوضاعها لم يكن من شأنها ان تبعث الاطمئنان في نفس العاهل البيزنطي، فبعد جلاء القوط الشرقيين في نهاية القرن الخامس عن هذه الربوع حل فيها عنصر ـ البلغار (وهم من مجموعة قبائل الهون).

كما بدأت جماعات السلافيين تعيث في هذه الربوع فساداً، وقد كرث هؤلاء البرابرة مقاطعات مقدونية وايبراوس وتساليا وتراقيا، واخذت بيزنطة نفسها تجس خيفة وتضطرب من شدة وقوة غارات هؤلاء السلاف وأولئك البلغار.

وقد دفع الخوف العاهل البيزنطي أناستاسيوس إلى أن يشيد في سنة ٥١٢ سوراً ثالثاً، أو خط دفاع ثالث حول حاضرته القسطنطينية، حيث بات يخشى ان يوالي المغيرون طريقهم إلى العاصمة.

وبدأ الكثيرون يفكرون فيما اذا كان من الواجب شراء هدوء تلك العناصر وخلودها إلى السكينة بالتنازل لها عما بقي للبيزنطيين في شبه جزيرة البلقان، لذا كانت مسألة صيانة القسم الشرقي من الإمبراطورية الرومانية - وفي هذا الظرف بالذات بعد أن أحدق الأعداء بذلك القسم من كل جانب - بالغة الخطورة والأهمية، وانه يتحتم على الإمبراطور البيزنطي ان يوليها ما تستحقه من عناية ورعاية وقبل ان يفوت الأوان.

وفي هذه الظروف الحالكة السواد سنحت فرصة قل ان يجود الدهر بمثلها، فكانت فرصة العمر؛ لانها ستمكن الإمبراطورية البيزنطية من استرداد هيبة الإمبراطورية الرومانية من الحوض الغربي من البحر الأبيض المتوسط.

لقد دعي الإمبراطور إلى التدخل في مملكة الفاندال في شمالي أفريقيا، ولربما أمكنه بواسطة عمل جريء في مملكة الفاندال، وحتى ولو دفع ثمن ذلك بعض

التضحيات التي تتحملها الإمبراطورية البيزنطية على حدودها الشرقية بإزاء كل من الفرس والمناذرة، فيجعل حلم إعادة وحدة الإمبراطورية حقيقية.

وكانت تلك الفرصة التي سنحت مغرية، وبيان ذلك أن جواً من الفوضى والاضطرابات الداخلية التي كرثت مملكة الفاندال قد ران على تلك المملكة منذ وفاة مؤسسها في سنة ٤٧٧.

ولعجز قبائل الفاندال عن التغلب على قبائل البربر الافريقية بعد ازدياد وتوالي ثوراتهم، فقد وجد خلفاء الملك جينسيريك الفاندالي الضعاف انفسهم عاجزين عن قمع تلك الاضطرابات التي ذرت قرنها في مملكتهم.

ومما زاد في حراجة وضعية هؤلاء العواهل الفانداليين الضعاف انهم سيثيرون عليهم الكاثوليك والرومان (وكان الفاندال آريوسيين أي من الأرثوذكس، وهم تبعاً لذلك أعداء ألداء للكاثوليك) فيما إذا أظهروا تحيزاً سافراً إلى مواطنيهم الفاندال الأرثوذكس وتمسكاً زائداً أو تحمساً إلى شعورهم القومي (كفاندال)، والى شعورهم المذهبي العقائدي (كآريوسيين أرثوذكس)، وعلى العكس من ذلك فإنهم سيثيرون على أنفسهم اخوانهم الفاندال انفسهم إن مالأوا وسايروا الرومان المستقرين في ربوعهم، ففي هذا المأزق الحرج الذي زج فيه أولئك الملوك الفاندال بدأوا يفتشون عن مخرج وعن دعم خارجي، سواء من قبل الأوستروغوط - عندما يرغب هؤلاء الفاندال وكجرمان أصلاء أقحاح، أن يستعينوا بقوات جرمانية من بين جلدتهم ضد عناصر الرومان المستقرين في مملكتهم الفاندالية الجرمانية - أم من قبل الإمبراطور البيزنطي نفسه عندما كانوا يرغبون في ان ينهنهوا من غلو وشطط الفاندال انفسهم، وكان الملك الفاندالي المتولي للحكم سنة ٥٣٠ هو هيلديريك، وكان نصير تحالف بلاده مع الإمبراطور البيزنطي.

وقد ألحقت قبائل البربر في الإقليم الجنوبي من ولاية افريقيا (أي جنوبي تونس الحالية) هزيمة نكراء بقوات هذا الملك الفاندالي، مما أدى إلى خلعه لمصلحة ابن عمه وسجنه، وقد استنجد الملك المخلوع من سجنه بالإمبراطور جستنيان، وكان على ما يبدو على اتصال وثيق به.

لذلك فان مملكة الفاندال التي قسمتها هذه الكارثة إلى معسكرين اضحت بالنسبة إلى ذلك الإمبراطور البيزنطي الطموح سهلة المنال، وأن بوسعه الإجهاز عليها وإعادتها مجرد ولاية رومانية عادية، لكن تحقيق هذه الغاية يتطلب التدخل وبأقصى سرعة ممكنة قبل ضياع هذا الظرف الملائم والمناسب لمشروع جيستنيان العظيم.

وأدرك هذا الأخير ما تتطلبه معالجة هذا الموقف من حزم وسرعة وحذر، وبعد تغلبه وبعناء ومشقة زائدين على المعارضة التي أبداها الكثيرون من ضباط جيشه، وحتى من قبل أفراد حاشيته بإزاء مشروعه فانه وقع في أيلول سنة ٥٣٢ معاهدة صلح مع كسرى الفرس الجديد انوشروان، ولرغبته في الانصراف بكليته إلى معالجة أزمة المملكة الفاندالية فإنه قبل ان يدفع خراجاً سنوياً باهظاً إلى كسرى الفرس عدوه التقليدي اللدود.

وهكذا فإن جستنيان أولى قضية الفاندال كل عناية وعبء من أجله، ووشيكاً جميع قواته؛ ناشداً مفاجأة الملك الفاندالي المغتصب بالهجوم.

تحدث الأستاذ ل.ب. موس عن هذه الحملة بقوله: "بدأت حملة جستنيان على الغرب في سنة ٥٣٣ في الوقت الذي أبحر فيه أمهر قادة الإمبراطورية (البيزنطية) وهو بليزاريوس إلى أفريقيا وبمعيته عشرة آلاف جندي من المشاة، وخمسة آلاف فارس.

وقد رافق المؤرخ بروكوبيوس ذلك القائد في حملته، وترك لنا وصفاً دقيقاً ومفصلاً عنها، وتذرع الإمبراطور البيزنطي لإرساله الحملة بأن الملك الفاندالي هيلديريك الضعيف والذي كان هواه مع البيزنطي أي مع اتباع المذهب الكاثوليكي قد خلع من العرش على يد ابن عمه نصير الحزب المعادي لبيزنطة، كما ظهرت الحاجة مماثلة تذرع بها الإمبراطور البيزنطي لدى تفكيره بغزو ايطاليا.

وتوهم الإمبراطور ان نصر قواته النهائي في الميدانين امسى وشيكاً قريب المنال، وذلك بعد النجاح الذي احرزته تلك القوات في بدء اشتباكها بقوات اعدائها.

بيد ان القتال استمر في كلتا الجبهتين سجالاً وطوال عدد من السنين، إلى ان تم النصر في حملة أفريقيا للبيزنطيين، وواتت ظروف مملكة الفاندال في افريقيا خطة جستنيان الجريئة.

وفعلاً كان الفاندال قد ارسلوا وحدات اسطولهم وقسماً كبيراً من قواتهم البرية إلى جزيرة سردينيا لتقمع ثورة نشبت فيها، فأفاد البيزنطيون من ذلك بانزال قواتهم على الساحل الافريقي دونما عناء، حيث بدأت زحفها على قرطاجة سالكة إليها طرقاً تظللها الأشجار، ومعسكرة في الليل في بساتين جميلة.

وقد أحسن السكان الرومانيون المحليون استقبال قوات هذه الحملة وأكرموا وفادتها، وعلى الرغم من بعض الأخطاء التي ارتكبها بليزاريوس فقد احرزت قواته النصر على الفاندال، مما اتاح له الاستيلاء سريعاً على قرطاجة.

وحقناً من الملك الفاندالي لدماء افراد رعيته فإنه استسلم للقائد البيزنطي الذي ظن ان كل شيء قد انتهى، وهكذا فإنه ترك في قرطاجة قوات احتلال، ثم قفل عائداً إلى بيزنطه ليحتفل بالنصر المؤزر الذي أحرزه، وقد اصطحب معه أفراد الأرستقراطية الفاندالية، حيث شكلت الحكومة البيزنطية منهم فرقة من الخيالة أنيطت بها مهمة المرابطة على الحدود الفارسية. وعمد البيزنطيون إلى إعادة الأمور إلى مجراها الطبيعي السابق.

ومنح رجال الأكليروس الكاثوليكي الكثير من الامتيازات وأقرت تدابير صارمة ضد الدوناتيين Donotistes المنشقين عن الكنسية الكاثوليكية (وهي حركة منشقة قامت في قرطاجة في القرن الرابع الميلادي) وضد الآريوسيين وضد الوثنيين، ورغب البيزنطيون في إعادة الأرضين إلى أصحابها الملاك الرومانيين، لكن بعد مضي قرن من الزمان على مصادرة تلك الأرضين فإن مسالة إعادتها إلى أصحابها السابقين أضحت مسألة شائكة واعترضتها الصعاب الكثيرة.

ولم يلبث الاستياء العام من حكم البيزنطيين ان انفجر، لا سيما بعد ملاحظة سكان الولاية الأفريقية ان سبب حدب جستنيان عليهم ورعايته لهم هو ما يسددونه من ضرائب إلى خزينة الدولة.

ثم اندلعت اضطرابات قوية كرثت ولاية أفريقيا، فبينما كانت العاصمة البيزنطية تستعد لاحتفالات نصر قواتها على الفاندال هبط مقاتلة قبائل البربر من معاقلهم الجبلية، حيث أخذوا يغيرون على الحاميات البيزنطية في المدن السهلية والساحلية.

وأخيراً تمكن قائد القوات البيزنطية في تلك المدينة، واسمه سليمان، من رد تلك الغارات، وطارد أولئك المقاتلة، وردهم على اعقابهم إلى حصونهم الجبلية، وبدأ يهاجمها، لكن قواته التي لم تألف القتال في الجبال سرعان ما منيت بهزيمة نكراء بعد تدني معنوياتها وتفشي الاضطرابات إلى درجة حملت القائد الأعلى للقوات البيزنطية على التفكير بالفرار من المعركة لينجو بحياته.

وعلى الرغم من كل ذلك فقد تمكن بعض المقاتلة من الأبطال بين صفوف الجند البيزنطي من إحراز النصر النهائي على القبائل المغربية، مما مكن الدولة البيزنطية من التغلب على ذلك المأزق الحرج الذي زجت فيه قواتها.

وبنتيجة الروح الفردية لدى زعماء البربر وعدم تعودهم العمل المشترك وتوحيد الجهود فإن السلطة البيزنطية نجحت في سنة ٥٤٨ في استرداد هيبتها التي توطدت ورسخت دعائمها، وهكذا تمكنت المناطق المكروثة من ان تنعم مجدداً بالهدوء والسلام.

استرداد ايطاليا من الاوستروغوط وإحياء الإمبراطورية الرومانية فيها:

واثبت ذلك النصر المبين الذي حققه جستنيان - والذي فاق كثيراً ما كان ينتظره أشد مؤيدي مشروعه تفاؤلاً - انه يكفي هذا العاهل ان يعالج بحزم زائد قضية الجرمان المستقرين في مختلف ربوع الإمبراطورية الغربية القديمة، وبما تستحقه من رعاية واهتمام؛ ليتمكن من إلحاق الهزيمة بتلك العناصر، ثم أفلا يمكن للتجربة التي قام بها هذا الإمبراطور في مملكة الفاندال ان تتكرر في بقاع أخرى؟ ثم فإن ايطاليا نفسها وهي مهد الفكرة الإمبراطورية وعرين وموطن الأباطرة الرومان القدامى، أفلا يمكن - وفي هذه الظروف بالذات بعد أن بدأت فيها سلطة الأوستروغوط تتزعزع - ان تسترد هي نفسها من أيدي عواهل القوط.

وكانت أحوال إيطاليا الداخلية آنئذ شبيهة بالظروف التي أحدقت، وعلى الصعيد الداخلي، بالفاندال في أفريقيا فأمكنت البيزنطيين من التدخل والقضاء على هؤلاء وإعادة منطقتهم إلى الحكم الإمبراطوري.

وقد استشرى النزاع في إيطاليا بعد وفاة العاهل الاوستروغوطي الكبير تيودريك في سنة ٥٢٦ بين حزبين يمثلان اتجاهين متعارضين، هما الحزب الجرماني الراغب في العودة بالقوط الشرقيين إلى التقاليد الجرمانية القومية التي نأى القوط عنها كثيراً حتى منذ عهد تيودوريك نفسه.

ثم الحزب الروماني المؤلف من القوط المؤيدين - وحتى في حياة تيودوريك - الاتجاه السائد والذي كان يسير بتلك البلاد المفتوحة، أي إيطاليا، وبشكل غير مرئي ولا ملحوظ إلى وضعيتها وأحوالها السابقة لفترة احتلال القوط لها.

وتزعمت هذا الحزب ابنة تيودوريك التي كلفت من قبل أبيها بالوصاية على ابنها الذي عين خليفة لجده، ريثما يبلغ سن الرشد، أغضبت هذه الزعيمة بتنكرها للتقاليد القومية للشعب القوطي الكثيرين من زعماء هذا الشعب، فأججوا ثورة ضدها، ومع انها قتلت معظم هؤلاء الزعماء فانها شعرت بأن الأرض بدأت تميد تحت قدميها، وان حكمها لم تتوطد دعائمه، وان جميع القوط بدأوا ينفضّون من حولها، لذلك كله لم تر هذه الزعيمة مخرجاً من أزمتها إلا بالتحالف مع الإمبراطور البيزنطي، علماً أنها كانت قد قدمت إلى حملة جستنيان على بلاد الفاندال في سنة ٥٣٣ ميناء في صقلية لترتاح الحملة فيه، كما أمدت تلك الحملة بحاجتها من الخيول والمؤن.

وكان معنى طلبها التحالف مع جستنيان المخاطرةَ بعرضها وبالدولة الأوستروغوطية، لكنها بمقابل ذلك لا تستطيع مجابهة صعوباتها الداخلية المتزايدة بعد ان سبب لها تيار النزومن - الذي كان أبوها تيودوريك نفسه قد بدأه - المعارضة القوية التي بدأ زعماء القوط يشهرونها في وجهها، تلك المعارضة التي زاد قيام هذه المرأة بالإيعاز بقتل جميع مناوئي سياستها - من زعماء القوط أنفسهم - من حدتها وعنفها.

وقد خلعت هذه السيدة (واسمها آمالاسونت) من العرش في تشرين الثاني سنة ٥٣٤، لا سيما وأنها كانت - وبدون ان يكون لها أي حق في ذلك - تريد الاحتفاظ به لنفسها بعد وفاة ابنها في ٢ تشرين الأول من العام نفسه، وولى المعارضون القوط عليهم أحد أبناء عمها، وهو ابن أخت تيودوريك ملكاً عليهم، فسجنها خصومها في جزيرة تبعد حوالي مائة كيلو متر عن شمالي مدينة روما نفسها، فمن هذه الجزيرة، وأسوة بما قام به العاهل الفاندالي المعزول هيلديريك، فإنها استنجدت بدورها بالإمبراطور البيزنطي جستنيان الذي لبى نداءها، فوجه إنذاراً إلى العاهل القوطي الجديد بإطلاق سراح ابنة عمه، فقام بقتلها في ٣٠ نيسان سنة ٥٣٥.

أرسل الإمبراطور البيزنطي قواته بقيادة بليزاريوس الذي بدأ باحتلال صقلية لقطع ميرة القمح عن القوات القوطية، وأنجز البيزنطيون احتلال صقلية في نهاية عام ٥٣٥. واجتازت القوات القوطية وانجز مضيق مسينا مجتاحة مناطق جنوبي إيطاليا ومستولية عليها بسرعة، هذا في الوقت الذي توجهت فيه حملة ثانية للهجوم على القوط من الشمال زاحفة على رافينا نفسها، وبعد استرداد القوط مدينة ومنطقة ميلانو من البيزنطيين - بعد ان وصلهم مدد من الفرنجة - لم يتمكن بليزاريوس من موالاة زحفه، (بعد أن قدم إلى الشمال لحصار رافنيا نفسها) بنفس السرعة السابقة لتعرضه إلى مقاومة عنيفة من قبل القوط، هذا فضلاً على عزله قسماً من قواته للمرابطة في القلاع الهامة الواقعة على طريقة إلى رافينا.

وأخيراً بدأ حصار رافنيا براً وبحراً في خريف سنة ٥٣٩، وتمكن بليزاريوس من دخولها في مارس سنة ٥٤٠، وذكرت المصادر انه خدع زعماء القوط عندما أظهر الاتفاق معهم على خيانة ولي نعمته الإمبراطور جستنيان وقبوله عرض القوط الشرقيين له شخصياً، وبهذه الوسيلة قبض على زعيم مناوئي النفوذ البيزنطي من القوط فيتيجيس، واقتاده في العام نفسه أسيراً إلى الإمبراطور البيزنطي جستنيان.

وهكذا تمكن جستنيان من إحياء الإمبراطورية وفي أقل من خمسة أعوام في ولاية أفريقيا، وجزر الحوض الغربي من البحر الأبيض المتوسط، وحتى في إيطاليا نفسها، وأعيد تنظيم حكم هذه البلاد وفق الطريقة الرومانية القديمة، واعيدت الهيئات

والنظم الإدارية، وتمكن جستنيان من استرداد مدينتي روما ورافينا، ولئن انصرم حبل تطور تاريخ هذه المنطقة - وخلال فترة وجيزة - فانه وصل من جديد واستأنف ذلك التطور ووالاها، وحق لجستناين ان يتيه خيلاءً وزهواً، وان يدعي انه إمبراطور روماني قح واصيل.

لا جدال في ان النصر الذي احرزه جستنيان على يد قائده في كل من أفريقيا وإيطاليا هو مؤزر، لكن مهمة الحفاظ على البلاد المستردة من العدو هي أشد صعوبة من الاستيلاء عليها، وذلك لان رقعة الدولة البيزنطية زادت وبنسبة كبيرة، وانها صارت مجبرة على مجابهة صعاب داخلية متزايدة باطراد مستمر، مستخدمة قوات من المرتزقة غير وفيرة العدد وغير انضباطية تماماً، وضاعف من وطأة تلك الصعاب المتزايدة ان المناطق المستردة لم تكن محصورة في صعيد واحد ليسهل الدفاع عنها، إنما منتشرة ومبعثرة في مناطق متعددة، مما جعل مهمة المحافظة عليها صعبة شاقة ومعقدة.

وقامت صعاب جمة في وجه مشروع جستنيان، فبعيد النصر الذي احرزه بليزايوس في افريقيا وايطاليا استمرت الصعاب التي اعترضت هذا المشروع اثني عشر عاماً (٥٤٠-٥٥٢)، وذلك باسترداد الفاندال والبربر افريقيا وباسترداد الاوستروغوط إيطاليا، لكن الإمبراطور البيزنطي لم يرضخ إلى سياسة الأمر الواقع، ووجه قواته وعلى رأسها قائده المفضل الثاني نارسيس الذي خاض معارك ضارية في كلتا الجبهتين حتى تمكن من استرداد ولاية أفريقيا وإيطاليا.

وأورد الأستاذ لويس هالفين بصدد الصعاب التي جابهت جستنيان ومشروعه وتذليل هذا العاهل لها ما نصه: "لقد عادت إيطاليا نفسها إلى الانتقاض على سلطة البيزنطيين، خاصة وان بليزاريوس لم يترك في ربوعها سوى حاميات قليلة العدد، وذلك عند استدعائه إلى جبهة الفرات، فالمملكة الإوستروغوطية التي ظن القائد البيزنطي انه قضى عليها نهائياً دبت الحياة فيها فجأة، وعادت أكثر نشاطاً وأشد قوة من ذي قبل في شخص هيلدباد قائد موقع فيرونا.

وبعد اغتيال هذا الأخير في ربيع سنة ٥٤١ حل ابن أخيه توتيلا مكانه، وكان قائداً فذاً وجندياً مقداماً جسوراً، وقد التف من حوله جميع القوط الذين تذمروا من حماقات القوات البيزنطية وجشعها وفرط حبها للمال والسلب والنهب، وتمكن توتيلا - بعد سلسلة انتصاراته التي احرزها على القوات الإمبراطورية بين سنتي ٥٤٢-٥٤٥، والتي مكنته بعد احتلال معظم الأجزاء الشمالية والجنوبية من إيطاليا بما في ذلك مدينة نابولي والجنوب - من محاصرة روما، وبعد ان عض الجوع سكانها بأنيابه، فإنها استسلمت إلى الملك القوطي الشرقي المظفر في نهاية سنة ٥٤٦.

كما بدأت اخبار مثيرة للقلق تصل من ربوع ولاية أفريقيا، فقد ثارت قبائل بربر وطرابلس الغرب سنة ٥٤٤، ثم انتقلت الثورة إلى جنوبي تونس، حيث ذبح ثوار البربر والي أفريقيا البيزنطي سليمان، كما سرت عدوى الثورة إلى ولاية نوميديا، وهي القسم الشرقي من الجزائر في سنة ٥٤٥، مما اضطر السكان والمواطنين الرومان والفاندال إلى الانسحاب من مدن الجنوب والداخل إلى السواحل، أفمن الممكن ان تذهب جهود طائلة وانتصارات مؤزرة مبينة أحرزتها القوات البيزنطية وطيلة حملة استغرقت أربعة عشر عاماً سدى؟ وتضيع وتكون هباء منثوراً في غضون عدة أشهر؟ واخيراً سقطت قرطاجة نفسها بيد الثوار في آذار ٥٤٦. فهل يعني ذلك ان الإمبراطورية الرومانية التي بدا وكأنها أحيت مجدداً بعد ان نفخ فيها جستنيان وفي نفس الوقت، وذلك تحت وطأة ضربات كل من الفرس والبلغار والسلاف والقوط الشرقيين والبربر؟

لم تستسلم الحكومة البيزنطية إلى هذه الفكرة، إنما حزمت أمرها، وهبت مجدداً لتقارع الخطر وتجابهه في شتى الجبهات بحزم وعزم نادرَين. ففي أفريقيا أمكن استرداد قرطاجة نهائياً منذ سنة ٥٤٨، وبعد ان الحق الحاكم البيزنطي الجديد الهزيمة بقبائل البربر جنوبي تونس غدا سيد الموقف، وسيطر تماماً على هذه الولاية.

وبعد إخفاق بليزاريوس والى حد ما في إيطاليا في استرداد هيبة الإمبراطورية البيزنطية في سنتي ٥٣٨-٥٤٩، فان جستنيان أبدله بقائده الثاني المفضل، وهو الخصي نارسيس الذي اعترضه صعاب جمة في بادئ الأمر في هذه الجبهة، لا سيما بعد نجاح ملك الأوستروغوط في استرداد روما وسردينيا وكورسيكا وجزء من صقلية

ودالماسيا وضواحي رافينا نفسها، لا بل بلغت الجرأة بهذا الملك (واسمه توتيلا) ان هاجم سواحل إقليم ابيراوس (شمال غربي اليونان)، لكنه ما لبث ان قتل سنة ٥٥٢ شمالي إقليم أومبريا، ولنلاحظ ان القوط الشرقيين والوا غداة مصرعه النضال بقيادة زعيم شجاع اسمه ثيا Theca اعترفوا به ملكاً عليهم، وقاتلوا ببسالة نادرة، مجبرين بيزنطة على دفع ثمن باهظ لانتصارها عليهم، ومما يكن فان الإمبراطورية البيزنطية نجحت بفضل قائدها المقدام نارسيس في الاحتفاظ بكل من إيطاليا وأفريقيا، واضطر القوط الشرقيون إلى الاستسلام في مطلع تشرين الأول سنة ٥٥٢ بعد مقتل زعيمهم البطل ثيا في المعركة في إقليم كامبانيا، وبعد ثلاث سنين من النضال استسلمت القوات الاوستروغوطية الباقية المرابطة في حصن كونزا في جبال الآبناين شمال شرقي مدينة ساليرنو.

وهكذا، فان الإمبراطورية الرومانية التي تعرضت إلى خطر مداهم والتي بدأت تنهار ضحية لجرأتها المتورطة، اجتازت هذه الأزمة بسلام وخرجت منها منتصرة، وزادت قوتها لما احرزته من فوز مبين، وملأ قلبها مجدداً إيمان قوي بإحيائها العام.

استرداد اسبانيا وإعادة الحكم الإمبراطوري إلى ربوعها:

لم ينتظر جستنيان ريثما تصفي قواته في إيطاليا مقاومة القوط الشرقيين لينقل نشاطه إلى منطقة أخرى، وذلك لسنوح فرصة في سنة ٥٥١ أتاحت له الإفادة من الفوضى التي انتشرت في مملكة القوط الغربيين التي غدت تحتضر، وكان ملك الفيزيغوط هؤلاء توديس Theudis قد قتل سنة ٥٤٨، كما قتل خلفه سنة ٥٤٩، أي بعد عدة أشهر فقط من مصرع الأول، ونظراً لتعصب خليفتهما آجيلا الشديد لآريوسيته فإن ازدياد ضغطه على الكاثوليك أثارهم ضده، حيث تكتلوا في الجنوب حول أحد زعمائهم ملتمسين في الوقت نفسه تدخل جستينان لمصلحتهم، وبما أن جزر البليار - وكانت قبل سقوط دولة الفاندال إحدى ممتلكات هؤلاء البحرية - قد آلت إلى البيزنطيين، فإنهم لن يتكبدوا كبير عناء فيما لو أنزلوا حملة إلى البر الإسباني.

كلف جستنيان قائده لامسن ليبريوس بهذه المهمة فأداها بسهولة ونجاح، حيث احرز النصر على الملك الفيزيغوطي آجيلا بالقرب من مدينة اشبيليه، وما لبث هذا الملك ان اغتيل فارتاح منه ليبريوس نهائياً، وأمكنه احتلال المنطقة الساحلية الواقعة بين مصبي نهر الوادي الكبير ونهر جوكار.

لم يتمكن ليبريوس من احتلال مناطق أخرى، وكان السن قد تقدمت بجستنيان ببلوغه السبعين في سنة ٥٥٥، فلم يعد شديد الطموح كعهدنا به في شبابه وكهولته، وفضلاً على ذلك فإن الحروب المتوالية التي خاضها أنضبت موارد خزانته إلى تسريح أكثر من ثلاثة أرباع فرق جيشه. (فقد احتفظ بمائة وخمسين ألف مقاتل بدلاً من ستمائة وخمسين ألف).

أما وقد انتهينا في هذا الفصل وقبله من دراسة غارات معظم قبائل الجرمان على الإمبراطورية وحتى نهاية القرن الخامس، ونظراً إلى أننا لن ندرس في الفصول التالية سوى دولتي الفرنجة والكارولنجيين وغارات العناصر الشمالية على اسكندينافيا وتأسيس الإمبراطورية البلغارية في منتصف القرن التاسع وقيام دولة هنغاريا، فقد رأينا لزاماً علينا ان نضيف إلى دراستنا لغارات الجرمان والهون دراسة مقتضبة عن استقرار عنصرين من عناصرهم، وهما الآفار في سهل الدانوب واللومبارديين في إيطاليا.

استقرار عناصر الآفار في أوروبا واحتلال عناصر اللومبارديين لإيطاليا:

انه نتيجة صدفة سعيدة بالنسبة إلى الإمبراطورية الرومانية فإن الآفار - أولئك الغزاة الآسيويون الجدد - فضلوا الاستقرار في سهل المجر بين وادي نهر التيزا Tisza ووادي نهر الدانوب، وبعد رحيل القوط الشرقيين عن هذه المنطقة سكنتها قبائل اللومبارديين التي بلغت في زحفها غرباً - وحوالي منتصف القرن الرابع - حوضَ نهر المورافا، ثم والت هذه القبائل الإيغال في زحفها غرباً، فوصلت في نهاية القرن الخامس جنوبي النمسا، وكانت خاتمة مطافها عند بلوغها السهل المجري، حيث توقفت لتجابه عناصر الجبيبديين الذين انقضوا على هذا السهل بعد انطلاقهم من إقليم ترانسيلفانيا، وذلك غداة وفاة زعيم الهون آتيلا، وتساءل الجميع لمن سيكون النصر أللجيبيديين أم

اللومبارديين؟ من حيث ان المنتصر سيتمكن من الاحتفاظ بسهل المجر الوفير الخصب، وكانت تحركات الجيبيديين قد بدأت تثير قلق الإمبراطورية الرومانية أكثر من ازعاجها اللومبارديين، مما أدى إلى سلامة هؤلاء، حيث رغب جستنيان سنة ٥٤٦ في محالفتهم؛ ليتغلب بواسطتهم على الجيبيدين الأشد خطراً على الإمبراطورية، وانطلاقاً من تلك الفكرة قبل هذا الإمبراطور منحهم كيان (الحلفاء)، كما دعمهم مالياً، ولم يتردد عند الحاجة في أن يمدهم بقواته.

وأمكن الطرف المواتي اللومبارديين (الذين غدوا حلفاء الإمبراطور البيزنطي) من الاستئثار بالسيطرة على منطقة الحوض الأوسط لنهر الدانوب ومن تسديد ضربات قوية إلى اعدائهم الجيبيدين، ولم يكونوا بعد قد تمكنوا من الإجهاز عليهم وإبادتهم عندما ظهرت عناصر الآفار على السفوح الشرقية لجبال الآلب الترانسيلفانية (القسم الجنوبي من سلسلة جبال الكربات، وتقع في رومانيا الحالية)، وبعد ان خيم الهدوء على المنطقة وطوال خمسة عشر عاماً (٥٥١-٥٦٥) اقترح ملك اللومبارديين آلبوان Alboin على زعيم قبائل الآفار تجهيزهما حملة مشتركة ضد العدو المشترك، وهو الجيبيديون، وتمكن هذان الرئيسان من تدمير قوات هؤلاء سنة ٥٦٧، لا بل إن ملكهم نفسه قد سقط قتيلاً في أرض المعركة، وعمدت قوات اللومبارديين والآفار إلى اقتسام أسلابهم.

لكن ملك اللومبارديين آلبوان لم يتمتع طويلاً بثمار ذلك النصر الذي كانت نتيجته استقرار جيران خطرين، وهم الآفار على ضفتي نهر التيزا، وقد أمسى جميع السهل المجري - ومنذئذ - عرضة إلى هجماتهم وغاراتهم وتحت رحمتهم، وإذا ما رغب اللومبارديون ان ينعموا بالهناءة وبالاستقرار فما عليهم سوى التفتيش عن أجواء أخرى معطاءة خيرة للاستقرار في ربوعها لينعموا بخيراتها، وقد فتح إنقاص عدد أفراد الحاميات البيزنطية المكلفة بالدفاع عن إيطاليا امام اللومبارديين آفاقاً جديدة وإمكانيات مغرية، وهكذا بدأ الشعب اللومباردي - ومنذ ربيع ٥٦٨ - بالتحرك نحو شمالي البحر الآدرياتيكي، وعلى حين كان الآفار يوالون احتلال سهل المجر بعد أن انسحب منه اللومبارديون، فإن هؤلاء حثوا الخطى ووالوا السير نحو البندقية، مما سبب - كما ذكر الأستاذ لويس هالفين - انهيار الحكم البيزنطي في إيطاليا مرة ثانية، حيث قال هالفين عن ذلك ما معناه: "ومرة أخرى انهار الحكم الإمبراطوري ودفعة واحدة من قسم كبير من شبه جزيرة

إيطاليا، وبسهولة تامة لا تفسر إلا باضطرار الإمبراطورية إلى توزيع جهودها واستنفادها، وبعثرة قواتها في مناطق شتى من انحاء بلادها، وتمكن اللومبارديون - وخلال خمس سنين (٥٦٨-٥٧٢) - من احتلال معظم أقاليم الشمال، وبعد بدء سقوط بلاد وسط إيطاليا - وبينها سبوليت وبنيفانت في ايديهم، وحتى قبل سنة ٥٧٢ - فإنهم حاصروا مدينتي روما ونابولي، وبذلك أمست أيام الإمبراطورية البيزنطية معدودة.

وعلاوة عن ذلك فان استقرار الآفار في سهل الدانوب سوف يعرض جميع أوروبا إلى نفس الخطر الذي تعرضت له اثناء غارات الهون بقيادة آتيلا على ربوعها، وذلك لأن تاريخ الهون قد استؤنف مرة أخرى على ما يبدو من حيث الصفات الجسمية والعامة للآفار، أولئك الفرسان الذين ينطلقون كالسهام، ولا يمكن اللحاق بهم والذين كانوا مسمرين على صهوات جيادهم، ونفس الرجال ذوي القامات القصيرة والممتلئة الأجسام والشرسي الطباع والأجلاف، وذوي الوجوه المثيرة للفزع، ذات اللون الرمادي والأدكن، ويقودهم زعيم قاس لا تعرف الرحمة إلى قلبه سبيلاً، وهو الخاقان الذي كان حرمه (مجموعة نسائه) يرافقنه في حله وترحاله، كما يحملون له عرضه في غاراته، وهو مقعد ذهبي وثير، يجلس عليه عندما يحط رحاله في منطقة ما، مقلداً في ذلك الخاقان التتر والترك، وبدهي ان الإمبراطورية الرومانية كانت أول من تعرض إلى تهديد عناصر الآفار هذه، وقل ان مر عام بعد سنة ٥٨٠ إلا وحدث خلاله اشتباكات بين القوات البيزنطية وتلك القبائل الآسيوية التي كانت تجر في مؤخرتها أثناء غاراتها أو تدفع أمامها العناصر السلافية المستقرة في الوادي الأسفل لنهر الدانوب، وينحدر هؤلاء السلاف من جنس خليط مفتقر إلى الانسجام، حيث إن افراده يقاتلون بشجاعة فائقة وإقدام، وكانوا كعناصر مشاة مقاتلة ممتازين كالآفار، وفرساناً مهرة يجيدون الكر والفر، وبرعوا في الغارات الخاطفة (الغزو) والانقضاض على العدو، كما يشبهون الآفار كذلك من حيث انهم قساة ويرتكبون جميع أنواع العنف، وذكر مؤرخ إغريقي معاصر أن الآفار كانوا يحرقون أسراهم أحياء، أو يحطمون جماجمهم بالعصي كما يفعل عادة بالكلاب والأفاعي.

فأمام هؤلاء الأعداء انبرت الإمبراطورية البيزنطية الدفاع عن نفسها بحسب الإمكانات التي في حوزتها، وكثيراً ما كان هؤلاء ينقضون كالسيل الجارف على شبه جزيرة البلقان، أو يغيرون على القسطنطينية ويهددونها، ومع ذلك فإن خلفاء جستنيان كانوا

يقاومونهم وبشجاعة فائقة على الرغم من انحلال جيوشهم، وعلى الرغم من الاضطرابات الداخلية والثورات التي كانت تشل حركة الجيوش، لا بل إن احد هؤلاء الأباطرة البيزنطيين وهو موريس تحول من الدفاع إلى الهجوم ناقلاً سوح القتال في سنة ٦٠٠ إلى عقر دار الآفار على ضفتي نهر التيزا نفسه، وكان عمل هذا الإمبراطور جريئاً للغاية، لكنه لم يؤد إلى أية نتيجة خاصة، ولم يعد قيام الأباطرة البيزنطيين بهجوم ما سوى وسيلة لتهدئة العاصفة وتأجيل وقوع كارثة في الداخل.

وصار الأباطرة - وعلى مختلف الجبهات - مضطرين إلى التزام جانب الدفاع، حيث كانوا ينجحون وبمشقة زائدة في الدفاع عن حدود إمبراطوريتهم وصد غارات تلك العناصر، كما كانوا كثيراً ما يجبرون على التسليم بشروط أولئك المغيرين عندما يزداد ضغطهم وتشتد وطأتهم، كما كانت تلك الغارات على حدود الإمبراطورية تزداد - وباطراد - حدة وعنفاً، وتقوم بها عناصر يقودها زعماء في منتهى الشجاعة[١١].

الفصل السادس

الإقطاع في أوروبا

تعريفه، مقوماته، انهياره

تعريف النظام الإقطاعي:

أطلق الباحثون اسم النظام الإقطاعي على النظام الاقتصادي والاجتماعي والسياسي الذي ساد في العصور الوسطى، وقد اختلف هذا النظام عن النظام الذي ساد في العصور القديمة من جهة، والنظام الذي ساد في العصر الحديث من جهة أخرى، وإذا كان النظام الإقطاعي قد نشأ وتطور في أوروبا الغربية، فهذا لا يمنع من وجود نظام إقطاعي في مختلف أنحاء العالم، يشبه النظام الإقطاعي في أوروبا الغربية في بعض الوجوه، ويختلف عنه في وجوه أخرى.

وللنظام الإقطاعي في أوروبا الغربية منابع وأصول رومانية وجرمانية، لكن فجره يعود إلى القرنين الثامن والتاسع، وظهيرته امتدت خلال القرون: العاشر والحادي عشر والثاني عشر، وعصر نهاره امتد من القرن الثالث عشر حتى القرن الخامس عشر، أما مغيبه فقد بدأ في القرن السادس عشر بنتيجة التقدم الصناعي والتجاري.

توجد وجهات نظر مختلفة لدى الباحثين في تعريف النظام الإقطاعي، ولكن مهما كثرت التعاريف واختلفت، فإنها تؤدي إلى صيغة واحدة هي: تجزئة الملكية والسيادة، لا لأن المتقاسمين: الأمير وتابعه، أو الملك وتابعه، يعيشان كشريكين ولا يمكن تصور وجود أحد الشريكين دون الآخر.

وللنظام الإقطاعي طبيعتان خاصتان به: طبيعة اقتصادية اجتماعية، وطبيعة سياسية، وهاتان الطبيعتان تختلفان عما كانتا عليه في العصور القديمة، وعما صارتا عليه في العصر الحالي، فمن الناحية الاقتصادية الاجتماعية نرى ان الملكية في الحقوق الرومانية وفي العصر الحالي تعد اساساً للعلاقات الحقوقية، أي ان لكل أرض مالكاً، والملكية التامة تبدو حالة طبيعية. أما في النظام الإقطاعي في العصور الوسطى فعلى الأرض الواحدة تقوم أنواع مختلفة من الحقوق، حتى ان فكرة الملكية تزول عنها أو تفقد معناها القانوني، ومن الناحية السياسية نرى ان سيادة الدولة عند الرومان وفي العصر الحالي فكرة أساسية، كما أن الدولة تمارس سلطاتها بوساطة الحكام والموظفين. أما النظام الإقطاعي فلا توجد دولة، وليس هناك حكام ولا موظفون، وإنما انقسمت سلطة الدولة بين جماعة من الافراد يمارسون السلطات والوظائف التي كانت

تمارسها الحكومة، اذ انتقلت إليهم بعد تداعي الدولة وانهيارها، ومن هنا يمكننا القول ان النظام الإقطاعي نشأ عن تجزئة الملكية من الناحية الاقتصادية الاجتماعية، وعن تجزئة السيادة من الناحية السياسية.

واستخدم المؤرخون لفظة الإقطاع في معنيين: ففي المعنى الأول عدوا النظام الإقطاعي صورة من المجتمع لها خصائص متميزة، ومنها:

١- نمو التبعية الشخصية وتطورها.

٢- وجود أنواع مختلفة للحقوق على الأرض وارتباطها بالتبعية الشخصية.

٣- انهيار الدولة وانقسام السلطة السياسية بين جماعة من الأفراد يمارسون السلطات والوظائف التي كانت تمارسها الحكومة.

أما المعنى الثاني للإقطاع، فيتمثل في أنه عبارة عن طائفة من النظم فرضت على الرجل الحر الولاء (التبعية) والخدمة، لا سيما الخدمة الحربية، يؤديها لرجل حر آخر (السيد) الذي يلتزم بحماية تابعه والانفاق عليه، وتطلب ذلك من السيد أن يعطي تابعه قطع أرض، فسمي ذلك العطاء (إقطاع)، وهذا المعنى أكثر تحديداً من المعنى الأول، ويعد المعنى الفقهي أو القانوني لمصطلح الإقطاع. وكيفما كان الأمر، فالعناصر الجوهرية في كلا المعنيين للنظام الإقطاعي تتمثل في ثلاثة: السيد، التابع، الاقطاع.

فالتابع يرتبط بالسيد بعلاقة شخصية وثيقة، اذ يحلف له يمين الإخلاص، ويتعهد له بالولاء (التبعية) وتقديم الخدمة الحربية، وبالمقابل يحصل التابع من السيد على إقطاع وهو في الغالب عبارة عن قطعة أرض بمن عليها من فلاحين يقدمون له حصة معينة من إنتاجها، بالإضافة إلى خدمات وتقدمات متنوعة.

واقتران بدء العلاقة بين السيد والتابع بإجراء طقوس خاصة، كأن يركع التابع أمام السيد ويجعل يديه بين يدي السيد، ثم يحلف له يمين الإخلاص فإذا جرى بذل الإقطاع منحه السيد حفنة من تراب الأرض ترمز إلى ذلك العطاء.

فكرة التطور الإقطاعي:

على ان النظام الإقطاعي، وإن كان يختلف عن النظام الذي سبقه، فقد نشأ عنه مباشرة، وليست هنالك أية ثورة أو إرادة فردية عملت على غرسه، بل إن التطور

البطيء أوجده، ففي مطلع العصور الوسطى غمرت الغارات الجرمانية البربرية معظم أوروبا الغربية، وأدت فيما بعد إلى انصهار العناصر الجرمانية مع العناصر الرومانية وظهور مجتمع تأثر بعادات ونظم العالمين الروماني والجرماني البربري.

وحاول بعض الباحثين البحث عن جذور النظام الإقطاعي في النظم الجرمانية البربرية، في حين حاول آخرون البحث عن هذه الجذور في النظم الرومانية، فنشأت عن بحوثهم مدرستان: المدرسة الجرمانية، والمدرسة الرومانية.

لا شك في أن معرفة الجذور التاريخية أو السابقات أمر مفيد، غير ان السابقة التاريخية ليست عاملاً وحيداً، وليس المهم ان نعرف من أين أتى العنصر الإقطاعي، بل المهم أن نعرف لماذا أصبح هذا العنصر (السابقة التاريخية) إقطاعياً، وبتعبير آخر إن السابقات في حال الإقطاعية - سواء أكانت رومانية ام جرمانية بربرية – ليست سوى مادة وشكل، اما تشكل الإقطاعية فقد حدث بتأثير قوى أخرى أثرت في المادة (السابقات التاريخية)، وأعطتها حيوية جديدة ومنظراً جديداً هو الشكل الإقطاعي.

وإذا بحثنا عن القوى المؤثرة في المادة نجدها في زمرتين: الأولى اجتماعية والثانية سياسية، وتظهر الزمرة الاجتماعية في اندفاع النزعة الاقتصادية المؤثرة في الملكية، في حين تظهر الزمرة السياسية في ظهور قوة تنافس الدولة تتمثل بمبدأ التضحية الشخصية.

وإذا رجعنا إلى العصر الفرنجي (الميروفنجي والكارولنجي) وجدنا انه لم يكن إقطاعياً، فقد ظلت سلطة الملك مطلقة نظرياً، وكان الأدواق الكونتات والمراكيز موظفين قابلين للعزل، ولم تختلط وظيفتهم بعد بالانتفاع من الإقطاع، وايضاً ظل الجيش ملكياً وقومياً في آن واحد، إذ كان على كل رجل حر القيام بالخدمة العسكرية للملك وحده، وفي الحقيقية لم تكن الدولة الكارولنجية دولة إقطاعية، بل كانت دولة سابقة للإقطاعية وممهدة لها، أي انها كانت دولة تبعية، لكن التبعية ليست إلا صورة من صور نظام الرعاية الروماني مع ما يقابله من تطبيق (الإحسان)، ولذا يجدر بنا ان نتعرض لنشأة هذا النظام والتدرج الذي مر به.

جذور النظام الإقطاعي وأصوله:

أ- الأصل الروماني للإقطاع (الرعاية أو الحماية الرومانية) Patrocinium

عرفت الحضارات القديمة تبعية رجل فقير أو ضعيف إلى رجل أقوى منه وأغنى، ورابطة التبعية هذه تختلف عن رابطة العبد بسيده أو المعتوق بمولاه، ولأن الإنسان الضعيف المحتاج إلى الحماية إنسان حر، ويطلب الحماية بإرادته، وقد عرف الرومان نظام الرعاية أو الحماية في أواخر عهد الجمهورية، ودام ذلك النظام في ظل العهد الإمبراطوري.

وابتداء من القرن الرابع الميلادي أخذ صغار الملاكين الأحرار يطلبون حماية الملاكين الكبار (البترون) الذين يشغلون في الوقت نفسه الوظائف العليا في الدولة، ولم يقتصر طلب الحماية على الفقراء وصغار الملاكين، وإنما امتد حتى شمل بعض الموظفين والنبلاء الذين يرجون حماية موظف كبير أو الإمبراطور ليرقوا بسرعة في وظائفهم.

(يجب تنزيل صورة)

١١١

وتطورت العلاقة بين الحامي والمحمي إلى رابطة قوية من نوع أدبي ووجداني، لكنها لم تكن رابطة حقوقية يحميها أو ينظمها القانون، ولكن جرى العرف ان يدافع السيد عن المحمي لدى القضاء، ويقاوم مزاعم إدارة الضرائب وما شابه ذلك، اما واجبات المحمي فتضمنت احترام السيد وتنفيذ أوامره وخدمته دون ان يؤثر ذلك في مكانته كونه من الأحرار، وهذا ما يطلق عليه اسم التعهد الشخصي.

أطلق على الشخص الذي يطلب الحماية اسم (رجل Homo)، وعلى الحامي اسم (السيد Dominos). وأضيف إلى التعهد الشخصي تعهد الملكية، إذ يقدم الملاكون الصغار ارضهم إلى الملاك الكبير (بموجب عقد بيع شكلي، أو بشكل إهداء، أو مقابل تسديد ديون لا أساس لها)، ويضعون انفسهم تحت حمايته ويعترفون بالتبعية له، لكن هؤلاء الملاكين الصغار يستعيدون أرضهم، ويعملون بها بصفة منتفعين (كولون)، ويقدمون حصة من إنتاجها للسيد الحامي (البترون) على ان الرعاية أو الحماية الرومانية لا تتضمن أي التزام من نوع عسكري، لان المحمي ليس جندياً لسيده.

الإحسان الروماني Beneficium:

لازم تطبيق الرعاية أو الحماية نظام الإحسان، وكلمة إحسان عند الرومان تعني الخير الذي يفعله الإنسان دون ان يكون ملزماً على فعله بقانون أو واجب. وهذا الإحسان يتضمن فقدان كل التزام بالحماية من طرف المحسِن. اما المحسَن إليه (المستفيد من حيازة الأرض) فغير ملزم بتأدية خدمة عسكرية أو غيرها من الخدمات لصالح السيد المحسن.

ولكن إذا تعمقنا في حقيقة الإحسان وجدنا ان المجانية صورية غالباً، حتى إن المحسن المزعوم، وقد تغطى بمظاهر الإحسان في الانفاق، لا يمكن ان يحال إلى القضاء. ولكن الإحسان يضع المحسن إليه تحت رحمة المحسن. وهكذا كان الإحسان القالب الذي تصاغ فيه أكثر الاتفاقات التي لا تجد لها مكاناً في النطاق الضيق والمحدود للعقود المعترف بها في القانون، وكان الاتفاق الذي يطبق فيه الإحسان دوماً هو الانتفاع Beneficium.

والاحسان الروماني تعامل قديم وخارج عن القانون، إلا أنه ظهر في كتابات الفقهاء في القرن الثالث الميلادي، ولولا رجاء مسبق من قبل الطامح بالحصول على أرض لما وجد الإحسان. ولكن الإحسان لا يخول المحسن إليه التمتع بالحيازة والانتفاع لا الملكية، وهو غير وراثي ولا يخول الانتفاع مدى الحياة. اذ يستطيع المحسن في كل وقت ان يستعيد ارضه دون ان يبين السبب، والإحسان كونه مجانياً لا يكون أجراً ولا يدخل في صنف من أصناف العقود، لان الإحسان ليس صكاً. في الحقيقة لم يكن الإحسان كرماً إلا في اسمه وظاهره، وإنما كان شكلاً من أشكال الاستغلال، وهو يغطي ثلاث عمليات اقتصادية، هي:

١- الآجار المقنع:
وهو يضع الفلاح المنتفع من الأرض تحت رحمة الملاك، لأن الملاك يستطيع تجريد الفلاح من الأرض في أي وقت دون إقامة دعوى.

٢- القرض بكفالة عقارية:
قد يضطر فلاح حر من صغار الملاكين ان يقترض مبلغاً من المال من ملاك كبير غني، فيقدم أرضه الصغيرة للدائن ويستملكها منه بصفة منتفع، ولا ترجع ملكيتها لها إلا بعد وفاء كامل دينه، وإذا مات الفلاح دون ان يسدد دينه طرد أولاده من الأرض.

٣- اتساع الملكية وتملص كبار الملاكين من دفع الضرائب للخزانة:
أفاد الإحسان كبار الملاكين في توسيع أراضيهم، ذلك أنهم مقابل حمايتهم غير القانونية للفلاحين الأحرار صغار الملاكين كانوا يأخذون منهم أراضيهم، ثم يعيدونها إليهم بصفة إحسان ليعملوا بها مقابل تقديم حصة من إنتاجها عينية أو نقدية، واذا ضمت تلك الأراضي الصغيرة إلى أراضي كبار الملاكين خرجت من نطاق عمل رجال العدل ومستخدمي مصلحة الضرائب، وعلى هذا فمجانية الإحسان (كذب حقوقي).

ب- الأصل الجرماني للإقطاع:

تحدث المؤرخ الروماني تاكيتوس في كتابه جرمانيا Germania عن البرابرة الجرمانيين، فقال: "إن الجرمانيين على الرغم من انقسامهم إلى قبائل عديدة، يؤلفون أمة واحدة اشتركت في صفات عامة واتخذت أسلوباً مشتركاً في الحياة. فالجرماني محارب وهب نفسه للقتال وشغف بالشراب والطعام والقمار، بينما تولى الرقيق والنساء إدارة شؤون داره وفلاحة أرضه.

ولم يكن حكام الجرمان إلا زعماء محاربين. غير أن العرف الجرماني قضى بألا يحمل أحد السلاح إلا بموافقة القبيلة، فيتلقى الفتى التدريب على استخدام الترس والحربة من والده أو أحد أقاربه أو أحد الزعماء، كما يتلقى التدريب على استخدام السلاح بين رفاقه من اتباع أحد السادة المشهورين. وكل واحد من هؤلاء السادة يحاول ان يفوق منافسيه بما يكنه اتباعه له من الولاء وبما يشتهرون به من البسالة. فإذا أعد حملة اجتمع حول أتباعه (Comitatus) وهم من المحاربين الأحرار خدموا زعيمهم عن طيب خاطر، وقاتلوا معه كونهم من رجاله المقربين، ويحلف هؤلاء الرجال لزعيمهم على الإخلاص المطلق والطاعة التامة، ويحصلون مقابل ذلك على السلاح والمؤونة والثياب وجانب من غنائم الحرب.

عندما أغار البرابرة الجرمان على الأقاليم الغربية من الإمبراطورية الرومانية وأقاموا ممالك لهم في تلك الأقاليم ظل العرف الجرماني المتعلق بحياة طبقة المحاربين حافظاً لقوته الأصلية. فما أورده المؤرخ تاكيتوس عن نظام الاتباع المحاربين ظل معروفاً في القرون التالية عند الفرنجة والقوط واللومبارديين والانكليز السكوسيين وغيرهم من الشعوب الجرمانية.

كذلك ظلت الرابطة الشخصية قائمة بين السيد والتابع، وكانت تعد من مظاهر التشريف، إذ ان المحارب الحر الذي أصبح تابعاً لاحد السادة قد فعل ذلك من تلقاء نفسه عن طيب خاطر. وعلى هذا لم يجد التابع في ذلك العمل امتهاناً لكرامته، كما كان غير ملزم بأن يرتبط بالسيد مدى الحياة، فيصح أن تنقطع الصلة باتفاق الطرفين، على ان الفتى الذي صار تابعاً لأحد الزعماء كان يأمل بأن يكون له اتباع في يوم من الأيام.

ومن الطبيعي أن كل رجل تتوفر لديه الثروة والشهرة يجذب إليه مثل هؤلاء الأتباع الرفاق.

الرعاية والإحسان في العهد الميروفنجي:

استمرت الرعاية ودام الإحسان في العهد الميروفنجي، وطبقهما جميع سكان غاليا من الرومانيين والجرمانيين، وفي القرن السادس والسابع توسع تطبيق هذا النظام، إذ بحث عن حماية الكبار الفلاحون صغار الملاكين وغيرهم من الأحرار بما فيهم العلمانيون والأكليريكيون (رجال الدين). كذلك طلب بعض أبناء النبلاء رعاية الملك وعاشوا في القصر الملكي بجوار حاميهم وتدربوا على خدمته وخدمة الدولة، وكان على هؤلاء الفتيان النبلاء ان يؤدوا يمين الولاء والإخلاص للملك إذا بلغوا سن الرشد وحصلوا منه على لقب كونت أو دوق أو اسقف.

وكانت واجبات المحميين (طالبي الحماية والرعاية) تجاه الحامي تختلف بحسب مكانة المحمي الاجتماعية. فالرجل الفقير كان ملزماً بواجبات تختلف طبيعتها عن واجبات النساء ورجال الدين وفتيان النبلاء وغيرهم.

أما الإحسان فقد نما في العهد الميروفنجي وظل طريقة لاستنثمار الأرض، كما أطلق عليه اسم الانتفاع Benefice، وقد تعددت استعمالات الانتفاع، وأفاد منه العلمانيون ورجال الدين، ويعد الانتفاع تـأجيراً لـلأرض بدلالة دفع الأتاوة السنوية نقداً. وبما أن هذا التأجير تأجير إحسان وليس تأجيراً بعقد، فقـد كـان يضـع الفـلاح المنتفع تحت تصرف المحسن المزعوم، ويختلط مع البيع والهبة، ومنذ القرن الثامن صار حـق الانتفـاع يمتـد إلى ابناء المنتفع وأحفاده، وفي آخر القرن التاسع ثبت الانتفاع بشكل وضع اليد على الأرض وامتد على جيلين وثلاثة أجيال.

ضريبة المنتفع:

لم يكن امتياز الانتفاع يتطلب يميناً ولا مصافحة، وليس من الضروري أن يكون المنتفع رجلاً محمياً. بل يكفي ان يقدم رفيعة إلى المحسن تنم عن عبارات الاحترام والاعتراف بحق أنه مانح الامتياز في ملكية الأرض. وبالمقابل يحصل المنتفع من المحسن على موافقة خطية تتضمن السماح باستثمار الأرض. وكان هذا العمل

المزدوج (الرجاء والموافقة على تلبيته) يتجدد كل خمس سنوات، ثم أنيب عن هذه الطريقة بدفع ضريبة سنوية ضئيلة اسمية تؤكد بصورة لا تقبل الرد ارتباط المنتفع وحق المحسن في الملكية. ونلاحظ ان تلك الاتاوة (الضريبة) الضئيلة كانت رمزية؛ لأن الانتفاع لم يكن مصلحة اقتصادية بالنسبة للمحسن، بل إحساناً، وإذا كان المنتفع قوياً كان الانتفاع بمثابة ضمان لدفع طعمه وسوء نواياه، وفيما عدا الضريبة الرمزية كانت واجبات المنتفع الأخرى غير محددة تحديداً واضحاً، لكنها لم تكن واجبات عسكرية، وإنما تدل فقط على احترام المنتفع للمحسن.

وهكذا كان الانتفاع خاضعاً للضريبة، وليس عليه واجب حربي، لذا لا يمكن ان يكون مولداً للإقطاع، اما المستقبل فقد كان لنوع آخر من الإحسان. وهو الإقطاع الذي يرتبط تاريخه ارتباطاً وثيقاً بالتبعية والأتباع المحاربين.

الحماية الحربية والخدمة المسلحة في العهد الميروفنجي:

في العهد الميروفنجي لا توجد دلائل على ان السيد كان يتطلب خدمة عسكرية ممن كان في خدمته، اما الملك فهو الوحيد الذي له الحق في فرض الخدمة المسلحة؛ اذ كان على الأحرار من مختلف الطبقات ان يدخلوا في خدمة الملك العسكرية، وفي الدولة الميروفنجية نرى المحاربين المقبولين في خدمة الملك خلفاً للرقاق المحاربين لدى زعماء البرابرة الجرمانيين، وتدلنا النصوص التاريخية على ان الأمين المخلص كان يمثل بسلاحه أمام الملك ويصافحه ويبايعه على الطاعة والولاء.

أما بالنسبة للأسياد الآخرين (غير الملوك) فإن النصوص التاريخية لا تقول ان الرجل الذي يدخل في خدمة سيد ما يجب ان يكون محارباً، كما هي حال التابع تجاه أميره في العصر الإقطاعي الذي سيأتي فيما بعد، لكن الرجال الذين دخلوا بحماية سيدٍ ما كانوا يدافعون عنه ضد أعدائه أو ضد اللصوص والسلاح في أيديهم، وهذا يعنى أن خدمتهم كان خدمة دفاعية مسلحة، وليست خدمة حربية كما سيكون الأمر في النظام الإقطاعي.

ولم يكن أجر الخدمات التي يقوم بها الذين في حماية الملك العيش في البلاط فحسب، بل إن الملك كان يكافئ ذلك الإخلاص والخدمة الدائمة بإعطاء أرض، إما

بشكل ملكية تامة، أو مقابل دفع أتاوات سنوية عنها، ولم يكن الذي يأخذ الأرض للانتفاع بها فلاحاً يشتغل بيديه في الأرض، وإنما كان تابعاً من طبقة النبلاء يحصل على الأرض من السيد بما فيها من حقول زراعية، ومراع، ودور، وجماعة من الفلاحين يعملون بها[١٢].

الرعاية والإحسان في العهد الكارولنجي

التجديد المزعوم في العهد الكارولنجي:

شهد العهد الكارولنجي جميع التعاملات الجارية في العهد الميروفنجي السابق، كما شهد نموها واتساعها، وقد أرادت مدرسة تاريخية (بعض المؤرخين) ان تجعل من نمو تلك التعاملات في القرن الثامن ثورة حقيقية، تمخض عنها نشوء نظام التبعية وتبدل الانتفاع تبدلاً عميقاً. وربط بعض المؤرخين - من تلك المدرسة - بين التبدلات في نظام التبعية والانتفاع بمصادرة شارل مارتل أراضي الكنيسة وتوزيعها على الفرسان.

كان شارل مارتل بحاجة إلى فرسان لقتال العرب المسلمين في إسبانيا الذين أخذوا يهددون الأراضي الفرنسية، وللنضال ضد أعداء الكارولنجيين الأوائل في داخل فرنسا، ولما كان الدومين الملكي (الأراضي الملكية) مبدداً فقد اضطر حاجب القصر شارل مارتل ان يضع يده على أراضي الكنيسة ويوزعها على محاربيه المخلصين في خدمته، وقد صار هؤلاء المخلصون يسمون اتباعاً، وبعد ان حصل هؤلاء الأتباع المخلصون على الأراضي صار بمقدورهم ان يجهزوا أنفسهم بالخيل وسلاح الفرسان.

ولم يتورع النبلاء الأرستقراطيون من الدخول في التبعية الشخصية لشارل مارتل والتعهد له بالخدمة العسكرية المسلحة، بعد أن كان يبحث عن مثل تلك التبعية حتى ذلك الحين فقراء الناس وابناء الأسر الصغيرة.

وفي الوقت نفسه تبدل شكل الامتياز ولم يعد هبة ملكية تامة؛ لأن الأراضي المصادرة من الكنسية لم تكن ملكاً لحاجب القصر، وعلى هذا وجد حل وسط: وذلك ان المحاربين الذين يحصلون على أراضي الكنيسة - بأمر من الملك - لا يستلمونها إلا إذا دفعوا إلى الأسقفية التي تنازلت مرغمة عن الأرض ضريبة العشر، ويبدو ان تمتع

الأتباع بهذه الأراضي قد أخذ طابع الانتفاع، وأن هذا النوع من الامتياز قد ائتلف مع الظروف، وأصبحت هبات الملوك الكارولنجيين لا تعطى في سبيل ملكية تامة، بل بقصد انتفاع يدوم مدى الحياة.

لكن الاستيلاء على اراضي الكنيسة وتوزيعها على الفرسان المحاربين أعاق أكثر مما ساعد على نمو التبعية وتوسعها. فالقابض على الأرض، الذي هو تابع في نظر الحاجب والملك كان منتفعاً حيال الأسقف رئيس الكنسية، وكان وضع هذا الشخص لا يخلو من التباس سيتضح في آخر القرن التاسع، اذ إن التابع إما أن يغتصب الأرض التي في حوزته ولا يرتبط إلا بالملك، أو انه يعترف بسلطة المؤسسة الدينية التي يحتل أرضها.

التبدلات الحقيقية:

كان العهد الكارولنجي مثبتاً للأوضاع مما كان مجدداً، لأن النظم في العهد الميروفنجي السابق كانت توالي تطورها، وكل ما تبدل هو التسمية. ففي عهد شارلمان زال استعمال اسم المحمي Gasindi، واستعيض عنه باسم تابع Vassus، أو Vassalus، وذاعت ايضا لفظة milles جندي التي تؤكد ازدياد الصفة العسكرية للتابع، وتصادف كذلك لفظة Homo رجل التي تشير إلى كل من ينتمي إلى السيد، وتدل أيضاً على التابع، كذلك تطور الشكل الحقوقي للحماية:

فبدلاً من الطرائق القديمة والتعهدات الرمزية أو الكتابية بين السيد والمحمي أصبح حلف يمين الطاعة يتم على الانجيل أو بعض البقايا المقدسة، ويرافقه عمل شكلي هو الاحترام والطاعة، ويتم التعبير عن الاحترام والطاعة بتجريد التابع من سلاحه (للدلالة على الشخصية المدنية)، ثم يركع على ركبتيه أمام اميره، ويضم يديه إلى بعضهما، ويضعهما بين يدي الأمير، وأحياناً يقبل قدم سيده. وبعد حلف يمين الولاء يُنهض الأمير تابعه ويقبله ويقدم له هدية، كأن يضع في يده بضع قطع من النقود.

وهذا الطقس يجعل من التبعية عقداً ثنائي الجانب، يربط السيد والتابع معاً، ويجعلهما شريكين، وكانت السلطات العامة الكارولنجية تسهر على جعل هذه الرابطة

وثيقة لا تنحل، حتى أن شارلمان حرم على التابع ان يترك سيده إلا في حالات استثنائية.

نظام التبعية عند الكارولنجيين:

أحب الملوك الكارولنجيون ان يحيطوا انفسهم بعدد كبير من الأتباع، ففرضوا على الموظفين الكبار الذين بخدمتهم (أمثال الكونتات والأدواق والاساقفة وغيرهم) واجب الدخول في خدمة الملك، والتزم هؤلاء الموظفون ببذل الطاعة والولاء للملك على النحو الذي يلتزم به التابع للسيد، واتبع هذه السياسة نفسها كبار الموظفين إزاء الموظفين الذين يلونهم في الرتبة، اذ جعلوا منهم اتباعاً لهم. ولما كان لكل تابع أتباع، ولكل تابع سيد فقد اصبح المجتمع التبعي عالماً مغلقاً على شكل هرم، اتخذ الملك قمة الهرم كونه سيد البلاد، ثم تلاه اتباعه المباشرون من الأدواق والكونتات والاساقفة ولهؤلاء بدورهم اتباع، ثم يتلو هذه الفئة اتباع الأتباع، ومن ثم اتباع اتباع الاتباع، وفي قاعدة الهرم وجد الفارس المقاتل الذي توفر له من الأرض ما يكفل العيش والغذاء له ولأسرته وحصانه.

كان الملك الكارولنجي يمنح اتباعه المخلصين اراض اميرية بامتياز حق الانتفاع مقابل الالتزام بتقديم الخدمات الحربية، وكان أتباع الملك يتمتعون بحصانة قضائية، فلا يمثلون أمام القضاء إلا في محكمة البلاط المركزية، ومن الناحية العسكرية كان هؤلاء الأتباع مرتبطين بالملك مباشرة، ففي حالة الحرب ينضمون إلى الجيش الملكي مصحوبين بأتباعهم من الفرسان الحربين، وكان أتباع الملك يؤلفون نخبة الجيش الكارولنجي وسلاح الفرسان، في حين كان صغار الملاكين يؤلفون المشاة، ومن مصلحة الملك ان يرى اتباعه المباشرين يحيطون أنفسهم بجيش من الفرسان ما دام هذا الجيش سيقاتل الأعداء إلى جانب الملك.

وكان أتباع الملك الكبار مسؤولين عن أتباعهم، يسوقونهم إلى المحكمة العامة (الماللوس)، ويقودونهم في الحرب. وعلى هذا النحو أصبح أتباع الملك الامراء موظفين ممثلين للسلطة الملكية، ويفتخر الملك بأنه قابض عليهم في يده، أما أتباع أتباع الملك فقد أصبحوا من رعاياه، ولم يكن الأمراء يمارسون أية سلطة قضائية على اتباعهم، فلا

تجري محاكمتهم أمام محاكم خاصة بأسيادهم، وإنما أمام محكمة عليا يتولى رئاستها الملك، كونه سيد لجميع اتباعه، وإذا سلح الأمراء أتباعهم كان ذلك في سبيل خدمة الملك وحده.

ووضع الملوك الكارولنجين أنفسهم حماة لأتباع أتباعهم من الأمراء, فأباحوا لهم ترك أسيادهم إذا ألحق بشرفهم عار، أو أصيبت مصلحتهم بأذى، فها هو ذا شارلمان يصدر مرسوماً يحدد الحالات التي يحق للتابع فيها ان يتخلى عن التبعية لسيده، وهي:

١- إذا حاول السيد ان يقتل التابع بالتآمر عليه.

٢- إذا حاول ان يضربه بالعصا.

٣- إذا حاول اغتصاب زوجته، أو ارتكب الفاحشة معها.

٤- إذا حاول السيد اغتصاب ابنه التابع.

٥- إذا حاول ان يجعل منه قناً.

٦- إذا انقضّ عليه، واشهر سيفه عليه.

٧- إذا لم يدافع عنه كما ينبغي.

ومن الناحية النظرية، كان للسيد نوع من السيطرة على التابع، فالتابع - فيما عدا الحالات المذكورة أعلاه - لا يحق له ان يتخلى عن سيده إلا بموافقته، ولا ينقض عقد التبعية عادة إلا وفاة السيد أو التابع، ولكن من الناحية العملية حدث في القرن التاسع ما يشير إلى ان اتباعاً تخلوا عن سادتهم، أو كشفوا عن خيانتهم لحرصهم على جمع المال والحصول على إقطاعات جديدة، ومنذ عهد لويس التقى ابن شارلمان بعض الأمراء من اتباع الملك أو الإمبراطور يخرجون على طاعته ويقودون اتباعهم لقتاله، ولم يكن يتردد اتباع الأمراء في تفضيل سلطة أمرائهم المباشرين على سلطة الملك عندما يتبين لهم أن حماية الملك لهم بعيدة ومتقطعة وليس لها تأثير ملموس.

وفي أواخر عهد الملك الكارولنجي شارل الأصلع أصبحت الوظائف العليا في فرنسا (كوظائف الكونتات والمراكيز والأدواق) وراثية، كما صارت الأسر الحاكمة في الأقاليم تمارس امتيازات الملك في السلطة، ولتستطيع الملكية الكارولنجية البقاء اضطرت ان تتنازل شيئاً فشيئاً عن سلطاتها للطبقة الإرستقراطية التي أسست أسراً حاكمة في

الأقاليم، وضعت يدها على الوظائف العامة، وجعلتها (انتفاعاً) دائماً لمدى الحياة، بل وراثياً، وهكذا شكل نظام التبعية خطراً على السلطة الملكية، وأدى إلى إضعافها وتقويضها.

زوال الملكية الحرة:

اجتاحت الروح التبعية المجتمع الأوروبي في غضون العهد الكارولنجي، ونابت التبيعة مناب الحماية في أشكالها المختلفة، وقد صار لكل تابع أتباع، ولكل تابع أمير، وأصبح المجتمع التبعي عالماً مغلقاً، وفي خارج هذا العالم التبعي المغلق وجد ملاكون أحرار، ولكن عندما شعر هؤلاء الملاكون الأحرار بانعزالهم سعوا إلى ان يصبحوا أتباعاً للأمراء الأقوياء من جيرانهم، وهكذا أخذ عددهم بالتناقص في المناطق الشمالية، فزالت الملكية الحرة في نورمانديا وبريتاني في آخر القرن الثاني عشر، أما صغار الملاكين الأحرار فكانوا فقراء لا يستطيعون القيام بالخدمة العسكرية، أو رُفضوا فيها لأنهم لا يتمكنون من تجهيز أنفسهم بالسلاح والخيل، ولذا تحولوا إلى طبقة الأقنان الوضيعة.

ونفذت الروح التبعية إلى حرم الروابط العائلية والعاطفية، فصارت الزوجة والأولاد اتباعاً لرب الأسرة، وأضحى ابن النبيل يدعو أباه (سيدي)، وأمه (سيدتي)، كذلك صار العاشق يعد معشوقته (سيدة) له، ويقف حيالها موقف التابع امام سيده، وكل عبارات الحب في العصور الوسطى تنم عن هذه التبعية.

وتبدلت الرابطة التبعية تدريجياً، فبعد أن ظل السيد - زمناً طويلاً - يقدم لأتباعه المخلصين الطعام والكساء والهدايا، انتشرت شيئاً فشيئاً عادة ان يكافئ السيد بعض الأتباع المخلصين الدائمين بمنحهم أملاكاً عقارية بامتياز الملكية أو الانتفاع، وقد لوحظ هذا الأمر منذ بداية القرن الثامن، ثم تعددت الأمثلة مع الزمن حتى اصبح قاعدة في القرن التاسع، وفي القرنين العاشر والحادي عشر لم يعد الإنسان تابعاً إلا في سبيل الحصول على حق الانتفاع من الأرض، وعلى الرغم من أنه ليس من الضروري وجود ارتباط بين التبيعة والأرض، فإن اتحادهما صار شائعاً، وهذا الوضع عكس الوضع الذي كان سائداً في السابق بين السيد والزبون، أي بين الحامي والمحمي[١٣].

ظهور كلمة الإقطاع FEUDAL:

على الرغم من شكلية الاحترام والولاء التي دامت حتى الثورة الفرنسية في العقود بين السيد والتابع، لم تأخذ التبعية المقام الأول، بل الانتفاع أو الكلمة العامية التي اكتشفت في أواخر القرن التاسع وهي كلمة (الإقطاع) FEUDAL، وكان إذا جرى بذلك الإقطاع لتابع في مقابل خدمة حربية تصح تسميته بالإقطاع الحربيBENEFICE OF THE VASSAL، ولم يكن في اللغة اللاتينية مصطلح فني لهذا النوع من الأراضي، غير أنه في اللغة الرومانسية الدارجة (العامية) كان معروفاً باسم FIEF، ومنه جاءت اللفظة اللاتينية FEUDUM, FEODUM، كذلك أضحت لفظة VASSUS أو VASSALUS (حرفت بالعربية إلى فصل وجمعها أفصال) تستخدم في أواخر القرن التاسع للدلالة على التابع الذي التزم بتأدية الخدمة الحربية.

وقد ظل الانتفاع والإحسان المحض شيئاً واحداً خلال زمن طويل، ولذا كان خلواً من كل محتوى حقوقي، ولا يتطلب أي التزام واضح، اما واجبات القابض على أرض الانتفاع فتفرض عليه بصفته منتفعاً أو تابعاً، ولذا لم يكن الإقطاع (أرض الانتفاع) منفصلاً عن التبعية، ولكن كلما أخذ العنصر التبعي بالضعف ارتفع الإقطاع إلى المقام الأول، وعندما لا يمكن استرداد امتياز الانتفاع ويصبح وراثياً (كما صارت عليه الحال في القرن الحادي عشر) يبدو المجتمع تسلسل إقطاعات أكثر مما هو تسلسل أشخاص، ويقوم فيه النظام الإقطاعي مقام النظام التبعي.

واخيراً سرت عوامل الموت في المبدأ التبعي عندما جرى التعامل في تناول عدة إقطاعات من عدة أيدي، أي عندما أصبح للتابع عدة أسياد، فضعف الولاء وتداعت التبعية.

إن هذه التبدلات الكبرى كانت في حالة تهيئة في العهد الكارولنجي، غير ان التبعية التي بدلت النفوس والأشياء لم تبلغ بعد درجتها القصوى، فإذا قرأنا الوثائق الكارولنجية تبين لنا ان الناس الاحرار المستقلين كانوا أكثر من الأحرار الذين دخلوا في التبعية، وأن الأراضي المملوكة ملكية تامة تؤلف الأكثرية، إذا ما قيست بالنسبة إلى الأراضي التي وضعت عليها اليد بطريق (الإحسان) او الانتفاع، ولكن النسب ستتبدل دون حدوث أية ثورة اجتماعية في بداية عهد الأسرة الكابية، (أول ملوك الأسرة الكابية

هو هوغ كابية الذي حكم في فرنسا ٩٨٧-٩٩٦ بعد موت لويس الخامس آخر ملوك الأسرة الكارولنجية).

وهكذا نرى ان الإقطاعية التي نشأت في ظلمة الإمبراطورية الدنيا قد تابعت سيرها ببطء، ولكن بقوة طبيعية لا تقاوم، ولقد تراجعت الملكية والحرية والدولة دون انقطاع امام هذا العدو- الإقطاعية - الذي اتخذته زمناً طويلاً مساعداً لها.

وبعد لم تكن الإقطاعية موجة من موجات الأعماق تتقدم بهياج عظيم فتجتاح الشواطئ، بل كانت فيضاناً تدريجياً لا يدرك إلا بصعوبة، وبدأ طفيفاً لكنه غطى كل شيء.

اكتمال النظام الإقطاعي (من القرن العاشر إلى القرن الثالث عشر):

في الحقبة الممتدة من القرن العاشر إلى القرن الثالث عشر اكتمل النظام الإقطاعي وشاعت النظم الإقطاعية في بلدان أوروبا الغربية، ثم انتقلت هذه النظم عن طريق الحروب الصليبية إلى مملكة بيت المقدس والإمبراطورية اللاتينية في القسطنطينية واستند النظام الإقطاعي (الأميري) في تلك الحقبة إلى تسلسل مزدوج: تسلسل تبعية الأشخاص، وتسلسل أملاك الانتفاع، وقد انضمت في هذا النظام التبعية المنحدرة من الحماية القديمة، إلى الانتفاع الذي أخذ اسم الإقطاع، واختلطا ببعضهما، لقد أصبح التابع يأخذ إقطاعه من سيده، وغدت الروابط الشخصية القديمة روابط أرضية، وعليه فالإقطاع ليس سوى انتفاع أصبح مع الزمن وراثياً.

لقد بدل زوال الإمبراطورية الكارولنجية أوروبا الغربية تبديلاً عميقاً، وذلك بأن أحل الانقسام إلى ممالك محل الوحدة الإمبراطورية التي أعيد إنشاؤها على يد أوتون الكبير بصورة غير تامة، ولم يقف عمل التفكك عند هذا الحد، ففي منتصف القرن العاشر لم تكن كل مملكة من الممالك الأوروبية إلا فسيفساء من الدول على رأس كل منها دوق أو مركيز أو كونت، وفي الغالب لم يكن للسلطة الملكية على هؤلاء الحكام أي تأثير، لأن تلك السلطة كانت وهمية أكثر منها فعلية، يضاف إلى ذلك ان الكونتيات نفسها انقسمت إلى إمارات مستقلة علمانية أو كنسية، وكان القائمون على تلك الإمارات يمارسون معظم

الحقوق الملكية، ولا يرتبطون بالكونت إلا بروابط التبعية (أي الولاء الشخصي الذي يربط أيضاً الكونتات والأدواق بالملوك).

ولم يكن النظام الإقطاعي (الأميري) شيئاً جديداً، بل من المعروف كما رأينا سابقاً، أن الملوك الكارولنجين هم الذين نشروا اتباع السيد VASSI DOMINICI في سائر ممتلكاتهم بما بذلوه من إقطاعات مقابل الحصول من اتباعهم على الخدمة العسكرية والمساعدة الحربية في وقت الحاجة، وقام هذا النظام على الارتباط الوثيق بين التبعية وحيازة الأرض للانتفاع، وطالما تحقق هذا الارتباط لخدمة الحكومة، فإن النظام الإقطاعي يعد في جوهره نظاماً سياسياً جديداً ظهر عقب انهيار نظام سابق، على الرغم من اقترانه ببعض التدابير الاقتصادية الاجتماعية.

لقد ادى نمو النظام الإقطاعي على تجزئة سلطة الدولة وتغيير في سياستها لم يكن في الحسبان، فقد تخلى الملك إلى الكونتات - ممثلي السلطة العليا - عن جميع أملاك الدولة والحقوق الملكية الداخلية في نطاق منطقتهم الإدارية وعدها كرواتب تدفع لهم.

واخذ هؤلاء الموظفون الكبار يقضون بين الناس ويجبون الضرائب لأنفسهم، كما حصلوا على الاستقلال التام تقريباً على حساب الدولة، واكتفى أميرهم الملك بالاحترام ويمين الولاء دون ان يمارس أية رقابة عليهم، واصبح هؤلاء الموظفون منتفعين ولهم حصانة، كما أضحت وظائفهم تنتقل إلى أبنائهم وأحفادهم بالوراثة، وعلى هذه الصورة تشكلت أسر ارستقراطية لا تخضع للسلطة الملكية وتحكم في الأقاليم المحلية التي تحولت إلى إمارات مستقلة، وعوضاً عن أن يكون هؤلاء الموظفون منتدبين من قبل الملك وقابلين للعزل، أصبحت وظائفهم دائمة ووراثية، كما أصبحوا لا يرتبطون بالسلطة الملكية المركزية إلا بروابط رخوة من الولاء والإخلاص، ولا شك في أن هذه الحال تعد ثورة أو انقلاباً سياسياً، لأنها حولت الكونتات وهم موظفو الدولة إلى موالين للملك وأتباع له.

ومن الطبيعي أن تجعل الفوضى السياسية - التي عمت أوروبا الغربية في القرن العاشر- هذا الولاء نظرياً، ففي ذلك العصر صارت جميع ممالك أوروبا الغربية مسرحاً للمنازعات الاسرية التي هزت السلطة الملكية، فقد كان الملوك - في سبيل الحفاظ على

التاج الذي ينافسهم عليه كثير من المطالبين - يهتمون بتأمين مساعدة أتباعهم المخلصين ويرون أن خير وسيلة للحصول على مساندتهم هي التخلي لهم عن امتيازات السلطة الملكية في الأقاليم التي يحكمونها.

هذا التطور الذي يبدو عاماً في ممالك أوروبا الغربية لم يقف في كل مملكة في المرحلة نفسها بل نتج عن اختلاف وتنوع، وهكذا لم يكن للنظام الإقطاعي (الأميري) سيماء واحدة في كل من المانيا وايطاليا وفرنسا وانكلتزا.

أ- النظام الإقطاعي في المانيا:

استطاع الإمبراطور الالماني أوتون الأول (٩٣٦-٩٧٣) ان يخضع الموظفين الكبار لسلطته، لقد ظل الأدواق والكونتات والمارغرافات يعدون موظفين مقلدين بالحقوق الملكية للسلطة المركزية يقومون بالعدل ويقودون الجيش باسم الملك، واذا استطاع اوتون الأول ان يتخلص في بعض الحالات من الأدواق أو الكونتات المتمردين ضده ويمنح ألقابهم لأقربائه وأصدقائه، فقد كان مضطراً في حالات أخرى ان يتكيف مع التقليد، ويقبل بانتقال الوظائف الكبرى إلى الابناء والأحفاد كإرث في بعض الأسر الإقطاعية، وعندما حاول اوتون الكبير ان يقاوم النظام الإقطاعي في المانيا كان ذلك النظام قد تأصل فيها متأخراً عن غيرها، لكنه دفع بجذوره إلى الأعماق، وسيدوم فيها إلى زمن طويل.

من جهة ثانية حاول اوتون الكبير وأبناؤه وأحفاده تعديل سلطة الأدواق والكونتات بإيجاد إمارات إقطاعية كنسية، فتنازلوا عن الحقوق الملكية لبعض الأساقفة (التي ظلت حتى ذلك الحين مقتصرة على الكونتات) وأعطوهم سلطات الكونت في إدارة مدينتهم أو أبرشيتهم مع الحق بجباية الموارد المتعلقة بها، وهكذا كان الأساقفة لا يتزوجون ولا ينجبون، فقد حافظ الملوك الألمان على حق تعيين الأسقف الجديد بعد وفاة الأسقف القديم، وعلى هذا كان إعطاء الحقوق الملكية للأساقفة أقل خطراً على السلطة الملكية من إعطائها للأمراء العلمانيين الذين يتزوجون وينجبون ويورثون وظائفهم الكبرى لأولادهم وأحفادهم.

ب-النظام الإقطاعي في إيطاليا:

على الرغم من أن إيطاليا كانت تابعة للأباطرة الألمان منذ سنة ٩٥١، فقد حافظ النظام الإقطاعي فيها (خلال النصف الثاني من القرن العاشر) على حيويته ونشاطه، ففي عهد أوتون الأول وخلفائه الأوتونيين، كما في العهد الفوضوي الذي تلا زوال الإمبراطورية الكارولنجية، بقيت إيطاليا مقسمة إلى عدة إمارات إقطاعية، وكان الأمراء فيها أشبه بملوك حقيقيين، وقد أصبحت تلك الإمارات وراثية، ولم يستطع أوتون الكبير ان يغير هذه التعاملات القديمة، كذلك حافظ الأساقفة على استقلالهم وأراضيهم الكبرى وظلوا مرتبطين بالتاج الملكي الذي يحميهم ليكونوا مطمئنين من مساندته لهم.

ج-النظام الإقطاعي في فرنسا:

بعد زوال الإمبراطورية الكارولنجة أضحت مملكة فرنسا مقسمة إلى اثنتي عشرة أو خمس عشرة إمارة إقطاعية، وكان زعماء تلك الإمارات - من الأدواق والمراكيز والكونتات - يضمون تحت سلطتهم عدة كونتيات كارولنجية قديمة، وكانت تلك الكونتيات دولاً حقيقية مستقلة تحكمها أسر وراثية، وتمارس فيها جميع الحقوق الملكية، وقد أضاع الملك فيها سلطة الإشراف، وقلما نراه يحافظ في بعض الإمارات على تعيين بعض الأساقفة، ولم يكن في وسع السيادة النظرية للملك أن تطلب من هؤلاء الإقطاعيين الكبار (أتباع الملك) - وهم أنسال الموظفين الكارولندجين القدامى - أي واجب يقتضيه الإخلاص والامانة، وهكذا وصل النظام الإقطاعي في فرنسا على حد تطوره، وسيمضي زمن طويل قبل أن يصبح الملوك باستطاعتهم ان يستعيدوا الحقوق الملكية التي تخلوا عنها لصالح كبار الإقطاعيين.

د-النظام الإقطاعي في انكلترا:

كان النظام الإقطاعي معروفاً في انكلترا قبل الفتح النورماندي، ولكنه لم يكن ظاهراً بمثل ما كان عليه في فرنسا أو إيطاليا، فمنذ عصر الانغلو- ساكسون تنازل الملوك في بعض الحالات عن أراض إلى بعض الأمراء، واحتفظوا بالحقوق الملكية عليها. وفي بداية القرن الحادي عشر لم يقاوم الملوك الدانيماركيون مثل هذه الإجراءات في انكلترا، بل سلموا بها، كما كافأ الملك الدانيمارك كنوت محاربيه المخلصين بإقطاعات من الأراضي، ومع ذلك فإن تلك الإقطاعات لم تكن عامة في انكلترا كما كانت في فرنسا،

فلقد وجدت في انكلترا طبقة واسعة من الملاكين الأحرار إلى جانب الارسقراطية العسكرية والعقارية.

هكذا كانت الحالة الاقتصادية والاجتماعية في انكلترا عند مجيء النورمانديين في سنة ١٠٦٦، ولكن الفاتح النورماندي غليوم (وليام) أدخل إلى انكلترا نظاماً إقطاعياً جديداً يخدم مصلحة السلطة الملكية، لقد استطاع غيلوم الفاتح ان ينشى في انكلترا سلطة ملكية ذات حكم مطلق تعتمد على نظام إقطاعي (اميري)، لكنه عرف كيف يعدل النظام الإقطاعي لصالح السلطة الملكية، فاتخذ من أجل تحقيق ذلك عدداً من القرارات والاجراءات، أهمها ما يلي:

١- أعلن غليوم الفاتح انه وحده المالك لجميع اراضي إنكلترا بحق الفتح.

٢- صادر أملاك الأرستقراطيين الأنلغو ساكسونيين الذين قتلوا في معركة هاسنتغر وهم يقاومون غليوم الفاتح.

٣- صادر أراضي الذين لم يؤيدوه منذ اليوم الأول للفتح، والذين ثاروا ضده، لكنه سمح لهم بافتدائها شريطة ان يصبح أصحابها اتباعاً له.

٤- وزع غليوم الفاتح الأراضي التي صادرها على اتباعه وأبناء وطنه من البارونات النومانديين توزيعاً حرص فيه على ان تكون أراضي كل بارون أجزاء مبعثرة في مختلف أنحاء انكلترا، وألا تكون لأحدهم قطعة واسعة في منطقة واحدة. وكان هدف غليوم من ذلك التوزيع منع ازدياد نفوذ البارونات وتقليل خطرهم من جهة، وتسهيل عملية ضربهم في حالة التمرد والعصيان من جهة أخرى.

٥- حرص غليوم الفاتح أن يكون هو أعلى سيد إقطاعي في إنكلترا، فأصر على ان حقوقه بالسيادة ليست على أتباعه المباشرين من البارونات فحسب، وإنما على كل رجل كيفما كان وضعه الإقطاعي، ولتحقيق ذلك اشترط على النبلاء وأتباعهم جميعاً ان يحلفوا له يمين الولاء والطاعة والإخلاص والتبعية، وبذلك أصبحت التزامات التابع لسيده النبيل تأتي في المرتبة الثانية بالنسبة إلى التزاماته نحو الملك، وعلى هذا فإذا اشهر إقطاعي كبير سلاحه في وجه الملك، فإنه يعد في نظر أتباعه خائناً؛ لأنه يحنث بيمين الولاء التي أقسمها للملك، والهدف من تلك الإجراءات هو إضعاف نفوذ النبلاء الإقطاعيين ومنع

الأتباع من القتال في صفوفهم ضد الملك، وهكذا نرى أن ذلك التحول الاقتصادي الاجتماعي في انكلترا لم يضعف السلطة الملكية فيها، بل خرجت قوية منتصرة. اما في فرنسا (على سبيل المثال) فقد أدى نمو النظام الإقطاعي إلى جعل السلطة الملكية اسمية أكثر مما هي فعلية.

٦- جعل غليوم الفاتح الإدارة المحلية في المقاطعات الانكليزية منوطة بموظفين حقيقيين يرتبطون مباشرة بالملك ويحترمون سلطته، وقد أطلق على هؤلاء الموظفين لقب الشرفاء، وكان غليوم ينتقيهم من النورمانديين ويعهد إليهم بتفويض حقيقي بسلطته، وهؤلاء الموظفون الشرفاء خاضعون للعزل من قبل الملك، لكنه لم يستطع ان يمنع بعضهم من نقل وظيفتهم إلى ورثتهم، وهذا الأمر يضعف إشراف سلطة التاج، ويشجع النظام الإقطاعي المعاكس لنزعات الحكم الملكي المطلق.

٧- بعد عشرين عاماً من الفتح النورماندي لانكلترا امر غليوم الفاتح في سنة ١٠٨٦ بإجراء مسح شامل كادستر لأراضي المملكة وإحصاء كامل لسكانها وثرواتها، وقد سجلت المعلومات التي حصل عليها الموظفون الملكيون الذين أنيط بهم هذا العمل في كتاب عرف باسم (الروك النورماندي)، أو ما يسمى أحياناً باسم كتاب الحساب الأخير DOMES DAY BOOK، ومن دراسة هذا الكتاب يتبين لنا ان المعلومات التي حرص غليوم الفاتح على معرفتها هي:

١- مساحة الأراضي الزراعية، المروية منها والبعلية، المستثمرة منها والبور.

٢- عدد الفلاحين العاملين فيها، الأحرار منهم والأرقاء.

٣- مساحة الغابات والمراعي.

٤- اسماء الملاكين، الكبار منهم والصغار، قبل الفتح وبعده.

٥- الاحوال الاجتماعية للسكان ومواردهم.

٦- الاتاوات والضرائب التي يدفعها كل إنسان في المملكة.

تتساءل ما هو هدف غليوم الفاتح من إجراء عملية مسح الأراضي وإحصاء السكان؟ هل فعل ذلك في سبيل الحصول على الضرائب، أو انه اراد ان يتعرف على نتائج التحويل الاقتصادي الاجتماعي الذي بدأ به منذ عشرين عاماً كي يتممه؟ من الممكن

ان يكون الملك اراد تحقيق الرغبتين معاً، لقد رغب في معرفة واردات مملكته لكي يحدد الضريبة العادلة المتوجبة على كل فرد، وفي معرفة ما يمكن ان يقدمه كل حائز إقطاعية من الفرسان للجيش الملكي.

ومن مراجعة كتاب الحساب الاخير يتبين لنا انه لم يكن هناك أي تمييز بين المنتفعين المتصرفين بالأراضي، إنكليزيين أكانوا أو نورمانديين، وان الخدمات الإقطاعية كانت نفسها بالنسبة للجميع، أما الأتاوات الإقطاعية فكان بعضها سابقاً للفتح وبعضها الآخر أدخل بعد الفتح من نورمانديا، فضريبة الخراج التي فرضت على الأراضي كانت مخصصة في السابق لتدفع إلى الدانماركيين الذين احتلوا انكلترا، وقد ألغاها الملك الإنكليزي إدوارد المعرف، ثم أعادها غليوم الفاتح، ويضاف إلى الخراج الموارد التي تأتي من العدلية والحقوق الدومنية التي كانت من أصل نورماندي، وكان الدومن الملكي يقدم واردات ضخمة لغليوم الفاتح، إذ انه كان أكبر ملاك عقاري، حيث امتلك ١٤٢٢ مانوارا (مزرعة)، وقد جعل هذا المورد الكبير الملكية الإنكليزية أقوى من غيرها.

٧- أمر غليوم الفاتح ببناء قلقة في كل مدينة ملكية وبشحنها بالجنود المقاتلين، وعهد إلى الأمير الإقطاعي التابع له الذي تقع أراضيه بالقرب من هذه القلعة الإشراف عليها، كذلك امر جميع الأمراء الإقطاعيين والأتباع ان يبنوا القلاع والحصون في الأراضي التي أقطعت لهم وبأن يشحنوها بالمقاتلين، وبفضل هذه الإجراءات الدفاعية غدت انكلترا في مأمن من الغارات الخارجية والثورات الداخلية.

٨- عمل غليوم الفاتح على دعم الكنيسة الانكليزية، لكنه حرص على ان تكون خاضعة لسلطته، لقد أصدر تشريعاً يقضي بفصل المحاكم الكنيسية على المحاكم المدنية، كما ساند حركة الإصلاح الكنسي التي أخذ يقودها خريجو الأديرة الكلونية الذين تدفقوا من فرنسا إلى انكلترا مع الفاتحين النورمانديين، كذلك اهتم بدعم الحركة الديرية، ونتج عن جهوده قيام حركة ديرية نقية تميزت بمستوى عال من العلم والأخلاق والانضباط.

لكن غيلوم الفاتح حافظ على امتيازاته الملكية تجاه الكنيسة، لقد عزل معظم الأساقفة الانكليز، وأقام في مناصبهم أساقفة نورمانديين، ولم يكتف بتسمية الأساقفة

ودعوة المجامع الدينية والمصادقة على قراراتها، بل ألزم رجال الدين بالخدمة الإقطاعية والتبعية له، كذلك أعلن ان الحرمان الكنسي الذي يحكم به على بارون لا يكون له مفعول إلا بعد أن ينال موافقته، وهكذا لم تنج الكنيسة الانكليزية المصلحة من الحكم الملكي المطلق.

ووجدت بعض الغيوم في علاقات غليوم مع البابا، لقد كان غليوم الفاتح شديد الغيرة على سلطته المطلقة، كما أراد الحفاظ على استقلال الكنسية الانكليزية النورماندية حيال الكرسي البابوي، ولذا اصطدم بالنزعة المركزية لحكومته البابا غريغوري السابع، وقد منع غليوم الفاتح رجال الدين في مملكته من الاعتراف في انكترا بغير موافقته، ومنع أيضاً دخول مندوبي البابا إلى ممكلته إلا بإذن خاص منه، وعلى الرغم من المساعدة التي قدمتها البابوية لغليوم في أثناء فتحه انكلترا رفض ان يقسم بيمين التبعية للبابا غريغوري السابع، وان يحكم انكترا كإقطاع بابوي.

هـ- مراسم أو طقوس تسلم الإقطاع وإلغائه:

كان تسلم أرض الإقطاع يتم في احتفال له مراسم أو طقوس خاصة، وجرت العادة ان يقام الاحتفال في مقر السيد أو عند حدود الأرض التي سيسلمها التابع، في ذلك الاحتفال يمثل التابع (الفصل) امام سيده حاسر الرأس مجرداً من سيفه راكعاً على ركبتيه، ثم يضع يديه بين يدي السيد ويقسم بالانجيل (أو بالمخلفات الدينية المقدسة) بصوت مرتفع بأنه اصبح تابعاً (فصلاً VASSAL) موالياً لسيده مخلصاً، وأميناً ومستعداً لتنفيذ جميع التزامات التابع للسيد.

اما السيد الإقطاعي فيعلن بعدئذ موافقته على ما أعلنه التابع من ولاء وإخلاص، ثم يأخذ بيد التابع وينهضه عن الأرض ويقبله على جبينه قبلة العهد كرمز الوفاء المتبادر، وبعده يناول السيد التابع حفنة من تراب الأرض ترمز إلى انه قد سلمه أرض الإقطاع مثلاً، كذلك يسلم السيد التابع علماً وعكازاً (كرمز لسلطته على الأرض) وبراءة كتبت فيها أوصاف الأرض الممنوحة ومساحتها، وتسمى هذه العملية باسم التقليد INVESTITURE، واختلفت مراسم تسلم الإقطاع من منطقة إلى أخرى، كما اختلفت صيغ اليمين وأشكال التقليد باختلاف درجات الاتباع في السلم الإقطاعي.

وكانت مراسم تسلم الإقطاع تعاد من جديد في حالة وفاة السيد أو التابع، لأنها كانت تعبر عـن علاقـة بين طرفين على قيد الحياة، كما أنها لا يمكن ان تتم بالنيابة أو بالوكالة، فالوفاة تنهي عقد التبعية ومـا يتعلـق بـه من منح الاقطاع، غير ان للتابع الحق في ان يلجأ إلى وريث السيد، فيحصل مرة أخرى على الاقطاع الـذي سـبق ان حازه، وفي حال وفاة التابع قبل السيد يحق لابنه البكر ان يطلب حيازة إقطاع أبيه، وعليه ان يقسم يمين الإخـلاص والتبعية للسيد من جديد.

والهدف من حلف يمين الإخلاص على الانجيل هو صبغ الرابطة بين السيد والتابع بصفة مقدسة في عصر اشتد فيه الإيمان، ولا بد ان الكنيسة قد اسهمت في وضع الصياغات الجديدة ليمين الإخلاص والتبعية، مع أن جذور هذا اليمين تعود إلى أصول جرمانية ورومانية وثنية.

وكان إلغاء عقد التبعية يتم ايضاً وفق مراسم أو طقوس خاصة، فقد جرت العادة ان يتم فسخ العقد الإقطاعي من جانب السيد أو التابع في حضور الطرفين امام حشد من الشهود، حيث يقف الطرف المتظلم ليلقي بخصلة من شعره أو بخيوط من رادئه على الأرض، كعلامة على بطلان علاقة التبعية، فإذا ثبت ان الخطأ وارد من جانب التابع وهو الذي أخل بالتزاماته، تصادر أرض الإقطاع وتعاد إلى السيد، اما إذا ثبت ان الخطأ وراد من جانب السيد، فإن للتابع الحق في أن يحتفظ بالأرض وينقل ولاءه والتزاماته الاقطاعية إلى سيد السيد.

و- توريث الإقطاع:

على الرغم من أن الإقطاعات الارضية صارت وراثية، فإن التبعية التي هي علاقة شخصية خالصة لا تجري وراثتها، وإنما يلقى عقد التبعية في حال وفاة السيد أو التابع، وعلى هذا فإن إقطاع التابع المتوفى لا ينقل إلى وريثه قانونياً، إلا إذا اقسم يمين الإخلاص والتبعية للسيد، وصار تابعاً له.

بعد أن كان الإقطاع في أول الأمر منحة مؤقتة مرهونة بمدى الحياة، تحول إلى منحة وراثية بنتيجة تعذر منع ابن التابع من وضع يده على إقطاع ابيه بعد وفاته، ونص القانون الإقطاعي - بخلاف القوانين الرومانية والجرمانية - على انتقال الإقطاع كاملاً

في حال وفاة صاحبه إلى أكبر أبنائه، ذلك أن الإقطاع المرتبط بتأدية الخدمة العسكرية الحربية بعد وظيفة، والوظيفة التي تقسم ولا تورث إلا إذا التزم الوريث بتأدية الخدمات الحربية التي كان والده يقوم بتأديتها، ومن الواضح ان ما يورث في هذه الحال ليس أرض الإقطاع، وإنما حق الحصول على الأرض والانتفاع بها تحت شروط معينة، فالابن الأكبر أو الوريث ليس له حق شرعي في الحصول على إقطاع ابيه، إلا إذا أقسم يمين الإخلاص والتبعية للسيد والتزم بتأدية الخدمات والواجبات الإقطاعية المفروضة على هذا الإقطاع.

وإذا مات التابع وترك ابناً صغيراً لا يستطيع القيام بمهمات الإقطاع والتزاماته الحربية، أو ترك ابنه ولم يتزوج بعد، فمن حق السيد ان يعين أحد أقارب التابع المتوفى ليقوم بمهمة الوصاية وينهض بمسؤوليات الإقطاع، وقد جرت العادة ان يفضل خال الوريث على عمه، لأن الخال ليس له حق وراثة الإقطاع، بعكس العم الذي ربما حاول التخلص من الورثة لتنتقل إليه حقوقهم في الإقطاع، وفي كثير من الأحيان كان السيد نفسه يتولى الوصاية على الوريث حتى بلوغه سن الرشد، أو على الوريثة إلى ان يجد لها زوجاً مناسباً يستطيع ان يقوم بالالتزامات المفروضة على الاقطاع، اما إذا مات التابع دون ان يترك وريثاً يخلفه، فإن إقطاعه يعود إلى سيده الإقطاعي عن طريق الاستيراث.

مشكلة تعدد السادة للتابع الواحد:

جرت العادة في أوائل العصر الإقطاعي ان يكون للتابع سيد واحد، ولكن هذا الوضع لم يستمر طويلاً، بل مع الزمن صار للتابع الواحد سادة عديدون بنتيجة عدة تعاملات منها ما يلي:

١- كان زواج رجل من إمرأة ورثت اقطاعاً يؤدي إلى انتقال حيازة إقطاعها إلى زوجها، فيصبح في هذه الحال تابعاً للسيد الذي تتبعه أرض الزوجة، بالإضافة إلى تبعيته لسيده الأول.

٢- إذا دخل ابن احد الأتباع في تبعية سيد إقطاعي غير الذي يتبعه أبوه، ثم مات الأب وورث الابن اقطاعه، فإنه يصبح تابعاً لسيدين في وقت واحد، سيد الاول وسيد والده المتوفى.

٣- لجأ بعض السادة الإقطاعيين إلى شراء صداقة بعض جيرانهم الذين يحوزون إقطاعات، ويذلك بمنحهم إقطاعات جديدة من أملاكهم، فيصبح المقطع في هذه الحال تابعاً لسيد جديد، بالإضافة إلى سيده الأول.
٤- رغب بعض الأتباع بزيادة ثروتهم، فسعوا للحصول على إقطاعات عديدة، وصاروا أتباعاً لسادة عديدين.

وتعدد سادة التابع تدريجياً، حتى إذا وصلنا إلى القرن الثالث عشر نسمع عن أتباع يخدمون عشرين من السادة، غير ان تعدد السادة لتابع واحد خلق تعقيداً في العلاقات الإقطاعية، وأدى إلى كثير من الفوضى في أوروبا الغربية، ففي حال قيام حرب بين سيدين لتابع واحد، فمع أيهما يجب ان يحارب التابع؟ وتدخل رجال القانون وحاولوا الاجتهاد لحل هذه المعضلة، فوضعوا عدة حلول، منها ما يلي:

١- قال بعضهم: إن التابع ملزم أن يحارب في صف سيده الذي أقطعه أرضاً في تاريخ أسبق.
٢- وقال بعضهم الآخر: إن التابع ملزم أن يحارب في صف سيده الذي أقطعه إقطاعاً أكبر، بغض النظر عن تاريخ هذا الإقطاع.
٣- وقال آخرون: إن التابع ملزم أن يحارب في صف سيده الذي يدافع عن نفسه وأرضه، وأن يتخلى عن سيده الثاني الذي يقوم بحرب عدوانية توسيعية.
٤- واخيراً اتفق رجال القانون الإقطاعي على انه يحق للتابع ان يحارب في صف سيد واحد، على ان يبعث للسيد الآخر معونه مالية أو بعض الفرسان على نفقته الخاصة، وهذا يعني ان التابع لا يقدم ولاءه الشخصي إلا لسيد واحد يخصه بكل خدماته الشخصية، في حين يكتفي بتقديم الالتزامات المادية غير الشخصية لسادته الآخرين إن وجدوا.
٥- غير ان الواقع العملي يؤكد ان التابع وحده هو الذي كان يحدد مع من يحارب من السادة، وفقاً لمصلحته هو قبل كل شيء بغض النظر عن العرف والأحكام والقوانين واجتهادات رجال الدين.

الحقوق والواجبات الإقطاعية:

قام النظام الإقطاعي على أساس العلاقة الشخصية التي ارتبطت بحيازة الأرض، وكان التابع المتمتع بحيازة الأرض يتعهد بالتزامات معينه لسيده الإقطاعي، مقابل تعهد السيد بالتزامات أخرى لتابعه، وبعبارة أخرى فإن كلاً من الطرفين كانت له حقوق وعليه واجبات نحو الطرف الآخر.

أ- واجبات التابع نحو السيد:

تنوعت واجبات التابع نحو سيده، فمنها واجبات عسكرية حربية، ومنها واجبات مالية، ومنها واجبات اجتماعية، ومنها واجبات أخلاقية.

الواجبات العسكرية الحربية

كان التعاون في ميدان الحروب المحور الأساسي للعلاقات الإقطاعية بين السيد واتباعه، أن يتعهد الأمير الإقطاعي بالحضور على رأس عدد معين من الفرسان لمساندة الملك متى طلب منه ذلك، كما يتعهد اتباع ذلك الأمير الإقطاعي بالقتال إلى جانبه في أي حرب مع عدو له، وهكذا صار كل عضو في المجتمع الإقطاعي يقدم الخدمة العسكرية لسيده المباشر Servitium militis.

في أول الأمر لم يكن هناك تحديد لمدة الخدمة العسكرية التي يؤديها التابع لسيده، ولكن منذ القرن الحادي عشر أخذ الأتباع يميزن بين أنواع مختلفة من الخدمة العسكرية ويحددون التزاماتهم فيها، فإذا اعتدى عدو على أملاك السيد كان لزاماً على أتباعه ان يقاتلوا معه، أي ان يردوا ذلك العدو مهما طال أمد الحرب، لأنها حرب دفاعية، أما إذا قام السيد الإقطاعي بحرب هجومية توسيعية معتدياً على أملاك جيرانه، فقد تحددت التزامات أتباعه بالخدمة العسكرية لمدة أربعين يوماً في السنة على نفقتهم الخاصة، وفيما زاد على هذه المدة تكون خدماتهم على نفقة السيد.

وكانت للخدمة العسكرية صور عديدة نذكر منها ما يلي:

١- ان ينهض التابع على رأس فرسانه لتأدية الخدمة لسيده، أما عدد الفرسان فكان يحدد وفقاً لمساحة الإقطاع وقيمته.

٢- ان يبعث التابع للسيد بعدد من فرسانه دون أن يكون على رأسهم.

٣- فـي بعض الحالات استعاض التابع عن الخدمة العسكرية بدفع بدل نقدي للسيد، وهذا

البدل النقدي هيأ للملوك - وبخاصة في انكلتر - ان يستأجروا عساكر أطوع لهم وأكثر إخلاصاً من العساكر الإقطاعية.

في القرن الثالث عشر رسخت القوانين الخاصة بالخدمة العسكرية، ومنها:

١- ان تكون مدة الخدمة العسكرية التي يقوم بها التابع إلى جانب سيده المباشر دفاعاً عن الملك أقصر من مدة الخدمة التي يؤديها التابع في حروب سيده الخاصة.

٢- لا يحق للسيد إجبار التابع على مصاحبته ضد إرادته للحرب خارج حدود المملكة.

٣- لا يحق للسيد إلزام الأتباع الذين دون الخامسة عشرة أو تجاوزوا الستين من أعمارهم بتأدية الخدمة العسكرية.

٤- النساء معفيات من الخدمة العسكرية، لكنهن إذا حصلن على إقطاعات وصرن اتباعاً فينبغي عليهن إمداد السيد بفرسان يقومون بالخدمة العسكرية نيابة عنهن.

وارتبطت بالخدمة العسكرية التي يؤديها التابع لسيده حراسة قلعة السيد أو حصنه. قبل القرن العاشر لم توجد حصون إقطاعية في أوروبا الغربية، ولكن في القرن الحادي عشر صارت لكل أمير إقطاعي قلعة يأوي إليها أتباعه وذووهم في وقت الخطر، وكان هؤلاء الأتباع يتناوبون الحراسة على مدار السنة، أما المدة التي فرض على الأتباع قضاؤها في حراسة قلعة سيدهم فقد تراوحت بين ثلاثين وأربعين يوماً في السنة، وإذا لجأ بعض السادة إلى استخدام حراس مأجورين لحراسة قلعتهم، توجب على الأتباع دفع أجرة هؤلاء الحراس، لأن حراسة القلعة تعد من واجباتهم العسكرية الأساسية.

الواجبات المالية:

في أول الأمر كانت المساعدات المالية التي يقدمها الأتباع لأسيادهم طوعية وتقدم في صورة هدايا، وعندما اكتمل النظام الإقطاعي أضحت تلك المساعدات إلزامية وتقدم في مناسبات معينة، وأهم تلك الالتزامات المالية:

الحلوان: وهو ضريبة مالية تدفع إلى السيد كلما استلم الإقطاع وريث جديد من أبناء التابع وأحفاده، والحلوان أشبه بضريبة الميراث أو التركات التي تأخذها الدولة في عصرنا الحاضر عند نقل الملكية إلى الورثة، وكانت تلك الضريبة تساوي دخل الإقطاع في عام كامل.

المعونة (اوكسيليوم): وهي ضريبة يدفعها التابع لسيده في مناسبات خاصة، منها: جمع الفدية لإطلاق سراح السيد إذا وقع في الأسر، تكريس ان السيد الأكبر فارس، الاحتفال بزواج ابنة السيد الكبرى، المشاركة في حملة صليبية، القيام ببناء حصن جديد، وما شابه ذلك من مناسبات.

الضيافة: وهي ان يستقبل التابع سيده ويطعمه مع حاشيته عندما يقوم بزيارته، ولم تكن هذه الضريبة محددة في أول الأمر، ولكن عندما أضحت مكلفة ومرهقة للتابع تم تحديد عدد الزيارات السنوية التي يقوم بها السيد للتابع، والمدة التي سيقضيها في ضيافته، وعدد المرافقين له في الزيارة، وألوان الطعام التي على التابع ان يقدمها للضيوف.

الواجبات الاجتماعية:

كانت واجبات التابع الاجتماعية نحو سيده كثيرة ومتنوعة، منها ما يلي:

أ- التزام التابع بالحضور على نفقته الخاصة إلى مقر السيد الإقطاعي عندما يطلب منه ذلك.

ب- تقديم النصيحة والمشورة (كونسيليوم) الصادقة إلى سيده إذا طلب منه ذلك، وكان السيد الإقطاعي يجمع اتباعه في مجلس اطلقت عليه لفظة (كونسيليوم) ليستشيرهم في اختيار زوجة لنفسه أو لابنه أو زوج لابنته، أو قبل الإقدام على حرب داخلية أو خارجية، أو عقد معاهدة.

ج- المشاركة في الاحتفال بزواج ابن السيد وابنته، أو بتكريس ابن السيد فارساً (تقليده السلاح ورتبة الفروسية) أو استقبال السيد لضيف كبير.

د- حضور محكمة السيد عند الضرورة.

الواجبات الأخلاقية:

يشير فولبرت أسقف شارتر Fulbert of Charters في الرسالة التي وجهها في سنة ١٠٢٠ إلى وليم الخامس دوق اكيتانيا إلى الالتزامات الأخلاقية الناجمة عن عقد التبعية بين التابع والسيد، إذ ورد في تلك الرسالة ما يلي: إن كل من يحلف يمين الإخلاص لسيده ينبغي أن يذكر دائماً هذه العبارات ويعيها: (ان يكون عاقلاً، ثقة، تقياً، صالحاً، لين الجانب، سهلاً)، فالتعقل يمنع التابع من ان ينزل الأذى بسيده، والثقة تحول

دون التابع من ان يفشي أسرار سيده أو يسلم قلاعه، والأمانة تتمثل في ألا ينتهك التابع حقوق سيده، والتقوى تمنع التابع من ان يرتكب أخطاء تضر بممتلكات سيده وتجعله يحافظ على شرف أسرته وسمعتها الطيبة، والسهولة تمنع التابع من ان يعقد أمور سيده وتدفعه ان يساعد على تحقيق ما يريد ان يفعله.

بالإضافة إلى ذلك توجب على التابع ان يؤدي الطاعة والاحترام لسيده، ومن مظاهر ذلك الاحترام أن يمسك التابع بزمام الفرس حين ينهض السيد لركوبها، وان يصحب سيده في المواكب، وان يؤدي بعض الخدمات الشرفية الأخرى.

ب- واجبات السيد نحو تابعه:

في أول الأمر لم يكن السيد ملزماً بإعطاء تعهد مكتوب يحدد التزاماته نحو أتباعه، وإنما اكتفى بإعطاء كلمة الشرف أمام بعض الشهود بحماية اتباعه وإعالتهم، وعندما اكتمل النظام الإقطاعي وضعت مواثيق محددة تبين واجبات وحقوق الطرفين، ومن اهم واجبات السيد نحو اتباعه ما يلي:

أ- يتكفل السيد بحماية التابع والدفاع عنه إذا تعرض لاعتداء، ويكون الدفاع إما باستخدام السلاح لدحر المعتدي، أو بالدعم المادي والمعنوي في المقاضاة أمام المحاكم.

ب- اسداء النصائح للتابع في أموره الخاصة والعامة.

ج- تحقيق العدالة بين الأتباع.

د- المحافظة على حياة التابع وانصافه في أي ظلم يقع عليه.

هـ- المحافظة على شرف أسرة التابع في حياته وبعد مماته.

و- إظهار المودة والعطف نحو التابع.

ز- ضمان حيازة التابع للاقطاع ما لم يخل التابع بالتزاماته.

ح- السماح للتابع ان يتظلم أمام محكمة سيد السيد، إذا وجد التابع سيده يسيء إليه ويظلمه.

ط- يتولى السيد الإنفاق على التابع من دخل إقطاعه الذي بحوزته.

ي- اجازت القوانين الإقطاعية للتابع فسخ العلاقة الإقطاعية والتحلل من تبعيته للسيد، إذا ثبت في المحاكم ان السيد لا يقوم بمسؤولياته الأساسية تجاه التابع(١٤).

المجتمع الأوروبي في ظل النظام الإقطاعي

طبقات المجتمع:

انقسم المجتمع الأوروبي في العصور الوسطى إلى ثلاث طبقات: طبقة رجال الدين، طبقة النبلاء والفرسان والمحاربين، طبقة الفلاحين.

وكانت الطبقتان الأولى والثانية تمثلان الهيئة الحاكمة من وجهة النظر السياسية والارستقراطية السائدة من وجهة النظر الاجتماعية، والفئة الغنية من وجهة النظر الاقتصادية، وكانت لكل طبقة من هذه الطبقات وظيفتها المعروفة في المجتمع، فرجال الدين كان عليهم ان يتعبدوا ويشبعوا حاجة الناس الروحية، والنبلاء والفرسان كان عليهم ان يحكموا ويحاربوا، أما الفلاحون فكان عليهم ان يعملوا في الأرض ليؤمنوا الحاجات المادية للطبقتين السابقتين.

- طبقة رجال الدين:

تكونت طبقة رجال الدين من فئتين:

أ- الفئة الأولى: وهي التي تضم رجال الدين العصريين أو الدنيويين، وهم الذين يعيشون في القرى والمدن بين المؤمنين، ويقومون بالصلوات والواجبات الدينية الاخرى في الكنائس، ويأتي على رأس البابا، ثم يليه الكرادلية والأساقفة، وفي أسفل درجات السلم الكهنوتي يقف القسيس (الخوري) الذي يخدم في كنيسة القرية.

ب- الفئة الثانية: وهي التي تضم رجال الدين النظاميين (الديريين أو الرهبان) الذين يتبعون نظاماً معيناً في الصلاة والتعبد ويعيشون في الأديرة، ويرأس الرهبان الديريين في كل دير مقدم الدير أو رئيسه.

حصلت الكنائس والأديرة على إقطاعات كبيرة جعلت من رجال الدين طبقة ثرية ذات امتيازات كثيرة، وسنتحدث فيما بعد بالتفصيل عن طبقة رجال الدين وأملاكها وامتيازاتها، لذا نكتفي هنا بهذه العجالة.

- طبقة النبلاء والفرسان:

كانت طبقة النبلاء والفرسان عبارة عن سلم اجتماعي مؤلف من السادة والاتباع، فالسيد الذي حاز إقطاعاً من الأرض يكون تابعاً لمالك كبير، وهذا المالك الكبير يكون

تابعاً لمالك أكبر ربما كان كونتاً، وقد يكون الكونت تابعاً لمالك أكبر ربما كان دوقاً، والدوق ربما يكون تابعاً للملك الذي كان أكبر الملاك في الدولة.

ويمكن تشبيه طبقة النبلاء والفرسان بهرم يقف الملك في قمته، في حين يقف الفارس المحارب في قاعدته، وبين القمة والقاعدة تتابع سلسلة من السادة والأتباع، وقد تحدثنا فيما سبق عن الأعراف والقوانين الإقطاعية التي حددت العلاقات والواجبات المتبادلة بين السادة وأتباعهم، وفيما يلي نتحدث عن حياة الفرسان ونظام الفروسية.

- الفرسان ونظام الفروسية

١- تعريف الفروسية:

الفارس في التعريف: رجل يقوم بالخدمة العسكرية على الفرس، وهو يأتي في أدنى درجات التسلسل الإقطاعي، ويتبع سيداً يرتبط به بيمين الولاء وبمختلف التزامات التبعية، ويرتبط نظام الفروسية ارتباطاً وثيقاً بالنظام الإقطاعي، بل إن المجتمع الإقطاعي هو الأم للفروسية، ذلك ان أبناء النبلاء كانوا أمام اختياريين لا ثالث لهما، إما ان يدخلوا في سلك رجال الدين العصريين أو الديريين، وإما ان يصبحوا فرساناً محاربين، وقد شكل هؤلاء الفرسان طبقة اجتماعية لها خصائصها وتقاليدها وقوانينها المحددة، وفي بداية تشكل النظام الإقطاعي كان الأقنان ينخرطون أحياناً في سلك الفروسية بشرط إثبات جدارتهم الشخصية المناسبة، ولكن القوانين الإقطاعية اللاحقة منعت رسمياً قبول الأقنان كفرسان، أما ابناء الأمراء فقد ظلوا يطالبون بتقليد رتبة الفروسية، بحكم مولدهم حتى نهاية العصور الوسطى.

٢- الجذور التاريخية لنظام الفروسية:

إن نظام الفروسية، الذي نشأ وترعرع في أوروبا الغربية في ظل النظام الإقطاعي كان له جذور تاريخية اتصلت بتقاليد الشعوب البربرية الجرمانية من جهة، وبتقاليد العرب المسلمين في اسبانيا من جهة ثانية. وقد كتب المؤرخ الروماني تاكيتوس Tacitus (٥٥-١٢٠م) في كتاب عن الجرمان وأصول معيشتهم وعاداتهم وتقاليدهم ونظمهم تحت اسم

De origine, situ, moribus at populis Germaniae

يصف فيه الشعوب الجرمانية بأنها تقوم بأعمالها المهمة كافة وهي تحت السلاح، فعندما ينعقد مجلس القبيلة أي (محكمة الشعب) كان الأعضاء يعربون عن موافقتهم بقرقعة اسلحتهم، وعن عدم موافقتهم بدمدمة مكتومة. وكان الصبي إذا بلغ السن التي تؤهله لخوض غمار الحرب قُلد الاسلحة التي كانت في انتظاره في حفل رسمي.

الشكل رقم (٧) فارس مدرع

ويقول تاكيتوس أنه من هذه السن فصاعداً (ينسلخ الصبي عن أسرته التي لم يعد ملكاً لها، بل ملكاً للدولة، ويقابل هذا الاحتفال بتقليد السلاح ARMA SUMERE عند الجرمان، الاحتفال ببلوغ سن الرشد (TOGA VIRILIS) عندنا، وكان الشبان الطموحون يميلون أيضاً إلى الالتحاق بمحارب عظيم، يأكلون على مائدته ويشاركونه معاركه، وكانوا يعدون أنفسهم، إذا فروا أحياء من ميدان حرب سقط فيه سيدهم، انه قد لحق بهم الخزي والعار إلى الأبد.

ويقول المؤرخ البريطاني جورج جوردون كولتون (في كتابه عالم العصور الوسطى في النظم والحضارة، تعريب جوزيف نسيم يوسف من صفحة ١٣٤-١٣٥) ما يلي: وقد عزز هذه الأفكار عن الفروسية التشبه بالعرب في اسبانيا الذين اعتنقوا المثل الأعلى نفسه، وبقدر ما امكن معرفته، كان العرب متفوقين عليهم بلا شك، وكانت حضاراتهم أرقى من حضارة الشعراء المتجولين في جنوب فرنسا، وبدافع من زهو النسب والشجاعة، وبدافع من موسيقى الحب والحرب، بل وبدافع من حسن الاحتفاء

بالسيدات، بدافع من كل هذا وذاك يبدو ان هؤلاء المغاربة (العرب المسلمين) قد اعطوا المجتمع الإسباني أو البروفنسالي اكثر مما أخذوا منه).

- مراحل إعداد الفارس:

كان إعداد أحد ابناء النبلاء ليصبح فارساً يجري على ثلاث مراحل، وينال في كل مرحلة لقباً معيناً.

١- **المرحلة الأولى:** في هذه المرحلة يتم إبعاد الصبي عن بيته وأسرته وهو في السابعة من عمره، كيلا يفسده عطف والديه، ويرسل الصبي إلى بلاط سيد إقطاعي صديق لوالده، وإذا كان الصبي ابن احد كبار السادة النبلاء يرسل إلى بلاط الملك، والهدف من إرسال الصبي إلى هذا البلاط أو ذاك هو ان يكتسب خبرة الحامية الارستقراطية، ويتعلم آداب السلوك في مجتمع النبلاء، وكان هذا الصبي يعيش في قصر السيد كوصيف خاص يسهم في إعداد المائدة ويقف وراء كرسي السيد في أوقات الطعام، كما يعمل كمراسل بين سيدات البلاط وكمساعد للفرسان على تطهيم خيولهم وإعدادها، وينال الصبي في هذه المرحلة التدريبية الأولى لقب الوصيف.

٢- **المرحلة الثانية:** تمتد هذه المرحلة ما بين السنة الخامسة عشرة والعشرين من عمر الصبي، وفيها يرافق الصبي أحد الفرسان في حله وترحاله، فيسهر على خدمته ويهتم بأسلحته وحصانه، وبذا يتدرب على ركوب الخيل واستخدام السلاح، ويرتقي الصبي في هذه المرحلة إلى مرتبة مساعد فارس، كما ينال لقب حامل الترس.

٣- **المرحلة الثالثة:** في هذه المرحلة يجهز مساعد الفارس بسيف ورمح، ويتدرب مع انداده من الشبان على القتال واستخدام السلاح بالرمي على الشواخص والدمى، كما يشترك مع الفرسان في خوض بعض المعارك، فإذا أثبت كفاءته وصلاحيته يتقرر تنصيبه فارساً، ويكون ذلك عادة في السنة العشرين أو الحادية والعشرين من عمر الشاب.

يتم منح مرتبة الفروسية في حفل له طقوس خاصة، ويدعى (حفل تقليد السلاح)، في هذا الحفل يركع الشاب أمام سيده أو فارس مجرب، فيسأله السيد قائلاً: إذا كنت تبغي المال والراحة والشرف دون ان تقوم بما يشرف الفروسية، فأنت غير خليق

بها، ويجب على الشاب ان يرد على السيد مؤكداً له استعداده للقيام بما يفرضه عليه نظام الفروسية من واجبات، وبعدها يتلقى الشاب ضربة خفيفة رمزية على كتفه بصفحة سيف السيد، ثم يتناول منه سلاحه الكامل، وبذا يصبح فارساً كاملاً.

سعت الكنيسة إلى احتضان الفروسية بحكم مطالبتها ببسط حمايتها على وجوه النشاط الإنساني كافة، وعلى هذا شجع رجال الدين استخدام الطقوس الدينية في تكريس (تنصيب) الشاب فارساً، وأقاموا لهذا الغرض شعائر وطقوساً خاصة، ومن تلك الطقوس قيام الفارس في ليلة العيد بصلاة خاصة أمام الهيكل، ثم التطهر بالاغتسال المقدس في صباح يوم العيد، وهكذا أصبح حفل تقليد رتبة الفروسية بمثابة تعميد آخر للفارس بعد تعميد الكنيسة له عندما كان طفلاً صغيراً.

- واجبات الفارس الأخلاقية:

كان على الفارس ان يتمتع بمزايا أخلاقية متميزة، فالفروسية الإقطاعية القائمة على تبعية الفارس للسيد طالبت الفارس ان يكون مخلصاً لسيده، يقاتل في سبيله بشجاعة وإقدام، فالرجل الذي جعل القتال مهنته الأولى لا بد ان يكون شجاعاً شديد البأس في المعركة، وكذا القائد البارع يجب ان يتصف بالرزانة والحكمة والتعقل إلى جانب الشجاعة، ولكي تكون الحرب أكثر قبولاً عند المشتركين فيها نشأت لديهم الفكرة بأنه لا يجوز مهاجمة فارس غير مسلح، بل ينبغي ان يتاح له الوقت الكافي لارتداء درعه وتجهيز نفسه للقتال، ونشأ ايضاً العرف الذي يعد الفارس الأسير ضيفاً، ويسمح بقبول ابنه رهينة إلى ان يقوم الأسير بجمع فديته، وفي القرن الثالث عشر جرت العادة بإطلاق سراح الفارس لجمع الفدية، على ان يعد بالعودة للأسر إذا لم يوفق في جمع الفدية، واعتمد الشعراء والمنشدون ورواة القصص، الذين يطوفون على قلاع الفرسان وحصونهم ومنازلهم في حياتهم على سخاء هؤلاء السادة وجودهم، لذا صار الكرم في قصصهم وأناشيدهم الفضيلة الأساسية عند الفرسان.

أما الفروسية الدينية، فإنها تمثل مفهوم الكنيسة عن الفارس المثالي، لقد طالبت الفارس بأن يكون مسيحياً تقياً، غرضه الأساس ان يحمي الكنيسة ويدافع عن عقيدتها،

كذلك طالبته بأن يبتعد عن ارتكاب الجرائم بمختلف أنواعها، وبأن يرعى الضعفاء والعجزة ويحميهم.

وأما فروسية الغزل والعشق فقد طالبت الفارس باحترام المرأة وحمايتها، ففي النصف الثاني من القرن الحادي عشر ظهر في جنوب فرنسا شعراء اتخذوا اسم التروبادور، وأخذوا يمجدون في قصائدهم الغزلية السيدات، ويصفون ما يترتب على التشبب بهن من الفوائد، وصار الفارس المتيم بسيدة لا يفكر في شيء سوى العمل على إرضائها وجلب السرور لها، ولم يمجد شعراء التروبادور المرأة فحسب، بل جعلوها في مرتبة أعلى من مرتبة الفارس المحب المتواضع.

- عيوب الفروسية والفرسان:

أ- لم يمارس الفرسان تطبيق فضائل أخلاق الفروسية إلا فيما بينهم، أما الطبقات الدنيا في المجتمع كطبقة الأقنان أو العبيد فقد عاملوها باحتقار وازدراء، فلم يتوان الفارس أحياناً عن رمي خادمه بالحربة إذا تأخر عن تقديم الشراب له، أو لم يتردد في استخدام القسوة في تأديب زوجته.

ب- لم يتصف الفرسان الأوروبيون بالمروءة والشهامة في علاقاتهم مع أعدائهم، فالفرسان الصليبيون ارتكبوا أبشع الأعمال اللاأخلاقية عندما احتلوا بعض المدن العربية.

ج- اتصف الفرسان بالغطرسة الإقطاعية وعنجهيتها، كما استخدموا اساليب شاذة أحياناً لتحقيق اهدافهم.

د- مارس الفرسان في أوقات السلم بعض أعمال القرصنة كقطع الطريق واغتصاب متاع المسافرين وأموالهم, والاستيلاء على سلع التجار ومتاجرهم.

- لباس الفرسان:

كان الفرسان في أوقات السلم يرتدون الملابس التالية:

أ- القميص: وهو عبارة عن صدارة يربطها حزام في الوسط.

ب- السروال: وهو لباس مشدود على الساقين والفخذين بإحكام.

ج- المعطف: وهو لباس يرتديه الفارس فوق القميص في حالات البرد أو الاحتفالات، ويربط المعطف من أعلاه حول الرقبة، أو حول الكتف الأيمن حتى لا يعوق مقبض السيف.

د- العباءة: في حالات البرد القارس كان الفارس يرتدي عباءة يطوى على طرفها الأعلى فوق الرأس للوقاية من شدة البرد.

هـ- الحذاء: وهو عبارة عن صندل مصنوع من الجلد.

- أما رداء الحرب فقد يكون من القطع التالية:

أ- الخوذة: وهي لباس الرأس، مصنوعة من الحديد، مخروطية الشكل، تمتد مقدمتها إلى أسفل لتحمي أنف الفارس.

ب- الدرع: وهي صدارة مزردة، تتألف من حلقات متداخلة من الحديد، وتكون مشقوقة طولياً من أسفلها حتى لا تعوق الفارس عن امتطاء فرسه.

ج- الجرمون أو الألشين: وهو عبارة عن أربطة من القماش أو الجلد تمتد من الركبة إلى القدم.

- سلاح الفرسان:

تشكل سلاح الفرسان من القطع التالية:

أ- السيف: وهو طويل مطلي المقبض مربوط بحزام على الجانب الأسير.

ب- الحربة (أو الرمح): طولها ثمانية أقدام يمسكها الفارس بيده اليمنى.

ج- البلطة: وهي قصيرة المقبض تشبه الفأس الحادة، يحملها الفارس على جانبه الأيمن أو خلف ظهره.

د- الترس: وهو مستطيل الشكل، طوله أربعة أقدام، يحمله الفارس في ذراعه اليسرى.

هـ- الفرس: كان الفرس الذي يمتطيه الفارس مطهماً مزوداً بالسرج والركاب واللجام، وكان المجتمع الإقطاعي ينظر شذراً إلى المحارب الذي يقاتل راجلاً، فدون الفرس لا يعد المقاتل فارساً.

يتبين مما سبق أن الخدمة العسكرية كانت تتطلب من فارس العصور الوسطى نفقات باهظة، إذ ينبغي ان يكون لديه طاقم كامل من السلاح والملابس الحربية الثقيلة، وفرس مطهم، ومساعد يعتني به وبمطيته، بالإضافة إلى قدر كاف من الطعام والشراب.

الشكل رقم (٤) جندي فرنجي

- المبارزة:

كانت حياة السلم تعني البطالة بالنسبة للفرسان الأوروبيين في العصور الوسطى، لذا ابتكر هؤلاء الفرسان تقليد المبارزة لمقاومة الملل الذي قد يعتريهم في حالة عدم وجود حرب حقيقية، وكانت تلك المبارزات تتم بطريقة تمثيلية استعراضية، الهدف منها إظهار المهارة الحربية بأقل قدر من الإصابات والدماء.

وهناك تقاليد مرعية يجب اتباعها، وشروط معينة يتوقف عليها الفريقان قبل المبارزة، ويتم تحديد يوم معين للنزال بين فريقين من الفرسان يمثلان ضاحيتين أو اسرتين مخاصمتين، ويكون الحكم أحد الفرسان المحايدين، وينتظم المتبارون بملابس الحرب صفوفاً، وهم على ظهور خيولهم على طول جانبي ساحة المعركة، وعند اعطاء

إشارة معينة يبدأ القتال، وإذا تكسرت السهام والرماح يواصل المتبارون المعركة بسيوفهم إلى ان ينتصر احد الفريقين على الآخر ويجرده من سلاحه, وينال الفريق الغالب شرفاً كبيراً، فضلاً على الغنائم، إذ كان من حقه الاستحواذ على خيل المغلوب وسلاحه، ما لم يستردها الأخير مقابل مبلغ من المال.

الحياة المنزلية في الحصون الإقطاعية:

أ- شكل الحصون:

بدءاً من القرن العاشر الميلادي اضحت الحصون الإقلاعية أو القلاع مسرحاً للحياة الاجتماعية لطبقة أمراء الفرسان؛ إذ لم يعد الحصن معقلاً يلوذ به أهل المنطقة فراراً من هجمات الأعداء، بل أضحى المقر الطبيعي للأمير الإقطاعي واتباعه، لكن الكثيرين من السادة الإقطاعيين كانوا لا يمتلكون حصوناً، وإنما اتخذوا منزلاً في إحدى قراهم، (دواراً مشيداً من جذوع الأشجار والحجارة) مقراً دائماً لهم.

في البدء كانت الحصون تشيد من الأخشاب، ولكن منذ نهاية القرن العاشر أضحت تشيد من الحجارة الكبيرة، وكان الحصن يتألف من ثلاثة طوابق، في الطابق الأسفل توجد الآبار ومخازن الطعام والاسلحة والعدد الحربية، أما الطابق الأعلى فكان مخصصاً لقذف السهام وغيرها من القذائف، وأما الطابق الأوسط فقد استخدم لإقامة السيد واسرته، حيث يتكون من قاعة كبيرة وعدد من الغرف الصغيرة المنفصلة، وكانت مجهزة بشموع للإضاءة وبمواقد مكشوفة للتدفئة، وعلى جدرانها علقت بعض الأسحلة والأعلام، في حين فرشت أرضها بالحصر، وفي هذه الغرفة يجلس السيد الإقطاعي ليتقبل فروض التبعية أو ليعقد مجلساً قضائياً أو غير قضائي، وعند انتهاء السهرة يأوي السيد وأسرته إلى غرفهم المخصصة للنوم، في حين يحضر الخدم وسائدهم المصنوعة من القش ليناموا في الغرفة الكبيرة حتى الصباح.

ب- طعام الفرسان وشرابهم:

كان الطعام يطهى في مطابخ خارجية، ثم يحمله الخدم إلى الداخل، وقد تألف طعام السيد الإقطاعي من لحوم الصيد والحيوانات الأليفة، إلى جانب الخبز والخضار والفطائر والفاكهة، وفي أيام الصيام كان يسمح بأكل السمك والبيض إلى جانب

الخضار والحبوب، وكانت الحلوى نادرة؛ لأن أوروبا لم تكن تعرف قصب السكر قبل الحروب الصليبية، فاعتمدت في تحلية بعض الاطعمة على عسل النحل، اما التوابل المستوردة من بلدان الشرق الآسيوي فلا تتوفر إلا لكبار الأمراء؛ بسبب ندرتها وغلاء سعرها، ولم يكن أمراء أوروبا وفرسانها يعرفون الكثير من آداب تناول الطعام، ومن المعروف أنهم تعلموا عادة غسل الأيدي قبل تناول الطعام وبعده من العرب المسلمين خلال الحروب الصليبية، اما الشراب فقد كان من النبيذ والجعة.

ج- التسلية:

بالإضافة إلى المبارزة اعتاد الأمراء في أيام السلم على التلهي بصيد الحيوانات كالغزلان والخنازير والطيور، أما السهرات فكانوا يقضونها في تناول الخمر أو لعب الشطرنج الذي عرفوه من العرب عن طريق الحروب الصليبية، ولم يكن عند أمراء أوروبا وفرسانها ولع بالمطالعة؛ لأن معظمهم جهل القراءة والكتابة، لكنهم استخدموا بعض الكتبة لضبط حسابات المزارع، كذلك شغف بعض السادة والسيدات بالاستماع لرواه القصص والشعراء والمنشدين الذين يترددون على الحصون، وبمشاهدة رقص الدببة أو الجواري.

أثر الكنيسة في حياة الفرسان وحروبهم

أ- نظم الصلح وسلام الـلـه:

أدى النظام الإقطاعي إلى ضعف السلطة الملكية المركزية، وهذا مما ساعد على نشوب النزاعات المسلحة بين الأمراء الإقطاعيين، حيث لم يكن هنالك سلطة عليا قوية قادرة على وضع حد لنشوب تلك النزاعات، وتمثلت تلك النزاعات بحروب شنها أمير ضد أمير، أو لفيف من الأمراء ضد لفيف آخر، أو تمرد بعض الأمراء ضد مولاهم الملك، ولم تكن الحروب تدور أكثر من بضعة أسابيع، لكنها تتجدد باستمرار لأسباب تافهة، كالفصل في خلاف على الأرض، أو بسبب النساء، أو لمجرد الرغبة في النهب والاعتداء على المسافرين، وقد أدت تلك الحروب إلى اضطراب حبل الأمن وعدم الطمأنينة والقلق، حيث انتشرت أعمال القتل والنهب والتخريب في كل مكان من فرنسا وألمانيا وإيطاليا، وإن اختلفت كثرتها وشدتها بين منطقة وأخرى.

أمام فقدان الدولة وضعف السلطة الملكية الفردية تحركت الكنيسة ساعية إلى وضع حد لحروب الأمراء الإقطاعيين وإحلال السلام في أوروبا الغربية، ففي العصر الكارولنجي عندما نشبت الاضطرابات بعد معاهدة فردان، قامت الكنيسة البابوية بإصلاح ذات البين، وسعت لمنع المنازعات بين الأمراء الكارولنجيين.

وفي القرن العاشر أخذ الأساقفة - في المناطق المعرضة لجنون البارونات الحربي - يتبادلون الرأي في وضع حد لهذا الوباء، فتمخض عن ذلك قيام أول حركة لصالح السلام في المجامع الدينية التي انعقدت في عام ٩٨٩ في شارو في اكيتانيا، وفي عام ٩٠٠ في ناربونة بسيتيمانيا. في هذين المجمعين أعلن الأساقفة احتجاجهم على الحروب الداخلية واذاعوا عقوباتهم الدينية على من يعكر صفو السلام في البلاد، لكن تلك القرارات الدينية لم تكن سوى حكم غير مباشر على الحروب الإقطاعية وإدانة لها.

ويتتالى انعقاد المجامع الدينية التي دعت إلى إحلال السلام، فوضعت المواثيق التي تحرم إحراق الكنائس والاعتداء على رجال الدين وسرقة القطعان وإيقاف الفلاحين لإجبارهم على افتداء أنفسهم بالمال، كذلك سعى الأساقفة إلى الربط بين الصلح والعدل فوضعوا قرارات دينية تدعو إلى تسوية النزاعات بين الأفراد بموجب الحق والقانون.

وفي القرن الحادي عشر سعى بعض الأساقفة إلى تشكيل قوة منظمة لتنفيذ القرارات الدينية الداعية إلى السلام، فأصدروا قرارات تفرض على كل مؤمن بلغ الخامسة عشرة من عمره ان يحلف اليمين على مراعاة السلام والدخول في ميليشيا الأبرشية المكلفة بحماية السلام في المناطق التابعة لها، وعلى هذا النحو تشكل نوع من الحرس الكنسي، مهمته المحافظة على احترام السلام وإحلال التحكيم المبني على الحق محل الظلم الذي تمثله الحروب، وقد أطلق على السلام الذي دعت إليه الكنيسة ورجالها اسم سلام الـلـه.

ب- هدنة الـلـه:

في نحو سنة ١٠٤٠ تبدلت سماء الحركة السلمية قليلاً، إذ اضيفت هدنة الـلـه إلى سلام الـلـه، وكان الهدف من تلك الهدنة هو جعل الحروب الداخلية اكثر صعوبة واكثر ندرة، وذلك بإيقافها بحجة احترام ذكرى الأيام الدينية المقدسة، وفي سنة ١٠٤١

صيغت هدنة الـلـه برسالة حررها أساقفة آرل الفرنسي بمساعدة أوديلون رئيس دير كلوني، وقد جاء في تلك الرسالة ما يلي: "نطلب منكم، ونتوسل إليكم جميعاً، يا من تخشون الـلـه وتؤمنون به، ان تحافظوا على السلام فيما بينكم لتستحقوا ان تكونوا بهذا في سلام مع الـلـه ولتبلغوا الراحة الأزلية، اقبلوا وحافظوا على هدنة الـلـه التي قبلنا نحن بها وحافظنا عليها كما لو نزلت من السماء بوحي من الرحمة الإلهية، إنها تقتضي من جميع المسيحيين أصدقاء كانوا ام أعداء ان يراعوا السلام التام بهدنة تامة من مساء الأربعاء إلى مطلع الشمس في صباح الاثنين". وأوضح الأحبار الأسباب التي أوحت بهذا النظام الجديد بقولهم: لقد خصصنا لله أربعة أيام: الخميس لصعود المسيح، الجمعة لذكر صلبه وآلامه، السبت لدفنه، الأحد لذكرى قيامته، لئلا تقع في هذه الأيام أي حرب، ولئلا يخشى احد عدوه)، وهكذا قضت هدنة الـلـه بتحريم الحرب خلال الأيام التي تذكر بالمراحل الأليمة أو المجيدة من حياة المسيح، وكان لهذا الاختراع نجاح مباشر.

تعممت مع الزمن (هدنة الـلـه) في أنحاء فرنسا، وامتدت تدريجياً إلى أسبانيا في سنة ١٠٦٣، ثم إلى ألمانيا في ١٠٨١، ثم إلى إيطاليا ١٠٨٩، كذلك صيغت قوانين دينية جديدة تشجب الحروب الإقطاعية، ومنها: إن المسيحي الذي يقتل مسيحياً آخر إنما يهرق دم المسيح، وصدرت قرارات أخرى تزيد من عدد أيام الهدنة، إذ أعلنت عن الهدنة في كل أسبوع من مساء الأربعاء إلى صباح الاثنين، ويضاف إلى ذلك أيام جميع أعياد العذراء والقديس يوحنا المعمدان، ووقفات الأعياد الرئيسية، وغيرها من الأيام المقدسة، هذا وإن كثرة الأيام التي حرمت فيها الحرب، كان من شأنها ان تجعل الحرب شبه مستحيلة عملياً. وفي آخر القرن الحادي عشر، عندما أصبحت البابوية على رأس العالم الأوروبي المسيحي، أخذت على عاتقها قضية السلام، فعممت جميع القرارات التي كانت قد اصدرتها المجامع الدينية الفرنسية بهذا الخصوص، ويذكر لنا المؤرخ فوشيه شارتر أن البابا أوربان الثاني - في مؤتمر كليرمون ١٠٩٥ الذي قررت فيه الحرب الصليبية الأولى - قد ندد بالحروب الأميرية، وما تجره من ويلات، وأبلغ الأساقفة التعليمات التالية: أطلب إليكم بإصرار ان تحافظوا على الهدنة في كل أبرشية، وإذا حرقها أحد لجشع أو غطرسة فلا تترددوا - بموجب السلطة الإلهية وهذا المجمع

المقدس - أن تضربوه بالحرمان. كذلك أصدر قانوناً آخر ينص على تمتع جميع رجال الدين والنساء بسلام الله في كل يوم من أيام السنة، ونظراً لغلاء المعيشة آنذاك شمل هذا السلام خلال ثلاث سنوات جميع الفلاحين وجميع التجار، وهكذا سجل مؤتمر كليرمون نقطة الذروة التي توصلت إليها نظم السلام ورد الفعل الكنسي ضد الحروب الأميرية (الإقطاعية)، وما تجره من أضرار.

لقد نشأت حركة السلام الدينية في جنوب فرنسا، ثم انتشرت في مختلف أنحاء أوروبا الغربية، وكانت تلك الحركة من أجمل صفحات التاريخ الأوروبي في العصر الوسيط، كما شرفت الاساقفة الذين أوحوا بها وغذوها، ولكن من الصعب ان نعين الحدود التي نجحت فيها تلك الحركة، ومهما يكن الامر فيمكننا القول إن تلك القرارات الدينية التي هددت دعاة الحرب بالحرمان الكنسي قد خففت من طيش البارونات وجنونهم الحربي. ويبدو لنا ان الكنيسة كانت تنقصها القوة الضرورية لتفرض احترام قراراتها، إلا أن فكرة السلام التي بذرتها الكنيسة ستنبت نباتاً حسناً، ذلك أن ملوكاً من أمثال غليوم الفاتح وهنري الأول في انكلترا، ولويس السادس في فرنسا وبعض الإقطاعيين الكبار، قد خامرتهم فكرة السلام هذه، فعملوا على طمرها عندما أتيحت لهم وسائل القوة الضرورية، ولكن يجب ان ننتظر إلى بداية القرن الثاني عشر حتى نرى بعض ثمار تلك الحركة السلمية، فحتى ذلك التاريخ ظل النظام الإقطاعي بنتائجه السياسية والأخلاقية، يثقل حياة الدول الأوروبية ويسيطر عليها في كل الظروف[١٥].

طبقة الفلاحين:

شكلت طبقة الفلاحين القاعدة التي قام عليها هرم المجتمع الإقطاعي، كما كانت مصدر الرزق الأساسي لذلك المجتمع، فمن الفلاح استمد البابا ورجال الدين والملوك وجميع السادة الإقطاعيين المقومات الأساسية للحياة، إذ اعتمد هؤلاء على الفلاح كلياً في الحصول على المأكل والمشرب والملبس، وكانت طبقة الفلاحين - التي صنعت الخير للعالم الأوروبي في العصور الوسطى - موضع احتقار النبلاء وازدرائهم في المجتمع الإقطاعي. وقد تألفت طبقة الفلاحين من ثلاث فئات، هي: فئة العبيد، فئة الفلاحين الأحرار، فئة الأقنان أو رقيق الأرض.

أ- فئة العبيد Slaves:

كانت فئة العبيد في أوروبا الغربية في المرحلة المتوسطة من العصور الوسطى (٨٠٠-١٢٠٠ تقريباً) أقل عدداً من فئة الفلاحين الأحرار وفئة الأقنان، واقتصر عمل العبيد على الخدمة المنزلية والعمل الزراعي في أراضي بعض الأسياد، ويوضح لنا كتاب الروك النورماندي أو كتاب الحساب الأخير Domes Day Book - الذي يتضمن مسح الأراضي الإنكليزية في سنة ١٠٨٦ لتنظيم الضريبة على الفلاحين - نسبة المواطنين الذين كانوا عبيداً في إنكلترا في القرن الحادي عشر، ومع مرور الزمن تناقص عدد العبيد، إذ تحول معظمهم إلى فئة أقنان الأرض. ويكشف لنا كتاب الحساب الأخير عن طائفة من العبيد هبط عددهم في إقطاعية واحدة من اثنين وثمانين إلى خمسة وعشرين في السنوات العشرين الأخيرة قبل إتمام الكتاب المذكور، وفي انكلترا تلاشت العبودية الحقيقية قبل القرن الثالث عشر، بينما كانت موجودة طوال العصور الوسطى في اسبانيا وإيطاليا وجنوب فرنسا، وكانت العبودية في الدويلات البابوية أقرب إلى الزيادة منها إلى الزوال بنهاية العصور الوسطى، حيث شرّع أكثر من بابا العبوديةَ كعقوبة لأعدائهم في ميدان السياسة، بالإضافة إلى السماح بتجارة العبيد، وكان بعض السادة الكبار يريدون عملاً رخيصاً، فاستغلوا مراكزهم وقدراتهم المادية لتحويل بعض الأحرار الفقراء والضعفاء إلى عبيد، وذلك بالقوة أو الإكراه أو بطرائق ملتوية.

ب- فئة الفلاحين الأحرار:

كانت فئة الفلاحين الأحرار قليلة العدد داخل طبقة الفلاحين، فقد وجد في القرى الأوروبية بعض الفلاحين الأحرار الذين يملكون مساحات محدودة من الأراضي الزراعية ولهم حرية بيعها أو شراء أرض أخرى، وكان لهؤلاء الفلاحين الأحرار الحق في حمل السلاح وفي تزويج بناتهم أو إلحاق ابنائهم بسلك الكهنوت دون التقيد بموافقة السيد الإقطاعي، زيادة على حريتهم في بيع مواشيهم ومحاصيلهم وفق ما تتطلبه مصالحهم الخاصة. وكان معظم الفلاحين الأحرار اتباعاً يدفعون لسادتهم الإقطاعيين خراج الأرض نقداً أو عيناً، ويلتزمون في أحوال كثيرة بأن يؤدوا لهم خدمات متنوعة

(ما عدا الخدمة العسكرية)، وخضع هؤلاء الأحرار لقضاء السيد المحلي الذي استمد سلطته من الملك. ويلاحظ من كتاب الحساب الأخير ان نسبة الأحرار كانت كبيرة في مقاطعة نوفرلك Norflok الإنكليزية، حيث وجد فيها ثمانية وسبعون من الأحرار في مقابل سبعة من الأقنان (رقيق الأرض)، لكن أساقفة نورويتش Norwich النورمانديين الذين امتلكوا تلك الأرض قد انزلوا خمسة وستين من الثمانية والسبعين من الأحرار عند الغزو النورماندي لإنكلترا، وقد هبط عددهم بعد عشرين عاماً من ذلك التاريخ إلى مائتين وثلاثة عشر حراً فقط، وهكذا سارت عملية تجريد الفلاحين الأحرار من ممتلكاتهم تدريجياً بعد الفتح النورماندي، حتى أضحى عدد الفلاحين الأحرار في إنكلترا في منتصف الرابع عشر أقل من نصف عدد السكان. عاشت فئة الفلاحين الأحرار في ظل ظروف اقتصادية واجتماعية قاسية، مما ادى إلى تحول معظم هؤلاء إلى فئة الأقنان، وقد عدد لنا أحد كتاب العصور الوسطى مختلف الأسباب التي آلت بالفلاحين الأحرار إلى مرتبة القنية، وأهمها:

أولاً: من الجائز ان يكون السيد الإقطاعي قد طلب من الفلاحين الأحرار الاشتراك بحرب فرفضوا، فعاقبهم بإنزالهم إلى مرتبة القنية.

ثانياً: بيع أنفسهم للأسياد، فكثيراً ما كان يذهب فلاح حر فقير إلى أحد السادة الأغنياء، ويقول له: أعطني مقدار كذا، فأصبح رجلك وأكون رهينة لك.

ثالثاً: كان الكثيرون من الفلاحين الأحرار يدخلون عالم القنية بغية الدفاع عن أنفسهم ضد طاغية أو عدو محلي، وذلك بتسليم أنفسهم إلى رجل قوي يحميهم.

رابعاً: كثيراً ما كان بعض الفلاحين الأحرار يهبون أراضيهم وأنفسهم لكنيسة أو دير، ويصبحون أقناناً تابعين لتلك الهيئة الدينية.

ج- فئة الأقنان (رقيق الأرض) Serfs:

تعريف الأقنان: شكلت فئة الأقنان القسم الاكبر من طبقة الفلاحين في أوروبا الغربية (في المرحلة المتوسطة من العصور الوسطى)، والقن هو فلاح يعيش على قطعة من الأرض يمنحه إياها سيد إقطاعي يمتلك الأرض، وكان القن مرتبطاً بالأرض، كما كانت الأرض مرتبطه به، فهو لا يستطيع تركها إلا بالهرب منها أو

بشراء حريته بالمال إذا وافق السيد، كما ان السيد لا يستطيع طرده منها إلا في حالة رفضه أداء واجباته القانونية أو ارتكاب جريمة ما. وعاش القن دون حماية القانون، إذ كان يطرد من الأرض ويبدل غيره به حسب مشيئة السيد، الذي يحق له ان يفعل بالقن ما يشاء عدا ان يقتله أو يشوهه، وفرض على القن حلق شعر رأسه، لأن ترك الشعر كان من مميزات الأحرار، ولا يستطيع القن ان يدعي حق الملكية الشخصية، لأن كل ما يمتلكه يعد ملكاً لسيده الإقطاعي، وعلى هذا نستطيع القول إن القن لم يكن عبداً ولا حراً، وإنما كان وسطاً بين هذا وذاك، فهو لا يتمتع إلا بقليل من الحقوق المدنية تجاه سيده، ولكنه خارج نطاق علاقته بسيده، يعد في نظر الكنيسة والدولة حراً، له ما للأحرار من حقوق وإرادة، وله حرية في عقد أي اتفاق مع غيره، وقد أطلق على القن في فرنسا لفظة Serf (Servus)، وفي إنكلترا لفظة Villein، ونستطيع ان نطلق على الأقنان اسم انصاف العبيد، أو انصاف الأحرار أو رقيق الأرض.

وانحدر الأقنان من أربعة مصادر، هي:

١- ابناء الأقنان يصبحون أقناناً يرتبطون بأرض والدهم.

٢- العبيد الذين حررهم أسيادهم يصبحون أقناناً، ويستلمون أرضاً يعملون بها.

٣- الفلاحون الأحرار الذين تدهورت أحوالهم المادية يبيعون حريتهم وأرضهم لسيد إقطاعي مقابل مبلغ من المال أو مقابل حمايتهم.

٤- الأحرار من خارج فئة الفلاحين قد ينزلون إلى مرتبة القنية بسبب ارتكاب جريمة، أو عجز عن توفير أسباب العيش لأنفسهم، ويقول كولتون: كانت فئة الأقنان تزداد بنسبة ما كان يحدث من نقصان في فئة العبيد من جهة، وفئة الرجال الأحرار من جهة ثانية.

- مراسم أو طقوس تسليم الأرض للقن:

اختلفت مراسم تسليم الأرض عن مراسم تسليم الأرض للتابع الحر من طبقة النبلاء، فقد كان القن يستلم الأرض من ناطور السيد الإقطاعي بعد ان يؤدي صيغة معينة من يمين الإخلاص والتبعية، وبعد أن يتم تحرير محضر بتسليم الأرض يودع في خزانة محكمة السيد، كان ناطور السيد يشير بعكازه للقن بدخول الأرض.

- **واجبات القن تجاه السيد الإقطاعي:**

تقسم واجبات القن تجاه سيده الإقطاعي إلى أربعة أقسام، هي: الخدمات، المقررات، الاحتكارات، التزامات وضرائب متنوعة.

- **الخدمات:**

وهي أعمال السخرية التي يفرضها السيد على أقنانه، وتقسم إلى ثلاثة أنواع:

١- السخرة الأسبوعية: كان يفرض على القن ان يعمل ثلاثة أيام في أرض السيد الخاصة، كما يعمل ثلاثة أيام في أرضه التي استلمها من السيد الإقطاعي.

٢- السخرة الفصلية: ومنها حصاد زرع السيد وجمع محصوله.

٣- السخرة العامة: ومنها شق الطرق وحفر الخنادق وإنشاء الجسور.

- **المقررات:**

وهي الضرائب المادية المتنوعة، ومنها:

١- ضريبة الرأس: ترتب على كل قن أن يدفع سنوياً للسيد صاحب الأرض ضريبة بسيطة نقدية، أو ضريبة عينية، الغرض منها أن تكون رمزاً للعبودية والتبعية.

٢- ضريبة العشر: وترتب على القن أيضاً ان يقدم للسيد عشر إنتاج الأرض من الحبوب والخضار والثمار، وعشر إنتاج الماشية والطيور والأسماك المصطادة.

الشكل رقم (٥): سنيور يرسل الفلاحين للعمل في الأرض
(صورة من المخطوطات الفرنسية في القرن الخامس عشر).

- الاحتكارات:

احتكر السيد الإقطاعي لنفسه بعض المؤسسات، وفرض على أقنانه التعامل معها، ومنها الطاحونة، والفرن، والمعصرة، وبئر الماء، وكان كل قن ملزماً بطحن حبوبه في طاحونة السيد، وخبز عجينه في فرنه، وعصر عنبه وزيتونه في معصرته، وذلك مقابل أجر معين نقدي أو عيني.

- التزامات وضرائب متنوعة:

في القرن الحادي عشر فرض السادة الإقطاعيون مبلغاً من المال على القن الذي يطلب الزواج من خارج أملاك سيده (الدومين)، ورسماً على القن عند تزويج بناته، وحصل السادة الإقطاعيون - بوصفهم نواباً للملك - على حق ممارسة السلطة القضائية على الأقنان الذين يعملون في أملاكهم، وعادت الحقوق القضائية بفوائد جمة

على السادة الإقطاعيين، لأنهم كانوا يفرضون غرامات مالية على المذنبين، ويستولون على ممتلكات الأشخاص المحكومين بالإعدام، وفرض السادة أيضاً ضريبة ميراث على ابناء القن المتوفى الذين يرثونه في الانتفاع بالأرض، وفي الغالب كانت ضريبة الميراث فرساً أو ثوراً قوياً، وكان من حق السيد ان يرث جزءاً من تركة قنه المتوفى، أو التركة كلها.

- سبل تحرير القن:

كانت علاقة القن بسيده ذات شقين:

١- تبعية اقتصادية.

٢- عبودية شخصية.

وكانت هنالك سبل عديدة لتحرير القن، أهمها:

١- إذا دفع القن مبلغاً معيناً من المال لسيده الإقطاعي بشرط ان يوافق السيد على ذلك، وأن يدفع المال طرف ثالث، لأن ما يملكه القن من مال يعد ملكاً لسيده.

٢- إذا دخل القن في سلك الرهبنة، ولكن منذ أواسط القرن الثاني عشر اشترط ان يوافق السيد على دخول القن في الرهبنة.

٣- إذا هرب القن إلى المدينة، ومكث فيها سنة كاملة ويوماً واحداً دون أن يطالب به سيده، وعلى هذا ظهر في العصر الإقطاعي مثل يقول: هواء المدينة نسيم الحرية.

- أسباب زوال فئة الأقنان

في أواخر القرن الحادي عشر أخذت فئة الأقنان تتلاشى تدريجياً لأسباب سياسية واقتصادية واجتماعية، أهمها:

١- فتحت الحملة الصليبية الباب أمام نحو عشرة آلاف قن تركوا أرضهم للاشتراك في تلك الحملة.

٢- فتحت نشأة المدن وتطورها في المجال الصناعي والتجاري باباً جديداً أمام الأقنان لهجرة الأرض والنزوح إلى تلك المدن.

٣- اخذ كبار الملاكين يحررون أقنانهم بالجملة، بعد ان ثبت لهم ان الاعتماد على جهود الأقنان غير اقتصادي، وانه من الأجدى لهم استخدام عمال زراعيين مأجورين.

ومع ذلك فقد ظل نظام الأقنان قائماً في جميع أنحاء أوروبا في القرن الثالث عشر، إلا أنه كان حينئذ آخذاً في الاحتضار السريع.

نظام الضياع أو النظام السنيوري

أ- الضيعة وحدة اقتصادية:

نظام الضياع قديم ترجع جذوره إلى أصول رومانية وجرمانية وكلتية، لقد وجدت الضياع في الإمبراطورية الرومانية القديمة، ولكن تلك الضياع قام اقتصادها على التبادل التجاري مع المدن، إذ تصدر إلى المدن إنتاجها الزراعي، وتستورد منها إنتاجها الصناعي. أما في العصور الوسطى فقد أضحت الضيعة في أوروبا الغربية وحدة اقتصادية قائمة بذاتها، لا تربطها بالمدن أو بغيرها من القرى روابط تجارية، فهي تكفي نفسها بنفسها، وتنتج المواد الغذائية وغير الغذائية اللازمة لاستهلاك أهلها، ما عدا بعض الكماليات (كالتوابل وأدوات الزينة والألبسة الفاخرة) التي يستوردها الإقطاعي لنفسه وأهله فحسب، أما حوانيت البيع فلم يكن لها وجود في الضيعة على الإطلاق، وكان لكل ضيعة حدادها ونجارها وما يتعذر صنعه في الضيعة كانوا يجلبونه من متاجر أقرب المدن. لقد كانت أسباب الطعام، والشراب والكساء متوفرة داخل الضيعة، فالحبوب والثمار والخضروات تنتجها الأرض، والملابس تصنعها نساء الضيعة لرجالهن وأولادهن من صوف الأغنام، أما الجلود والنعال والسروج فيصنعها الرجال، وهكذا ظلت الضيعة الأوروبية حتى القرن الثاني عشر تتبع نظام الاكتفاء الذاتي من الناحية الاقتصادية، ولم تكن بحاجة ملحة إلى التبادل التجاري مع العالم الذي يقع وراء حدودها، ولكن هذا الأمر لا ينفي وجود بعض المبادلات التجارية مع الضياع المجاورة عن طريق المقايضة، كأن تجري مقايضة الخنازير بالدجاج والحبوب بالثمار وما شابه ذلك، وهكذا لم توجد أسواق كبيرة لتصريف إنتاج الضياع الزراعي.

ويمكننا ان نشبه الفلاح الأوروبي في العصور الوسطى بالفلاح الروماني الذي وصفه الشاعر فرجيل بقوله: "وكثيراً ما يعمد سائق الحمار البليد إلى تحميل ظهره بجرار الزيت أو التفاح الرخيص، وعند عودته من المدينة يحضر معه حجر شحذ أو كمية من الصنوبر المعطوب".

الشكل رقم (٦) جنود الإقطاعي ينهبون قرية

ب- الضيعة وحدة اجتماعية ودينية:

كانت الضيعة الأوروبية في العصور الوسطى وحدة اجتماعية ودينية، لقد اشترك أهل الضيعة في الاحتفال بالأعياد والأفراح، كما آزر بعضهم بعضاً في الأحزان والأتراح، وتزوج شباب القرية من بناتها في أغلب الأحيان، وكان لكل ضيعة كنيستها وقسيسيها، ويعيش القيسيس من دخل قطعة أرض يحرثها له الأقنان، ويجمعون محصولها سخرة دون مقابل، وتساعد القسيس في إدارة شؤون الكنيسة هيئة تتألف من كبار رجال الضيعة، وكان متوسط تعداد أفراد الضيعة لا يزيد على أربعمائة تقريباً، عدد البالغين منهم مائتان وخمسون على الأكثر، وعدد الأطفال مائة وخمسون طفلاً، وعاش أهل الضيعة في عزلة اجتماعية، إذ قضوا حياتهم فيها من المهد إلى اللحد، دون ان يشاهدوا من الخلق سوى بعض المارة والزائرين المؤقتين، ولكن أهل الضيعة يعرف بعضهم بعضاً بالاسم.

ج- محكمة الضيعة:

وجدت في كل ضيعة تقريباً محكمة يشرف عليها السيد الإقطاعي صاحب الضيعة، لقد حصل السيد الإقطاعي على الحقوق القضائية بوصفه نائب الملك في ضيعته، كما صارت محكمته تعالج مختلف أنواع القضايا، وتفرض على المذنبين شتى أصناف العقوبات، فعندما رسخ النظام الإقطاعي تفرقت كل سلطات الملك بما فيها السلطة القضائية، بين أفراد الهيئة الإقطاعية. لقد صار الكونت يمارس السلطة الملكية في كونتيته كونه ممثلاً للملك، وإذا أعطى الكونت قسماً من أراضيه لأحد الفرسان إقطاعياً، كان يمنحه ما يرتبط بالإقطاعي من الحقوق القضائية، وكان رئيس محكمة الضيعة Praepositus يُنتخب سنوياً كونه ممثلاً اسمياً عن الفلاحين، ولكن الممثل القانوني كان في الواقع يحاول المحافظة على مصالح السيد مثلما يفعل وكيل أعماله الذي يحضر جلسات المحكمة أيضاً، وقد احتفظت محكمة الضيعة الإقطاعية ببعض مظاهر الديموقراطية البدائية، إذ كان الحكم - من حيث الشكل - يصدره الفلاحون أنفسهم بعد حلف اليمين وفقاً للعادات المرعية في كل إقطاعية، وعلى الرغم من تلك الشكليات الديموقراطية فقد كانت الأحكام كلها تميل بميزانها لصالح السيد الإقطاعي.

وكانت محكمة الضيعة تفصل في الخدمات التي لم تتم تأديتها، والغرامات غير المسددة، وفي جرائم التعدي على الغير، واغتصاب الأراضي، وتلويث آبار القرية، أو إحداث حفر في الطريق العام، وفي المخاصمات التي كان مردها أحياناً إلى تعاطي الخمر، أو إلى عادات الأخذ بثأر بين الأسر، أو إلى بذاءة اللسان، إذ فرضت عقوبات مالية على من يخاطب قناً من أقنان السيد (تحقيراً له) بلفظة عبد Slavus، أو بلفظة قروي Resticus التي كانت مرادفة لكلمة قن Servus، أو لكلمة فلاح Villanus.

- موظفو الضيعة:

وجد في كل ضيعة أربعة موظفين، هم:

١- وكيل السيد الإقطاعي: هو الذي يشرف على إدارة أملاك السيد.

٢- رئيس محكمة الضيعة: كان ينتخب من قبل الفلاحين، ويشرف على إدارة المحكمة في الضيعة.

٣- **حارس الدريس:** مهمته حماية الحقول والبساتين من تسلل الحيوانات إليها وإلحاق الأذى بالمحاصيل.

٤- **كبير الفلاحين:** مهمته الإشراف على أعمال الحصاد، ويحمل عصاه ليضرب بها الحصادين المتقاعسين عن العمل.

- مساكن الضيعة:

إذا كان السيد الإقطاعي يمتلك ضيعة واحدة فإنه يعيش في قصره الدائم في هذه الضيعة، أما إذا امتلك أكثر من ضيعة، فكان يختار إحداها للإقامة فيها، في حين يعين وكلاء عنه يشرفون على إدارة أملاكه في الضياع الأخرى، وكان وكيل السيد الإقطاعي في كل ضيعة يقيم في قصر السيد في تلك الضيعة، وكان قصر السيد الإقطاعي مبنياً من الطوب، تحيط به حديقة مسورة مزروعة بأشجار الفاكهة، كما بنيت فيها المخازن لحفظ إنتاج السيد والآلات والعربات وغيرها من العدد المستخدمة في فلاحة الأرض، وكان قصر السيد يمثل قسطاً وافراً من الثراء والترف بالنسبة لمستويات الأبنية في ذلك العصر.

- الكنيسة:

على مقربة من قصر السيد قامت كنيسة الضيعة، ويلحق بها منزل خاص لقسيس الكنيسة وبنيت الكنسية ومنزل القسيس من الطوب، أما المدرسة فلم يكن لها وجود في تلك الضياع.

- أكواخ الفلاحين:

كان الفلاحون الأوروبيون في العصور الوسطى يعيشون في أكواخ مبينة من جذوع الأشجار وفروعها، غطيت سقوفها وأرضياتها بالطين والقش دون أن تكون لها نوافذ، وفرشت تلك الأكواخ بأثاث مكون من سرير خشبي ومنضدة صغيرة وبعض المقاعد الخشبية ذات ثلاث أرجل، بالإضافة إلى صندوق وبعض الأواني الحديدية والفخارية، ولم تكن تلك الأكواخ تضاء في الليل؛ لأن الشموع اقتصر استعمالها على إضاءة الكنائس وقصر السيد الإقطاعي، وعلى هذا كان الفلاح يأوي إلى فراشه عند مغيب الشمس، وينهض صباحاً مع شروق الشمس. وكان الفلاح هو الذي يبني كوخه

ويصنع أثاثه، في حين تقوم زوجته وبناته بعمل الخبز والطعام وغزل الصوف وحياكة ما يتدثرون به من ثياب، وكان لكل كوخ حديقة صغيرة مسورة حوله تزرع ببعض الأشجار المثمرة والخضروات لسد حاجة الأسرة.

- تعريف الضيعة والقرية:

إن اسمي الضيعة manor والقرية Villa كثيراً ما يُستخدمان في معنيين مترادفين، لكننا نجد في حالات عديدة أن القرية ضمت داخلها زمام ضيعتين أو أكثر، ويقول كولتون إن القرية كانت الوحدة الإدارية، في حين كانت الضيعة (الإقطاعية) الوحدة الاقتصادية (الزراعية)، وفي بعض حالات نجد القرية التي تألفت من ضيعة وأراضيها يملكها ويديرها سيد إقطاعي واحد، وفي حالات أخرى نجد زمام القرية الواحدة مقسماً بين عدد من السادة الملاك، وكل منهم يطلق على الجزء الخاص به اسم ضيعة، وربما بعدت الضياع - التي يملكها فرد واحد أو هيئة دينية - بعضها عن بعض خمسين ميلاً، أو مائة، مما يدل على ان نظام الضياع قام من الوجهة الاقتصادية على مجتمعات قروية مبعثرة ترتبط بمالك معين يقيم بعيداً عنها أحياناً، أو يقيم في إحدى الضياع، ويعين وكلاء له ينوبون في إدارة الضياع الأخرى، فيجمعون الإيجارات المستحقة، ويمارسون حقوقه القضائية.

- توزيع أراضي الضيعة:

اختلفت الضياع بعضها عن بعض في المساحة وعدد السكان، فالضيعة الصغيرة ضمت نحو خمس عشرة أسرة، في حين ضمت الضيعة الكبيرة نحواً من خمسين أو ستين أسرة. وقد وزعت أراضي الضيعة على الأسر، فاختصت كل أسرة بمساحة معينة، فبعض الأسر حصل على خمسة عشر فداناً، وبعضها الآخر حصل على ثلاثين فداناً، وأسر أخرى حصلت على ستين أو مائة وعشرين فداناً، وعلى هذا اختلفت الحقوق والواجبات التي التزمت بها تلك الأسر وفق مساحة حصتها، وكانت تلك الأراضي توزع على الفلاحين بشروط وقيود؛ لأنها في الحقيقة ملك للسيد الذي يمتلك الضيعة ومن فيها من الأقنان، ولذلك سميت Tenures، بمعنى القابض أو الممسك (من اللفظ اللاتيني Tenere بمعنى يمسك)؛ لأن الأرض هي التي تمسك بالقن

وتربطه بها، وليس هو الذي يمسك بالأرض ويربطها بشخصه، وهكذا نلاحظ أن الأقنان لا يمتلكون الأرض التي يعملون بها، وإنما يرتبطون بها مدى الحياة، ثم صار هذا الارتباط وراثياً، وتجدر الملاحظة إلى ان السيد الإقطاعي كان يحتفظ لنفسه بمزرعة خاصة في الضيعة، يطلق عليها اسم demesne، وتبلغ مساحتها عادة ثلث الأراضي الصالحة للزراعة في الضيعة، وكان السيد يسخر الأقنان دون مقابل في استثمار تلك المزرعة التي تمده بكل ما يحتاج من ضروريات الحياة.

- **المراعي والغابات والأنهار**

إلى جانب الأراضي الصالحة للزراعة، المقسمة إلى حصص بين الفلاحين وجدت في كل ضيعة أرض مشاعة تشمل مراعي للماشية، ولم تكن تلك الأرض المشاعة مقسمة إلى حصص مثل الأرض الزراعية، وإنما كانت من الوجهة القانونية ملكاً لسيد الضيعة الإقطاعي، ومن ناحية العرف كانت حقاً مشاعاً لجميع أهل الضيعة، لهم عليها حقوق الرعي ونوع الماشية وعددها، بحيث تتمتع كل أسرة بنسبة ما لها من أرض زراعة في الضيعة، وذلك مراعاة للعدالة وضماناً لحماية المراعي من سوء الاستهلاك، أما الماشية الموجودة في الضيعة فكانت المتقدمة منها في السن والصغيرة التي لا حاجة لبقائها تذبح قبل حلول الشتاء، وتقدد لحومها، وتملح لتؤكل خلال العام، بعد ان يرسل منها للسيد الإقطاعي الحصة الجيدة، والبقية الباقية من الماشية تترك لتقضي فصل الشتاء على الدريس والحشائش المجففة، التي كانت كثيراً ما تنفد قبل حلول الربيع، فتسوء حالة الماشية. كذلك وجدت بعض المروج المسورة بالاخشاب لحفظ الدريس، تجمع فيها محاصيل الضيعة، وتحرس من قبل موظف مختص يمنع تسلل الحيوانات إليها، ووجدت في الضيعة أيضاً بعض الغابات المشاعة، حيث كان من حق أهل الضيعة استعمال أشجارها كحطب للوقود أو كخشب لإقامة بناء المساكن والأسيجة، وفي بعض الضياع وجدت أنهار يصطاد الفلاحون منها الأسماك ويقدمون للسيد حصته منها.

- **الدورة الزراعية:**

كانت الزراعـة فـي بعض الضيـاع تتم طبقاً لنظام الحقلين أو الدورتيـن،

حيث تقسم الأراضي الزراعية في الضيعة إلى قسمين: أحدهما يزرع، والآخر يترك مراحاً (بوراً، غير مزروع)؛ لإراحته من سنة إلى أخرى بالتناوب، أما في المناطق الأكثر خصوبة فكانت الزراعة تتم طبقاً لنظام الحقول الثلاثة أو الدورة الثلاثية، حيث تقسم الأراضي الزراعية في الضيعة إلى ثلاثة أقسام: قسم يزرع في الربيع، وقسم يزرع في الخريف، والقسم الثالث يترك مراحاً بغير زرع، وفي كل سنة يحدث تبادل بين هذه الأقسام: فالأرض التي زرعت في الخريف تترك العام التالي مراحة بغير زرع، والأرض التي زرعت الربيع تزرع في العام التالي في الخريف، والأرض التي كانت مراحة في العام السابق تزرع في الربيع، وكان الهدف من إراحة الأرض وعدم إجهادها هو الحصول على إنتاج أوفر.

- **التعاون في العمل الزراعي:**

كانت أراضي الضيعة الزراعية تقسم إلى قطع طويلة، قليلة الاتساع، يفصل بينها سياج من أغصان الأشجار أو سلسلة من الحشائش، وفي معظم الأحوال يعاد توزيع تلك القطع على الفلاحين في كل سنة بالاقتراع دفعة واحدة، وقد فرضت طبيعة العمل الزراعي في الضيعة روح التعاون على فلاحيها، وبخاصة في أيام الحرث والحصاد، لأن الفلاح الواحد لم تكن لديه القدرة المادية التي تمكنه من العمل بمفرده في هذين الموسمين، فإذا امتلك محراثاً قد لا يمتلك الثيران اللازمة لجره، فالأراضي ثقيلة التربة، وبخاصة في شمال أوروبا، تطلب حرثها استخدام المحراث الثقيل الذي تجره ثمانية ثيران أو أربعة ثيران، وهكذا تطلب حرث الأرض من الفلاحين تعاوناً واشتراكاً، ومثل هذا التعاون كان مطلوباً أيضاً في أعمال الحصاد؛ إذ يشترك فيها جميع أفراد الضيعة من رجال ونساء وأولاد؛ كي يتم جمع الحبوب وتخزينها في أسرع وقت ممكن خشية من تساقط الأمطار، وبعد الحصاد تترك الحقول بما عليها من مخلفات القش والحبوب المتساقطة غذاء لدواجن الضيعة وماشيتها.

وبعد ان يتعاون جميع فلاحي الضيعة على زرع الأرض وجمع محصولها كان ذلك المحصول يقسم بنسبة حصص الأرض التي في حيازة كل أسرة من أسر

الضيعة، وهكذا نلاحظ أن النظام الزراعي الذي سارت عليه الضيعة الأوروبية في العصور الوسطى كان تعاونياً لا شيوعياً.

- **طعام القن وشرابه:**

كان طعام القن الأساسي يتألف من الخبز الأسمر، والبيض، وبعض الخضراوات كالفول والبازلاء وغيرها، وربما اسعدته الظروف في إحدى المناسبات بأكل دجاجة أو غيرها من الطيور، لكنه كان لا يستطيع ان يتذوق اللحم والسمك إلا نادراً، أما شراب القن فكان النبيذ أو الجعة، ومع ذلك ظل القن قانعاً راضياً بحياته مع ما فيها من ألوان البؤس والشقاء، إذ كان كثيراً ما يتضور من الجوع في السنين العجاف.

- **تسلية القن:**

لم تكن حياة القن تخلو من بعض ضروب الترويح عن النفس، فإذا حضر إلى الضيعة احد الحواه أو المهرجين أو رواة القصص، أو المنشدين استبقاه سيد الضيعة ودعا الفلاحين للمشاهدة والاستماع إلى هؤلاء في حديقة قصره، وفي العصور الوسطى لم تكن عقيلة السيد الإقطاعي تختلف كثيراً عن عقلية القن، إذ كان ما يدخل السرور إلى قلب إحداهما كفيلاً بإدخال السرور إلى قلب الأخرى.

- **المرأة (زوجة القن وابنته):**

إذا كانت زوجات السادة الإقطاعيين وبناتهم قد تمتعن بقسط من الراحة والتسلية، فإن زوجات الأقنان وبناتهم حرمن من هذه النعمة؛ لأن قسوة الحياة أجبرتهن على الكفاح والعمل إلى جانب الرجل من أجل الحصول على لقمة العيش، لقد قامت المرأة الفلاحة بإعداد الطعام والشراب والملبس إلى جانب تربية أولادها داخل المنزل، كما اسهمت خارج المنزل في بناء الأكواخ وقطع الأعشاب وجمع المحصول وتخزينه، كذلك رحلت بعض الفلاحات من غير المتزوجات
والأرامل والعانسات إلى المدن المجاورة، فاشتغلن في صناعة الجعة والنبيذ، أو غزل الأصواف ونسجها، وكانت هنالك بعض النساء اللواتي أقبلن على الحياة الديرية التي هيأت لهن قسطاً من الثقافة والعمل المفيد[١٦].

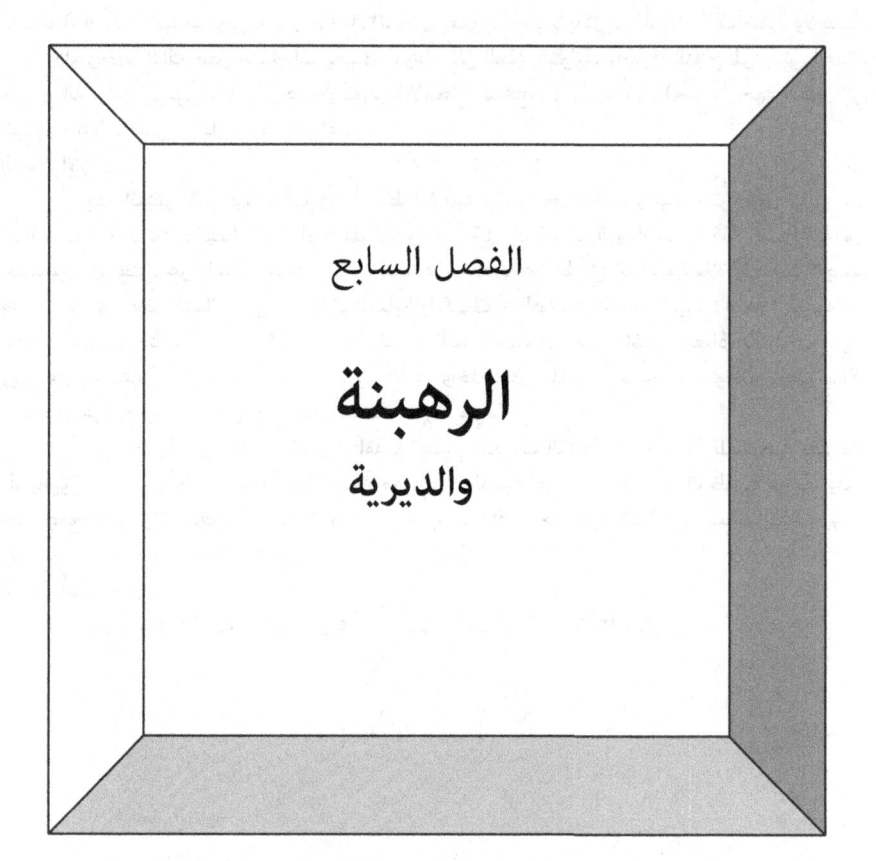

الفصل السابع

الرهبنة
والديرية

الجذور الفلسفية للرهبانية

تعود الجذور الفلسفية لحياة التنسك والرهبانية إلى التعاليم المسيحية الأولى، فالسيد المسيح أوصى تلاميذه (بألا يكون للواحد ثوبان.انجيل لوقا ٣,٩)، وكان يعقوب بعده لا يأكل لحماً، ولا يشرب خمراً، ولا يقتني سوى رداء واحد، كذلك حض الرسل المسيحيون الأوائل على العفة البتولية، وأجاروا الزواج لمن خشي العنت، ففي رسالة بولس الرسول الأول إلى أهل كونثورس (الإصحاح السابع، ١) جاء ما يلي: (وأما من جهة الأمور التي كتبتم لي عنها، فحسن للرجل الا يمس المرأة).

النساك الأوائل:

بعد انتشار المسيحية نشأت في الأوساط الشعبية الفقيرة حركة زهد وتقشف كرد فعل سلبي على التناقضات الاجتماعية والفساد واضطهاد المسيحيين من قبل السلطات الرومانية، وهكذا رأت أقلية من المسيحيين ان تعتزل عن العالم المحيط بها، وتبحث عن خلاصها عن طريق العفة والصلاة وتعذيب الجسد، وعلى هذا ظهر بعض النساك الذين لجأوا إلى المغاور والكهوف أو الصحارى أو قمم الجبال؛ اتبعاداً عن ملذات الحياة الدنيا، وبحثاً عن سلامة الروح، وكان هؤلاء النساك يسيرون حفاة أشبه بالعراة، يفترشون الأرض ويتغذون بالاعشاب، أو يصومون صياماً طويل الأمد، وأخذ بعض المؤمنين المسيحيين يتوافدون على هؤلاء النساك في عزلتهم ليستمعوا إلى نصائحهم ويتلمسوا البركة منهم.

من المعروف ان التنسك ظاهرة عامة في جميع الديانات القديمة، اما بالنسبة للمسيحية فقد كان المسيحيون المصريون أول من مارس هذا النوع من الحياة الدينية. في البدء كان التنسك ظاهرة فردية، وفيما بعد تجمع عدد من النساك المسيحيين في مكان واحد واسسوا أديرة خاصة يعيشون فيها رهباناً بإشراف رؤساء لهم يشرفون على تنظيم حياتهم داخل الدير.

الناسك أنطونيوس:

أول النساك الفرادى المشهورون في مصر، هو انطونيوس (٢٥٠-٣٥٦) الذي

أخذ ينتقل من عزلة إلى أخرى، حتى استقر به المقام على جبل القلزم القريب من شاطئ البحر الأحمر, وعرف مكانه المعجبون به فحذوا حذوه في تعبده ونسكه، واتخذوا صوامعهم على مقربة منه، ونظم انطونيوس كثيراً من مستعمرات النساك في مصر العليا، فخصص لكل راهب خلية يتعبد فيها منفرداً، وهكذا كانت الحياة الدينية المثلى في نظر الناسك انطونيوس تقوم على أساس التعبد الانفرادي.

الناسك باخوميوس:

وبما أن التنسك الانفرادي يعد نوعاً من التطرف البعيد عن طبيعة الإنسان الاجتماعية وعن تعاليم المسيح، كان لا بد للعقلاء الراغبين في الانقطاع للعبادة من ابتكار نظام آخر يتفق مع طبيعة البشر والتعاليم المسيحية، وعلى هذا الأساس شيد القديس الناسك باخوميوس (٢٩٠-٣٤٥) أول دير للرهبان بمصر نحو سنة ٣٢٠م، عاش اتباع باخوميوس من الرهبان مجتمعين تحت سقف واحد وحول مائدة وكنيسة واحدة، وكان عليهم ان يقرأوا الكتاب المقدس ويصلوا ويعملوا عملاً مفيداً لهم وللمجتمع، وفرض باخوميوس (كان في السابق جندياً في جيش الإمبراطور قسطنطين الأول) على أعضاء الدير الطاعة والهدوء والنظام والعمل اليومي، وأقبل الناس على هذا النوع من الديرية إقبالاً شديداً، حتى إن المؤرخ بلاديوس الذي زار مصر نحو سنة ٣٩٠ قدر أتباع القديس باخوميوس بثلاثة آلاف راهب، فضلاً على سبعة آلاف كانت تضمهم مؤسسات ديرية أخرى، واسست مريم أخت باخوميوس ديراً للراهبات يشبه في نظامه الأديرة الباخومية، لكن الأديرة الباخومية كانت منفصلة بعضها عن بعض، ولكل منها إدارته الخاصة.

انتقال الرهبانية والديرية إلى سورية وآسيا الصغرى:

ومن مصر انتقلت ظاهرة التنسك والرهبانية والديرية إلى سورية وآسيا الصغرى، ففي سوريا اشتهر الناسك سمعان العمودي (٣٩٠-٤٥٩) الذي عاش على عمود في شمال سورية مدة طويلة من الزمن، وفيما بعد أقيمت حول هذا العمود كنيسة تعرف باسم كنيسة سمعان العمودي، التي لا تزال آثارها باقية حتى يومنا هذا.

وفي وسط سوريا اشتهر القديس مار مارون الذي تنسك منفرداً في قمة جبل، وقضى وقته في الصوم والصلاة ووعظ زائريه وإرشادهم، وقد التف حوله عدد كبير من الرجال والنساء، وعاشوا منفردين في صوامع قريبة منه يهتدون بإرشاداته، ولما توفي الناسك مار مارون في سنة ٤١٠ نشأت في سورية أخويه مارونية تعمل بما علم به هذا الناسك، هذا ولا يزال الموارنة (اتباع القديس مار مارون) موجودين في سورية ولبنان حتى يومنا هذا.

أما في آسيا الصغرى فقد أسس القديس باسيليوس (٣٢٩-٢٧٩) مؤسسة ديرية في مدينة كيسارية الجديدة نحو سنة ٣٦٠ ميلادية.

نظام الأديرة الباسيلية:

أسس القديس باسيليوس ديراً للرهبان في مدينة كيسارية الجديدة بآسيا الصغرى نحو سنة ٣٦٠ ميلادية، كذلك اسست أخته ديراً للراهبات في إقليم البونت الذي يقع في جنوب البحر الأسود، لقد درس باسيليوس نظام الأديرة المصرية الأنطونية والباخومية فلم تعجبه، لذا عمل على وضع نظام جديد للأديرة يجمع بين المثالية والواقع العملي، إذ منع الرهبان من حياة العزلة والانفرادية وجعلهم يشتركون في الحياة العامة والعمل والعبادة، كذلك حرم تعذيب الجسد وإهماله، وحث على العناية بالنظافة والعمل النافع للمجتمع، كمساعدة المرضى والفقراء، وايضاً فرض على الرهبان المشاركة في أعمال الفلاحة والنسيج وصناعة الجلود والأخشاب وغيرها من المصنوعات العائدة لملكية الدير، وحرم باسيليوس الملكية الخاصة على أعضاء الدير، لكنه سمح لهم بتناول الطعام الكافي دون إسراف واقتناء اللباس البسيط النظيف، ومن هذا يتضح أن القديس باسيليوس يعد المؤسس الحقيقي للحياة الديرية في المسيحية، حيث ان النظام الديري الذي وضعه صار إنموذجاً للأديرة التي انتشرت فيما بعد في آسيا الصغرى وسورية العربية العظمى وبلاد اليونان وغيرها من المناطق التابعة للإمبراطورية البيزنطية.

وقد أدى انتشار الحياة الديرية إلى وجود فئتين من رجال الدين، هما:

١- فئة الديرين النظاميين (Regula): وهم الرهبان الخاضعون لنظم ديرية محددة، ويطلق عليهم أيضاً اسم الاكليروس النظامي.

٢- فئة الرجال الدين الدنيويين (Saeclua): وهم رجال الكنيسة من أساقفة وقساوسة وشمامسة، وقد سموا الدنيويين؛ لأنهم أكثر الرهبان تدخلاً في الحياة الدنيوية، وأكثر اختلاطاً بالمجتمع، ويطلق عليهم أيضاً اسم الأكليروس العصري أو العصريون.

انتقال الديرية إلى أوروبا الغربية:

انتشرت ظاهرة التنسك والتقشف الانفرادية في أوروبا الغربية مع انتشار المسيحية، لكنها ظلت مجهولة في بداية الأمر، وفي القرن الرابع عرف الناسك ولفليك الذي عاش عدة سنين فوق عمود تيير بغاليا، كذلك حبس القديس الناسك سينوخ نفسه في مكان ضيق بين أربعة جدران سنين كثيرة، وقد اعتكف بعض الرجال في منازلهم وعاشوا حياة تقشف وصوم وصلاة، بعد ان باعوا أملاكهم ووزعوا ثمنها على الفقراء.

كذلك عاشت بعض النساء عذارى متقشفات منقطعات للعفة والصلاة، ومن أمثال الرجال وتلك النساء الشاعر الإيطالي بولينوس (٣٥٣-٤٣١) وزوجته ثرازيا.

وفي القرن الرابع انتقلت ظاهرة الرهبنة الاجتماعية وتأسيس الأديرة لهذا الغرض من مصر وآسيا الصغرى إلى أوروبا الغربية، ففي سنة ٣٣٩ رحل القديس اثناسيوس اسقف الإسكندرية إلى روما (بسبب خلافه مع أريوس الذي أنكر ألوهية المسيح)، ونقل إليها كتابه المسمى حياة انطونيوس الناسك المصري المشهور، ومن إيطاليا انتقلت نسخ من هذا الكتاب إلى غاليا وإسبانيا وايرلنده وغيرها من بلدان أوروبا الغربية، كذلك زار الكثيرون من الحجاج الأوروبيين الأديرة الباخومية في مصر والأديرة الباسيلية في آسيا الصغرى، ونقلوا معهم فكرة الأديرة إلى الغرب الأوروبي.

وفي سنة ٤٠٤ ترجم القديس جيروم نظام الديرية الباخومية إلى اللغة اللاتينية، فوضع بذلك أمام الأوروبيين الغربيين صورة منظمة لهذا النوع من الحياة الدينية التي عرفتها مصر.

الحركة الديرية في غاليا:

أولى الأديرة التي أنشئت في أوروبا أديرة غاليا، وأول دير أنشئ في غاليا هو

دير مار موتيه بالقرب من مدينة تور، وقد أنشأ ذلك الدير القديس مارتن التوري أسقف مدينة تور في سنة ٣٧٢، وجمع فيه ثمانين راهباً، وكان مارتن قد خدم خمس سنوات في الجيش الروماني، ثم استقال وعاش ناسكاً في صومعته، وقد سنة ٣٧١ طلب إليه أهل مدينة تور ان يكون اسقفاً عليهم، فوافق على طلبهم على أن يدعوه يعيش عيشة الرهبان، وقضى مارتن بقية حياته مناضلاً في تنصير الوثنيين، فأحبته غاليا كلها واكتسب شهرة واسعة، ففي فرنسا الآن ٣٦٧٥ كنسية و٤٢٥ قرية تسمى كلها باسم القديس مارتن، كما يعده الفرنسيون من القديسين الشفعاء.

وبعد مارتن أنشأ القديس يوحنا كاسيان (٣٦٠-٤٣٦) في مرسيليا نحو سنة ٤١٥ ديراً للرهبان وديراً للراهبات، وكان القديس يوحنا كاسيان قد زار الشرق واطلع على نظام الأديرة الباخومية والباسيلية.

كذلك أنشأ القديس قيصر الآرلي (أسقف مدينة آرل ٥٠٣-٥٣٤) ديراً للرهبان ووضع له نظاماً خاصاً، وأيضاً انشأت أخته قيصرية ديراً للراهبات في آرل بمساعدة أخيها، وقد نص نظام هذا الدير على ان تشغل الراهبات وقتهن بغزل الصوف وطهي الطعام ونسخ الكتب الدينية.

وهكذا اخذت الأديرة تنتشر في غاليا على نطاق واسع، وبخاصة بعد ان أسهم في إنشائها ملوك الفرنجة الميروفنجيين والأساقفة والأمراء الأغنياء.

الحركة الديرية في إيطاليا:

ظلت غاليا حتى القرن السادس الميلادي البلد الوحيد في أوروبا الغربية الذي وجدت فيه مؤسسات ديرية منظمة، وفي القرن السادس نشأت في إيطاليا لأول مرة مؤسسات ديرية أسهم في إنشائها وتطويرها ثلاثة رجال من الإيطاليين هم بندكت، كاسيدور، غريغوري.

- بندكت النورسي (٤٨٠-٥٤٣):

ولد بندكت في قرية نورماسيا بإيطاليا في أسرة غنية، ثم أرسل إلى روما ليتلقى تعليمه، لكنه استاء من مظاهر الفساد فيها، فانعزل عن المجتمع وعاش ناسكاً في

كهف جبلي بالقرب من روما، وذاعت شهرة هذا الناسك الزاهد، فتجمع حوله عدد من المريدين والمتنسكين.

وبعدئذ قرر تأسيس دير لهؤلاء الزهاد وتنظيم حياتهم الدينية، وتم اختيار موقع الدير على قمة جبل كاسينو الواقع في منتصف الطريق بين روما ونابلي، وانشىء دير مونت كاسينو (أي جبل كاسينو) للرهبان على انقاض معبد للإله الروماني ابولو في سنة ٥٢٠، فكان أول دير في ايطاليا، ثم صار بنظامه أنموذجاً لأديرة كثيرة انتشرت في مختلف مناطق اوروبا الغربية.

وتدريجياً عمت الطريقة (النظام أو القاعدة) البندكتيه أرجاء الغرب الاوروبي وأسهمت بسهم كبير في مضمار التقدم الإنساني(١٧).

نظام الديرية البندكتية:

صار الناسك القديس بندكت أباً (مقدماً) لدير موت كاسينو، فوضع نظاماً لهذا الدير، يتكون من ثلاثة وسبعن فصلاً، وحاول فيه التوفيق بين العبادة والعمل وتطبيق الفصائل المسيحية، وأهم قواعد القديس بندكت الديرية هي:

١- وجوب تخلي الراهب عن أملاكه الخاصة لصالح الفقراء أو الدير.

٢- إطاعة الراهب لرئيس الدير والخضوع لأوامره وتوجيهاته.

٣- التبتل والطهارة (عدم الزواج وعدم الممارسة الجنسية).

٤- التضامن والتعاون في العمل.

٥- المساواة بين جميع الرهبان في المأكل والمشرب والملبس، مع الاعتدال والبساطة بهذه الأمور.

٦- يتم انتخاب رئيس الدير من قبل الرهبان، ويبقى رئيساً مدى حياته.

٧- رئيس الدير هو المسؤول الأول أمام الـلـه عن الدير والرهبان وتطبيق قواعد نظام الدير.

٨- على رئيس الدير ان يستشير الرهبان في كل ما يتعلق بشؤون الدير قبل ان يتخذ القرار، وعليه ان يأخذ بآرائهم إن وجد فيها الصلاح والخير.

٩- اشتراك الرهبان في الصلاة والتراتيل وقراءة الكتب المقدسة.

١٠- العمل ركن أساسي من أركان النظام البندكتي، لقد قال بندكت: العمل عبادة Leborare est orare، كما خصص للرهبان الدير ست ساعات عمل يقضونها في فلاحة أراضي الدير واستثمارها، اما كبار السن فكانوا يكلفون بأعمال تتفق ومقدرتهم، كصنع المصنوعات الخفيفة، أو إعداد الطعام، أو نسخ الكتب الدينية، أو تعليم الرهبان الجدد أو الأطفال الذين يبعث بهم آباؤهم ليتعلموا في مدرسة الدير.

١١- يوم الأحد عطلة أسبوعية عن العمل اليدوي، لكن على الرهبان ان يمضوا هذا اليوم بالصلوات وقراءة الكتب الدينية.

١٢- على الراهب ان يقيم في الدير بشكل دائم، ولا تحق له مغادرته لوقت محدد إلا في ظروف اضطرارية وبعد موافقة رئيس الدير.

١٣- قسمت واجبات الرهبان اليومية على الشكل التالي: أربع ساعات للصلاة العامة في الكنيسة، اربع ساعات للصلاة الفردية والقراءة في الكتب المقدسة، ست ساعات للعمل اليدوي، عشر ساعات للنوم والأكل.

كاسيدور:

الرجل الثاني الذي ترك أثراً واضحاً في تطوير الحركة الديرية في ايطاليا والغرب الاوروبي هو كاسيدور، الذي اعتزل خدمة الملكية القوطية في ايطاليا وآثر الانقطاع للحياة الرهبانية، وقد اسس كاسيدور ديرين في موطنه الأول كالابريا (نحو سنة ٥٤٠)، والشيء الجديد الأول الذي أدخله كاسيدور على نظام الديرية البندكتية هو تحويل الدير إلى مدرسة للعلم والمعرفة، لا معرفة اللاهوت والعلوم الدينية فحسب، بل العلوم الدنيوية أيضاً، ونستدل على هذا الأمر من قوله: "تتدرب عقولنا على فهم الأنجيل والكتابات الدينية عن طريق دراسة الأدب الدنيوي".

لقد بذل كاسيدور جهوداً كبيرة في سبيل تزويد أديرته بمكتبات غنية تحتوي على مجموعة كبيرة من المخطوطات التي تناسب كل طبقة من طبقات المتعلمين، ومنها كتب الأدب والبلاغة والجغرافية والتاريخ الموسيقى والعلوم المتنوعة، وبذا يرجع الفضل إلى كاسيدور في زيادة القيمة للأديرة، التي أصبحت فيما بعد تمثل المراكز الاساسية للحياة العلمية في أوروبا الغربية.

البابا غريغوري الأول:

انحدر غريغوري من أسرة رومانية غنية، ودرس في شبابه قواعد البلاغة اللاتينية وغيرها من العلوم الكلاسيكية, ثم صار راهباً بندكتياً، فبذل ثروته الموروثة الطائلة في تأسيس عدد كبير من الأديرة، ومنها ستة في صقلية، وواحد في روما، وفيما بعد اعتلى السدة الرسولية (العرش البابوي) ما بين سنتي ٥٩٠-٦١٠م.

وأبرز ما يرتبط ببابوية غريغوري الأول الجهود الكبيرة التي بذلها لدعم الحركة الديرية البندكتية في ايطاليا خاصة، والغرب الأوروبي عامة، وايضاً تلك الجهود التي بذلها للتبشير بالمسيحية في انكلترا بين الآنغلو ساكسونيين مستخدماً الرهبان البندكتين في هذه المهمة، وأهم تلك الإرساليات بعثة القديس أوغسطين مقدم الدير الذي أنشاه غريغوري في روما، إذ أوفد البابا إلى انكلترا في سنة ٥٩٦ على رأس بعثة مكونة من تسعة وثلاثين راهباً بندكتياً، ثم أمده بمجموعة أخرى من الرهبان في سنة ٦٠١، وقد نجحت بعثة القديس اوغسطين نجاحاً كبيرة في تحقيق هدفها، حيث تمكنت من نشر المسيحية في انكلترا، وأسست ديراً في كانتربوري حتى أضحى مركزاً للنشاط التبشيري، ولم يلبث أثلبرت ملك انكلترا ان اعتنق المسيحية وتبعه كثيرون من رعاياه، وقد انعم هذا الملك على الكنيسة الجديدة والاديرة بكثير من المنح والأراضي.

الحركة الديرية الإيرلندية:

لم تخضع ايرلنده للحكم الروماني، وإنما ظل سكانها الكلتيون مستقلين عن روما، كما ظلوا يواصلون غاراتهم على بريطانيا حتى القرن الخامس.

وكانت المسيحية معروفة في ايرلنده في القرن الخامس بدليل ان البابا كالستين الأول أرسل في سنة ٤٣١ مبعوثاً إلى ايرلنده اسمه كلادويوس؛ ليكون أول أسقف لها، لكن القديس باتريك (ت٤٦١) يعد صاحب الفضل الحقيقي في تحويل ايرلنده إلى المسيحية، والقديس باتريك كان شاباً بريطانياً اسمه ساكات، اسره الإيرلنديون في إحدى غاراتهم على بريطانيا في سنة ٤٠٠، وبعد ست سنوات من الأسر فر إلى غاليا وتعلم فيها، ثم عاد إلى ايرلنده لينشر المسيحية فيها، وفي أواخر القرن السادس قام المبشرون المسيحيون الايرلنديون بغزو القارة الأوروبية، وأعظمهم كان القديس كولمبانوس

(٥٤٣-٦١٥) الذي نزح مع أربعين من أعوانه إلى بريطانيا، ومنها إلى غاليا، حيث اسس ديراً شهيراً في برجنديا في سنة ٥٩٠ عند مدينة أناغري، وديراً آخر عند مدينة لوكسوي، ثم دير فونتين ولم يراع القديس كولمبانوس القاعدة المعمول بها في غاليا، وهي حصول مقدم الدير على موافقة الأسقف الذي يقع الدير داخل دائرة اسقفيته قبل إنشاء الدير، وهذا الأمر أدى إلى الاصطدام بين كولمبانوس وأساقفة غاليا وسلطاتها المدنية، مما اضطره لأن ينزح إلى سويسرا، حيث أسس فيها عدة أديرة حول بحيرة زيورخ وبحيرة كونستانس، ولم يلبث كولمبانوس ان اضطر للرحيل إلى ايطاليا مع أعوانه، فأحسن ملك اللومبارديين استقباله وسمح له بتأسيس دير بوبيو في شمال جنوا.

كذلك انتشرت الأديرة الايرلندية في المانيا، حيث أنشأ المبشرون الايرلندوين فيها عدة أديرة، أشهرها ورزبوزغ ورجنسبورغ وسانت غال، لكن الأديرة الايرلندية التي وضع أسس نظامها القديس كولمبانوس لم يقدر البقاء لها طويلاً، ولم تستطع الثبات أمام الأديرة ذات النظام البندكتي، وأهم أسباب ذلك:

١- تمسك الايرلنديون بمبدأ استقلال الأديرة عن نفوذ الأساقفة والبابوات، مما أدى لمعارضة الأساقفة والبابوات لتلك الأديرة.

٢- كانت الاديرة البندكتية، ذات صبغة عملية أوضح، كما أنها تحالفت مع البابوية والأساقفة، فنالت عطف الطرفين ودعمهما.

٣- لم يقرر نظام الأديرة الايرلندية وسيلة للربط بين الأديرة بوساطة سلطة مركزية، بل ظلت إدارة تلك الأديرة مستقلة بعضها عن بعض، وهذا مما ساعد على سهولة تفككها.

المبشرون الإنكليز في غاليا والمانيا:

في أواخر القرن السابع أخذت بعض البعثات التبشيرية الإنكليزية تمارس نشاطها الديني في غاليا والمانيا، وفي القرن الثامن اشتهر القديس والمبشر الإنكليزي بونيفيس الذي رحل إلى روما في سنة ٧١٨، حيث زودته البابوية بالسلطة اللازمة للقيام بجهوده التبشيرية في المانيا، وقد استمر بونيفيس يباشر مهمته خمس سنوات في هس حتى عينه البابا رئيساً لأساقفة مينز- الكرسي الاسقفي الرئيس في ألمانيا، وبذل

بونيفيس جهوداً كبيرة في تأسيس كثير من الأسقفيات والأديرة على الطريقة البندكتية في المانيا، كذلك تبعت بعض النساء الإنكليزيات بونيفيس الإنكليزي إلى المانيا، وأسهمن في تأسيس كثير من الأديرة البندكتية الخاصة بالنساء في المانيا.

وكان للقديس بونيفيس دور أساسي في دعوة مجمع لفتناس في سنة ٧٤٣، ومجمع سواسون في سنة ٧٤٤، وفي القرارات التي أصدرها هذا المجمعان، ويرجع الفضل إلى بونيفيس في التوفيق بين الكنيسة الفرنجية وشارل مارتل، كما انه تولى المفاوضات بين بيبان القصير والبابوية التي انتهت بعزل آخر ملوك البابوية والمملكة الكارولنجية، وبعد القيام بهذا النشاط الديني والسياسي رحل إلى فريزيا ليبشر سكانها بالمسيحية، لكن الفريزيين الوثنيين أحاطوا به وقتلوه في سنة ٧٥٥، فصار شهيد الجهاد الديني.

حركة الإصلاح الكلونية:

في أواخر القرن التاسع دبَّ التدهور والانحطاط في الأديرة البندكتية، حيث تسلط العلمانيون من أمراء وحكام وملوك على تلك الأديرة، كما تسلطوا أيضاً على الكنائس العصرية، فأخذ هؤلاء العلمانيون يعينون رؤساء الأديرة والكنائس العصرية، ممن يخدم مصالحهم السياسية والاقتصادية، كذلك أخذ الأمراء الإقطاعيون يتصرفون في أملاك الكنائس والأديرة التي تقع داخل دائرتهم الإقطاعية كما لو أنها من ممتلكاتهم الشخصية، وترتب على ذلك وصول أشخاص إلى المناصب الدينية العالية لا يهتمون بالقيم الأخلاقية، وإنما يهتمون بمصالحهم الشخصية ومصالح الأمراء الذين أوصلوهم إلى تلك المناصب.

أمام تلك الأوضاع الخطيرة التي تردت فيها الكنائس والأديرة استيقظت ضمائر بعض المؤمنين الصالحين، فدعوا إلى الإصلاح الديني، وسرعان ما بدأ الإصلاح في الأكليروس النظامي، أي في الأديرة التي عانت من التدهور والإنحلال، وأقوى دعوة للإصلاح ظهرت في جنوب غرب فرنسا، حيث أسس وليم التقي دوق أكوتين (اقطانيا) ديراً جديداً في كلوني في سنة ٩١٠، وكان أول مقدم في ذلك الدير هو الأب برنون (٩١٠-٩٢٢)، وخلفه القديس أودون (٩٢٦-٩٤٢).

قامت القاعدة الديرية الكلونية على الأسس التالية:

١- تحرر الدير من كل سلطة علمانية.

٢- تحرر الدير من سلطة الأسقف الروحية.

٣- ارتباط رئاسة دير كلوني بالبابا مباشرة.

٤- خضوع جميع الأديرة الكلونية إلى نظام مركزي يرأسه أب يكون مركزه في كلوني، وله مطلق السلطة على تلك الأديرة، وبهذا أصبح مقدم دير كلوني أباً لجميع الأديرة الفرعية الملحقة به، وبإمكانه ان يندب لتمثيله فيها رئيساً معيناً من قبله، كما انه لا يخضع إلا لسلطة البابا.

ولم تكن قاعدة الأديرة الكلونية إلا بعثاً للتقاليد التي سارت عليها في البدء الأديرة البندكتية، والتي من أهمها:

١- عزلة الرهبان في الدير بعيدين عن حياة العصر.

٢- تخلي الرهبان عن أملاكهم الشخصية.

٣- الخضوع لطاعة رئيس الدير.

٤- عزوبة الرهبان وعفتهم.

٥- قضاء ساعات اليوم في الصلاة والعمل.

٦- الإسهام في أعمال البر والإحسان وتوزيع الصدقات.

وسرعان ما اشتهر دير كلوني فانتشر هذا النظام الديري انتشاراً واسعاً، حتى إن كثيراً من الأديرة البندكتية المعروفة في فرنسا والمانيا تقبلت النظام الكلوني ودخلت تحت رئاسته، وبعد ان كانت الحركة الكلونية تستهدف في أول أمرها إصلاح الحياة الديرية وحدها، إذ بها في القرن الحادي عشر تسعى نحو إصلاح الكنسية العصرية، التي كانت تعاني من ثلاثة أمراض خطيرة، هي: السيمونية (شراء الوظائف الدينية بالمال)، زواج رجال الدين، التقليد العلماني (وهو أن يقوم الحكام العلمانيون من أباطرة وملوك وأمراء بتقليد رجال الدين مهمات مناصبهم الدينية).

واستطاع نظام الديرية الكلونية تحت سلطة البابا العليا وحدها ان يحقق وحدة الكنيسة النظامية (الديرية)، ومما لا شك فيه ان روح الإصلاح الكلونية، تسربت إلى

الكنيسة العصرية، حيث أمدت مدارس الأديرة الكلونية الدوائر الكنسية والبابوية بعدد كبير من المصلحين، الذين أخذوا يعملون على بث الأفكار الإصلاحية وتخليص الكنيسة العصرية من الأمراض التي تفتك في أوصالها.

وهكذا لم يأت القرن الحادي عشر حتى انتقلت الحركة الإصلاحية من الأديرة الكلونية إلى الأكليروس العصري، وشكل المصلحون داخل الأجهزة الكنسية تياراً قوياً ومؤثراً، فتمكنوا من وضع حد لتدخل العلمانيين في مسألة اختيار البابا والأساقفة.

عندما ازدادت ثروة الأديرة الكلونية أخذت عوامل الانحلال والفساد تتسرب إلى الحياة الديرية، إذ اخذ الرهبان الكلونيون يحيون حياة مترفة، فيسرفون في تناول الفاخر من الطعام والشراب، وارتداء الثمين من الملابس، كما جنحوا إلى حياة البطالة والكسل، وترتب على المركزية الصارمة في الأديرة الكلونية بعض المساوئ أحياناً، فإذا ما انحرف مقدم دير كلوني عن الطريق السوي انحرفت معه جميع الأديرة الكلونية الخاضعة له، وهذا ما حدث فعلاً في أوائل القرن الثاني عشر؛ اذ انحل دير كلوني نفسه، وتبع ذلك انحلال الأديرة الأخرى التابعة له، وترتبت على تردي أوضاع الأديرة الكلونية ردود أفعال من قبل بعض الساخطين الراغبين في الإصلاح، فأنشأوا أديرة جديدة، ووضعوا لها أنظمة امتازت بالتطرف في حياة الزهد والتقشف والعبادة الانفرادية، ومن تلك الأنظمة الديرية الجديدة نذكر نظام الكامال دولي Camaldoli الذي اعترفت به البابوية في سنة ١٠٧٢، ونظام الكارثوثيان في سنة ١٠٨٤.

- **نظام السسترشيان الديري Cistercian:** ظل نظام الديرية الكلونية سائداً في أوروبا الغربية حتى أوائل القرن الثاني عشر، وبعد ذلك بدأ الدور الثالث في تاريخ تطور الحركة الديرية، ففي الدور الثالث نشأت أديرة جديدة ذات نظام عرف باسم السسترشيان، وقد اتخذ هذا النظام طريقاً وسطاً بين الاستقلال المحلي الذي اتبعته الأديرة البندكتية من جهة، والمركزية المغلقة التي مارستها الأديرة الكلونية من جهة ثانية، لقد خول نظام السسترشيان رئيس الدير سلطة محدودة اختلفت عما تمتع به مقدم الدير البندكتي من سلطة مطلقة، كما اختلفت عما تعرض له مقدم الدير الكلوني من تبعية تامة لرئيس المنظمة الديرية الأعلى الذي يقيم في الدير المركزي.

وأول دير طبق نظام السسترشيان هو دير سيتو (Citeaux) في مقاطعة برجنديا بفرنسا، الذي أسسه في سنة ١٠٩٨ جماعة من الرهبان البندكتين، الذين رغبوا في حياة أكثر خشونة وصلابة من الحياة الديرية السائدة عندئذ. وقد اصبح مقدم دير سيتو هو الرئيس الأعلى لأديرة المنظمة الديرية الجديدة السسترشيان وله سلطة زيارة الأديرة التي تفرعت عن ديره لمراقبتها والتفتيش عليها، ومن جهة أخرى كان لرؤساء تلك الأديرة الحق في زيارة الدير الأم سيتو وتفقد أحواله، وفي كل سنة كان يعقد مجمع عام في دير سيتو يحضره جميع رؤساء أديرة هذه المنظمة، وكان لهذا المجمع سلطة فعالة في المسائل التي تهم هيئة السسترشيان.

تختلف قاعدة دير سيتو كثيراً عن قاعدة دير كلوني، ويمكن اختصارها بكلمتين (فقر وإماتة).

وتقرر ان تبنى الأديرة في خارج المدن، ويفضل ان تكون في وسط الغابات التي يجب قطعها وإحياؤها للزراعة، ويتألف طعام الرهبان فيها من الخضار والماء فقط، واللباس من بزة فضفاضة يعلوها معطف، وينام الرهبان بلباسهم في مهجع مشترك على فراش ووسادة من القش، ويرى القديس برنار مقدم دير كليرفو (الذي يجسد ابتداء من سنة ١١١٤ حتى ١١٥٣ حركة سيتو الديرية): ان لا يكون للراهب هدف إلا الغوص في تأمل الذات الإلهية، وأن إماتة الجسد تستطيع ان تفجر رؤى الروح.

حث نظام السسترشيان على العمل اليدوي الذي وضع موضع الشرف، وروعي في الأديرة السسترشيانية ان تكون متباعدة في مناطق نائية، وألا تمتلك حقولاً آهلة بالاقنان، حتى ينصرف الرهبان الديريون لفلاحة الأرض بأنفسهم، وهكذا أدى الرهبان السسترشيان خدمة كبيرة للحياة الاقتصادية باستصلاح الغابات والأراضي البور وفلاحتها، فضلاً على تربية الحيوانات المتنوعة.

ومع الزمن أصبحت الأديرة السسترشيانية تمتلك أعظم مزارع الكروم، وأكبر قطعان الغنم والماعز والأبقار والخيول، وغيرها من الحيوانات، ولكن هذا النشاط الاقتصادي وما تبعه من ازدياد ثروة تلك الأديرة أدى إلى تغلب المصالح المادية على

الديريين السسترشيان، فانساقوا في الطريق نفسه الذي انزلقت إليه المنظمات الديرية السابقة: البندكتية والكلونية وغيرهما، فلقد أخذت تتسرب إلى هذه الأديرة عوامل الفساد ومظاهر الترف والجنوح إلى البطالة والكسل، مما أدى إلى انحلال هذه الأديرة وظهور انظمة ديرية جديدة في أواخر العصور الوسطى، ومنها منظمة الرهبان الفقراء أو الرهبان الأخوان[١٨].

الحياة الديرية في أواخر العصور الوسطى:

أدت كثرة الأراضي التي امتلكتها الأديرة إلى ازدياد ثروتها في القرن الثاني عشر، وهذا أفضى إلى تطور المركز الاجتماعي لرهبان الأديرة وآبائهم، ففي ذلك القرن جرت العادة في الأديرة الكبرى ان تقسم ثروة الدير بين مقدم الدير ورهبانه، وقد ترتب على ذلك تحول الرهبان إلى ارستقراطية ممتازة من السادة والملاك. كذلك غدا رؤساء الأديرة أسياداً إقطاعيين كباراً، مما دفع الملوك والأمراء ان يهتموا بأمر تعيينهم في مناصبهم، ليستخدموهم في دعم سياساتهم، وهكذا تحول رؤساء الأديرة إلى شخصيات سياسية، وابتعدوا عن المثل والمبادئ الديرية، مما أدى إلى فساد الحياة الديرية في أواخر العصور الوسطى، وقد استاء من هذا الوضع كثير من المسيحيين المخلصين لمبادئ المسيحية وبساطتها الأولى، فتمخض عن ذلك الاستياء ظهور حركات دينية (هرطقية) من جهة، وظهور منظمات ديرية جديدة، مثل منظمة الإخوان الرهبان (الفرير Frairs)، أو الرهبان الفقراء (Mendicant Orders) من جهة أخرى.

المذاهب الهرطقية:

أهم المذاهب الهرطقية التي ظهرت في القرن الثاني عشر هي: مذهب الألبيجنسيين (الكارتاريين)، مذهب الوالدنسيين. وقد أخذ أنصار هذين المذهبين بمهاجمة رجال الكنيسة والأديرة المترفين وثرائهم الفاحش وبعدهم عن مبادئ المسيحية وبساطتها، ثم تطور هذا الهجوم إلى انتحال آراء جديدة في المسيحية لا تخلو من تطرف وخطورة على رجال الكنيسة والأديرة، لكن البابوية شنت على هذين المذهبين حرباً شعواء انتهت بإخماد حركتهما في أواخر القرن الثاني عشر في جنوب فرنسا،

غير أن البابوية لم تستطع استئصال شأفتهما، بل ظهر أتباع لهما في أوروبا الغربية في القرن الرابع عشر.

كذلك ظهر في القرن الرابع عشر مذهب هرطقي جديد، يدعى مذهب السياطين Flagellants (اشتقاقاً من السوط أي الكرباج الذي يستعمل للجلد)، وقد نشأ ذلك المذهب بنتيجة الذعر الذي أصاب الناس في أوروبا الغربية عندما انتشر الوباء الأسود (الطاعون)، فاعتقد بعضهم ان هذا الوباء مظهر لغضب الله وأخذ هؤلاء يضربون اجسادهم بسياط ربطت اطرافها بقطع من حديد، معتقدين أن من يواظب على هذه العملية ثلاثة وثلاثين يوماً يضمن تطهير نفسه من جميع الآثام، وفي سنة ١٣٤٩ أصدرت البابوية قراراً بالقضاء على هؤلاء السياطين، لكن بقية منهم استمر وجودها حتى القرن الخامس عشر.

الفرانسيسكان والدومينيكان:

عندما فسدت الحياة الديرية والكنسية في القرن الثاني عشر، وجد الراغبون في الإصلاح الديني منفذاً لهم في إنشاء منظمات ديرية جديدة تدعو إلى حياة البساطة، حماية الكنسية من الآراء الهرطقية الخطيرة، ودعم البابوية عن طريق إمدادها بأتباع مخلصين متفانين في خدمة الدين المسيحي، وتمخض عن ذلك تشكل هيئة الرهبان الإخوان (الفرير) التي ظهر منها عدة منظمات ديرية في القرن الثالث عشر، أهمها منظمة الإخوان الفرنسيسكان، ومنظمة الإخوان الدومينيكان.

أسس منظمة الفرانسيسكان القديس فرانسيس الذي حاول واتباعه ان يقتدوا بالمسيح ببساطته، فنبذوا متاع الدنيا، وأخذوا يتنقلون من مكان إلى آخر، مبشرين بتعاليم الإنجيل، معتمدين على ما يجود به عليهم الخيرون من فتات العيش، وحققت تلك المنظمة نجاحاً كبيراً باكتساب انصار كثيرين إلى جانبها، مما جعل البابوية تعترف بها في سنة ١٢٢٣.

وفي الوقت نفسه تشكلت منظمة ديرية أخرى في جنوب فرنسا في منظمة الدومينيكان، التي أسسها القديس دومينيك إسباني الأصل، وقد حاول القديس دومينيك ان يقنع الهراطقة في شمال اسبانيا وجنوب فرنسا بالعودة إلى داخل حظيرة الكنيسة

البابوية، وذلك بالوعظ والتبشير، واتباع أسلوب التقشف، وقد اعترف البابا هونوريوس الثالث بهذه المنظمة في سنة ١٢١٦.

لم تلبث هيئة الرهبان الإخوان، وبخاصة الفرانسيسكان والدومينيكان، ان ازداد نفوذها وكثرت مؤسساتها الديرية، فتخلت عن مبادئها الأولى في الفقر والتقشف، لكن تلك المنظمات أسهمت بقسط كبير في النشاط الثقافي المرتبط بنشأة الجامعات الأوربية، كما قامت بدور كبير في النشاط التبشيري بين المغول في قارة آسيا حتى أطلق على القرنين الثالث عشر والرابع عشر (عصر الرهبان الإخوان) (الفرير).

حركة الإصلاح الديني في القرنين الرابع عشر والخامس عشر:

- حنا ويكلف:

أهم رجلين في أواخر العصور الوسطى مهدا لحركة الإصلاح الديني البروتستانتية التي تزعمها مارتن لوثر (١٤٨٣-١٥٤٦) فيما بعد هما: حنا ويكلف، وحنا هس، تلقى حنا ويكلف الإنكليزي (١٣٢٨-١٣٨٣) تعاليمه من جامعة اكسفورد، ثم صار مدرساً وباحثاً فيها، حيث وضع عدة أبحاث مهمة حول العلاقات بين السلطتين العلمانية والكنيسة، وحول الملكية، فهو يرى ان الله وحده هو الذي له ملك السموات والأرض، وأن جميع عباده الصالحين لهم حق ملكية الأرض، كما أن هذه الملكية حق مشاع عام بينهم، وعلى هذا طالب حنا ويكلف ان تتخلى الكنيسة عن معظم أملاكها، وتحتفظ ببعضها، إذا كانت قادرة على استغلالها استغلالاً طيباً، وفي هذه الحالة يجب على الملك أو الامير ان يحدد الجزء الذي تحتفظ به الكنيسة من ممتلكاتها، ويقول حنا ويكلف إن ثروة الكنيسة عامل من عوامل إفقار الدولة، كما يعيب على رجال الدين اشتغالهم بالسياسة والإدارة وعدم تفرغهم لواجباتهم الدينية، وكذا عد الرهبان الديريين فئة من المتعطلين الذين يعيشون عيالاً على المجتمع، وقد طلب البابا غريغوري الحادي عشر من ملك انكلترا إدوار الثالث ان يكافح تعاليم حنا ويكلف ويحبسه، وانتهى الأمر بطرد ويكلف وانصاره من جامعة اكسفورد، فاعتزل في قرية حتى مات في سنة ١٣٨٣.

أما آراء حنا ويكلف في اللاهوت، فتقوم على أساس تعاليم القديس أوغسطين ومنها الاعتقاد بمبدأ القدر، فقد رأى ويكلف ان بعضهم قدر له الخلاص والرحمة، في حين قدر لبعضهم الآخر الهلاك واللعنة الأبدية، (وقد يكون البابا من الفريق الآخر)، كذلك رأى حنا ويكلف ان أسلوب المسيحية في الحياة يجب ان يستقى من الإنجيل نفسه، لا من تعاليم رجال الدين والكنيسة، وعلى هذا قام مع جماعة من أعوانه بترجمة الإنجيل من اللاتينية إلى الإنكليزية ليكون في متناول كل مسيحي، وهذا الأمر كان له أثر كبير في التمهيد لحركة الإصلاح الديني- البروتستاني فيما بعد.

وعدت الكنيسة والبابوية آراء ويكلف هرطقية، لأنها مناقضة لآراء الكنيسة وتعاليمها، كما أنه من الناحية الاقتصادية تحرم الكنيسة من أملاكها ومواردها المالية، ومن الناحية الدينية اللاهوتية تهدم السلطة الروحية للكنيسة.

وعلى الرغم من مقاومة الكنيسة لتعاليم حنا ويكلف، فقد أخذت تلك التعاليم تنتشر في انكلترا في حياة ويكلف وبعد مماته، وقد أطلق على اتباع تعاليم ويكلف اسم اللولارديين Lollards، وعندما ازداد عدد اللولارديين أصدر البرلمان الإنكليزي في سنة ١٤١٠ في عهد الملك هنري الرابع قانوناً يقضي بتسليم اللولارديين إلى الكنيسة لمحاكمتهم، فمن أدين منهم أحرق حياً بوساطة السلطة الزمنية، وعلى هذا اخذت اللولادرية بالاختفاء في انكلترا تدريجياً، وإن بقي لها بعض الأنصار السريين.

لكن تعاليم حنا ويكلف اللولاردية سرعان ما انتقلت من انكلترا إلى بوهيميا في المانيا في أواخر القرن الرابع عشر، كما انتقلت إلى تشيكيا في مستهل القرن الخامس عشر على يد جيروم البراغي أحد أساتذة جامعة براغ المتحمسين لتعاليم حنا ويكلف، وقد تخوفت الكنيسة التشيكية من انتشار تعاليم حنا ويكلف في الأوساط الجامعية، فأصدرت قراراً في سنة ١٤٠٣ بإعدام هذه التعاليم ووصم اتباعها بالهرطقة، وكان بعض الأساقفة المثقفين احتجوا على قرار الكنيسة التشيكية وعارضوه، وكان على رأس المعارضين الاسقف التشيكي حنا هس.

- حنا هس (١٣٧٠-١٤١٥):

حصل حنا هس على إجازة في اللاهوت في سنة ١٣٩٣، ثم على الماجستير

في الآداب من جامعة براغ بعد قليل، وبذلك جمع دراسته بين تعاليم الإنجيل والفلسفة اليونانية، وبخاصة تعاليم أرسطو، وقد عرف حنا هس بفصاحته وتحمسه للإصلاح الديني، فاتخذ الوعظ والإرشاد وسيلة لشن هجومه على المفاسد في الكنيسة وحيال رجال الدين، وقد تأثر حنا هس بتعاليم حنا ويكلف حتى عد تلميذاً له، إلا أنه لم يعتنق جميع تلك التعاليم، وواصل حنا هس هجماته العنيفة فأصدر أمراً بمنع أساتذة الجامعة من الوعظ والإرشاد، كما وضع براغ نفسها تحت الحرمان الكنسي.

انتقد حنا هس البابوية في إصدارها صكوك الغفران وتوزيعها على كل من يسهم في الحملة الصليبية التي شنها البابا حنا الثالث والعشرون ضد لادسلاس ملك نابولي، كما قال إن صكوك الغفران ليست من الدين في شيء، وإن جميع الأوامر البابوية تعد ملغاة إذا كانت تتعارض مع تعاليم المسيح، وترتب على ذلك أن وقع البابا قرار الحرمان الكنسي على حنا هس، فطرد هس وأعوانه من جامعة براغ ورحل إلى منطقة ريفية في بوهيميا.

وعندما عقد مجمع كونستانس لينظر في آرائه، قبض عليه ثم أعدم حرقاً بالنار في سنة ١٤١٥، كما أعدم بعد عام جيروم البراغي الذي أتى إلى مجمع كونستانس لمساندته، وترتب على إعدام حنا هس اضطرابات وثورات عديدة قام بها أنصاره ضد سلطة الملك البوهيمي سيجيموند، ولم يهدأ الموقف في بوهيميا إلا في سنة ١٣٤٣ عندما أنهى النبلاء الهسيون والكاثوليك ما بينهم من خلافات، ومع ذلك فقد ظلت الأوضاع السياسية مضطربة في بوهيميا بقية القرن الخامس عشر، كما اعتلى عرشها أكثر من ملك يدين بالعقائد الهسية.

مساوئ الديرية:

وجه بعض الباحثين انتقادات متنوعة إلى الحياة الديرية، نذكر بعضها:

١- قامت الحياة الديرية في أساسها على شعور الأنانية المستتر خلف حجاب الدين، فكل راهب يفكر في إنقاذ نفسه وتجنيبها الضلال، أكثر مما يفكر بغيره من الناس.

٢- يهجر الراهب العالم ويلوذ بديره؛ هرباً من مواجهة صعاب الحياة، دون ان يجهد نفسه بالعمل على تقويم ما في الحياة من انحراف.

٣- أصبحت الحياة الديرية عاملاً من عوامل التفكك الأسرة، حيث رأى الديريون أن خير طريقة ينجون بها من عذاب النار في الآخرة هي ان يتركوا آباءهم وازواجهم وابناءهم ويلجئوا إلى الأديرة.

٤- أدى نشاط الحركة الديرية إلى شلل كبير في مرافق الحياة العامة، حيث هجر الكثيرون حقولهم ومصانعهم ومتاجرهم ووظائفهم لينخرطوا في سلك الديرية.

٥- إن التحاق أعداد كبيرة من الشباب بالحياة الديرية أفقد الحكومات قسماً من الطاقة البشرية الصالحة للخدمة العسكرية، ومبلغاً كبيراً من المال، لأن الرهبان لا ينخرطون في الجيش، ولا يدفعون الضرائب.

٦- أدى التزام الديريين بحياة العزوبة إلى نقص في عدد أفراد المجتمع، اذ لا بقاء لمجتمع يعيش على العقم، ومن جهة ثانية كانت العزوبة مدعاة للرذيلة والشذوذ الجنسي في بعض الأحيان.

٧- فاق عدد الرهبان غيرهم من المسيحيين في شدة تعصبهم ضد الوثنيين، فعملوا بحماس على تدمير التراث الحضاري الكلاسيكي المرتبط بالوثنية، كتدمير المعابد الوثنية، وحرق المكتبات التي تحتوي على علوم الأولين وآدابهم، بالاضافة إلى تحريض السلطات والغوغاء على سفك دماء رجال الفكر الوثنيين، كما حدث للفيلسوفة هيباشيا Hypatia.

فضائل الديرية والدور الحضاري للأديرة:

أشار بعض الباحثين إلى مساوئ الحياة الديرية، لكنهم في الوقت نفسه تحدثوا عن فضائلها والدور الحضاري الذي قامت به الأديرة في أوروبا في العصور الوسطى، ولا شك في أن سعة انتشار الحركة الديرية في أوروبا بصورها المتنوعة قد ترك أثراً واضحاً في جميع مناحي الحياة في العصور الوسطى، لقد أسهمت الأديرة بدور كبير في الحياة الدينية والثقافية والاقتصادية والاجتماعية.

١- دور الأديرة في الحياة الدينية

لم يقم بنشر الديانة المسيحية الأباطرة والملوك وحدهم، وإنما كانت بعثات الديريين وجهودهم تساند جيوش الحكام وتسير في ركابها لتنشر الديانة المسيحية بين

الشعوب الوثنية، وقد تحدثنا من قبل عن دور الأديرة البندكتية والرهبان البندكتين في نشر المسيحية في إنكلترا، وبخاصة القديس أوغسطين مبعوث البابا غريغوري الأول صاحب البعثات التبشيرية المعروفة، كذلك تحدثنا عما قامت به الأديرة الكلتية الايرلندية من جهود تبشيرية واسعة النطاق بين الوثنيين داخل جزيرتهم وخارجها، في كل من فرنسا والمانيا وإيطاليا وغيرها، وقد حقق الرهبان الديريون على اختلاف انظمتهم الديرية نجاحات واسعة في مهماتهم التبشيرية بين الشعوب البربرية الوثنية، وبخاصة بعد أن تلقوا الدعم والعون من الأباطرة والملوك والبابوات.

٢- دور الأديرة في الحياة الثقافية:

ظلت الاديرة طوال العصور الوسطى المراكز الأساسية للثقافة والتعليم، فيها تنسخ الكتب، وفي مدارسها يتعلم الصغار والكبار، واذا حاولنا ان نضع سجلاً لرجال الأدب والمعرفة في العصور الوسطى، وجدناهم جميعهم تقريباً من الديريين، وعلى هذا يمكننا ان نصف ثقافة تلك العصور بأنها ثقافة ديرية بكل معنى الكلمة في وسط مظاهر الفوضى وعدم الاستقرار السياسي والاجتماعي التي سادت أوروبا الغربية في العصور المظلمة.

وظلت الاديرة تمثل عنصر الاستقرار الوحيد في المجتمع الأوروبي، وتعمل بالتالي على نقل التراث الحضاري من السلف إلى الخلف، فلولا الاديرة لتناقض التراث الثقافي الذي خلفته لنا أوروبا في العصور الوسطى إلى حد كبير، لأن الديريين هم الذين حفظوا ذلك التراث من الضياع، واستمروا يضطلعون بمهمة التعليم حتى مطلع النهضة الأوروبية لتحمل لواء العلم والمعرفة، ولولا المدارس الديرية وتشغيلها النساخ بنسخ المؤلفات القديمة لما وصلنا شيء من التراث الكلاسيكي الوثني، لقد قام رهبان الأديرة بصون المخطوطات ونسخها؛ حفاظاً عليها من الضياع، كما ان بعض الاديرة استأجرت نساخاً من خارج الدير للعمل إلى جانب الرهبان في نسخ الكتب والمخطوطات وزخرفتها وتزيينها، وصارت الأديرة أشبه ما تكون بخزائن لحفظ الكتب والمخطوطات النادرة، وحافظت الأديرة على تلك الكنوز الثقافية طوال العصور الوسطى، على الرغم من الغارات البربرية والحروب الأهلية وأعمال النهب والسلب.

ويرجع الفضل في كثير مما لدينا من معرفة إلى الرهبان الديريين، الذين عكفوا على نسخ المخطوطات العسيرة القراءة، تحت ضوء شمعة خافته في قلاية (كنيسة أو دير) ملؤها البرد والزمهرير، لا يبتغون شيئاً سوى ان تحظى جهودهم بمرضاة الـلـه.

ونحن ندين بكثير مما نعرف عن العصور الوسطى إلى كتب الحوليات التاريخية التي ألفها الديريون باللغة اللاتينية، فالديريون هم الذين دونوا أخبار القرون الواقعة بين الغزوات البربرية والجرمانية وقيام الجامعات الأوروبية في النصف الثاني من القرن الثاني عشر الميلادي، حين كانت مكتبة الدير Scriptorium دون غيرها آمن الأمكنة للدرس والكتابة، وان بعض الأخبار التي دونها الكاتب الديري لم تخل من الحيوية ووجود الإسناد، كما لم تعجز الاديرة عن أن تنجب مؤرخاً بمعنى الكلمة بين حين وآخر، ويأتي على رأس هؤلاء المؤرخين المؤرخ الإنكليزي بدي Bede (٦٧٥-٧٣٥).

وقامت الأديرة - وبخاصة البندكتية - بإنشاء المدارس الديرية التي يعمل فيها الديريون وغير الديريين من الذكور والإناث، لقد أدى انهيار الدولة الرومانية إلى زوال مدارس الدولة ومدارس البلديات، كما أن المدارس الأسقفية التي أنشأها الأساقفة في المدن لم تستطع ان تجاري بنشاطها المدارس الديرية، على هذا صار التعليم في العصور الوسطى ديرياً إلى مدى بعيد، حيث احتوت الأديرة البندكتية على مدارس عظيمة الأهمية.

فدير مونت كاسنيو أضحى في القرن الحادي عشر مركزاً أساسياً لدراسة اللاهوت والعلوم الكلاسيكية فضلاً على القانون والطب والأدب والنحو، أما دير بك Bec في فرنسا فقد قام بنشاط علمي يضيق المقام عن شرحه، كذلك صارت الأديرة الكلتية الايرلندية مركزاً للعلوم الكلاسيكية الرومانية واليونانية، ومنها امتد ضوء الحضارة إلى غرب أوروبا ليثير ما يعرف باسم النهضة الكارولنيجة في عهد شارلمان.

هذا، وقد ظلت برامج الدراسات التي وضعها الديريون في العصور المظلمة باقية ليعتمد عليها رجال الجامعات الناشئة في القرن الثاني عشر، ويمكننا القول بشيء من التحفظ: إن نحو تسعين بالمائة من المتعلمين بين عامي ٦٠٠-١١٠٠ تلقوا تعليمهم في المدارس الديرية.

دور الأديرة في الحياة الاقتصادية:

شارك الديريون مشاركة فعالة في عملية الانتاج الاقتصادي (الزراعي والصناعي والتجاري وتربية الحيوانات) في أوروبا الغربية، حيث قام الرهبان بتعمير الأرض الجديدة التي استقروا بها فزرعوها بعد إصلاحها، كذلك عملوا في تجفيف المستنقعات واستصلاح الغابات، وقد نقل الرهبان أيضاً التقاليد الرومانية والمتعلقة بالزراعة وحافظوا على المؤلفات الزراعية التي وضعها الكتاب الرومان.

وكانت الأديرة من المؤسسات الدينية التي منحها ملوك أوروبا كثيراً من الإعفاءات والامتيازات، فامتلكت أكبر نسبة من الأراضي الزراعية في العصور الوسطى، وهكذا صار الديريون أقدر الملاك الزراعيين وأكثرهم خبرة وكفاية، وتشهد سجلات الأديرة على مدى العناية والكفاية التي كانت الأديرة تدير بها ضياعها وممتلكاتها الواسعة. وقد عمل الديريون الكثير من أجل السمو بالعمل الزراعي، فأضفوا عليه مكانة معنوية واجتماعية لم تتهيأ له في العصور الرومانية السابقة، لقد كان الرومان يحتقرون العمل اليدوي، ويعدونه وقفاً على العبيد. أما النظام الديري البنتدكتي فقد وضع العمل في منزلة العبادة وجعله جزءاً أساسياً من حياة الديريين، لقد قال القديس بندكت: العمل عبادة والكسل عدو الروح، كما خصص في نظامه للرهبان ست ساعات يومياً للعمل اليدوي، وبذلك أصبحت الديرية عاملاً ايجابياً منتجاً في المجتمع، ولم تعد كما اتهمها بعضهم قديماً مأوى للمتعطلين وملاذاً للكسالى الهاربين من أعباء الحياة وتبعاتها. زيادة على ذلك دخل في الحياة الديرية عدد من الأمراء والنبلاء والمثقفين، ومثل هؤلاء عندما يمسكون الفأس ويعملون في الأرض كانوا يضربون لغيرهم من الناس في البيئات المجاورة مثلاً فريداً عن أهمية العمل في الحياتين الاجتماعية والاقتصادية. إلى جانب العمل الزراعي أسهم الديرون بقسط كبير في الميدانين الصناعي والتجاري، حيث أضحت أديرة كثيرة مراكز صناعة روعي فيها التخصص في العمل، ومن هذه الأديرة دير كوربي الذي كانت به أربعة مصانع يدوية صغيرة (ورش)، ودير سانت روكوبير الذي قامت حوله مدينة صناعة تصنع فيها السروج والاسلحة والجلود وغيرها، كذلك اشتهرت بعض الأديرة في نسج المنسوجات وصباغتها ودبغ الجلود وصناعتها.

واهتم الرهبان السسترشيان بتربية الخيول والمواشي، فاشتهرت أديرتهم في بوركشير بصناعة الصوف وتجارته، وكذلك اشتهر ديرهم الرئيس في سانتو في برجنديا بمزارع الكروم وصناعة النبيذ وتجارته، على أن هذا النشاط الاقتصادي وما تبعه من ازدياد ثروة السسترشيان، سرعان ما أدى إلى تغلب الروح التجارية على هذا الفريق من الديريين، مما أفضى إلى فساد أديرتهم وانحلالها.

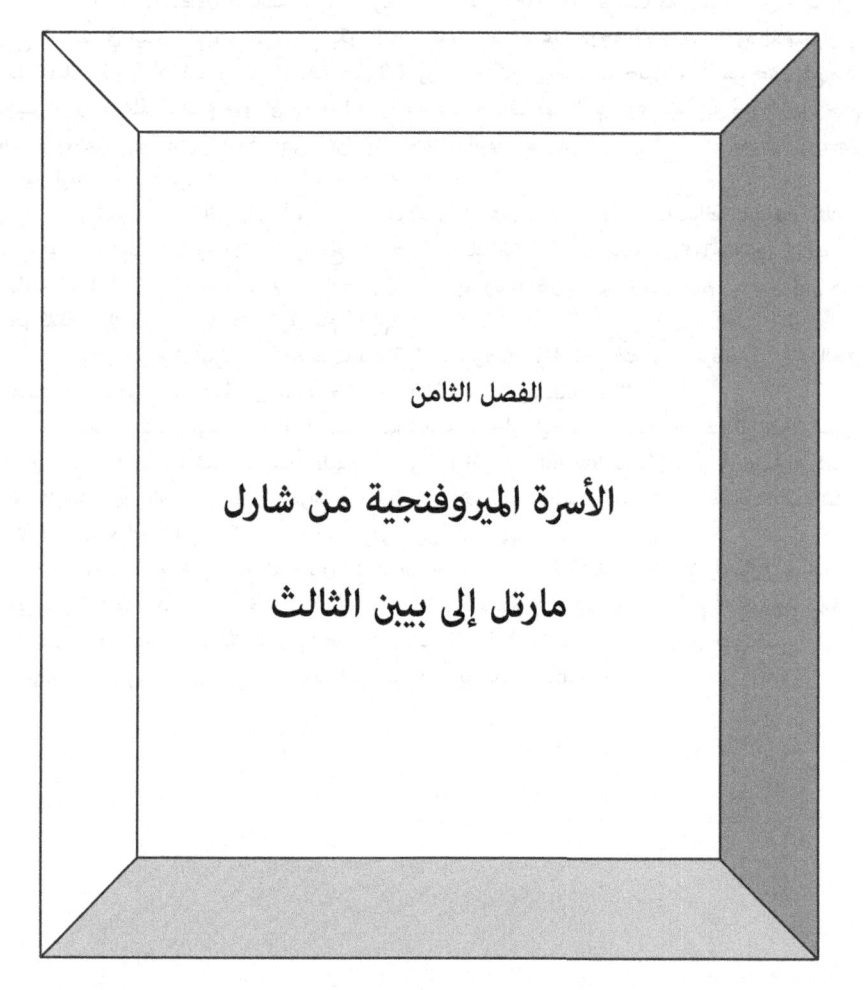

الفصل الثامن

الأسرة الميروفنجية من شارل مارتل إلى ببين الثالث

- ببين الهرستالي (ت ٧١٤م):

تناولنا في الفصول السابقة تاريخ الفرنجة حتى عام ٦٨١م حين فشلت محاولة ابروين - بموته - وضع السلطة في أيدي ملوك نوستريا، ولم يكن النظار الذين خلفوه على درجة كافية من القوة للاستمرار في هذا النضال الذي بدأه، كما أن سوء تصرف نظار القصور الجأ الكثير إلى صفوف جيش اوستراسيا حتى بلغ هذا الجيش أخيراً مرحلة استطاع فيها أن يغزو، لأن وضعه على ضفاف نهر الراين وعلى مقربة من البرابرة حتم عليه ان يحتفظ بقوة ضاربة كبيرة، وهي القوة التي افتقرت إليها نوستريا, وكان من شأن هذا الجيش ان يعجل بانتصار اوستراسيا لولا ابروين.

والمهم ان بيبن الهرستالي أصبح بعد معركة ترترى عام ٦٨٧م سيداً على الممالك الفرنجية الثلاث، وهي اوسترسيا ونوستريا وبرجاندية، وسمح للمالك ثيودريك الثالث ملك نوستريا (٦٧٣-٦٧٨م) ان يحكم الممالك الثلاثة ٦٧٨-٦٩١م، وهكذا لم يعد العرش إلى اوستريا، ولكنه ظل في نوستريا، وحكم مع بيبن على هذا النحو ثلاثة ملوك من الفرنجة حتى توفي عام ٧١٤م.

وكان من حق أسرته وراثة منصب نظارة القصر، وهذا أمر لا نزاع فيه، وعند وفاة بيبن ترك الحق لحفيده، وهو طفل في السادسة من عمره تحت وصاية أرملته بلكترود Plectrude.

وحاول سكان نوستريا استغلال تولي هذا القاصر للنظارة ليحرروا أنفسهم من سلطة الاوستراسيين، فهزموا اوستراسيا ونصبوا شيلبريك ملكاً عليهم، وعينوا راجانفرد Raganfred ناظراً للقصر في نوستريا، كما لم يرض الأوستراسيون الخضوع لطفل وامرأة، فاعترفوا بابن آخر لبيبن الهرستالي هو شارل المعروف باسم شارل مارتل Charles Martel، يرى البعض انه ابن شرعي لبيبن الهرستالي.

تحالف النوستريون مع الفريزيان لكي يضعوا اوستراسيا بين فكي كماشة، وهزم شارل مارتل في المعركة الأولى عام ٧١٦م، ولكنه فاجأ الغزاة في العالم التالي وانتصر عليهم في فينسي Vincy عام ٧١٧م، ولم يتوقف شارل مارتل بعد هذا النصر للاحتفال به طبقاً للعادات الجرمانية، بل لاحق النوستوريين حتى أسوار باريس وهزمهم، ولجأ النوستوريون إلى أكويتين وتحالفوا مع دوقها يودس Eudes، وكان

مصير هذا التحالف الفشل مثل التحالف الأول، فقد هزمهم شارل مارتل عند مدينة سواسون عام ٧١٨م، ولم يكتف شارل مارتل بذلك، بل طاردهم حتى أورليانز، وفي نهاية الأمر سلم يودوس حليفه شيلبريك الثاني إلى شارل مارتل الذي اعترف به ملكاً على كل الفرنجة، وظل شيلبريك ملكاً حتى ٧٢٠م.

كان هذا الانتصار مكملاً لانتصار بين الهرستالي في معركة ترترى عام ٦٨٧م، وعلامة على النصر النهائي لأوستراسيا وبداية عهد جديد في تاريخ الفرنجة، وواقع الأمير ان كل المؤسسات الفرنجية قد انهارت ولم يقدر لنظام جديد ان يظهر ويتبلور، فقد كانت البلاد ممزقة وأقاليم الحدود معرضة إما للغزو أو الاستقلال، حتى أصبح من الصعب وضع حدود لدولة الفرنجة في هذه المرحلة.

وفي الداخل كان الصراع بين نوستريا واوسترسيا، فضلاً على الصراع بين الملوك والنبلاء ونظار القصور واختلطت الأفكار الرومانية بالأفكار الجرمانية، وقد أخذ مركز الأحرار في التدهور وتطاولت الاستقراطية العسكرية وكسبت مزيداً من القوة والسلطة، كما كانت الملكية باقية دون سلطة، وجمع نظار القصور كل السلطة بدون ان يكون لهم حقوق الملوك، وهكذا بدت كل عناصر الدولة مختلطة ومضطربة.

- شارل مارتل (ت ٧٤١م):

وفي هذه المرحلة ظهرت الأسرة الكارولنجية - ذات الأصل النبيل- التي تمكنت من إقرار النظام في مثل هذه المرحلة، ويتصدر هذه الأسرة شارل مارتل وبين القصير وشارلمان، وقد عمل الثلاثة من أجل وحدة وتقوية دولة الفرنجة سواء بالحرب أو بالسلم.

سدد شارل مارتل ضربات سريعة للأطراف البعيدة، وظلت حملاته مستمرة بين الشمال والجنوب، فحارب البافاريين، ثم قام بسلسلة ثانية من الحروب ضد الفريريان، وثالثة ضد السكسون، ولكن أشهر غارات شارل مارتل العسكرية والتي أعطت شارل مارتل اسم المطرقة هي انتصاره على المسلمين، وقد اجتاح المسلمون اسبانيا عام ٧١١م. وفي عام ٧٢٠م عبروا جبال البرانس وفتحوا ناربون Narbonne، وفي عام ٧٣٢م توغل المسلمون حتى مدينة تور، واسرع شارل مارتل للقاء المسلمين،

وفي معركة تور أو بواتيه انتصر شارل مارتل على المسلمين في العام نفسه، وقتل في هذه المعركة عبد الرحمن الغافقي قائد الحملة، وترتب على نتائج هذه الحملة نتائج متعددة في العالم الأوروبي والعالم الإسلامي، ففي العالم الإسلامي وضعت حداً لتقدم المسلمين في أوروبا من هذا الجانب، أما في العالم الغربي فكان صداها كبيراً ورفعت من قدر الدولة الكارولنجية ومن اسم شارل مارتل بصفة خاصة، ونظر إليه الفرنجة نظرة إجلال وإكبار، وقد ساعده كل هذا على توحيد صفوف الفرنجة.

- المجتمع الكنسي:

كانت العصور الوسطى بسيدين هما البابا والإمبراطور، وهاتان القوتان جاءت احداهما من روما وهي البداية، والثانية من فرنسا الأوستراسية، ولقد رأينا كيف ان ناظري أوستراسيا ببين الهرستالي وشارل مارتل اعادا بناء مملكة الفرنجة ومهدا الطريق لإمبراطورية تولى أمرها شارلمان فيما بعد، وإذا انتقلنا إلى روما نجد أنها جمعت حولها كل كنائس الغرب، ووضع البابا نفسه على رأس هذا المجتمع الكاثوليكي ومهد الطريق لخلفائه ليدعوا أنهم أصحاب السيطرة الوحيدة على هذا المجتمع.

وقد ساعد الكنيسة على تبوّء هذه المكانة إلى جانب المكانه الروحية زوال الإمبراطورية الرومانية، وتعثر الأمم البربرية في بناء دول ذات قوة، ومن نجح منهم مثل الفرنجة كانت تنقصهم الخبرة فتعثروا في محاولاتهم، ومع هذا الإخفاق المتلاحق للدول البربرية أخذت الكنيسة تنمو ببطء، ولكنه كان نمواً متيناً عبر القرون، وواصلت الكنيسة النمو واكتسبت مزيداً من القوة من حيث الاتساع والوحدة، نتيجة عوامل متعددة.

وقد ساعد الكنيسة النظرية البطرسية Petrine Theory، وهذه النظرية تقول ان القديس بطرس باعتباره امير الرسل قد عهد إليه بالسلطة العليا على الكنيسة، وقد سلم بطرس مكان الصدارة هذا لخلفائه أساقفة روما، الذين بحكم مركزهم يجب ان تكون لهم الزعامة على الكنيسة وعلى سائر الأساقفة، والفقرة التي بنيت عليها هذه النظرية توجد في انجيل متى (الاصحاح ١٦ فقرة ١٨) التي تقول: "انت البطرس وعلى هذه الصخرة أبني كنيستي".

وعلى أية حال فقد انتشر الإنجيل بمواعظ الرسل وتلاميذهم في العالم الروماني، وبات المسيحيون يشكلون نوعاً من المجتمع العريض داخل الإمبراطورية، وابتداء من بريطانيا حتى ضفاف الفرات كان أي مسيحي مسافر ومعه خطاب من الأسقف يجد حيثما حلّ العونَ والحماية في الطريق، فكان يجد المساعدة المادية ان كان فقيراً، والعون ان كان مريضاً، وكانت علامة الصليب تحل محل الكلمات، وتفاهم المسيحيون جميعاً بصرف النظر عن اللغة أو الدولة التي ينتمون إليها؛ لأنهم جميعاً من اسرة واحدة وهي الأسرة المسيحية.

لقد نظم المجتمع نفسه أيام الاضطهاد الوثني على نظام صارم وتسلسل رئاسي منظم في غاية الدقة، لقد تحولت الأقاليم الرومانية إلى اسقفيات حكمها الاساقفة يليهم القساوسة، وكان الاسقف في البداية يُعَيَّن بمعرفة الرسل ويكرسون بوضع الأيدي، وعندما كثر عدد الداخلين في الدين الجديد، كان يتم اختيارهم بمعرفة مسيحيي المنطقة، وينصبون بمعرفة الأساقفة في المنطقة ذاتها، ويصدق المطران على سلطانهم.

وتوضح خطابات سيدونيوس أو ليناريس Sidonius Apollinaris انه في مدينة شالون Shalons وبروج Bruges في القرن الخامس كانت الانتخابات تتم بالتصويت الشعبي، وفيما بعد نال رجال الدين نصيباً أكبر من الانتخابات الكنسية ومالوا إلى استبعاد العامة، ولكن ما فقده العامة في هذا الصدد اكتسبوه بفرض السلطة الملكية على الكنيسة.

وقسمت المناطق إلى اسقفيات يتولى أمرها الأساقفة، وانقسمت الأسقفيات إلى ابرشيات يتولى أمرها كاهن الأبرشية أو القس، وكانت الابرشيات مجتمعة تكون الاسقفية، والاسقفيات المتحدة تؤلف كنيسة المنطقة التي يرأسها المطران، وفوق المطارنة نجد البطاركة، وكان البطاركة في العواصم الكبرى وهي القسطنطينية والاسكندرية وانطاكية وروما والقدس ومدينة قيصرية قبادوقية وقرطاج في تونس وهرقلية في تراقيا، وكانت روما تعلو هذه الكراسي الرسولية بدرجة واحدة، ومن هذه النقطة المتميزة كانت تمارس سلطة عليا اعترفت بها كل الكنائس في مراحل متفاوتة.

وواقع الأمر ان التنظيم الكنسي لم يتم دفعه واحدة، بل على مراحل متعددة وضعت خلالها سلطات واضحة ودقيقة، وفي خلال القرنين الخامس والسادس وفي ظل حكم ملوك البرابرة احتفظ الاساقفة بنفوذهم الذي اكتسبوه في ظل الإمبراطورية الرومانية في المدن التي كثيراً ما حافظوا عليها من الدمار خلال الغزو بعلاقاتهم مع الزعماء الجرمان، وعملوا على توسيع هذا النفوذ، كما عزز من مكانة رجال الدين ثقافتهم ورفع مكانتهم لدى الملوك البرابرة، وهكذا نمت الكنيسة واجتمعت خمس وعشرون جمعية دينية في بلاد الغال في القرن الخامس، واربعة وخمسون في القرن السادس، ولكن هذا النفوذ ضعف في القرن السابع، ولم نسمع إلا عن عشرين مجلساً، وقل كثيراً في القرن الثامن، فلم يكن هناك سوى سبعة مجالس في فترة امتدت عشرين عاماً، ويرى البعض ان هذا الضعف مرجعه إلى دخول بعض أشراف البرابرة في السلك الكنسي، مما ترتب عليه الجهل والأغراض الدنيوية التي لا تتلاءم مع المصالح الدينية [١٩].

- الرهبانية:

كان الهدف من نظام الأديرة قيام حياة أنقى وأكثر طهارة من الحياة العادية التي يحياها المسيحيون بصفة عامة، وفي بداية الأمر لم يكن الرهبان ضمن تعداد رجال الدين، كما كان الرهبان انفسهم لا يرغبون في ذلك، لقد كانوا من عامة الشعب المسيحي ممن يطمحون في أن يصلوا بالفضيلة إلى حدودها القصوى.

وبدأت الرهبانية في مصر ثم سوريا، واستسلم الرهبان لحياة قاسية من الصوم والحرمان، ومن هذه الأمثلة القديس سمعان العمودي St. Simon the Stylite.

والحق أن أمثلة من هذه المغالاة كانت تشاهد أحياناً في الغرب الأوروبي نتيجة الطابع البربري، ولكن رهبان الغرب بصفة عامة قاموا بما هو أفضل من مجرد تسليم أنفسهم للزهد والصيام، ففي وسط الاضطراب الذي سببه الغزو البربري فتحوا الملاجئ للاجتماع فيها، ووجدوا فيها الراحة والسكينة التي عزت في اماكن أخرى، كانت هذه الملاجئ خلال القرن الخامس توجد في أديرة القديس فيكتور St. Victor في مرسيليا وأديرة ميلان وتور، وفي هذه الأديرة دارت محاورات حول القضاء والقدر، والنعمة

الإلهية والخطيئة، وفيها أيضاً عدلت قوانين الأديرة لتلائم طبيعة واحتياجات المناخ الأوروبي.

وفي بداية القرن السادس قام القديس بندكت النورسي Benedict of Nursia (٤٨٠-٥٤٣) واعتزل في سن مبكرة، واشتهر بالورع والتقوى والتف حوله حشد من الرهبان، فانسحب إلى مرتفعات مونت كاسينو Monte Cassino، ووضع قانون في عام ٥٢٩م. وبذلك اعطى بندكت شكلاً محدداً للنظام الديري في الغرب الأوروبي، وفي هذه القواعد ورد تقسيم وقت الراهب ساعة بساعة ما بين العمل اليدوي والعقلي، من زراعة وقراءة ونسخ مخطوطات الخ.

وظهر بعد القديس بندكت شخصيات أخرى لعبت دوراً كبيراً في الرهابنة ونظامهما في العصور الوسطى، نذكر منهم القديس بندكت الايناني Benedict of Aniane (٧٥٠-٨٢١)، وقد آثار بندكت هذا قدراً عظيماً من النقاش حول المكانة التي يحتلها الراهب في المجتمع الديني، فقد كان الرهبان يرغبون بأن يكونوا مسؤولين أمام رئيس الدير، ولكن النزعة نحو التنظيم التي تجلت في كل مكان جعلتهم يخضعون للأساقفة، وكان هذا أمراً ضرورياً للحفاظ على النظام ولقمع الرهبان الخارجين على النظام، لأن مجمع خلقدونية الذي عقد عام ٤٥١م أمر بإخضاع الرهبان لسلطة الأساقفة، وأيد هذا الإجراء عدة مجالس أخرى، كما حدث عام ٥٠٦م.

وفي عام ٧٨٧م أعطي الحق لرؤساء الأديرة في إضفاء أقل الرتب على الرهبان الذين تحت إمرتهم، فلم يبق راهب ليس بقسيس في الوقت ذاته.

ومنذ بداية التنظيم الكنسي كان لكلمة خليفة القديس بطرس واسقف المدنية الخالدة روما السلطة العليا، لقد كان يستفتى في كل أمر موضع الشك، وكان يعتبر منذ وقت مبكر ممثلاً للوحدة الكاثوليكية، واعترف المجلس العام الذي عقد في القسطنطينية عام ٣٨١م بسمو هذا المركز، وأصبح لأسقف القسطنطينية المركز الثاني، وإن كلمة Pope التي كانت تطلق بصفة عامة على كل الاساقفة اقتصر استعمالها على من يشغل الكرسي البابوي في روما دون غيره.

كان أسقف روما يمتلك قدراً كبيراً من الأملاك في روما وفي سائر ايطاليا، كما اكتسب بعض هذه الأملاك في البلاد الواقعة وراء جبال الألب، وأصبح أسقف روما مسؤولاً عن إدارة هذه الأملاك، وفي روما نفسها – وهي أشهر مدن العالم- كان له السلطان القوي الذي منحه للأساقفة أثناء نظام المجالس البلدية في بداية القرن الخامس الميلادي وحتى سقوط الإمبراطورية في الغرب.

وزاد من نفوذ بطريق روما ما قام به البطارقة من تصريف الشؤون العامة في أوقات الغزوات البربرية، ولمع منهم ليو الأول (٤٤٠-٤٦١م) عندما نجح في صد قوات الهون بزعامة أتيلا، وقيام الإمبراطور الشرقي فالنتينان الثالث بإصدار مرسوم تعهد فيه (بأن الكنيسة كلها تعترف برئيسها الروحي للمحافظة على السلام في كل مكان).

ورغم أن القوط الشرقيين عاملوا كنيسة روما بكل احترام إلا أنها لم تحقق أي تقدم في عهدهم، ولكن عندما انكسرت شوكتهم في عام ٥٣٦م وعادت روما مرة أخرى لسيطرة الإمبراطور الشرقي، كفل لها الإمبراطور مستقبلاً زاهراً.

وعندما تدفق الغزو اللمباردي لم يعد الوالي الذي عهد إليه الإمبراطور الشرقي يحكم الأقاليم الإيطالية التابعة له، فقد كان له فقط سلطة مباشرة القوات العسكرية وكونتات نابلي وروما وجنوة وغير ذلك، ولم يعد الوالي قادراً على بسط سلطته على الشاطئ الغربي لإيطاليا، واقتصر على رافنا، وأصبح يفصل بينه وبين روما العناصر اللمباردية التي استولت على مدينة سبولتو Spoleto.

وفي هذه المرحلة الحرجة ظهر البابا جريجوري العظيم (٥٩٠-٦٠٤م) سليل أحد الأسر النبيلة، فجمع بين عراقة الأصل وجلال المنصب وذكاء العقل، وعندما تولى جريجوري هذا المنصب طرح نفسه مباهج الحياة واهتماماتها، وكانت خبرة جريجوري بهذا المنصب كبيرة، فقد أرسل إلى القسطنطينية حوالي عام ٥٧٩م كمبعوث من قبل البابا وأدى خدمات جليلة للكرسي البابوي في علاقاته بالإمبراطورية ونضاله ضد العناصر اللمباردية. ونتيجة لما قام به جريجوري رفعه رجال الدين وأعضاء مجلس الشيوخ عام ٥٩٠م إلى الكرسي البابوي خلفاً للبابا بلاجيوس Pilagius، ولما كان من

١٩٦

الضروري في هذه المرحلة ان يصدق إمبراطور القسطنطينية على انتخاب البابا فقد كتب إليه يلتمس عدم التصديق، ولكن الخطاب لم يصل، وسرعان ما صدرت أوامر الإمبراطور بالتصديق على الانتخاب فاختفى جريجوري، ولكن سرعان ما اكتشف مكانه وحمل إلى روما ليتولى منصبه.

وما أن أصبح جريجوري بابا روما حتى كرس قوته لتدعيم البابوية ونشر المسيحية وتحسين نظم الكنيسة، ولم يبتعد جريجوري عن الشؤون الدنيوية، فقد كانت الإمبراطورية لا تعمل كثيراً لحماية ايطاليا لدرجة ان الجنود المكلفين بالدفاع عن روما ضد اللومبارديين لم يتقاضوا رواتبهم، فتدخل البابا ودفع لهم رواتبهم، واشترك بنفسه في الدفاع عن روما وسلح رجال الدين للدفاع عنها ضد اللومبارديين، وعندما انسحب الملك اللومباردي أجيلوف Agilulf (٥٩٠-٦١٥م) الذي كان السبب في كل هذه الاستعدادات، تفاوض معه جريجوري باسم روما على الرغم من احتجاج والي روما المعين من قبل الإمبراطور البيزنطي. وبعد ان وصل جريجوري إلى درجة من القوه بجهده الخاص حتى عمل على نشر المسيحية داخل وخارج حدود الإمبراطورية، فقد كان هناك بعض الوثنيين داخل الإمبراطورية في صقلية وسردينيا وبعض الاماكن الأخرى، هذا فضلاً على الكثير من العناصر الأريوسية مثل اللومبارديين في ايطاليا وغيرهم، هذا بالإضافة إلى انجلترا التي كانت اقرب إلى الوثنية منها إلى المسيحية.

ولعب جريجوري دوراً هاماً في هذه المرحلة، فأرسل المبشرين إلى كافة الأرجاء، وشدد عليهم في التزام الاعتدال، ومن ضمن ما كتبه إلى أوغسطين الذي ذهب ليبشر في الجزر البريطانية: "احرص على عدم تدمير معابد الوثنيين، ويكفي تدمير الاصنام ثم رش الصرح بالماء المقدس، واذا كانت المعابد جديدة، فمن الحكمة للمواطنين ان ينتقلوا من عبادة الشياطين إلى عبادة الـلـه الحق، لأنه الأمة طالما رأت أماكن عبادتها القديمة لا تزال باقية فإنها ستكون مستعدة - بحكم العادة - لأن تذهب إلى هناك لعبادة الـلـه الحق". وفي الداخل نجح جريجوري في تنظيم مختلف درجات الوظائف الكنسية وإجبار الناس على الاعتراف بالسلطة العليا للكرسي المقدس، وكان على اتصال دائم بالاساقفة لتوجيههم، وذهب مبعوثيه إلى كل مكان في غالة وانجلترا

وسالونيك والقسطنطينية، وفي رسالته الأبوية التي كتبها بمناسبة انتخابه - والتي أصبحت سابقة مرعية في الغرب الأوروبي - حدد للأساقفة واجباتهم العديدة طبقاً لقرارات المجالس المتعددة، كما حدد لهم سلطاتهم وعدم تعدي أسقف على سلطة أسقف آخر، وقد نظم جريجوري الأديرة وجعل الانضباط موضع اهتمامه. وبعد جريجوري واصلت روما انتصاراتها، وذهب رجال الدين إلى أقطار بعيدة وبشر رجالها في فريزيا في منتصف القرن الثامن وبداية التاسع، وذهب بونيفاس Boniface إلى بافاريا، وأسس هناك ثلاث ابرشيات، ثم عين بونيفاس في كنسية متز عام ٧٤٨م، ثم ما لبث ان أصبح رئيساً دينياً على كل المانيا تحت سلطان الكرسي الرسولي في روما.

- الصراع بين البابوية وبيزنطة:

لقد أصبح البابا في هذه المرحلة حاكم المسيحية، إلا أن البابا كان من رعايا الإمبراطور البيزنطي، ولما كانت سلطة البابوية آخذة في الزيادة، في حين كانت سلطة الإمبراطور آخذة في الضعف كان لا بد من الصدام بين السلطتين. وفي نهاية القرن السابع عندما رفض البابا سرجيوس الأول Sergius I ان يعترف بقرارات مجمع ترولو Trullo الذي انعقد عام ٦٩١م كان الصدام بين الإمبراطورية في بيزنطة وبين البابوية في روما، وخطط الإمبراطور جستنيان الثاني لعزل البابا، ولكن الجنود رفضوا طاعة أوامر الإمبراطور، وثارت روما وتمردت وحدثت ثورات في البلاد ترتب عليها إعلان البنادقة واستقلالهم كدوقية مستقلة. وحدث صدام مرة أخرى بين البابوية والإمبراطورية البيزنطية عندما انحاز الإمبراطور ليو الثالث في عام ٧٢٦م إلى جانب اللاايقونيين الذين اعتبروا عبادة الصور عملاً وثنياً، وأصدر مرسوماً ضد عبادة الصور لينفذ في الأقاليم، ولما كانت صور القديسيين عزيزة لدى الإيطاليين هاجت روما وساند البابا جريجوري الثاني (٧١٣-٧٣١) مواطنيه، وكتب إلى الإمبراطور ليو يقول: "إن السلطة المدنية في الجسد والسلطة الكنسية في الروح، ان سيف العدالة في يدي القاضي، ولكن هناك سيف أقوى هو سيف الحرمان، وهو في يد رجال الدين ايها الطاغي، لقد جئت تهاجمنا مسلحاً، ونحن جميعاً عزل السلاح، لا نملك إلا أن نلجأ إلى يسوع المسيح، امير جيوش السماء، وندعوه ان يرسل شيطاناً يدمر جسمك، ويخلص

روحك، لقد انحنى البرابرة تحت عظمة الكتاب المقدس، وأنت وحدك اصم لا تريد ان تسمع صوت الراعي".

وعلى أية حال سواء أكان موقف ليو الثالث من عبادة الأيقونات سليماً أو على عكس ذلك، فإن ما يهمنا في هذا الموضع هو الصيغة التي كتب بها البابا هذه الكلمات التي ان دلت فإنها تدل على لهجة قاسية لا تصدر إلا من شخصية تتمتع بنفوذ قوي. ولم يقف الأمر عند هذا الحد، فقد اتبع جريجوري هذه الوسائل بالالتجاء إلى البنادقة والايطاليين، كما انه لجأ إلى اللمبارديين الاريوسيين المذهب، وفي الوقت نفسه أغار ليوتبراند Liutprand ملك اللومبارديين (٧١٢-٧٤٤م) على أملاك الإمبراطورية البيزنطية في شمال إيطاليا. وتجدد الخطر نفسه مرة أخرى في عهد البابا جريجوري الثالث (٧٣١-٧٤١) الذي لجأ إلى اللمبارديين، وهدد بهم من يتطاول على سلطته من العناصر الفرنجية.

وفي عهد الدولة الكارولنجية اتفقت وجهتا نظر حكام الدولة مع البابوية، حيث كان أحد الفريقين يحاول الغزو بالسيف والآخر بالصليب، وخرج المبشرون تحت رعاية الدولة لتحويل الوثنيين في المانيا إلى المسيحية، ونقل البابا جريجوري الثالث إلى شارل مارتل مفاتيح قبل القديس بطرس مع هدايا أخرى، وطلب منه القدوم إلى ايطاليا وتخليصها من يد اللومبارديين الذين باتوا يهددون روما تهديداً خطيراً، ولم يكن لدى شارل مارتل الوقت لانجاز هذه الحملة [٢٠].

- بيبن الثالث (٧٤١-٧٦٨م):

خلف شارل مارتل ابنه بيبن الثالث، المعروف باسم بيبن القصير ، وظل يعمل طوال عشر سنوات على تقوية مركزه، وفي عام ٧٥١م أرسل إلى البابا زكريا (٧٤١-٧٥٢م) يطلب تنحية الملك الميروفنجي جانباً، ويصبح ملكاً على الفرنجة، وكان البابا زكريا بحاجة إلى حليف قوي في هذه المرحلة، فقد انقطعت من قبل علاقات البابوية بالإمبراطورية البيزنطية، بسبب السياسية اللايقونية التي اتبعها الأباطرة البيزنطيون، كما زالت آخر بقية للسيطرة البيزنطية في رافنا بعد حلول اللمبارديين في ايطاليا،

هؤلاء اللمبارديون الذين أخافت طموحاتهم البابا نفسه، لذلك وافق البابا على الفكرة التي عرضها بيبن.

وعلى ضوء موافقة البابا عمل بيبن جمعية من النبلاء في الثاني من نوفمبر عام ٧٥١م، وجمعية أخرى في الثالث والعشرين من يناير عام ٧٥٢م، وحضر الأخير بعض رجال الدين وعلى رأسهم القديس بونيفاس، وكلا الاجتماعين تم في مدينة سواسون، وفيها تقرر أن يكون بيبن ملك الفرنجة، وهكذا انتهى حكم الأسرة الميروفنجية (٤٨٦-٧٥١م) وبدأ حكم الاسرة الكارولنجية (٧٥١-٩٨٧م)، وأرسل شيلدريك الثالث آخر الملوك الميروفنجين إلى أحد الأديرة.

وتعززت الروابط بين الباباوية وبيبن الثالث، فقد خرج البابا ستيفن الثالث Stephen (٧٥٢-٧٥٧م) من روما، ربما بطريقة سرية إلى بيبن الثالث، وفي هذه الزيارة وضعت معاهدة بين الطرفين حصلت الباباوية بموجبها على ولاية رافنا وسائر الممتلكات البيزنطية السابقة في ايطاليا، بالإضافة إلى دوقيتي سبولتو Spoleto وبنفنتو Benvento، وتعرف هذه الحادثة في التاريخ باسم هبة بيبن، ومقابل ذلك قام البابا بتتويج بيبن مرة أخرى ملكاً على الفرنجة، ويعتبر ذلك الحادث من الحوادث الهامة في تاريخ روما في العصر الوسيط، لأنه أدى لا إلى تأسيس الدولة البابوية فحسب، بل أدى كذلك إلى حماية الكارولنجيين لإيطاليا[٢١].

الفصل التاسع

فرنسا في القرنين
التاسع والعاشر

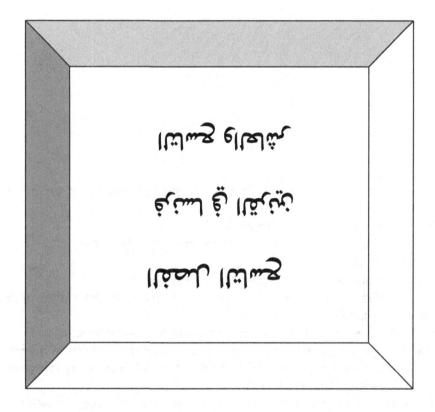

- فرنسا في عهد الأسرة الكارولنجية:

أ – نشوء مملكة فرنسا بموجب معاهدة فردان سنة ٨٤٣م:

نظر الفرنجة إلى الملك كأنه إرث يجب تقسيمه بين أبناء الملك، ولم يخرج شارلمان عن هذه القاعدة التقليدية، فقسم الإمبراطورية الفرنجية بين أبنائه الثلاثة وهو لا يزال حياً، وسار لويس التقي على سياسة أبيه شارلمان فقسم إمبراطوريته بين أبنائه الثلاثة: (لوثر، بيبان، لويس) في حياته أيضاً (سنة ٨١٧م)، وفي سنة ٨٣١م أعاد لويس التقي تقسيم الإمبراطورية بين أبنائه الأربعة بعد أن أتاه رابعهم من زوجته الثانية وسمي شارل، وذلك ليضمن له حقوقه إسوة بإخوانه، وهدف لويس التقي من تقسيم إمبراطوريته بين أبنائه هو تفادي نشوب خلافات بينهم بعد مماته، إلا أن هذا التقسيم هو الذي أفضى إلى نشوب الخلافات وقيام الحروب بين الأبناء من جهة، وبين الأب وأبنائه من جهة أخرى.

وفي سنة ٨٣٨ مات أحد أبناء لويس التقي وهو بيبان، ثم لحق به أبوه في سنة ٨٤٠، فانحصر الخلاف بين الأخوان الثلاثة، اجتمعوا في مدينة فردان (سنة ٨٤٣)، واتفقوا على تقسيم الإمبراطورية تقسيماً جديداً يرضيهم جميعاً، وبموجب معاهدة فردان قسم حكم الإمبراطورية الفرنجية على الشكل التالي:

١- شارل (الملقب بالأصلع):

حكم القسم الغربي من فرنسا مع شمال إسبانيا، وتضم مملكته: دوقية نيستريا، أكيتانيا، الماركية الاسبانية (منطقة الثغور الإسبانية)، وتسودها اللغة الرومانية المحرفة عن اللاتينية.

٢- لويس (الملقب بالألماني):

حكم القسم الشرقي من فرنسا مع ألمانيا، وتضم مملكته القسم الواقع شرق نهر الرين من دوقية أوشترازيا، وبافاريا، سؤابيا، ساكسونيا، وتسودها اللغة الألمانية.

٣- لوثر الأول:

حكم شمال إيطاليا مع شريط من الأرض في فرنسا يتوسط مملكتي أخويه، ويمتد من البحر المتوسط إلى شمال بحر الشمال (يدعى فريزلاند- أي الأراضي

المنخفضة)، وتضم مملكته: الجزء الباقي من أوسترازيا غرب نهر الرين، الفريزلاند، برجنديا، البروفانس، شمال إيطاليا، وهذه المملكة كانت منطقة انتقال بين اللغتين الألمانية والرومانية المحرفة عن اللاتينية (الفرنسية)، وقد سميت هذه المملكة باسم لوثرنجيا إلى مملكة لوثر، ثم حرف هذا الاسم إلى اللورين، وهي المنطقة الواقعة على الحدود بين ألمانيا وفرنسا حالياً.

قضت معاهدة فردان على وحدة الإمبراطورية الفرنجية، بالرغم من بقاء الفكرة الإمبراطورية واحتفاظ لوثر باللقب الإمبراطوري، الذي لم يكن سوى رتبة شرف لا تكسب صاحبها اية ميزة على إخوانه، وكان الهدف من معاهدة فردان هو وضع حد للحروب بين الإخوان الثلاثة (شارل، ولويس، ولوثر)، ولكن تقسيم فردان استفتح عصراً كله تقسيمات متشابهة وحروب شبه مستمرة بين الإخوان وبين ابنائهم وأحفادهم، مما أفضى إلى تدهور السلطة الملكية تدهوراً موازياً في سرعته لازدياد قوة النبلاء الإقطاعيين. على ان تقسيم فردان كان بداية لمولد ثلاث دول مستقلة عن بعضها، وهي: فرنسا، ألمانيا، إيطاليا، وسنطلق من الآن فصاعداً اسم فرنسا بدلاً من غاليا على المملكة التي حكمها شارل الأصلع، واسم المانيا على المملكة التي حكمها لويس الألماني، واسم ايطاليا على المملكة التي حكمها لوثر الأول.

ب- فرنسا في عهد الملك شارل الأصلع (٨٤٣-٨٧٧):

١- مساعدة شارل الأصلع لإخضاع مقاطعتي أكيتانيا وبريتاني إلى سلطته:

لم تعترف مقاطعتا أكيتانيا وبريتاني (الواقعتان غرب فرنسا) بسلطة الملك شارل الأصلع، ففي أكيتانيا تمرد عليه ببيان الثاني (وهو ابن أخيه بيبان الأول ابن لويس التقي)، ورفض الخضوع لسلطته، فزحف شارل الأصلع بجيشه إلى أكيتانيا (في أواخر سنة ٨٤٣)، ولكنه لم يحرز انتصاراً، بل اضطر للتراجع، وفي سنة ٨٤٤ اعترف ببيان الثاني بسيادة عمه على اكيتانيا، وظل يحكمها حكماً مستقلاً، وفي سنة ٨٥٢ هاجم شارل الأصلع مقاطعة أكيتانيا، فاستولى على مدينة تولوز، وقبض على ابن أخيه بيبان الثاني، وفيما بعد تمكن بيبان الثاني من الفرار، وأخذ يمارس نشاطاً معادياً لعمه في أكيتانيا حتى وفاته، ولم تعترف مقاطعة بريتاني بسلطة شارل الأصلع إلا

أسمياً، مما اضطره أن يمنح زعيم البريتون (ايريسبو) لقب الملك، ويتخلى له عن التخوم المجاورة لبريتاني مقابل اعترافه بالتبعية الاسمية لمملكة فرنسا.

٢- غارات النورمانديين على فرنسا في عهد شارل الأصلع:

بدأ النورمانديون يشنون غاراتهم على مملكة الفرنجة منذ مطلع القرن التاسع، ثم عاودوا شن غاراتهم في الفترة الممتدة بين سنتي ٨٣٠-٨٤٠، مستغلين فرصة الحروب الأهلية المستعرة بين أبناء لويس التقي بعد اقتسامهم الإمبراطورية الفرنجية فيما بينهم، ولم تلبث غارات النورمانديين هذه أن ازداد على جميع الممالك التي نشأت عن تقسيم معاهدة فردان، على أن هذه الغارات كانت اشد خطراً على مملكة شارل الأصلع الفرنسية، ففي سنة ٨٤٣ قضى النورمانديون فصل الشتاء في مقاطعة نيستريا الفرنسية، وفي سنة ٨٤٥ دخلوا مدينة باريس ونهبوها، وكذا بوردو في سنة ٨٤٧، وأغار النورمانديون أيضاً على حوض السين سنة ٨٥٢، ثم توغلوا في فرنسا سنة(٨٥٤) فنهبوا عدة مدن كمدينة نانت وتور وغيرهما، وعجز شارل الأصلع عن دفع خطر النورمانديين عن فرنسا، فاضطر إلى شراء مسالمتهم بالمال، ففي سنة ٨٦٠ تعهد شارل الأصلع بدفع مبلغ كبير من المال إلى الزعيم النورماندي ولاند مقابل إخلاء مقاطعة نيستريا من جموع الغزاة الشماليين.

٣- العلاقات بين فرنسا والمانيا في عهد شارل الأصلع:

كانت العلاقات بين فرنسا وألمانيا في عهد الملكين شارل الأصلع وأخيه لويس الألماني سيئة جداً، وبدلاً من تعاون الأخوين على التصدي لغارات النورمانديين أو إخماد تمردات كبار الإقطاعيين داخل كل مملكة كان كل أخ يستغل فرصة الاضطراب والضعف التي يعانيها أخوه ليهاجم مملكته ويحاول الاستيلاء عليها، ففي سنة ٨٥٨ زحف لويس الألماني بجيشه قاصداً فرنسا للاستيلاء عليها وتنحية أخيه عن عرشها، ولما رأى شارل الأصلع كبار الإقطاعيين الفرنسيين قد انفضوا من حوله وانضموا إلى جانب أخيه الألماني اضطر إلى الهرب، وكاد يفقد عرشه لولا أن رجال الدين (بزعامة هنكمار رئيس الاساقفة) وقفوا إلى جانبه، فثبتوه على العرش الفرنسي وأجبروا لويس الألماني (سنة ٨٧٦) على الانسحاب.

زحف شارل الأصلع بجيشه نحو ألمانيا يريد الاستيلاء على مملكة أخيه هذه، بعد أن علم بنشوب الخلاف بين ابنائه (لويس الشاب، كارلومان، شارل السمين) وتصارعهم على الحكم، ولكن هؤلاء الإخوان الثلاثة سووا خلافاتهم واقتسموا حكم المملكة الألمانية بينهم، فاضطر عمهم شارل الأصلع ان يتخلى عن مشروعه ويعود إلى فرنسا.

٤- العلاقات بين فرنسا وإيطاليا في عهد شارل الأصلع:

نال لوثر الأول من لويس التقي (بموجب معاهدة فردان سنة ٨٤٣) شمال إيطاليا والبروفانس وشريطاً من الأرض في فرنسا (فريزلاند)، وفي سنة ٨٥٥ مات لوثر الأول فاقتسم أبناؤه الثلاثة مملكته بينهم، فحكم لويس الثاني شمال إيطاليا وحكم لوثر الثاني الشريط الفرنسي (فريزلاند)، كما حكم شارل الصغير البروفانس، وبعد مدة قصيرة مات شارل الصغير، فاقتسم اخواه مملكته (البروفانس)، وعندما مات لوثر الثاني (في سنة ٨٦٩) ضم عمه شارل الأصلع مملكته (لوثرنجيا) إلى فرنسا، غير ان أخيه لويس الألماني طالبه بحصته من هذه المملكة، فاضطر ان يتنازل له عن بعض المناطق منها، وفي سنة ٨٧٥ مات لويس الثاني فزحف عمه شارل الأصلع إلى روما، فتوّج يوحنا الثامن إمبراطوراً على فرنسا وإيطاليا، وعهد شارل الأصلع بحكم إيطاليا إلى الكونت الإيطالي بوزون (الذي زوج أخته ريشيلد لتشارل الأصلع)، ثم رجع إلى فرنسا.

وفي هذه الأثناء كانت ايطاليا تتعرض لغارات العرب المسلمين، الذين سيطروا على بعض المدن الساحلية، واقتربوا من مدينة روما، ولما كان البابا يوحنا الثامن لا يرغب بتدخل الإمبراطور البيزنطي (باسيل الأول الذي وضع حامية عسكرية في مدينة باري الواقعة جنوب إيطاليا سنة ٨٧٦، كما اعترفت دالماسيا بسلطته عليها في سنة ٨٧٧) في شؤون ايطاليا طلب مساعدة عسكرية من شارل الاصلع بغية إنقاذ إيطاليا من الخطر العربي الإسلامي، وتحت إلحاح البابا اضطر شارل الأصلع ان يقود حملة عسكرية إلى إيطاليا سنة ٨٧٧، ولكنه مات في الطريق قبل ان يباشر بإنقاذ ايطاليا من الخطر العربي.

وهكذا لم تكن حياة شارل الأصلع إلا سلسلة من الخيبة والحسرة واليأس، أخفق في ألمانيا، حيث أراد التدخل ليستولي على مملكة أخيه لويس الألماني، كما أخفق في ايطاليا ولم يستطع إنقاذها من الخطر العربي، وتوالت في عهده غارات النورمانديين على فرنسا فاشترى رحيلهم بالمال، كذا لم يستطع إخضاع بعض الزعماء والحكام لسلطته داخل فرنسا بالذات، كل ذلك مهد السبيل إلى زوال حكم الأسرة الكارولنجية بعد تصارعها مع الأسرة الكابية طوال قرن من الزمن[٢٢].

ج- فرنسا في عهد شارل السمن (٨٤٤-٨٨٨):

مات الملك الفرنسي شارل الأصلع في سنة ٨٧٧، فخلفه ابنه لويس الملقب بـ(الألكن أو التعتاع) الذي مات سنة ٨٧٩، فاقتسم ولداه (لويس الثالث وكارلومان) حكم المملكة الفرنسية، ومات لويس الثالث سنة ٨٢٢، كما تبعه كارلومان سنة ٨٨٤. فلم يبق في فرنسا من الأسرة الكارولنجية إلا أخاهما الثالث شارل الملقب بالبسيط الذي ولد بعد موت أبيه شارل الألكن، وكان شارل الملقب بالبسيط في الرابعة من عمره عندما مات أخواه، لذا لم يستطع اعتلاء العرش الملكي، وعلى هذا أعلن شارل السمين ابن لويس الألماني ضم فرنسا وايطاليا لمملكته الألمانية، وبذا اتحدت الممالك الكارولنجية (سنة ٨٤٤) بعد التجزئة إلى عاشتها، ولكن وحدة الممالك الكارولنجية هذه لم تكن متينة الجوانب، كما لم يكن شارل السمين ذلك الرجل القوي الذي يستطيع الحفاظ على هذه الوحدة وتقويتها.

توالت الضربات على المملكة الكارولنجية المتحدة من كل جانب، فلم يتمكن حاكمها شارل السمين من الصمود أمام ضغط المسؤولية الملقاة على عاتقه، بل تتابعت الإخفاقات دون انقطاع، ففي سنة ٨٨٦ حاصر النورمانديون مدينة باريس، ولم يتمكن شارل السمين من محاربتهم، بل اشترى انصرافهم عن هذه المدينة الفرنسية بمبلغ كبير من المال، كما سمح لهم بنهب مقاطعة برجنديا، وأحدث عجز شارل السمين عن مقاومة النورمانديين استياء عاماً في الاوساط الألمانية، فتمرد عليه آرلنوف ابن أخيه كارلومان، وأعلن نفسه ملكاً على ألمانيا، وفي سنة ٨٨٧ تخلى شارل السمين عن عرشه ومات بعد سنة، وبموت شارل السمين سنة ٨٨٨ انقصمت عرى وحدة الممالك

الكارولنجية إلى الأبد، كما برزت في فرنسا أسرة جديدة (وهي الأسرة الكابية) أخذت تنافس الأسرة الكارولنجية على الحكم.

د- الصراع على الحكم في فرنسا بين الأسرة الكارولنجية والأسرة الكابية (٨٨٨-٩٨٧).

١- الصراع على السلطة بين أودو (كونت باريس) وشارل البسيط:

إن الخطر النورماندي المحيط بفرنسا دفع الأمراء الفرنسيين إلى البحث عن رجل قوي يستطيع إنقاذ البلاد وحمايتها من الغارات الخارجية المدمرة، وكانت الأسرة الكارولنجية قد فشلت في حماية البلاد، ولم يبق من شخصياتها على قيد الحياة سوى شارل البسيط (الذي لا حول له ولا قوة)، ولذا أجمع الأمراء الفرنسيون على انتخاب رجل قوي من خارج الأسرة الكارولنجية، فكان هذا الرجل هو أودو بن روبير القوي (كونت مدينة باريس الذي عرف بشجاعته ونال شهرة كبيرة عندما تصدى لمقاومة النورمانديين في أثناء حصارهم مدينة باريس سنة ٨٨٦).

تبوأ أودو العرش الفرنسي (سنة ٨٨٨) فأيده أكثر الأمراء الفرنسيين، كما اعترف به الملك الألماني آرنولف، وفي بداية حكمه تمكن أودو من تحقيق نصر كبير على النورمانديين، فازداد جاهه وقويت سلطته، وفي سنة ٨٩٠ جدد النورمانديون شن غاراتهم على فرنسا، فاضطر اودو ان يشتري انسحابهم منها بدفع مبلغ كبير من المال، وهذا الفشل أضعف مكانته وساعد خصومه على التحرك ضده والعمل على إعادة العرش الفرنسي إلى الأسرة الكارولنجية. ففي سنة ٨٩٣ توج الأسقف الفرنسي فولك شارل البسيط (الذي كان لاجئاً عنده) ملكاً على فرنسا، ولكن هذا التتويج أفضى إلى نشوب صراع مسلح على السلطة الملكية بين أودو وشارل، كما تدخلت في هذا الصراع فئات عديدة.

وفي سنة ٨٩٧ أغار النورمانديين مرة أخرى على فرنسا، فاضطر الملكان المتصارعان إلى التفاوض وإنهاء الصراع بينهما بغية توحيد الجهود ضد الغزاة الشماليين، وبنتيجة التفاوض تنازل أودو عن قسم من المملكة الفرنسية لشارل البسيط،

ومات أودو سنة ٨٩٨ فصار شارل البسيط ملكاً وحيداً على فرنسا، وبذا استعادت الاسرة الكارولنجية العرش الملكي.

نشبت الحروب الأهلية في فرنسا في السنوات الأخيرة من حكم شارل البسيط، حيث تمرد روبير أخو اودو على السلطة الملكية وأعلن نفسه ملكاً على فرنسا، ولكن شارل البسيط هاجم روبير فقتله في معركة دارت رحاها سنة ٩٢٣، إلا أن بعض الإقطاعيين الموالين للأسرة الكابية انتخبوا رؤول صهر روبير ملكاً على فرنسا.

أما شارل البسيط فقد أسره أحد الإقطاعيين (وهو هربرت فرماندو) ليستخدمه كالجوكر في لعبة سياسية من أجل تحقيق أطماعه وزيادة أملاكه، وبقي شارل في الأسر حتى مات سنة ٩٢٩.

٢- تأسيس دوقية نورمانديا في غرب فرنسا:

كثرت غارات النورمانديين على فرنسا في عهد شارل البسيط، ولم يكن بوسعه أن يضع حداً لهذه الغارات، حيث كان يصعب جمع الجيش الإقطاعي تحت قيادة واحدة، كما كان كل إقطاعي في فرنسا يهتم بالدفاع عن أملاكه الخاصة قبل أي شيء، ومن جهة أخرى لم يجن النورمانديون من غاراتهم الأخيرة على فرنسا سوى فوائد قليلة إذا ما قيست بغاراتهم السابقة، لذا فكر زعماؤهم بإيقاف غارات السلب والنهب وبالبحث عن منطقة غنية ذات موارد كافية بغية الاستيطان فيها، وعلى هذا اتفق الملك الفرنسي شارل البسيط مع الزعيم النورماندي رولون سنة ٩١١ على السماح للنورمانديين بالإقامة في منطقة تقع في غرب فرنسا، وفيما بعد أطلق على هذه المنطقة اسم نورمانديا نسبة إلى هؤلاء النورمانديين.

وهكذا توقفت غارات النورمانديين على فرنسا في أوائل القرن العاشر، في حين تشكلت فيها دوقية نورماندية تعترف بسيادة الملك الفرنسي، وقد تعاقب على حكم نورمانديا الدوق رولون، ثم غليوم ذو السيف الطويل، ثم ريتشارد الثاني، ثم غليوم الفاتح الذي فتح انكلترا سنة ١٠٦٦ وضمها إلى نورمانديا، وأصبح ملكاً على الاثنتين معاً.

٣- استمرار الصراع على الحكم بين الأسرة الكارولنجية والأسرة الكابية في عهد لويس الرابع وعهد ابنه لوثر وحفيده لويس الخامس ٩٢٩-٩٨٧:

مات شارل البسيط سنة ٩٢٩، ففر ابنه لويس الرابع إلى انكلترا والتجأ لجده (والد أمه) الملك الانكليزي إدوارد الأول، وبذا لم يبق واحد من الأسرة الكارولنجية في فرنسا يحق له استلام العرش الملكي، في حين صار رؤول صهر روبير (من الأسرة الكابية) ملكاً على فرنسا كلها، وحكمها حتى مات سنة ٩٣٦.

مات رؤول وليس له ولد يخلفه، فأجمع كبار الإقطاعيين الفرنسيين على تتويج هوغ الملقب بالاكبر ملكاً على فرنسا، (وهوغ هو ابن حمي رؤول- أي ابن روبير الذي كان قد أعلن نفسه ملكاً على فرنسا، ثم قتل في معركة دارت بينه وبين شارل البسيط سنة ٩٢٣)، لكن هوغ الأكبر لم يرغب في ان يكون ملكاً رسمياً على فرنسا، بل فضل ان يمارس نفوذه من وراء السلطة الملكية، لقد أقنع هوغ كبار الإقطاعيين بضرورة عودة لويس الرابع (ابن شارل البسيط) من انكلترا، وتنصيبه ملكاً على العرش الفرنسي.

وعلى هذا عاد لويس الرابع من وراء البحار إلى فرنسا وتبوأ العرش الملكي ٩٣٦-٩٥٤، وبذا استعادت الأسرة الكارولنجية السلطة الملكية في فرنسا من جديد (لقب لويس الرابع بلويس ما رواء البحار؛ لأنه عبر بحر المانش هارباً إلى انكلترا، ثم عاد منها إلى فرنسا).

كان لويس الرابع محارباً قوياً وسياسياً بارعاً، إلا أن فرنسا لم تعرف الهدوء والاستقرار في عهده إلا قليلاً، ففي البدء تأزمت العلاقات بين لويس الرابع والملك الألماني أوتون الأول، لأن أوتون هاجم فرنسا واستولى على مقاطعة لوثرنجيا، وتأزمت العلاقات أيضاً بين لويس الرابع وهوغ الأكبر، لأن الأخير لم تتحقق آماله في السيطرة على مقاليد الحكم في فرنسا من وراء عرش لويس الرابع.

وفيما بعد تزوج لويس الرابع أخت أوتون الأول، كما كان هوغ قد تزوج الأخت الثانية، وعلى هذا ترتب على الملك الألماني أوتون الأول ان يقوم بدور الحكم

بين صهريه، وبذا تحسنت العلاقات بين هؤلاء الثلاثة، فتوقفت الاضطرابات وانتهى الصراع المسلح بينهم.

مات لويس الرابع سنة ٩٥٤، فخلفه على عرش فرنسا ابنه لوثر، وحكم حتى سنة ٩٨٦، وخلف لوثر ابنه لويس الخامس، فحكم سنة واحدة، ومات بعدها سنة ٩٨٧، دون ان يكون له ولد يخلفه على العرش الفرنسي، وبذا لم يبق واحد من الأسرة الكارولنجية يحق له ان يكون ملكاً على فرنسا.

أما هوغ الأكبر فقد مات سنة ٩٥٦ تاركاً ثلاثة أولاد، وستلمع شخصية الابن البكر منهم وهو المعروف باسم هوغ كابيه المؤسس الحقيقي للأسرة الكابية التي حكمت فرنسا بعد الاسرة الكارولنجية.

٤- فرنسا في عهد الأسرة الكابية:

أ- انتقال الحكم من الأسرة الكارولنجية إلى الأسرة الكابية:

كانت وفاة لويس الخامس سنة ٩٨٧ دون ان يكون له ولد يخلفه على العرش الفرنسي فصل الختام بالنسبة للأسرة الكارولنجية. لقد انتهى في ذلك العام حكم الأسرة الكارولنجية في فرنسا إلى الأبد، بعد ان دام اكثر من قرنين.

في حين بدأ حكم الأسرة الكابية فعلاً، بعد ان ظلت هذه الأسرة تتصارع مع الأسرة الكارولنجية على العرش الملكي طوال قرن من الزمن (٨٨٨-٩٨٧). ففي سنة ٩٨٧ توج هوغ كابيه بن هوغ الأكبر ملكاً على العرش الفرنسي، وبذا بدأ تاريخ حكم الاسرة الكابية في فرنسا (يعد هوغ كابيه المؤسس الحقيقي للاسرة الكابية، وهو البيت الروبيرتي نسبة إلى روبير الأول).

ب- فرنسا في عهد الملوك الأربعة الأوائل من الأسرة الكابية (هوغ كابيه، روبير الثاني، هنري الأول، فيليب الأول) ٩٨٧-١١٠٨:

عندما استلمت الأسرة الكابية التاج الفرنسي كانت فرنسا مجزأة دوقيات وإمارات إقطاعية عديدة تحكم في كل منها أسرة إقطاعية معينة، ولها نظمها وقوانينها الخاصة، حتى ان ستة وخمسين من كبار الإقطاعيين كانوا يسكون النقود الخاصة بهم فضلاً على وجود عشر لهجات رئيسية كبرى في فرنسا، (وأهم هذه الدوقيات

والإمارات هي : دوقية برجنديا في الشرق، إمارة فلاندروز في الشمال، دوقية بريتاني ودوقية نورماندیا في الغرب، دوقية أكيتانيا وإمارت تولوز وإمارة برشلونة في الجنوب).

وكان الملوك الأربعة الأوائل من الأسرة الكابية (هوغ كابيه، روبير الثاني، هنري الأول، فيليب الأول) لا يتميزون كثيراً عن كبار الإقطاعيين الفرنسيين، حيث كانت سلطتهم اسمية على الوحدات الإقليمية الإقطاعية، ولم يستطع أحد من هؤلاء الملوك (الذين تولوا حكم فرنسا في القرن الحادي عشر) فرض سيطرته الفعلية على أنحاء مملكته الواسعة.

وعدا الإمارات الإقطاعية المدنية نشأت في فرنسا (في القرن الحادي عشر) إمارة إقطاعية دينية تتمتع باستقلال حقيقي، كما يمارس الأساقفة فيها السلطة المدنية إلى جانب سلطتهم الدينية.

أدخل هوغ كابيه (٩٨٧-٩٩٦) طريقة جديدة على نظام وراثة العرش، ذلك أنه عين في حياته ابنه البكر روبير ملكاً مساعداً له، يخلفه ملكاً وحيداً على العرش الفرنسي بعد مماته، دون اللجوء إلى الانتخاب.

وعلى هذا زالت التقاليد القديمة التي كانت تقضي بتقسيم حكم المملكة بين ابناء الملك عند مماته، فأصبح العرش الملكي ينتقل إلى ابن الملك البكر وحده، وقد سار هوغ على هذا المنوال، مما جنب المملكة التقسيم وتصارع الأبناء على السلطة والنفوذ، وهكذا بعد موت هوغ كابيه (سنة ٩٩٦) خلفه ابنه البكر روبير الثاني الملقب بالتقي، فحكم حتى سنة ١٠٣١، وخلفه ابنه البكر هنري الأول، فحكم حتى سنة ١٠٦٠، وخلفه أيضاً ابنه البكر فيليب الأول، فحكم حتى سنة ١١٠٨.

ولم يكن لهؤلاء الملوك الأربعة الأوائل من الأسرة الكابية نشاط سياسي مهم يسترعي الانتباه، فهم لم يستطيعوا فرض سلطتهم الفعلية على الأدواق والأمراء الإقطاعيين، بل قضوا سني حكمهم في إنقاذ ما تبقى لهم من نفوذ وسلطة في إماراتهم الإقطاعية الخاصة حول مدينة باريس.

وأهم ما يسترعي الانتباه في سياسة هؤلاء الملوك الخارجية هو نزاعهم مع الأسرة النورماندية التي كانت تحكم انكلترا، ففي سنة ١٠٨٧ شن غليوم الفاتح ملك انكلترا ونورمانديا غارة عسكرية على فرنسا، فاجتاح منطقة الفيسكان الفرنسية، ولكنه مرض ومات في ذلك العام. وفي سنة ١٠٩٧ شن أيضاً الملك الانكليزي غليوم الأشقر غارة عسكرية على فرنسا، ولكن هذه الغارة لم تسفر عن نتائج مهمة.

ج- فرنسا في عهد لويس السادس (١١٠٨-١١٣٧):

مات فيليب الأول سنة ١١٠٨، فخلفه على العرش الفرنسي ابنه لويس السادس (١١٠٨-١١٣٧)، ومات غليوم الأشقر سنة ١١٠٠، فخلفه على العرش الانكليزي أخوه هنري الأول (١١٠٠-١١٣٥).

وكانت العلاقات بين فرنسا وانكلترا في عهد لويس السادس وهنري الأول سيئة جداً، حيث دارت بينهما حروب مستمرة من أجل السيطرة على بعض الأراضي الفرنسية، ولكن هذه الحروب لم تؤد إلى أي تغيير في ميزان القوى لصالح أحد الطرفين المتنازعين، وإنما ازدادت قوة المملكتين بشكل فعال، كما سجلت السلطة الملكية المركزية في كل من فرنسا وانكلترا تقدماً حقيقياً.

ومما ساعد على ازدياد قوة السلطة الملكية في عهد لويس السادس هو توجه كبار الإقطاعيين الفرنسيين إلى المشرق للاشتراك في الحروب الصليبية بدلاً من النزاع مع الملك أو مع بعضهم بعضاً، فضلاً على توقف غارات النورمانديين على فرنسا التي كانت فيما مضى أخطر العوامل الخارجية التي تقض مضاجع السلطة الملكية.

تمكن لويس السادس من تقوية نفوذه داخل أراضيه الإقطاعية الخاصة، (وتشمل جزيرة فرنسا الممتدة بين أواسط نهري السين واللوار)، ولكنه لم يستطع ان يفرض سلطته على كبار الإقطاعيين في بقية أنحاء فرنسا، ذلك أن هؤلاء الأمراء الأقوياء (في كل من فلاندروز وبرجنديا وجويين وغسكرنيا وتولوز وبرشلونه) لم يعترفوا للملك الفرنسي إلا بتبعية اسمية، فلم يدفعوا له ما يستحق عليهم من ضرائب إقطاعية أو يقدموا له ما يجب عليهم تقديمه من خدمات عسكرية وغير عسكرية التي يفرضها العرف الإقطاعي.

وعد لويس السادس الإقطاعيين أعداءه الأولين، لذا اعتمد على موظفين من الطبقة الوسطى في إدارة دفة الحكم، كما منح بعض المدن الناشئة براءات عديدة لتتحرر من التسلط الإقطاعي، فتصبح الطبقة البورجوازية المتكونة في هذه المدن عوناً للملك على كبار الإقطاعيين[٢٣].

د- فرنسا في عهد لويس السابع (١١٣٧-١١٨٠):

مات لويس السادس سنة ١١٣٧، فخلفه على العرش الفرنسي ابنه لويس السابع المعروف بالتقى والدماثة وضعف الإرادة. تزوج لويس السابع اليانور ابنة وليم العاشر دوق أكيتانيا ووريثته الوحيدة، الأمر الذي هيأ له فرصة ضم دوقية أكيتانيا الغنية بمواردها الاقتصادية إلى أملاكه.

وبعد مضي خمسة عشر عاماً على زواجه طلق لويس السابع زوجته صاحبة أكيتانيا لعدم الانسجام بينهما في الطباع من جهة (عرف الملك بالتقى والهدوء، بينما عرفت زوجته بالمرح وحب الطرب)، ولأنها لم تنجب له ولداً ذكراً يحفظ الحكم في الأسرة الكابية من جهة أخرى. وتزوجت اليانور (بعد طلاقها من لويس السابع) هنري بلانتاجونيه دوق مقاطعة أنجو بفرنسا، فانتقلت أملاكها التي ورثتها عن أبيها (وهي مقاطعة أكيتانيا) من حوزة الزوج الأول إلى يد الزوج الثاني.

وفي سنة ١١٥٤ صار الدوق هنري بلانتاجونيه ملكاً على انكلترا وقسم كبير من فرنسا يشتمل على مقاطعتي آنجو وأكيتانيا.

كان والد هنري وهو جوفروا بلانتاجونيه قد تزوج متيلدا ابنة ملك انكلترا هنري الأول، ولما مات هنري الأول وليس له ولد ذكر يخلفه أوصى بعرش انكلترا لابنته متيلدا، وفيما بعد ورث ابنها هنري الثاني هذا الحق، فصار ملكاً على انكلترا وقسم من فرنسا.

وهكذا أصبح ملك إنكلترا (هنري الثاني بلانتاجونيه ١١٥٤-١١٨٩) يحكم قسماً كبيراً من فرنسا إضافة إلى إنكلترا، مما جعل التصادم بينه وبين الملك الفرنسي لويس السابع أمراً لا مفر منه، فلقد نشبت المنازعات بين فرنسا وانكلترا واستمرت حتى أفضت إلى نشوب ما يسمى حرب المائة عام بين هاتين الدولتين. وتجدر الإشارة

إلى ان لويس السابع قاد مع الإمبراطور الألماني كونراد الثالث الحملة الصليبية الثانية إلى فلسطين سنة ١١٤٧، ولكن هذه الحملة باءت بالفشل، ولم تسفر عن نتائج ذات أهمية.

هـ- فرنسا في عهد فيليب أوغسطس (١١٨٠-١٢٢٣):

مات لويس السابع سنة ١١٨٠، فخلفه على العرش الفرنسي ابنه فيليب الملقب بـ(أوغسطس). وعرف أوغسطس بالأناة ورباطة الجأش وقوة العزيمة والحنكة السياسية، فتمكن من تثبيت دعائم السلطة الملكية داخل فرنسا، كما استطاع مضاعفة أملاكه على حساب الممتلكات الإنكليزية في فرنسا وحساب كبار الإقطاعيين الفرنسيين، ففي البدء استرضى فيليب أوغسطس هنري الثاني ملك انكلترا كي يتفرغ لإخضاع كبار الإقطاعيين الفرنسيين لسلطته، وفي سنة ١١٨٧ تحالف فيليب أوغسطس مع فردريك بربروسا إمبراطور ألمانيا (١١٥٢-١١٩٠) ليستخدم هذا الحلف ضد الإقطاعيين الفرنسيين المناوئين له من جهة، وضد الانكليز الذين يسيطرون على قسم كبير من الأراضي الفرنسية من جهة أخرى، وقد استغل الملك الفرنسي أيضاً خروج أبناء هنري الثاني على سلطة والدهم، (وهم هنري وريشارد وجيوفري وحنا)، وأخذ يؤازرهم ليضعف نفوذ السلطة الملكية الانكليزية عن طريق زرع الشقاق بين ملك انكلترا وأولاده.

وعندما خلف ريشارد الأول (قلب الأسد) أباه في حكم انجلترا (١١٨٩-١١٩٩) خرج ليسهم مع الإمبراطور الألماني فردريك بربروسا والملك الفرنسي فيليب أوغسطس في الحملة الصليبية الثالثة إلى المشرق سنة ١١٩٠.

وقد غرق الإمبراطور الألماني في نهر في آسيا الصغرى، بينما وصل الملك الفرنسي والملك الانكليزي إلى فلسطين، لكن الملك الفرنسي فيليب أوغسطس ترك الملك الانكليزي ريشارد قبل الأسد في فلسطين وعاد إلى فرنسا ليعمل على توسيع ممتلكاته على حساب الانكليز، وعندما علم ريشارد قلب الأسد بما يقوم به فيليب أوغسطس في فرنسا غادر فلسطين وعاد إلى بلاده، ولكنه وقع أسيراً في قبضة دوق أوستريا الذي باعه لهنري السادس إمبراطور ألمانيا الذي خلف فردريك بربروسا.

وفي سنة ١١٩٤ أفرج عن ريشارد قلب الأسد مقابل دفع مبلغ كبير من المال، فذهب ريشارد إلى نورمانديا في فرنسا، وأعلن الحرب على الملك الفرنسي فاستمرت هذه الحرب حتى مات سنة ١١٩٩.

خلف ريشارد قلب الاسد أخوه حنا على انكلترا (١١٩٩-١٢١٦)، وكانت تنقص حنا القدرة التي امتاز بها اخوه ريشارد، الأمر الذي ساعد الملك الفرنسي فيليب أوغسطس على احتلال نورمانديا من الانكليز، مستخدماً في ذلك السيف والدبلوماسية والمال، ويعد استيلاء الملك الفرنسي على نورمانديا الخطوة الأولى في تبلور القومية الانكليزية، حيث انسحبت انكلترا من فرنسا فعدت مملكة جزيرية قائمة بذاتها.

هذا وقد صار الملك الفرنسي الرجل الثاني في أوروبا (بعد الإمبراطور الألماني) من حيث القوة العسكرية والسياسية والموارد الاقتصادية، ولم يسكت حنا ملك انكلترا عما فقده من ممتلكات فرنسا، بل تحالف مع الإمبراطور الألماني الجديد (أوتون الرابع) وبعض الامراء الفرنسيين المناوئين للملك الفرنسي فيليب أوغسطس.

وفي سنة ١٢١٤ هاجم هؤلاء الحلفاء شمال فرنسا وجنوبها، ولكن فيليب أوغسطس تغلب عليهم، مما جعل الانكليز يفقدون الأمل في استعادة ممتلكاتهم المفقودة في فرنسا.

وبينما كان فيليب أوغسطس يقاتل الانكليز وحلفاءهم تشكلت في شمال فرنسا حملة عسكرية صليبية لتغزو جنوب فرنسا (أكيتانيا، تولوز، بروفانس)، ذلك أنه نشأت في جنوب فرنسا حركتان دينيتان (وهما الوالدوانية نسبة إلى مؤسسها بطرس والدو، والكاتارية أي حركة الإطهار) اللتان خرجتا عن تعاليم العقيدة الكاثوليكية فدعت الأولى إلى التقشف والعودة بالمسيحية إلى مبادئها الأولى، كما نادت الثانية بوجود إلهين، أحدها للخير والثاني للشر، وطلب البابا انوسنت الثالث من الملك الفرنسي فيليب أوغسطس ان يقود جيشه ضد هؤلاء الهراطقة الخارجين عن الكنيسة الكاثوليكية وتعاليمها، ولكن الملك الفرنسي كان مشغولاً في الحرب ضد حنا ملك انكلترا، فلم يلب نداء البابوية، إلا ان الكثيرين من أمراء شمال فرنسا تحمسوا لتلبية نداء البابوية، فجهزوا حملة صليبية دون تدخل الملك الفرنسي في هذا الأمر وأغاروا بها على جنوب

فرنسا في سنة ١٢٠٩ بغية القضاء على الهراطقة، وتعرف هذه الحملة بالحملة الألبيجنسية نسبة إلى مدينة ألبي في كوتيه تولوز التي تجمع فيها الهراطقة الكاتاريون، حتى صاروا يعرفون بالألبيجنسين.

وقد استولت هذه الحملة على تولوز، كما نزلت الهزيمة أيضاً بملك الأراغون بطرس الثاني (١١٩٦-١٢١٣)، وفي سنة ١٢١٥ عقد البابا مجمعاً دينياً تقرر فيه إعطاء دوقية تولوز ودوقية ناربون وغيرهما من الإمارات الإقطاعية المجاورة في جنوب فرنسا ليسيمون دي مونتفورت الأمير الفرنسي الذي تولى زعامة الحملة الصليبية ضد الهراطقة، وبالرغم من اعتراف سيمون بالتبعية لفيليب أوغسطس، إلا ان الملك الفرنسي استاء من سلوك هذا الأمير الفرنسي المشوب بالكبرياء والعنف، ولذا ساعد ريموند السادس (كونت تولوز المعزول) على استرداد أملاكه، مما أدى إلى مقتل سيمون سنة ١٢١٨، ولم يلبث ان لحق به فيليب أوغسطس سنة ١٢٢٣.

لم تقل اصلاحات فيليب اوغسطس الداخلية أهمية عن انتصاراته العسكرية، وفيليب لم يكن عنيفاً مع أتباعه الإقطاعيين، لكنه كان يؤكد نفوذه وسلطانه عليهم دائماً، وقد عمل فيليب أوغسطس جاهداً على الحد من تدخل البابا في شؤون الكنيسة الفرنسية كما ألزم رجال الدين بدفع ما يترتب عليهم من ضرائب إلى الخزانة الملكية. وقاوم هذا الملك الفرنسي الاتجاه الذي كان يرمي إلى جعل الوظائف الكبرى وراثية في الدولة، لما في ذلك من خطر يهدد كيان الملكية.

وأوجد فيليب جهازاً من الإداريين من أبناء الطبقة الوسطى لضمان إخلاصهم وارتباطهم بالملك، كما أوجد مجموعة من المستشارين العلمانيين والدينيين ليكونوا مجلساً استشارياً له، إلا أنه ظل يقبض على جميع السلطات بيديه، وأعطى فيليب أوغسطس المدن الناشئة براءات تضمن حريتها، كما ساعد على بناء أسوارها وحماية تجارتها وتطوير صناعتها، فمدينة باريس أضحت في عهد الملك فيليب أوغسطس أول عاصمة حديثة لدولة مركزية في أوروبا، ذلك أنه عني بتشييد سور لها وببناء المدارس فيها ورصف شوارعها، كما منح جامعة باريس براءة ملكية ضمنت لها امتيازاتها

الخاصة، وخلاصة القول أن الملك فيليب استطاع باستخدام القوة والسياسة ان يجعل من فرنسا دولة عظمى، وأن يجعل السلطة الملكية فيها على جانب كبير من القوة والنفوذ.

و- فرنسا في عهد لويس الثامن (١٢٢٣-١٢٢٦) ولويس التاسع (١٢٢٦-١٢٧٠):

خلف فيليب أوغسطس ابنه لويس الثامن (١٢٢٣-١٢٢٦) فتابع سياسة والده في تثبيت دعائم السلطة الملكية في فرنسا، ولتحقيق هذه السياسة قام لويس الثامن بحملة صليبية (سنة ١٢٢٦) ضد الهراطقة في جنوب فرنسا، الهدف الحقيقي منها هو إخضاع الأجزاء الجنوبية في فرنسا لسلطته، فنجح في تحقيق جزء كبير من ذلك الهدف، ولكنه مات فجأة سنة ١٢٢٦.

وخلف لويس الثامن ابنه لويس التاسع، الذي كان في الثانية عشرة من عمره عند موت والده، فاستغل كبار الإقطاعيين صغر سن الملك ووصاية أمه بلانش القشتالية وتآمروا عليه بمعاونة ملك انكلترا هنري الثالث، وفشلت هذه المؤامرات بفضل حزم الملكة الوالدة ومساندة البابوية للسلطة الملكية في فرنسا، وفي سنة ١٢٤٩ قاد لويس التاسع الحملة الصليبية السابعة إلى مصر، فاستولى على دمياط، ثم مني جيشه بالهزيمة قرب المنصورة في طريقه إلى القاهرة، كما وقع الملك الفرنسي نفسه أسيراً بأيدي المسلمين، ولم يطلق سراحه إلا بعد ان دفع فدية كبيرة.

لم يتعظ لويس التاسع من فشل حملته الأولى على مصر، بل قاد أيضاً حملة ثانية إلى تونس، وهي الحملة الصليبية المعروفة بالثامنة، ففي سنة ١٢٧٠ وصل لويس التاسع بجيشه الصليبي إلى تونس، ولكن هذا الجيش الفرنسي أصيب بمرض الطاعون، فهلك أكثره وفيهم الملك نفسه، وعاد الباقون إلى بلادهم خائبين، وكان لويس التاسع قد قام بإصلاحات إدارية وقضائية ومالية، مما جعل الفترة الأخيرة من حكمه تمتاز بالسلام الشامل والأمن المطلق داخل فرنسا، وقد امتاز عهد لويس التاسع أيضاً بالتقدم الحضاري في ميادين العلوم والفنون، فأخذت جامعة باريس تخطو بالدراسات المتنوعة إلى الأمام، في حين بلغ الفن القوطي عصره الذهبي.

وبموت لويس التاسع سنة ١٢٧٠ فقدت فرنسا ابرز من جمع بين المواهب الخلقية والسياسية في سلسلة ملوكها العظام(٢٤).

ز- فرنسا في عهد فيليب الثالث (١٢٧٠-١٢٨٥) وفيليب الرابع (١٢٨٥-١٣١٤):

خلف لويس التاسع ابنه فيليب الثالث الملقب بالجريء (١٢٧٠-١٢٨٥)، ولم يكن عهد فيليب الثالث حافلاً بأحداث ذات أهمية، فأبرز ما فيه هو ان هذا الملك ضم إلى أملاكه أملاك الفونسو أمير بواتيه (بعد موته في أثناء الحملة الصليبية الثامنة على تونس) وأملاك هنري ملك نافارا. وخلف فيليب الثالث ابنه فيليب الرابع الملقب بالوسيم (١٢٨٥-١٣١٤).

وقد امتاز فيليب الرابع ببعد النظر وقوة العزيمة والمهارة السياسية، كما اتجه بسياسته نحو توحيد فرنسا كلها تحت سلطته وتحقيق زعامته على غرب أوروبا، وفي عهد فيليب الرابع كانت العلاقات سيئة بين فرنسا وانكلترا، حيث نشبت المنازعات بينهما من أجل السيطرة على الممتلكات الانكليزية في فرنسا كمقاطعة جوين وغسكونيا، عدا عن المنافسة بين البلدين على مصايد الأسماك في بحر الشمال.

وأما علاقة فيليب الرابع مع البابوية فكانت سيئة أيضاً، فقد فرض فيليب الرابع الضرائب على رجال الكنيسة الفرنسيين، مما جعلهم يشكون إلى البابا بونيفيس الثامن، فأصدر هذا البابا قراراً سنة ١٢٩٦ ينص على بطلان حق الملوك في فرض الضرائب على ممتلكات الكنائس دون إذن البابوية. وعلى هذا استاء الملك الفرنسي، فمنع جميع الأجانب من دخول فرنسا ليحول دون وصول المندوبين البابويين إليها، كما منع خروج الذهب والفضة والنقود خارج فرنسا ليحول دون وصول الأموال الفرنسية إلى الخزينة البابوية، ومات البابا بونيفس الثامن في سنة ١٣٠٣، فاعتلى السدة الرسولية بابوات معتدلون، (مثل بندكت الحادي عشر وكلمنت الخامس)، فتحسنت العلاقات في عهدهم بين البابوية والملك الفرنسي.

وفي فرنسا أمر فيليب الرابع بملاحقة اليهود وطردهم خارج البلاد ومصادرة أملاكهم وثرواتهم المالية الكبيرة التي جنوها من التجارة والربا، وكذا لم ينج فرسان

الداوية، (وهم منظمة صليبية عادوا من المشرق محملين بالأموال والغنائم، فقاموا بنشاط مصرفي مالي واسع في أوروبا) من أطماع فيليب الرابع، إذ أمر باضطهادهم ومصادرة أملاكهم وأموالهم.

ثم ان حاجة الملك فيليب الرابع إلى الأموال دفعته ايضاً إلى تغيير العملة والتلاعب بقيمتها، كما فرض الضرائب على الواردات والصادرات وعلى الهيئات الخاصة كالنقابات والأديرة والجامعات وأراضي البارونات والطبقة البرجوازية والمدن، وفي عهد فيليب الرابع دعي مجلس طبقات الأمة (الممثل لطبقات المجتمع الثلاث، وهي: طبقة رجال الدين، طبقة الإقطاعيين والنبلاء، طبقة البورجوازيين) للانعقاد لأول مرة في سنة ١٣٠٢، وهذا المجلس سيكون له أثر خطير فيما بعد في تاريخ فرنسا.

ح- زوال حكم الأسرة الكابية في فرنسا سنة ١٣٢٨:

مات فيلب الرابع سنة ١٣١٤، فخلفه على العرش الفرنسي أكبر أبنائه، وهو لويس العاشر لمدة عامين، ومن ثم ابن آخر، وهو فيليب الخامس (١٣١٦-١٣٢٣) وعمل فيليب الخامس على تثبيت دعائم السلطة الملكية في باريس، فمنع الأمراء الإقطاعيين من الاحتفاظ بحاميات عسكرية في قلاعهم ما لم تكن هذه القلاع على الحدود.

وفي عهد فيليب الخامس اجتمع مجلس طبقات الأمة مرات عديدة حتى بلغ درجة كافية من النضج والكمال، وبعد موت فيليب الخامس تبوأ العرش الفرنسي أخوه شارل الرابع (١٣٢٢-١٣٢٨)، فلم ينجب ولداً ذكراً يرث حكم المملكة الفرنسية، مما أدى إلى زوال حكم الأسرة الكابية في فرنسا، وبعد موت شارل الرابع (سنة ١٣٢٨) اجتمع مجلس طبقات الأمة، فاختار شخصاً من خارج الأسرة الكابية، وهو فيليب فالوا ملكاً على فرنسا باسم فيليب السادس، وليس لهذا الاختيار من أهمية خاصة سوى ان النزاع على وراثة العرش الفرنسي- بعد موت شارل الرابع كان من أسباب حرب المائة عام بين فرنسا وانكلترا؛ ذلك أن ملك انكلترا أدوارد الثالث طالب بعرش فرنسا على

أساس ان أمه هي ابنة الملك الفرنسي فيليب الرابع، وسنعالج حرب المائة عام في فصل لاحق(٢٥).

الفصل العاشر

الدولة الكارولنجية

في عهد شارلمان

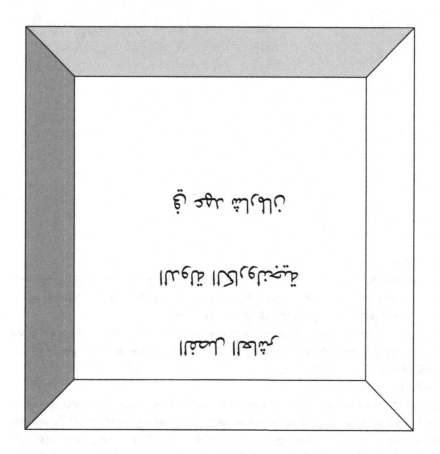

- **شارلمان ٧٦٨-٨١٤م:**

ترك بيبن الثالث ولدين، هما شارلمان وهو الأكبر، إذ يرى البعض انه ولد عام ٧٤٢م، وكارلومان Carloman وهو الأصغر، إذ ولد عام ٧٥١م. وكان لهما أخ ثالث يدعى بيبن مات وهو طفل، هذا بالإضافة إلى بنت هي جيزلا Gisela ولدت عام ٧٥٧م.

وعندما توج البابا سيتفين الثالث بيبن ملكاً على الفرنجة عام ٧٥٤م، توج ولديه شارلمان وكارلومان كوليين للعهد، وعند وفاة بيبن عام ٧٦٨م قسمت الدولة بين ولديه، ولكن كارلمان مات بعد ثلاثة أعوام، فأصبح شارلمان ملكاً وحيداً على الدولة الكارولنجية بعدما ضم أملاك أخيه وظلت كذلك حتى وفاة شارلمان عام ٨١٤م.

وبرهن شارلمان على انه جدير بهذا المنصب, فقد كان جسوراً غير متهور، سياسياً بارعاً، قديراً في شؤون الحكم والإدارة، وظهر في أعين معاصريه نموذجاً عسكرياً يجب طاعته، وترجع عظمة شارلمان إلى ما انجزه في المجال الداخلي والخارجي؛ فقد كانت اصلاحاته الداخلية علامة بارزة في عصره، كما كانت حروبه التي اتخذت الطابع الديني عملاً رائعاً في نظر معاصريه، وصوّرت أعماله بطريقة أسطورية، وعلى أية حال فإننا سوف نكتفي في هذه الصفحات بإلقاء الضوء على حروب شارلمان واصلاحاته الداخلية، وإحياء الإمبراطورية الرومانية المقدسة.

١- فتح أكويتين:

أنقذ شارل مارل مارتل دوقية أكويتين من الغزو الإسلامي، ومع ذلك ظلت هذه الدوقية من أشد ممتلكات الفرنجة اضطراباً، واهتم بيبن الثالث بهذه المنطقة وانتزع جانباً من أراضيها وجعله وقفاً على الأديرة والكنائس، ورضي أهل أكويتين بذلك مقابل قيام الفرنجة بالدفاع عنهم.

وعندما تولى أمرها ويفار Waifar لم يرض عن سيطرة الفرنجة ورجال الدين على أراضيه، فقام في عام ٧٦٠م بوضع يده على ممتلكات الكنائس الفرنجية، انزعج بيبن لهذا الأمر الذي يهدد مركزه كملك يحمي الكنيسة في روما ورجال دينها،

واشتعلت الحرب بين الفرنجة وإكويتين، واستمرت حملات بيبن على شكل حملات متواصلة حتى عام ٧٦٣م، ثم توقفت مدة عامين لانشغال بيبن بحروبه في بافاريا.

وعادت الحرب من جديد حوالي عام ٧٦٥م، ونجح بيبن في عام ٧٦٨م في ان يستولي على اكويتين واخضاعها لحكم رجاله من الفرنجة، وظل الحال هكذا حتى اصبح شارلمان ملكاً مع أخيه كارلومان. وفي عام ٧٦٩م قامت ثورة في أكويتين بزعامة الراهب هونرولد Hunrold والد ويفار، فاستعد شارلمان للقضاء على هذه الثورة وطلب من أخيه كارلومان المساعدة، ولكن الأخ لم يتعاون مع أخيه في هذه المرحلة لأسباب تتعلق بحق الوراثة. وواقع الأمر ان ثورة أكويتين لم تكن من الخطورة أو القوة التي يعجز عن إخمادها شارلمان، فقد نجحت قوات الفرنجة في مطاردة هونرولد واتباعه حتى خرجوا من البلاد، ولجأ هونرولد إلى ابن أخيه لوبوس Lupus حاكم جاسكونيا، فعبر شارلمان وقواته نهر الجارون وأرسل إلى لوبوس يطلب منه تسليم عمه أو الحرب، وبادر لوبوس بتقديم فروض الولاء والطاعة والإعلان عن تسليم عمه إلى شارلمان الذي عاد إلى بلاده بعد ان انتهت الحرب التي استمرت ما يقرب من سبع سنوات، بعدما عين انبه لويس حاكماً عليها (٧٩٤-٨١٣م).

٢- حروبه مع اللمبارد في ايطاليا:

وبداية هذه الأحداث في عصر شارلمان ترجع إلى عام ٧٧٠م عندما تزوج شارلمان ابنة دسيدريوس Desiderius ملك اللمباردين ٧٥٦-٧٧٤م، وقد تم هذا الزواج تحت إلحاح والدته رغم احتجاج البابا ستيفن الثالث الذي اعتبر هذا الزواج تحالفاً بين الفرنجة واللمبارديين اعداء البابوية، ولكن سرعان ما انفصل شارلمان عن زوجته اللومباردية، وهو ما ارتاحت إليه البابوية، وعند موت كارلومان عام ٧٧١م غضبت زوجته من شارلمان لتجاهله حقوق أولادها في وراثة عرش زوجها، وانضمت إلى مطلقة شارلمان في مدينة بافيا عاصمة اللمباردين، ويبدو أنها لعبت دوراً في تحريض ملك اللمبارديين ضد شارلمان. والواضح ان ملك اللمبارديين لم يكن بحاجة إلى التحريض، فقد كان يرى في استيلاء شارلمان على ممتلكات أخيه خطراً يهدده، كما انه كان يرى ضرورة عودة الأراضي البيزنطية - التي منحت للبابوية طبقاً لهبة

بين الثالث - إلى حوزة اللمباردين، لذلك كله قام في عام ٧٧٣م بالإغارة على الممتلكات البابوية، ولم يجد ستيفن الثالث سبيلاً أمامه سوى الاستنجاد بالملك شارلمان.

وجاءت الدعوة لشارلمان في الوقت المناسب لعدة أسباب، منها ان شارلمان كان لا يرضى عن إيواء دسيدريوس لزوجة كارلمان وأولادها وإلحاحهم على البابا بأن يتوجهم ملوكاً في إرث أبيهم، كما ان شارلمان وجد في نجدة البابا الكاثوليكي المذهب - وهو المذهب الذي يعتنقه شارلمان - ضد اللمبارديين الاريسويين ما يرفع شأنه أمام الكنيسة والعالم المسيحي بأسره.

لذلك جمع شارلمان قواته عند مدينة جنيف وسار عبر جبال الألب، وفي أكتوبر عام ٧٧٣م بدأ في حصار العاصمة بافيا وطال الحصار سبعة أشهر، وخلال فترة الحصار اتجه شارلمان إلى روما، وتقابل مع البابا هارديان الأول Hardrian I (٧٧٢-٧٩٥) الذي جدد تأييده لملوك الفرنجة، وعلى أية حال فلم تتحمل مدينة بافيا وطأة الحصار، وسقطت في يونيه ٧٧٤م، وبسقوط بافيا سقطت الدولة اللمباردية إلى الأبد. وأمر شارلمان بوضع دسيدورس آخر ملوك اللمبارد في أحد الأديرة ليقضي بقية حياته هناك، واضيفت الممالك اللمباردية إلى ممتلكات شارلمان. وإذا نظرنا إلى نتائج هذه الحرب نجد ان شارلمان ساند البابوية، وفي هذا إعلاء لشأنه في نظر المسيحيين، كما انه قضى على دولة آريوسية المذهب، وفي ذلك نصر للباباوية وللمسيحية أيضاً، كما أن إضافة الممتلكات لدولة شارلمان فيها إعلاء لقدره وتوسيع لممتلكاته، والخلاصة هي زوال دولة اللمبارديين وتجدد التحالف بين الباباوية وشارلمان.

٣- شارلمان والسكسون:

استمرت الحروب مع العناصر السكسونية فترة طويلة، تفوق في مدتها أي حرب أخرى خاضها شارلمان، فقد دامت هذه الحروب من عام ٧٧٢م حتى عام ٨٠٤م، وقاد شارلمان خلالها حوالي ثلاث عشرة حملة، ويصعب علينا في هذا الموضع ان نتتبع تلك الحروب بالتفصيل، ولكن نكتفي بالقاء الضوء على معالمها وأهم أحداثها. وترجع أسباب هذه الحروب إلى محاولة شارلمان إيقاف الغارات السكسونية على حدود دولته، ولذلك اتصفت هذه الحملات بطابع الغارات، وليس بطابع الغزو،

وترجع بدايتها إلى عام ٧٧٢م عندما عبر شارلمان الحدود، وقام بحملة خاطفة دمر فيها بعض استحكامات العناصر السكسونية، وكرر شارلمان حملته في ٧٧٥م، وقام بالهجوم على أقاليم وستفاليا، ولكنه لم يسيطر إلا في حملة قام بها في العام التالي (٧٧٦م). وفي عام ٧٧٩م نجح شارلمان في هزيمة الزعيم السكسوني فيديكند Widikind الذي اعتدى على رجال الدين المبشرين الذين أرسلهم شارلمان لنشر المسيحية بين هذه العناصر الوثنية، وتعرف هذه المعركة باسم بوشولت Bochult، وعلى أثر هذا الانتصار عقد شارلمان اجتماعات خصص فيه جابناً من الأراضي السكسونية للسفراء والمبعوثين والمبشرين من رجال الدين الفرنجة.

وتجددت الحرب مرة أخرى في عام ٧٨٤م عندما هاجم السكسون قوات شارلمان التي كانت في طريقها لمحاربة العناصر السلافية، وعلى أثر هذه الأحداث استعد شارلمان لملاقاة السكسون، ويبدو انه صمم على إنزال ضربة قوية بهذه العناصر، وقد نجح شارلمان في هزيمتهم، وفي مدنية فردان Verden قتلت قوات شارلمان ما يقرب من خمسة آلاف من العناصر السكسونية صورتها المصادر أنها تمت بشراسة ووحشية. ورغم ذلك لم تنته الحرب، فكانت ثورات العناصر السكسونية وحملات شارلمان تسير بصورة تكاد لا تنقطع، واضطر شارلمان في عام ٧٩٤م إلى تهجير سبعة آلاف من العناصر السكسونية؛ لتشتيتهم وتخفيف هجماتهم، وفي عام ٨٠٤م كانت الهجمة الأخيرة التي أخضعت العناصر السكسونية لدولة شارلمان[٢٦].

٤- شارلمان والآفار:

جاء الآفار من أواسط آسيا، وهم لا يختلفون عن العناصر المغولية فهم صفر البشرة، منحرفو العيون، وعظام خدودهم بارزة، واشتهر الآفار بالفروسية والرماية، وعاشوا بدواً رحلاً لا دولة لهم، فهم قبائل متعددة كان لكل واحد منها زعيم، ولكل القبائل خاقان له السيادة العامة، وكان ظهورهم في أوروبا للمرة الأولى في النصف الثاني من القرن السادس الميلادي، فقد أغاروا على بانونيا، ثم ما لبثوا أن هددوا القسطنطينية في عام ٦٢٦م في عهد الإمبراطور هرقل، ولم يكفوا عن تهديدهم للعاصمة البيزنطية إلا بعد حصولهم على الجزية.

انتهى المطاف بالآفار بالاستقرار عند نهر ثييس Theiss شمالي مدينة بلغراد الحالية، وعاشوا على الرعي والغارات بغية السلب، وعندما ظهرت دولة بافاريا حالت بينهم وبين ايطاليا وغيرها. وتكدست لدى الآفار كنوز نهبوها من جيرانهم على مدى قرنين من الزمان، وقد وضعوا كنوزهم هذه في مكان عرف باسم الحلقة الكبيرة، وأقاموا حولها تسعة أسوار لحمايتها. وظهرت أخطار الآفار مرة أخرى عندما استنجد بهم دوق بافاريا في حروبه مع شارلمان، ولكنهم لم ينهضوا لمساعدته إلا في عام ٧٨٨م، أي في أواخر حروب بافاريا مع الفرنجة، ولعل سبب ذلك مرجعه إلى الانتظار إلى ما بعد الحرب التي يخرج المنتصر منها ضعيفاً، فينالون منه. والمهم أن الآفار تحركوا عام ٧٨٨م صوب بافاريا المهزومة والحدود الفرنجية، الأمر الذي انزعج له شارلمان، فاستعد لملاقاتهم عند الحدود وطال الانتظار إلى العام التالي ٧٨٩م، وأخيراً أرسل شارلمان تهديداً إلى خاقان الآفار يطلب منه الانسحاب إلى بلاده وان يتسامح مع المسيحيين الذين يقطنون الحدود، ولكن الخاقان رفض، وظلت الاستعدادات بين الطرفين للحرب المرتقبة.

لم يطق شارلمان صبراً، ولما كانت قوات الآفار ليست بالقوات النظامية فقد لجأ شارلمان إلى طرق أخرى في القتال، فقام بتقسيم جيشه إلى فرق لتهاجم الآفار من أماكن متعددة، أما شارلمان فقد توجه بنفسه على رأس فرقة وسار على امتداد الضفة الجنوبية لنهر الدانوب، بينما سارت المؤن في السفن. وعندما شاهد الآفار هذه الاستعدادات هالهم الفزع وتراجعوا، ولقي الكثير منهم مصرعه أثناء الفرار، كما سقط عدد كبير منهم في الأسر وتقدم شارلمان على هذا النحو حتى أذعن نصف الآفار تقريباً، ولكنه اضطر للعودة لاقتراب فصل الشتاء وعهد إلى أدواق بافاريا بحماية الحدود. وجاءت الفرصة مرة أخرى في عام ٧٩٥م عندما قام نائب شارلمان في بافاريا بمهاجمة الآفار، مستغلاً فرصة قيام الحروب الداخلية بينهم، ونجحت قوات شارلمان في التوغل حتى الحلقة الكبيرة في عام ٧٩٦م، واستولت على ما تبقى لديهم من كنوز دون مقاومة تذكر، وانزلت الخراب بالمنطقة، واستسلم الآفار ودخل العديد

منهم في الديانة المسيحية، وانتهت أمة الآفار من الوجود؛ لأن من تبقى منها اندمج في العناصر التي جابت هذه المنطقة.

٥- الحرب البافارية:

اعتنقت بافاريا الديانة المسيحية قبل وقت قصير من حكم شارلمان، ودخلت في النظام العام لدولة الفرنجة، وتواجد بها العديد من الأديرة والكنائس والمبشرين، وفي الحروب السكسونية أظهر دوق بافاريا تاسيلو Tassilo قدراً كبيراً من الشجاعة. وتمرد تاسيلو بعد سقوط الدولة اللمباردية بتحريض من زوجته الأميرة اللمباردية بعد ما ضاع ملك أبيها ونُفِي أخاها، ولم يعد تاسيلو يعترف بالولاء لمملكة الفرنجة، فعقد الجمعيات وأصدر القوانين وأسقط اسم شارلمان وفصل رجال الدين عن كنيسة مملكة الفرنجة واتبعهم للبابا. ولما كان شارلمان مشغولاً بالحرب السكسونية قد لجأ إلى البابا ليستخدم نفوذه في الضغط على تاسيلو، ونجح البابا في مهمته بمساعدة رجال الدين في بافاريا، وجدد تاسيلو ولاءه لشارلمان، وقدم الرهائن تأكيداً للتبعية.

وعندما انتهت الحرب السكسونية تبين لشارلمان ان هناك سلسلة من المؤامرات تحاك ضده، وأن تاسيلو قد تورط فيها، وخاف تاسيلو ولجأ إلى البابوية ليتمس الوساطة، ولكن شارلمان أكد خيانة تاسيلو، واقتنع البابا برأي شارلمان وهدد البابا بقرار الحرمان ضد البافاريين ما لم يخضعوا خضوعاً تاماً شارلمان. وفي خضم هذا الفزع من قرار الحرمان دعا شارلمان تاسيلو إلى اجتماع، ولكن تاسيلو رفض الإذعان للأمر، فما كان من شارلمان إلا أن أعد قواته لمحاربة بافاريا، ولم يستطع تاسيلو دخول الحرب؛ لأن البافاريين انفضوا من حوله؛ خوفاً من قرار الحرمان وجيوش شارلمان، وعند هذه المرحلة أعلن تاسيلو خضوعه وحضر إلى شارلمان مستسلماً، وسلم دوقية بافاريا عام ٧٨٧م، واكتفى شارلمان بهذا الإذلال وأعاد الدوقية إلى تاسيلو مقابل الولاء والتبعية، وقدم تاسيلو ابنه رهينة دليلاً على ولائه.

ولكن تاسيلو عاد إلى التمرد مرة أخرى، وبدأ يعمل على طرد اتباع شارلمان من بافاريا، وأرسل إلى الآفار يطلب مساعدتهم، وعلم شارلمان بما يخططه تاسيلو ولكنه تظاهر بعكس ذلك، ودعا تاسيلو إلى الاجتماع، حيث تم القبض عليه وتقديمه إلى

المحاكمة التي قضت بإعدامه، ولكن شارلمان عفا عنه وأجبره على سلوك الرهبانية، ثم أرسله وأسرته إلى أديرة متفرقة ليقضوا بها بقية حياتهم، ومنذ ذلك الوقت دخلت بافاريا في مملكة الفرنجة، وقسمت إلى أجزاء إدارية يدين حكامها بالطاعة للفرنجة.

٦- شارلمان والمسلمون في إسبانيا:

وإذا أردنا معرفة الدوافع التي دفعت شارلمان لمحاربة المسلمين في إسبانيا نجد الأسطورة تختلط بالواقع، فقد ورد في قصة توربين Turpin التي ترجع إلى القرن الثاني عشر ان شارلمان بعد ان استولى على العديد من الأراضي خلد إلى الراحة، وبينما هو على هذه الحال كان يراقب السماء فاتجه ببصره نحو جليقية (الجلالقة في المصادر العربية، وهي الآن جزء من دولة البرتغال)، وتعجب شارلمان لمثل هذا الأمر، ولم يستطع تفسيره، وذكرت الأسطورة أيضاً ان القديس جيمس – الذي يرقد جثمانه في إسبانيا - ظهر لشارلمان ذات ليلة وهو نائم وقال له: إن جثمانه يرقد بعيداً، ولا يعرفه المسلمون أو المسيحيون، وطالب شارلمان بالنهوض والاستيلاء على جليقية، وتخليصها من أيدي المسلمين، وتكرر ظهور الحلم ثلاث مرات.

والواقع - حسب ما صور لنا انيهارت Einhard (ت٨٤٠) مؤرخ شارلمان والمصادر العربية - يتلخص في أن طائفة من الأمراء المسلمين في الأندلس كانوا يعتبرون عبد الرحمن الداخل (١٣٨-١٧٢هـ/٧٥٦-٧٨٨م) مغتصباً للحكم، ولما يئسوا من مساعدة الخلافة العباسية في بغداد لجأوا إلى شارلمان. وفي عام ٧٧٧م اتصل عبد الرحمن بن حبيب الفهري وسليمان ابن يقظان الكلبي الأعرابي حاكم سرقسطة بشارلمان لقتال عبد الرحمن الداخل، وتم الاتفاق على دخول شارلمان بجيوشه حتى مدينة سرقسطة، فيسلمها له سليمان، وفي الوقت نفسه يحاصر الفهري مدينة مرسية، ويقضون على عبد الرحمن الداخل. وفي عام ٧٧٨م سار شارلمان بجيش كبير ضم عناصر بافاريا ولومباردية وبرجندية وغيرهم، وتقسم الجيش إلى فرق واتفقوا على الاجتماع عند سرقسطة، ولم يحالف شارلمان وحليفيه التوفيق لصعوبة تنفيذ الخطة في المواعيد المحددة، كما ان مدينة سرقسطة قاومت قوات شارلمان واجبرتها على التراجع.

وأثناء تراجع قوات شارلمان من ممر جبال البرانس قام سكان المنطقة - وهم قبائل الباسك - بمهاجمة مؤخرة جيش شارلمان، ويقول انيهارت ان قبائل الباسل الكثيرة العدد تناثرت في أماكن عديدة ونصبت الكمائن العديدة لقوات شارلمان، وفي اللحظة التي كان فيها جيش شارلمان يسير في صف طويل بين الجبال انقضّوا على المؤخرة في معركة تعرف باسم رونسفو Roncevaux في الخامس عشر من أغسطس ٧٧٨م، وانزلوا بها القتل والنهب، وقتل في هذه المعركة قائد المؤخرة رولاند Roland حاكم إقليم بريتاني، وقد ظهر في القرن الحادي عشر ملحمة تعرف باسم أنشودة رولان، نسب فيها مقتل رولان إلى المسلمين واشتهرت هذه الانشودة بدرجة كبيرة إبان الحروب الصليبية لزيادة حماس المسيحيين ضد المسلمين.

ولم ينته الصراع عند هذا الحد، فقد أرسل شارلمان في عام ٩٧٥م جيشاً آخر إلى أسبانيا واستولى به على شريط ضيق في شمالي إسبانيا من الجانب الشرقي، وعمل على تأمين هذا الساحل، بالإضافة إلى شواطئ أوروبا الجنوبية ضد هجمات المسلمين.

إذا كان ذلك هو الحال مع شارلمان في إسبانيا الإسلامية، فقد اختلف الحال في علاقة شارلمان بالخلافة العباسية في بغداد، ولعل في بعد المسافة دوراً في العلاقات الطيبة التي سادت بينهما، ولكن واقع الأمر ان شارلمان كان يعلم بالعداء القائم بين بغداد وقرطبة، وإنّ تقارُبَ شارلمان لبغداد فيه تعميق للخلاف القائم بين الخلافة العباسية والخلافة الأموية بالأندلس[٢٧].

٧- إحياء الإمبراطورية الرومانية ٨٠٠م:

كان الملوك الكارولنجين مؤهلين جيداً لحمل رسالة الإمبراطورية والنهوض بها، فقد جمعوا بين البطولات العسكرية وبين المثالية الدينية في شدة إخلاصهم للكنيسة، ولم يظهر هذان العنصران بشكل ملموس إلا في شخصية شارلمان، فقد كان الفاتح الأعظم في عصره، لا بقصد التوسع بقدر ما كان يدافع عن الديانة المسيحية ووحدة العامل المسيحي، فقد نجح شارلمان في القضاء على مملكة اللمبارديين الأريوسية المذهب، وخلص البابوية من الخطر الذي هدد استقلالها قرنين من الزمان، كما أن حروبه ضد السكسون كان بسبب تصميمه على إزالة آخر بقايا الوثنية الجرمانية، ثم انه

هدم دولة الآفار الوثنية وأراح أوروبا من الفزع الذي أصابها من هؤلاء، أما حروب شارلمان في اسبانيا ضد المسلمين فكانت أول رد فعل مسيحي ضد التوسع الإسلامي في إسبانيا، ومن ذلك يتضح أن شارلمان استطاع خلال ثلاثين عاماً من الحروب ان يمد أطراف دولته لتشمل جانباً كبيراً من أوروبا، وأن يوحد العالم المسيحي الغربي في دولة عظمية. وترجع أحداث التتويج إلى البابا ليو الثالث ٧٩٥-٨١٦م، وكان للبابا أعداء ألداء من رجال الدين في روما، لان هذه الفئة من رجال الدين كانت تريد انتخاب بابا يعمل لصالحها، ولتحقيق هذا الغرض خططوا لطرد البابا من منصبه فهاجموه في أخلاقه الشخصية، وتأزم الموقف ورفض البابا التخلي عن منصبه.

وارتاع الغرب المسيحي لهذه الأحداث وزاد هلعه ما حدث في الإمبراطورية وتولي الإمبراطورة ايرين Irene ٧٩٧-٨٢٠م بعد عزل ابنها قسطنطين السادس عشر الإمبراطورية في القسطنطينية، وهو المنصب الذي كان الغرب الأوروبي ينظر إليه بإجلال واحترام حتى ذلك الوقت، فقد كان لوقوع الحادثتين معاً أهمية كبيرة، فالبابوية والإمبراطورية هَوَيَتَا سوياً إلى الأرض، فقد تلطخت سمعة البابوية بالعار، بينما حل بالإمبراطورية الدمار، ولم يكن أمام العالم الغربي من شخصية يمكن الاحتكام إليها في مشكلة البابا غير شارلمان. وواقع الأمر ان شارلمان لم يكن بعيداً عن هذه الأحداث، فقد كان يتابعها باستمرار، وأخيراً رأى شارلمان مساندة البابا وعدم عزله، لأنه إذا عزل البابا فلا يكون لخلافته الاحترام الذي كان للبابوية من قبل، وإنما رأى ان تتم محاكمة البابا في جلسة سرية، وأخيراً سار شارلمان إلى روما، وقبل ان يصل شارلمان هرب البابا من روما والتقى به في الطريق ذليلاً فاصطحبه شارلمان إلى روما، حيث جرت الاحتفالات التقليدية لشارلمان.

وفي جلسة حضرها مجمع ديني جرى الاستماع لمن يتهمون البابا، ولما كانت القاعدة هو أن يأتي هؤلاء باثنين وسبعن شاهداً في مثل هذه الحالة، فقد أصبح الأمر مستحيلاً، وتقرر إعدامهم. ولكن البابا توسط لدى شارلمان وتبدل الحكم إلى النفي، وارتاح الحاضرون لهذا التصرف؛ لأنهم كانوا لا يرون محاكمة البابا الذي يعتبر خليفة للقديس بطرس، لأن البابا هو الذي يحاكم الناس، ولا يجوز للناس ان يحاكموه.

وتصادف موعد عيد الميلاد لعام ٨٠٠م بعد يومين من هذه الحادثة واحتشد جمع كبير في كنيسة القديس بطرس للاحتفال وظهر البابا ليو يتلو القداس، وقام شارلمان وحاشيته وركعوا امام المذبح، وبينما كان شارلمان ينهض في ختام القداس وضع البابا تاج الإمبراطورية على رأسه وصاح الحاضرون بالعبارات القديمة عند تنصيب الأباطرة: "إلى شارلمان أوغسطس المتوج بأمر الـلـه الإمبراطور العظيم، المحب للسلام، اللهم امنحه الحياة الطويلة"، ثم ألبس البابا شارلمان عباءة الإمبراطورية.

ويصعب على الباحث ان يقرر إلى حد ما إذا كان البابا ليو قام بهذا العمل من تلقاء نفسه ودون ان يكون لدى شارلمان علم مسبق به، أو انه قام بهذا العمل بوحي من رجال شارلمان دون علمه أو بعلمه، ولعل سبب هذا الخلط مرجعه إلى ان اينهارت مؤرخ شارلمان قد أورد ان شارلمان لم يكن على علم بما حدث.

والمهم ان تتويج شارلمان كان له أثره في علاقة شارلمان بالإمبراطورية البيزنطية حتى عهد ميخائيل الأول Michael I (٨١١-٨١٣م) الذي اعترف بشارلمان كإمبراطور للغرب، نظير اعتراف شارلمان بأن البندقية وإيطاليا الجنوبية من أملاك الإمبراطورية البيزنطية.

كما كان لهذا التتويج أثره في مراحل لاحقة على العلاقة بين البابوية والإمبراطورية، وفتح بابا للصراع بين السلطتين، وأيهما أعظم مكانة وسلطاناً وسمواً، المعطي أم آخذ العطية، وكان لكل من النظرتين أنصار، حتى أصبح الصراع بين السلطتين من معالم أوروبا في العصور الوسطى.

وعلى أية حال، كان شارلمان هو الرابح في هذه القضية، لأن سلطته العليا أصبحت متمتعة بسند من القانون الروماني والتقاليد الرومانية، كما أن الفائدة التي عادت على البابوية كانت كبيرة أيضاً، فلم يعد الولاء السياسي للبابا موزعاً بين السلطة القانونية النظرية للإمبراطور البيزنطي وبين السلطة الفعلية للإمبراطور شارلمان.

٨- الأحوال الداخلية

أ - نظام الحكم:

كانت حكومة شارلمان حكومة دينية إلى درجة كبيرة، فقد اشترك الأسقف والكونت اشتراكاً فعلياً متساوياً في شؤون الإدارة المحلية في جميع الكونتيات الثلاثمائة التي اشتملت عليها الإمبراطورية، وليس ذلك فحسب، فقد اجتمعت معظم نواحي الإدارة المركزية في أيدي رجال الدين من القضاة الإمبراطوريين للمحكمة العليا ورجال الكنيسة الخاصة بالقصر الكارولنجي، لأن رئيس هذه الكنيسة الخاصة كان المستشار الأول للإمبراطور شارلمان وصاحب أحد المقامات العليا في الإمبراطورية.

وعندما استخدم شارلمان نظام المبعوثين الملكيين الذين كانوا يذهبون إلى أنحاء الإمبراطورية في دوائر قضائية، كان الأسقف ورؤساء الأديرة هم الذين يعهد إليهم بأهم هذه الأمور.

وواقع الحال ان نظام المبعوثين كان موجوداً قبل عهد شارلمان، وعندما اتسعت الدولة أيام شارلمان أصبح هذا المبعوث Missus هو الوسيلة الرسمية التي يرسلها شارلمان لتحمل قوانينه ومراسيمه إلى كافة الأنحاء، أو يجمع معلومات عن الإدارة المحلية، أو يفحص عيوبها، ويعمل على إصلاحها.

ويمكن حصر واجبات المبعوثين في مجموعة من المهام، هي: الاستماع إلى الشكاوى التي تُقدم ضد الكونت، والتحقيق فيها، ورد الحقوق إلى أصحابها، كما كان عليهم أيضاً معاونة الكونت إذا ما تصدى تابع كبير من اتباع الملك لعرقلة سير العدالة، ومن مهامهم ايضاً القيام بالتفتيش على الكنائس والأديرة وانزال العقوبة برجال الدين الذين لا يلتزمون بنظام الكنيسة، والإشراف على ما يمنحه الملك من أراضي وتقرير ضرائبها وما يلزمها من خدمات، وأخيراً مراقبة عملية تنفيذ الخدمة العسكرية.

ولعل ما ورد في خطبة أحد مبعوثي شارلمان يوضح جانباً كبيراً من الروح التي تحلى بها هؤلاء المبعوثون، ومطلع هذه الخطبة: "اننا أرسلنا إلى هنا بأمر سيدنا ومولانا الإمبراطور شارلمان؛ لأجل تحقيق صلاحكم الأبدي في الدار الآخرة، ونحن نهيب بكم ان تعيشوا في الفضيلة، وفقاً لشريعة الـلـه ... أحبوا جيرانكم كما تحبون أنفسكم، واعطوا الصدقات للفقراء على قدر استطاعتكم"، ثم أورد في الخطبة واجبات

كل طبقة من طبقات المجتمع، وكل فرد من الأفراد، سواء أكانوا رجالاً أو زوجات أو أولاداً أو رهباناً أو كونتات أو موظفين.

أ- الشؤون المالية:

واهتم شارلمان بالشؤون المالية، ووضع ضوابط لعمله ونظاماً موحداً للموازين والمكاييل، فقد كان هناك - قبل تولية شارلمان - ما يزيد عن ستين داراً لصك النقود، فألغى شارلمان العديد منها، وأبقى على القليل الذي وضعه تحت إشراف الدولة.

وغيّر شارلمان معيار العملة، وأصبح الجنيه الفضي يساوي عشرين شلناً، وانقسم الشلن إلى اثني عشر بنساً، واحترم الجميع هذا النظام ووضع على العملة شعار شارلمان.

وأصدر شارلمان التشريعات التي تحرم الربا، وحدد أسعار بعض المواد الخاصة كالقمح، وحمى التجارة، وعاقب كل من يحصل على رسوم غير مشروعة، وعزز من مكانة النقابات التي تعمل بموجب قوانين الدولة، وعارض من سار على غير ذلك، وشدد الحراسة على الطرق الرئيسية داخل البلاد لحماية المسافرين والتجار من قطاع الطرق.

ج- النهضة العلمية في عهد شارلمان:

وكان على رأس الحركة العلمية في عهد شارلمان العالم الإنجليزي الكوين Alcuin ٧٣٥-٨٠٤م رئيس مدرسة يورك Yurk الذي زار بلاط الإمبراطور شارلمان في إحدى الزيارتين اللتين قام بهما الكوين لأوروبا في العقد السابع من القرن الثامن الميلادي، وقد نجح شارلمان في استمالة الكوين وضمه إلى خدمته حوالي عام ٧٨١م، حيث عينه مديراً لمدرسة القصر الإمبراطوري في آخن.

وواقع الأمر أنه أصبح لألكوين بعد انضمامه إلى خدمة شارلمان تأثير واضح وفعال في توجيه سياسة شارلمان التعليمية، وفي توجيه الحركة الأدبية كلها في الإمبراطورية الكارولنجية، لأن الكوين كان مدرساً ومصلحاً للتعليم، ومن جهة أخرى أصبح الكوين مستشاراً للإمبراطور والمرجع الأول والأخير في الأمور الكنسية.

وعلى أية حال فقد كان الكوين مدرساً ونحوياً بطبيعته، وليس أديباً عبقرياً، فإن منهجه العلمي قام على المنهج الكلاسيكي القديم الذي يشتمل على الفنون السبعة، وهي النحو، الخطابة، والمنطق، والموسيقى، والحساب، والهندسة، والفلك، وكان هذا الطراز من المدرسين هو الذي افتقر إليه ذلك العصر.

تمكن شارلمان بمساعدة الكوين من جعل مدرسة القصر نموذجاً ثقافياً لجانب كبير من أوروبا الغربية، كما عهد شارلمان إلى الكوين - على ما يبدو - بمهمة مراجعة الكتاب المقدس ومجموعة كتب الصلوات.

ومن هنا يكون الكوين الانجليزي الأنجلو سكسوني الأصل هو رائد حركة الإصلاح الكارولنجية في الطقوس الدينية، وهو الإصلاح الذي قامت على دعائمه وتأسست عليه طقوس الكنسية في العصور الوسطى.

ونشط الكوين، وأرسل إلى البلدان يجمع المخطوطات، ويطلب المدرسين، وسرعان ما أضحت مدرسة القصر مركزاً علمياً نشيطاً لمراجعة المخطوطات وإعادة نسخها.

وكان شارلمان نفسه وزوجته الرابعة ليوتجارا Liutgara وابناؤه ومؤرخه انهيارت ضمن طلاب هذه المدرسة، وكثيرون غيرهم من بينهم الشباب الطموح من أبناء الأسر الكبيرة الذين لجأوا إلى القصر يلتمسون العلم، واضحت المدرسة عاملاً هاماً في الحياة القومية.

كما لجأ إلى هذه المدرسة الصبيان الموهوبون من عامة الشعب، وشجع شارلمان كل الطوائف على اختلاف مشاربها للانخراط في مدرسة القصر، وكان يعين النابهين منهم في الوظائف الإمبراطورية.

وزادت العناية بالمخطوطات بعد مراجعتها وإعادة نسخها، فقد وضعت التدابير؛ حرصاً عليها من الضياع بزيادة عدد النسخ الواحدة، وضرب الكوين مثلاً عندما قابل عدد من نسخ الإنجيل ببعضها، ثم طبعها بعد التحقيق، وبتأثير الكوين تم استخدام عدد من النساخ المدربين.

وكان هناك قانون يتعلق بشأن النساخ حتى لا يخطئون في الكتابة، ولم يقف الأمر عند هذا الحد، فقد كان الخط الكارولنجي عسير القراءة، فتم استبداله بنوع من الخط هو خط النسخ الكارولنجي الذي يعتقد انه نشأ في دير كوربي، وانه بلغ أرقى درجاته من الاتقان في دير الكوين في مدينة تور.

ولم يقتصر الأمر على مدرسة القصر، فقد كان هناك عدد من المدارس الإقليمية، وكانت مدرسة الكوين التي أسسها في عام ٧٨٧م بعد انسحابه من مدرسة القصر نموذجاً للمدارس الإقليمية.

وفي هذه المدارس انقسم التعليم إلى مرحلتين، المرحلة الأولى كانت أقل مستوى من الثانية، ففي الأخيرة تعلم الرهبان وسائر الأفراد المعدون للوظائف الكنسية، ودرس هؤلاء في هذه المدرسة جانباً كبيراً من العلوم السبعة؛ لتساعدهم على شرح وتفسير قوانين الكنيسة وكتابات آباء الكنيسة.

وبالإضافة إلى ذلك وجدت بعض المدارس المتخصصة، فقد أمر شارلمان في عام ٧٨٩م بأن تقام في كل اسقفية مدرسة يتعلم فيها الأولاد المزامير، وعلامات الموسيقى والإنشاد والحساب والنحو، وفي مرحلة تالية نجد مدارس للمنشدين ومدارس للفقراء.

وبلغت النهضة الكارولنجية قمة مجدها بعد شارلمان أيضاً على يد تلاميذ الكوين، ومنهم اينهارت مؤرخ شارلمان، ورابانوس الأسمر Rabanus Eaurus مقدم دير فولدا Fulda، وتلاميذه من بعده، وأولئك الرجال كانوا جميعاً من كبار علماء عصرهم، ومن الحفاظ للأدب الكلاسيكي.

وبهذا العرض الموجز يمكن القول انه يحق للنهضة الكارولنجية التي بدأت مع شارلمان، واستمرت لبعض الوقت في عصر خلفائه ان تكون مقدمة لنهضة القرن الثاني عشر، ثم نهضة القرن الخامس عشر الميلادي[٢٨].

- اضمحلال الكارولنجين وظهور الإقطاع:

ظلت الإمبراطورية الكارولنجية التي أقامها شارلمان قوية طوال حياته، وعندما توفي عام ٨١٤م بدأت عوامل الضعف تدب فيها بفعل عوامل التقسيم، فقد

قسمت الإمبراطورية - طبقاً لتقاليد الفرنجة - بين أولاده، ولكن وفاة اثنين منهم وبقاء لويس التقى ٨١٤-٨٤٠م أخّر هذا التقسيم لجيل آخر.

وفي عام ٨١٧م قسم لويس الدولة إلى ثلاث ممالك يحكمها ابناؤه ببين Pepin، لوثير Lothair، ولويس، ولكنه عدل عن هذا التقسيم بعدما رزق من زوجته الثانية بابن رابع يعرف في التاريخ باسم شارل الأصلع، وتمرد الأبناء على ابيهم، وترتب على ذلك صراع رهيب بين الأسرة وصل إلى درجة الصدام المسلح.

وليس بوسعنا ان نخوض في تفاصيل هذه الأحداث، إلا انه يمكن القول ان الإمبراطورية أعيد تقسيمها في عام ٨٤٣م بموجب معاهدة فردان بعد وفاة ببين عام ٨٣٨م ولويس التقى عام ٨٤٠م.

وبموجب هذه المعاهدة اختص لويس الابن بالأراضي المحصورة بين الألب والراين، وحكم شارل الجزء الأكبر من فرنسا وولايات الحدود الإسبانية.

وأعطي لوثير ايطاليا والاراضي المحصورة بين الرافدين شرقاً، والشلد Scheld، والساؤون Saone، والرون غرباً.

كان لهذا التقسيم أهمية؛ لأنه وضع بداية لظهور بعض الدول، مثل فرنسا والمانيا، ولكن المهم هنا ان هذا التقسيم وبعض العوامل الأخرى مثل الغارات الشمالية ادت إلى انهيار الإمبراطورية وظهور الإقطاع.

وفي ظل النظام الإقطاعي ارتبط نظام الحكم والنظام الاجتماعي ارتباطاً وثيقاً بملكية الأرض، وأصبح صاحب الأرض هو الحاكم والقاضي والقائد العسكري وجامع الضرائب.

وارتاح عامة الناس إلى هذا النظام؛ فأن يكونوا تحت حكم رئيس محلي يستطيع الدفاع عنهم، افضل من تواجدهم تحت حكم ملك أو إمبراطور لا يقوى على حمايتهم، والمهم ان هذا الرئيس المحلي كان يرتبط بالملك ارتباطاً اسمياً.

وعلى ذلك يمكن القول ان الإقطاع كان قوياً عندما كان الملك ضعيفاً، وتكون الملكية قوية إذا ما ضعف الإقطاع، وهذا ما أدى إلى ظهور الإقطاع بعد الإمبراطورية الكارولنجية والملكية في ألمانيا وفرنسا وإنجلترا على أنقاض الإقطاع(٢٩).

الفصل الحادي عشر

ألمانيا في القرنين التاسع والعاشر

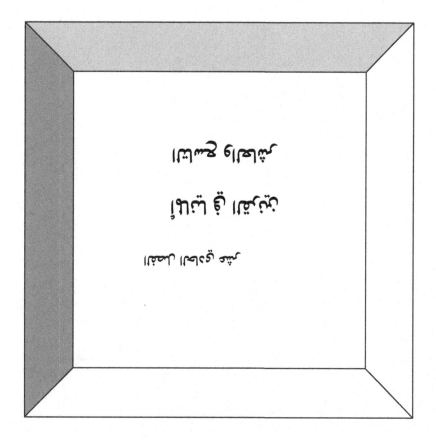

١- أسماء ألمانيا والألمان:

أطلق الفرنسيون - وما زالوا يطلقون - اسم الألمان على القبائل التي كانت تقطن بجوار فرنسا من جهة الشرق، كما أطلقوا اسم ألمانيا ايضاً على المنطقة التي تقطنها هذه القبائل، وأطلق السلاف - ومازالوا يطلقون - على الألمان اسم النمساويين (أي البكم)؛ لان الألمان كانوا يتكلمون لغة لا يفهمها السلاف (والتسمية مشتقة من الكلمة السلافية نيمتس، وتعني أبكم)، أما الألمان فكانوا يسمون انفسهم الدوتشيين (Teutschen أو Deutschen)، كما يطلقون على بلادهم ألمانيا اسم دوتش لاند أي بلاد الدوتشيين، ونحن العرب نستعمل التسمية الفرنسية المعربة أي ألمانيا والألمان.

٢- التركيب الجغرافي والبشري والسياسي في ألمانيا:

تنقسم ألمانيا إلى عدة أقاليم تختلف عن بعضها اختلافاً بيّناً من الناحية الطبيعية، ففي الشمال تنبسط السهول التي تخترقها الأنهار لتصب في بحر الشمال أو في بحر البلطيق، مما جعل سكانها يتجهون بأنظارهم وتحركاتهم نحو الشمال. أما في الجنوب فترتفع الجبال والهضاب التي تنحدر منها الأنهار نحو الشرق والغرب، مما جعل سكانها يتجهون بأنظارهم وتحركاتهم شرقاً وغرباً.

وكانت ألمانيا تتألف (في القرن التاسع) من عدة دوقيات مستقلة بعضها عن بعض، وهي: سؤابيا، بافاريا، فرانكونيا، ساكسونيا مع ثيورنجيا، وفي النصف الأول من القرن العاشر انفصلت دوقية لوثرجينا عـن فرنسا وانضمت إلى ألمانيا، وفي كل دوقية من هذه الدوقيات الألمانية عاشت جماعة عرقية لها لغتها وعاداتها وقوانينها وشخصياتها الخاصة، وتختلف عن غيرها من الجماعات في الدوقيات الأخرى. وساعدت العوامل الطبيعية والسياسية على بقاء الفوارق بين شعوب ألمانيا في القرن التاسع، وهؤلاء الشعوب هـم: السـؤابيون والبافاريون والفرانكيون والساكسون والثيورنجيون.

٣- التركيب الطبقي في ألمانيا:

كان المجتمع في كـل دوقية ألمانية (في القرنين التاسع والعاشر)، يتألف من

طبقتين رئيسيتين، هما: ١- طبقة الإقطاعيين، ٢- طبقة الفلاحين، وكان الإقطاعيون (العلمانيون ورجال الدين) على درجات، فمنهم الإقطاعيون الكبار، ومنهم المتوسطون، ومنهم الصغار، وتشكل الفلاحون من فئات مختلفة أيضاً، فمنهم الفلاحون الأحرار صغار الملاكين، ومنهم الفلاحون الأحرار الذين لا يملكون أرضاً، بل يستثمرون أراضي كبار الملاكين مقابل الحصول على حصة من الإنتاج، ومنهم الفلاحون المرتبطون بالأرض التابعون لاقطاعي معين ولا ملكية لهم ولا حرية.

٤- نظام الحكم والإدارة في ألمانيا:

كان الحكم في ألمانيا ملكياً إقطاعياً وراثياً، وقد أفضى نمو النظام الإقطاعي وتطور العلاقات الإقطاعية إلى إجراء تغيير في نظام الإدارة وتركيب الجهاز الإداري، ففي القرن التاسع كان الملك يعين الكونتات في الوظائف ويعزلهم متى يشاء، أما في مطلع القرن العاشر فقد أصبحت وظيفة الكونت تورث إلى الأبناء والأحفاد، وعندما ازدادت أملاك الكونت وقوي نفوذه فرض سلطته على المناطق المجاورة لأملاكه وصار دوقاً، يحكم مستقلاً في دوقيته، دون ان يحسب حساباً للسلطة الملكية.

لم يفرح الأدواق بإلغاء النظام الملكي، لكنهم في الواقع كانوا يتصرفون كما لو أن الملكية غير موجودة، إذ انهم يحكمون في مناطقهم دون استشارة الملك أو الرجوع إليه، وهكذا أضعف قيام الدوقيات المستقلة السلطة الملكية المركزية، كما اغتصب الأدواق الحقوق الملكية والامتيازات والسلطات الخاصة بالملك.

٥- نشوء مملكة ألمانيا بموجب معاهدة فردان سنة ٨٤٣:

بعد ان دار قتال عنيف بين أبناء لويس التقي وبين شارلمان اجتمع الأخوة الثلاثة، (وهم شارل الأصلع ولوثر الأول ولويس الألماني) في مدينة فردان، واتفقوا على تقسم الإمبراطورية الكارولنجية فيما بينهم، وقد أطلقنا اسم فرنسا على القسم الذي حكمه شارل الأصلع، كما اطلقنا اسم ايطاليا على القسم الذي حكمه لوثر الأول، وأطلقنا اسم ألمانيا على القسم الذي حكمه لويس الألماني، وهكذا نشأت ألمانيا كمملكة مستقلة بنتيجة تقسيم الإمبراطورية الفرنجية الكارولنجية بموجب معاهدة فردان التي عقدت بين أبناء لويس التقي سنة ٨٤٣م.

حكم لويس الألماني مملكة ألمانيا منذ سنة ٨٤٣ حتى سنة ٨٧٦، وقد رأينا (في الفصل السابق) كيف كانت العلاقات سيئة بين ألمانيا وفرنسا في عهد لويس الألماني وأخيه شارل الأصلع، فبدلاً من ان يتعاون الأخوان معاً على صد غارات النورمانديين وإخماد تمردات كبار الإقطاعيين داخل ألمانيا وفرنسا، كان كل منهما يستغل حالة الاضطراب والضعف التي يعانيها أخوه، فيهاجم مملكته ويحاول الاستيلاء عليها (هاجم لويس الألماني فرنسا سنة ٨٥٨، كما هاجم شارل الأصلع ألمانيا سنة ٨٧٦م).

مات لويس الألماني سنة ٨٧٦، فاقتسم ابناؤه الثلاثة حكم المملكة الألمانية فيما بينهم، (حكم كارلومان بافاريا وبانونيا وكارانثيا والبلاد السلفية التابعة لها، وحكم أخوه لويس الشاب فرانكونيا وساكسونيا وثيورنجيا، وحكم الأخ الثالث شارل السمين سؤابيا)، ومات لويس الشاب سنة ٨٨٢، ثم تبعه أخوه كارلومان في سنة ٨٨٤، وبذا غدا أخوهما شارل السمين ملكاً وحيداً على ألمانيا كلها.

وفي سنة ٨٨٤ بات العرش الفرنسي شاغراً؛ لانه لم يبق من الأسرة الكارولنجية الحاكمة إلا شارل البسيط الذي كان آنئذ في الرابعة من عمره، ولا يستطيع اعتلاء العرش الملكي وتسيير دفة الحكم، فأعلن شارل السمين ابن لويس الألماني عن ضم فرنسا وإيطاليا إلى مملكته ألمانيا، وعادت وحدة الممالك الكارولنجية بعدئذ إلى الوجود بعد التجزئة الطويلة التي عاشتها. ولم يكن شارل السمين ذلك الرجل القوي الذي يستطيع الحفاظ على هذه الوحدة وتقويتها، بل فشل في القيام بالمسؤولية الملقاة على عاتقه، كما عجز عن صد غارات النورمانديين، مما أحدث استياء عاماً في الأوساط الألمانية، فتمرد عليه آرنولف ابن أخيه كارلومان وأعلن نفسه ملكاً على ألمانيا، وفي سنة ٨٨٧ تخلى شارل السمين عن عرشه ومات في العام التالي، وبموته انفصمت عرى وحدة الممالك الكارولنجية إلى الأبد، وعادت ألمانيا دولة مستقلة.

٦- ألمانيا في عهد آرنولف (٨٨٨-٨٩٩):

أ - غارات النورمانديين والسلاف على ألمانيا في عهد آرنولف:

شهدت ألمانيا في عهد الملك أرنولف (٨٨٨-٨٩٩) نشاطاً سياسياً وعسكرياً كبيراً، فتمكنت من التغلب على أعدائها في الشمال والشرق، عدا حصولها على نوع من الزعامة على بقية دول أوروبا الغربية، ففي سنة ٨٩١ أغار النورمانديون على الأراضي الألمانية، إلا ان آرنولف هاجمهم بجيشه فألحق بهم هزيمة ساحقة، حتى إنهم لم يحاولوا بعدها التوغل داخل ألمانيا، بل اقتصر نشاطهم على مهاجمة السواحل الألمانية، كذلك هاجمت القبائل السلافية (التشيل والمورافيون) الحدود الألمانية الشرقية، إلا أن آرنولف تمكن أيضاً من صد غاراتهم، ثم أخضعهم لسلطته.

ب- علاقات ألمانيا مع فرنسا في عهد آرنولف:

نصب الأمراء الفرنسيون (سنة ٨٨٨) على العرش الفرنسي رجلاً قوياً من خارج الأسرة الكارولنجية الحاكمة، وهو أودو بن روبير القوي (حيث كان شارل البسيط آنئذ في الثامنة من عمره)، فاعترف الملك الألماني آرنولف بهذا الملك الفرنسي الجديد، وبعد مضي بضع سنوات طالب شارل البسيط بحقه في العرش الفرنسي، فأيده قريبه الألماني أرنولد في هذا الطلب، وعندما نشب الصراع المسلح بين أودو وشارل البسيط على العرش الفرنسي (سنة ٨٩٣-٨٩٥) تدخل أرنولف في هذا الصراع، واستدعى الاثنين إلى بلاطه لينصف بينهما، فحضر اودو وحده إلى البلاط الألماني، وكان أن أيده آرنولف في تثبيت سلطته بفرنسا، وبعدها انشغل آرنولف بحملته الثانية على ايطاليا، فلم يعد يهتم بالمنازعات الداخلية في فرنسا، ومات أودو سنة ٨٩٨، فصار شارل البسيط ملكاً وحيداً على فرنسا.

ج- علاقات ألمانيا مع إيطاليا في عهد آرنولف:

كان آرنولف يحلم ان يكون إمبراطوراً، لذا لم يمتنع من ان يزج بنفسه في الصراع السياسي الذي كان يدور بين الأمراء الإيطاليين، ففي سنة ٨٩٤ استدعى البابا فورموز الملك الألماني آرنولف للتدخل في إيطاليا، فقام آرنولف بحملة عسكرية احتلت مدن ايطاليا الشمالية، ثم رجع إلى ألمانيا بسبب بعض الصعوبات التي اعترضته، وفي سنة ٨٩٥ عاد آرنولف بجيشه إلى إيطاليا فدخل روما، فتوّجَهُ البابا فورموز إمبراطوراً على إيطاليا وألمانيا. ولكن سلطة آرنولف في إيطاليا كانت ضعيفة، حيث لم تتوقف

المعارضة والمقاومة ضده. وحاول آرنولف القضاء على بعض المناوئين له في إيطاليا، لكنه أصيب بشلل فنقل إلى ألمانيا مريضاً، كما أجلى جيوشه عن إيطاليا دون ان يحصل على فائدة من مشروعة التوسعي هذا.

٧- ألمانيا في عهد لويس الطفل (٨٩٩-٩١١):

مات آرنولف سنة ٨٩٩، فخلفه على العرش الألماني ابنه لويس الطفل، وكان لويس آنئذ في السادسة من عمره، لذا تشكل مجلس وصاية عليه من بعض الأساقفة والأمراء العلمانيين، كما أشرف هذا المجلس على السياسة العامة في ألمانيا.

استغل الأدواق والكونتات ضعف السلطة الملكية ما دام على العرش ملك طفل، فتحركت في نفوسهم الروح الإقليمية وحب التوسع على حساب الجوار، كما نشبت الحروب الأهلية فيما بينهم، وقد شجعت هذه الحروب الأهلية على مهاجمة ألمانيا (الهنغار هم قبائل آسيوية أغاروا على إيطاليا في سنة ٨٩٩، كما أخضعوا لسلطتهم دولة السلاف المورافيين سنة ٩٠٥) ففي السنتين ٩٠٦،٩٠٧ اجتاح الهنغار بافاريا وقتلوا دوقها، كما أغاروا أيضاً على فرانكونيا وساكسونيا وسؤابياز، وأمام هذه الموجة الآسيوية المخيفة التي غمرت معظم ألمانيا اضطر الأدواق البافاريون والفرانكونيون والساكسونيون والسؤابيون أن يوقفوا منازعاتهم، ويوحدوا جهودهم لدفع الخطر المحيق بهم جميعاً، فلقد جمع أدواق ألمانيا جيوشهم كلها تحت قيادة الملك الصغير وتصدوا للهنغار، غير ان الهنغار دحروا الجيوش الألمانية واستمروا في شن غاراتهم على ألمانيا حتى وفاة الملك لويس الطفل سنة ٩١١.

٨- ألمانيا في عهد كونراد الأول (٩١١-٩١٨):

مات لويس الطفل سنة ٩١١، فلم يبق في ألمانيا شخص من الأسرة الكارولنجية يحق له اعتلاء العرش الملكي، وكان أمام الألمان طريقان، فإما ان يقدموا التاج الألماني إلى ملك فرنسا شارل البسيط، (وهو الشخص الوحيد من الأسرة الكارولنجية الذي يستطيع استلام التاج الألماني)، وإما ان ينتخب الأدواق الألمان واحداً منهم ليشغل المنصب الملكي، وبعد كثير من الجدل والتردد تغلب الرأي الأخير.

فاجتمع أدواق فرانكونيا وساكسونيا وسؤابيا وبافاريا، واختاروا سنة ٩١١ كونراد الأول دوق فرانكونيا ليكون ملكاً على ألمانيا.

لم تستقر الأوضاع في ألمانيا خلال حكم كونراد الأول (٩١١-٩١٨)، فدوقية لوثرنجيا (اللورين) أعلنت انفصالها عن ألمانيا وانضمت إلى فرنسا، مما اضطر كونراد ان يبذل المساعي الكثيرة لاستعادتها. وقضية لوثرنجيا شغلت كونراد عن الاهتمام بالأمور الخارجية والداخلية، وبالرغم من ذلك لم يحصل على أية نتيجة ايجابية، حيث بقيت لوثرجيا تابعة لفرنسا، ولم تلحق بألمانيا حتى سنة ٩٢٨.

وكان الملك كونراد الأول – قبلاً – دوقاً مثل باقي الأدواق، (أي انه لم يكن من أسرة ملكية ذات مجد متوارث)، ولذا لم يستطع فرض سلطته وإرادته على أدواق ألمانيا، بل اضطر ان يعترف بهم أنداداً مساوين له في الحقوق والسلطات. وفي عهد كونراد الأول جدد الهنغار شن غاراتهم على ألمانيا، فألحقوا بها الاضرار الفادحة، دون ان يتمكن من التصدي لهم ودفع خطرهم، ومات كونراد الأول سنة ٩١٨ تاركاً ذكرى الملك الخاسر، لأنه لم يستطع استعادة لوثرجيا ولا إخضاع الأدواق لسلطته ولا حماية ألمانيا من غارات الهنغار [٣٠].

٩- ألمانيا في عهد هنري الأول الصياد (مؤسس الأسرة الساكسونية) (٩١٩-٩٣٦):

- الأوضاع الداخلية في ألمانيا في عهد هنري الصياد:

نصح كونراد الأول الذين كانوا حوله – وهو على فراش الموت – ان ينتخبوا دوق ساكسونيا هنري الصياد ملكاً على ألمانيا من بعده، لاعتقاده ان هنري دوق ساكسونيا هو أصلح شخص يستطيع إنقاذ ألمانيا من الخطر الخارجي والفوضى الداخلية. وعلى هذا اجتمع الأدواق وكبار الكونتات والأساقفة، فعهدوا بالتاج الملكي إلى هنري الصياد سنة ٩١٩، (لقبه مؤرخو العصور الوسطى بهنري الصياد؛ لأنه كان يحب الصيد).

عمل هنري الاول الصياد على تثبيت سلطته الملكية وإظهار سيادته على الكنيسة والأدواق معاً، ولذا رفض منذ البداية ان يكون تتويجه على يد كبير الأساقفة؛

كي لا يظهر بمظهر الخاضع للكنيسة، كما طلب من الأدواق إعلان ولائهم له وتقديم فروض التبعية الإقطاعية، ثم قلل من نفوذهم بتجريدهم من السلطة على الكونتات والموظفين الإداريين في دوقياتهم، حيث جعل هنري هؤلاء الكونتات والموظفين مرتبطين به ومسؤولين أمامه مباشرة.

- الأوضاع الخارجية وغارات الشعوب المجاورة على ألمانيا في عهد هنري الصياد:

عاود الهنغار شن غاراتهم على ألمانيا، فهاجموا بافاريا وسؤابيا وساكسونيا، ولم يتمكن هنري الأول الصياد من مقاومة الهنغار، فاضطر ان يتعهد لهم بدفع غرامة مالية كل عام مقابل انسحابهم من ألمانيا، وأوقف الهنغار شن غاراتهم على ألمانيا، فاستغل هنري الصياد تلك الهدنة للقيام بالاستعدادات العسكرية التي تجعل ألمانيا في حالة تمكنها من الدفاع عن حدودها وشن هجوم على المعتدين.

أمر هنري الصياد بإنشاء مراكز دفاعية محصنة على الحدود الألمانية، كما عمل على إعداد جيش قوي، ولما أنهى هنري الصياد استعدادته العسكرية امتنع عن دفع الغرامة المالية للهنغار وهاجمهم في أماكن استيطانهم، فألحق بهم هزيمة ساحقة سنة ٩٣٣. وهاجم هنري أيضاً القبائل السلافية المجاورة لألمانيا فأخضعها لسلطته، وآخر عمل عسكري قام به هنري الصياد هو مهاجمة النورمانديين الدانماركيين قرب مصب نهر الألب وإخضاعهم لسلطته سنة ٩٣٤، وقبل ذلك - أي في سنة ٩٢٨ - كانت لوثرنجيا قد أعلنت انفصالها عن فرنسا وانضمامها لالمانيا، فزوج هنري الصياد ابنته من أمير لوثرجيا الكونت جيليبرت ومنحه لقب دوق.

مات هنري الصياد (مؤسس الأسرة الساكسونية) بعد أن أمن حدود ألمانيا من غارات الهنغار والسلاف والدانماركيين، كما وطد السلطة الملكية، ووضع حداً للحروب الأهلية الداخلية، وسيجني ثمار هذه الانتصارات التي حققها هنري الصياد ابنه أوتون العظيم الذي احتل إيطاليا، وأسس الإمبراطورية الرومانية المقدسة.

١٠- ألمانيا في عهد أوتون الأول الكبير (٩٣٦-٩٧٣):

أ- سياسة أوتون الداخلية وتحالفه مع الكنيسة ورجال الدين:

أوصى هنري الأول الصياد قبيل وفاته باختيار ابنه أوتون ملكاً على ألمانيا من بعده، فلم يعارض الأدواق الألمان تنفيذ هذه الوصية، ففي سنة ٩٣٦ توج أوتون في كنيسة أكس لا شابل، حيث تسلم التاج الملكي من يد رئيس الأساقفة على عكس ما فعل أبوه، وكان هدف أوتون من تحالفه مع الكنيسة ورجال الدين هو استخدامهم كأداة فعالة تساعده على تحقيق برنامجه السياسي على الصعيدين الداخلي والخارجي، فعلى الصعيد الداخلي كان أوتون يخشى تمرد الأدواق والكونتات وكبار الإقطاعيين على السلطة الملكية، ولذا اتخذ من الكنيسة ورجالها سلاحاً يشهره في وجود هؤلاء عند اللزوم.

وعلى الصعيد الخارجي جند أوتون رجال الدين في بعثات تبشيرية يرسلها إلى خارج الحدود الألمانية لتقوم بنشر الدعاية له ولبرامجه السياسية التوسعية. وعلى هذا شجع أوتون على إقامة الكنائس وإنشاء الأديرة في الأراضي التي احتلها من السلاف والهنغار والدانماركيين لتكون مركز استناد للسلطة الملكية الألمانية في تلك البقاع.

لكي يستفيد أوتون من دعم الكنيسة له أكثر فأكثر كان لا بد له من أن يجعل الكنيسة قوية وغنية، لها امتيازات وصلاحيات واسعة، ومن اجل تحقيق ذلك منح أوتون الأساقفة والأديرة والكنائس الإقطاعيات الكبيرة، كما خول رجال الدين سلطات واسعة في الأمور القضائية والمالية والإدارية. ضف إلى ذلك أن أوتون قد سمح لبعض الأساقفة بضرب النقود في مناطقهم، إلى جانب جباية الضرائب المفروضة على التجار وممارسة سلطات الكونت الإدارية.

وهكذا غدا رجال الدين في ألمانيا يتمتعون بالثروة والنفوذ الواسع والسلطان. ومن جهة أخرى أخضع أوتون رجال الدين للسلطة الملكية وجعلهم مرتبطين به مباشرة، حيث جعل تعيينهم في المناصب الدينية أو عزلهم منها من حق الملك وحده.

وعدا هذه فقد عين أوتون أقرباءه ومقربيه في المناصب الدينية العالية، فمن ذلك ان ابنه غليوم صار أسقفاً في ماينس، وأخيه برونون أسقفاً في كولونيا.

اعترضت أوتون بعض المشكلات الداخلية في بداية عهده، فابنه ليولف ثار ضده في سؤابيا، كما تمرد عليه كونراد أيضاً في لوثرنجيا، وكذا ثار عليه فردريك

رئيس أساقفة مانيس، إلا أن أوتون تمكن من إخماد هذه التمردات جميعها بسرعة وسهولة.

ب- سياسة أوتون الخارجية وحروبه مع السلاف والهنغار:

مارس أوتون سياسة خارجية نشيطة، ففي سنة ٩٥٠ هاجم أوتون السلاف النشيك في بوهيميا، فأجبر ملكهم على الاعتراف بسيادة الملك الألماني، وفي سنة ٩٥٥ أغار الهنغار على الأراضي الألمانية في بافاريا، ولكن اوتون تصدى لهم وألحق بهم هزيمة ساحقة، مما جعلهم بعدها لا يجرؤون على غزو ألمانيا. وترتب على هزيمة الهنغار ان امتد النفوذ الألماني إلى أراضيهم، فأنشأ أوتون في الأراضي الهنغارية ماركية أوستريا (النمسا) وألحقها بألمانيا.

وما ان فرغ أوتون من تصفية بعض المشكلات الداخلية والخارجية حتى أخذ يسعى لضم إيطاليا إلى ألمانيا وتأسيس إمبراطورية على غرار إمبراطورية شارلمان. وكانت الأوضاع الداخلية والخارجية في إيطاليا مضطربة، مما ساعد أوتون على تحقيق مشروعة الإمبراطوري الكبير. فما هي الأوضاع التي مرت بها إيطاليا قبل تفتت الإمبراطورية الفرنجية الكارولنجية؟ وكيف كانت أوضاعها عشية الفتح الألماني وتأسيس الإمبراطورية الرومانية المقدسة؟ ^(٣١).

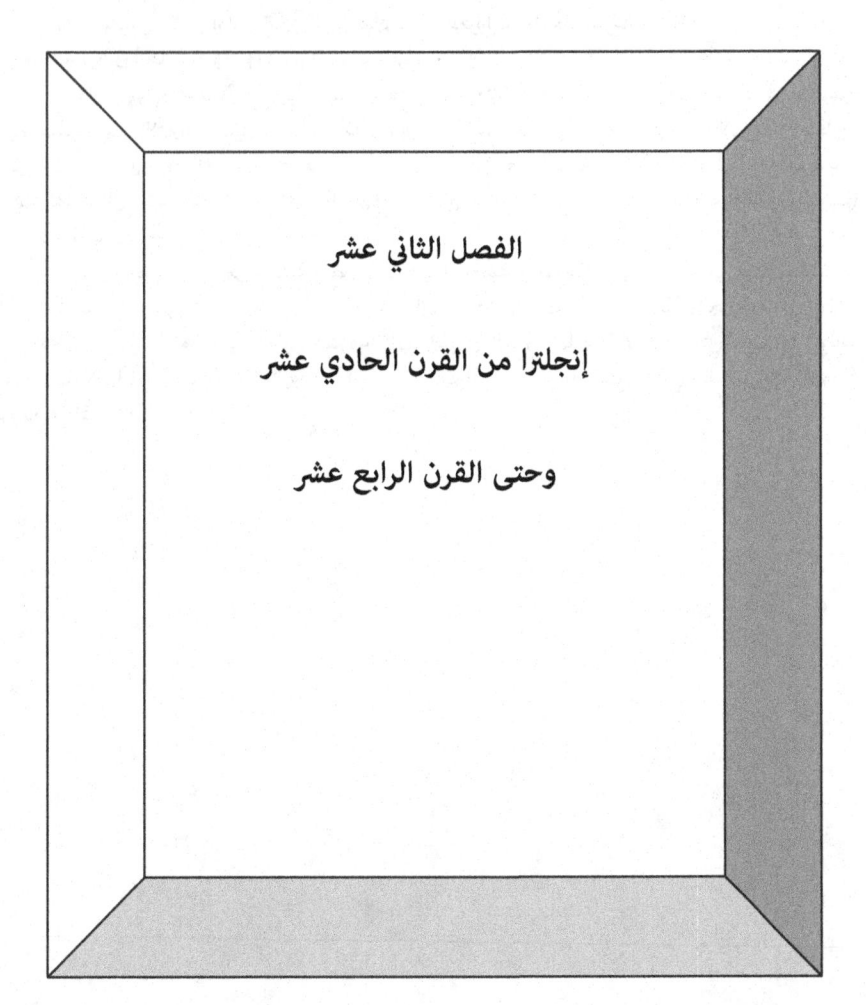

الفصل الثاني عشر

إنجلترا من القرن الحادي عشر

وحتى القرن الرابع عشر

١- وليم الفاتح (١٠٦٦-١٠٨٧م):

عندما مات إدوارد ملك إنجلترا في يونيه عام ١٠٦٦م، كان هارولد يشغل منصب إيريل وسسكس خلفاً لأبيه جودوين، واختار مجلس الويتان هارولد ليكون ملكاً على انجلترا، وتناسى هارولد القسم الذي قطعه على نفسه بمساعدة دوق نورماندي ليصبح ملكاً على انجلترا بعد وفاة إدوارد المعترف، واعتلى العرش.

ولم ييأس وليم وكتب إلى البابا يخبره ان هارولد قد حنث بقسمه. ولما كانت من مصلحة البابوية مساندة وليم فقد بارك البابا ادعاء وليم في عرش انجلترا، فاستعد وليم لغزو انجلترا.

ولم يكن الأمر سهلاً على الملك هارولد في حكم البلاد الانجليزية، فقد تحالف أخوه توستج Tostig مع ملك النرويج بقصد غزو انجلترا، كما كان هناك بعض الأمراء الخارجين على سلطان الملك، ولم يكن أمام الملك الانجليزي هارولد سوى الاستعداد لمواجهة القوات بقيادة وليم، ولكن هارولد قد اضطر للسير شمالاً عندما علم برسو قوات النرويج لمساندة أخيه في توليه عرش البلاد، وقد نجح هارولد في هزيمة القوات النرويجية عند ستامفورد Stamford، وعاد مسرعاً للجنوب لملاقاة قوات وليم النورماندي.

ولكن تحركات وليم كانت اسرع من عودة هارولد إلى الجنوب، ففي الرابع عشر من أكتوبر عام ١٠٦٦ رست قوات وليم النورماندي على الشواطئ الانجليزية، وتقابلت مع قوات هارولد بالقرب من مدينة هاستنج Hastings، وفي هذه المعركة قتل هارولد واخوته، وانتصر وليم انتصاراً ساحقاً، واكتسب لقب وليم الفاتح واصبح ملكاً على البلاد بعد موافقة مجلس الوتيان.

لم تكن موافقة مجلس الوتيان باعتلاء وليم عرش انجلترا نابعة عن قناعة ولكنها تحت تأثير الخوف، واقسم وليم باحترام القوانين الانجليزية المتبعة في تلك المرحلة لإرضاء الشعب الإنجليزي، ولكن حكم انجلترا لم يكن سهلاً في مثل هذه الظروف، فقد كان الكثير من الأعيان يتحينون الفرص لطرد وليم والنورمان من البلاد، واستمرت هذه المرحلة حوالي خمس سنوات، ومن هذه الأحداث ان الشعب الانجليزي

أشعل الثورة في البلاد ضد وليم في عام ١٠٦٧م، أي في العام التالي لغزو وليم انجلترا، وقد قامت هذه الثورة التي أشعلها بعض النبلاء عندما كان وليم غائباً عن انجلترا، فقد عاد إلى نورماندیا لتسوية بعض أمور إمارته هناك.

ولما علم وليم بأحداث الثورة عاد مسرعاً إلى انجلترا، ونجح في القضاء على الفتنة بالقوة العسكرية، ولكن القوة العسكرية لا تكفي لمنع حدوث ثورة أخرى، فلجأ وليم إلى القضاء على الأمراء بتجريدهم من أراضيهم التي هي مصدر قوتهم، ووزع هذه الأراضي على رجاله المخلصين من النورمان، ولما كان هؤلاء النورمان مضطرين للدفاع عن أنفسهم بنوا القصور المحصنة للدفاع عن أنفسهم ضد أهل البلاد الأصليين، كما احتفظ وليم بأراضي شاسعة أصبحت ملكاً للتاج.

وعلى هذه الصورة نشأ نظام إقطاعي جديد، على رأسه وليم الذي ملك كل الأراضي، وهو الذي وزعها على الأمراء النورمان، وتحول الشعب الانجليزي إلى عبيد، وإن كان قد سمح لبعض الإنجليز الذين أظهروا ولاءهم للملك بشراء بعض الأراضي، إلا ان الطابع الإقطاعي النورماني هو الذي ساد البلاد.

وأمر وليم بتسجيل أسماء الملاك وما يملكونه، وقام رجاله بعمل هذا الحصر الشامل الذي بدأ على ما يبدو في عام ١٠٨٣، واستمر العمل فيه حوالي ثلاث سنوات، وكان نتيجة هذا العمل ما يعرف باسم الإحصاء الملكي Domesday book، وأصبح هذا السجل حكماً في جميع المنازعات العقارية بعد ذلك، وفي عام ١٠٨٦ أي عقب الانتهاء من إعداد السجل دعا وليم جميع الملاك، وكان عددهم حوالي ستين ألفاً إلى اجتماع عقد في مدينة سالزبوري Salisbury، حيث أقسم كل واحد منهم يمين الولاء والطاعة للملك.

ورغم ان وليم استمد شرعية فتح انجلترا من البابوية، إلا ان سلطته امتدت إلى رجال الدين، فلما فتح وليم انجلترا وجد رجال الدين الانجليز يعيشون حياة أقرب إلى الحياة المدنية من الحياة الكنيسة، ولم يكن بوسع وليم إصلاح كل رجال الدين، فاستبدل بعضهم برجال دين من نورمانديا، فاستقدم القساوسة والأساقفة ورؤساء الأديرة، وكان على رأس هؤلاء لانفرانك Lanfranc الذي أصبح رئيس اساقفة كانتربوري، وتعاون

لانفرانك مع وليم، وتم وضع نظام جديد للأديرة، وفصلت المحاكم المدنية عن المحاكم الكنسية، والتزم وليم بتنفيذ كل الأحكام التي تصدر عن المحاكم الكنسية، وجمع العشور لمعونة الكنيسة. وإن كان وليم وضع كل هذه الامتيازات للكنيسة إلا أنه تحفظ من جانب آخر واشترط على كنيسة انجلترا عدم دخول أي مبعوث بابوي الأراضي الانجليزية إلا بإذن من الملك، كما طلب عدم إعلان أو تنفيذ أي قرار بابوي إلا بعد الرجوع للملك. وفي خاتمة التنظيمات المتعلقة بالكنيسة تم فصل جمعية الأساقفة عن مجلس الوتيان، وأصبحت هيئة لها كيانها المستقل، ولا تنفذ قراراتها إلا بعد موافقة الملك.

وفيما يتعلق بالتنظيمات المدنية، فقد عامل وليم أهل البلاد معاملة الفاتحين. وحتى يثبت دعائم حكمه أقام حكومة زاد عددها مع مرور الوقت، وتطلب هذا الكثير من الأموال للانفاق على الحكومة، فأعاد جميع الضرائب التي ألغاها من قبل إدوارد المعترف، وفرض الضرائب أيضاً على الصادرات والواردات واستخدام الطرق والقناطر، كما أمر رجاله بتفتيش جميع الأماكن، خاصة الأديرة للبحث عن الاموال عندما نما إلى علمه ان البعض خبأوا أموالهم في سراديب الأديرة.

وفي مجال العلاقات الخارجية، فقد كان أهمها الصراع مع فرنسا، ويرجع ذلك إلى ان وليم كان يحمل لقب دوق نورماندي قبل فتح إنجلترا، وقد احتفظ بنورماندي بعد الفتح أيضاً، ولما كانت فرنسا تعتبر نورمانديا أرضاً تابعه لها، وأن دوق نورماندي ليس إلا إقطاعياً يتبع ملك فرنسا، نجد أن الصراع بدأ بعدم اعتراف وليم بهذا الواقع وأنه أصبح حاكماً لانجلترا ونورمانديا، ووقعت الحرب بين وليم وفيليب الأول ملك فرنسا، وانتقل وليم من انجلترا إلى القارة الأوروبية ليحارب في مدينة رون Rouen الواقعة على نهر السين شمال غرب باريس، وتطورت الأحداث واحرق وليم مدينة مانت Mantes الواقعة إلى مصب نهر اللوار Loire، ولم يكتف بذلك، بل أحرق ما جاورها، وفي غمرة هذا النصر سقط وليم من على فرسه وأصيب إصابة قاتلة مات بسببها بعد قليل عام ١٠٨٧م.

ولما علم أولاد وليم بقرب نهاية ابيهم بدأ الصراع على العرش، وكان ابنه روبرت قد حارب أبيه من أجل نورماندیا، وانتهى الأمر بأن أوصى وليم بدوقية نورماندیا بعد وفاته لابنه روبرت، وانتهى الصراع بأن حصل روبرت وهو الابن الأكبر على نورماندیا، وأصبح الابن الثاني وليم روفوس Rufus (الأحمر) والذي عرف باسم وليم الثاني ملكاً على انجلترا ١٠٨٧-١١٠٠م. أما الابن الثالث وهو هنري الأول فقد تولى حكم انجلترا بعد أخيه وليم (١١٠٠-١١٣٥م)، وكانت ابنته أدلا Adela قد تزوجت من ستيفن كونت بلوا Stepehen count of blois وحكم ستيفن هذا انجلترا من ١١٣٥-١١٥٤.

مات وليم في ظروف غير طبيعية، فقد تركه أولاده في فراش الموت عدا هنري ليتصارعوا من أجل العرش، ولكن وليم تذكر ربه وهو على فراش الموت، فأمر بتوزيع ثروته على الفقراء والكنيسة وخصص منها جزءاً لإعادة بناء مدينة مانت التي أحرقها، وانتهت حياة وليم بعد أن قام الحكم النورماني في انجلترا، وأوجد نظاماً جديداً للإقطاع، وعمل على تشجيع التجارة والصناعة، وأوجد أفكاراً جديدة في الأدب الانجليزي، وبلغ فن العمارة رقياً كبيراً، وأصلح الكنيسة وأصبح للدولة حكماً مركزياً قوياً، ونشر الأمن والسلام داخل البلاد، ولعل هذا مرجعه إلى النورمان الذين أتوا من نورماندیا وما حملوه معهم من حضارة وحيوية لم تعرفها بلاد انجلترا من قبل، ومن هذا كله نجد ان الانجلوسكسونين والدانيين والنورمانيين قد انصهروا في انجلترا، إن كان ذلك بعد وقت ليس بقصير ليكوّنوا الأمة الانجليزية التي أقبلت على عهد طويل من السلام الداخلي وصمدت أمام أية غزوة خارجية.

٢- وليم الثاني ١٠٨٧-١١٠٠:

استقل روبرت بإقليم نورماندیا وجعلها إمارة مستقلة، وتوج وليم الثاني ملكاً على انجلترا، وأقسم وليم على مراعاة النظام الذي وضعه أبوه، ولكن وليم حكم البلاد حكماً استبدادياً، واختلف مع لانفرانك رئيس الأساقفة كانتربوري الذي توج وليم وأصبح مستشاره، وظل وليم على هذه الحال حتى عام ١٠٩٣م، وفي خلال هذه المرحلة مات لانفرانك عام ١٠٨٩م، وظل كرسي رئيس الأساقفة شاغراً حتى عام

١٠٩٣م عندما عين أنسلم Anselm في هذا المنصب. وفي هذا العام أيضاً مرض وليم الثاني ووعد بأن يسلك سلوكات معتدلاً إذا شفاه الـله، ولكنه عاد إلى سيرته الأولى بعد شفائه، وقاوم أنسلم الملك قدر استطاعته.

وفي عام ١٠٩٧م طلب أنسلم الإذن من وليم ليتوجه إلى روما لتسلم رداء رئاسة الأسقفية من البابا. اعترض وليم وأنذره بعدم العودة إذا سافر إلى روما، ولكن أنسلم غادر إنجلترا إلى روما، ولم يقم بأية محاولة للعودة إلى إنجلترا طوال حكم وليم الثاني الذي انتهى باغتياله بيد مجهولة أثناء الصيد عام ١١٠٠م.

٣- هنري الأول ١١٠٠-١١٣٥م:

وعندما اعتلى هنري عرش انجلترا أرسل لاستدعاء أنسلم، ولكن أنسلم قد تغير كثيراً في منفاه، وعندما وصل أنسلم إلى إنجلترا رفض الخضوع للملك ورفض ان يتولى الملك أمر تعيين رجال الدين، وناصر العامة ورئيس الأساقفة، وظل أنسلم في نزاع مع الملك منذ عودته عام ١١٠٠م حتى غادر إنجلترا عام ١١٠٣م، وهبت إنجلترا كلها لمناصرة أنسلم. وأخيراً وافق الملك على إجراء مصالحة مع رئيس الأساقفة، وعقد اجتماعاً لهذا الغرض في شهر يوليو عام ١١٠٥م، وتم الاتفاق على ان تختار جمعيات رجال الكنيسة الرهبان والاساقفة ورؤساء الأديرة الانجليز بحضور الملك، ثم يقدم هؤلاء الأساقفة ورؤساء الأديرة يمين الولاء للملك باعتباره مصدر أملاكهم وسلطاتهم الإقطاعية، وبارك البابا تلك التسوية وبقي أنسلم في انجلترا حتى مات عام ١١٠٩م.

ورغم هذا كله فقد حافظ هنري على الأمن والسلم والنظام في انجلترا، ودافع عنها عندما غزاها أخوه روبرت دوق نورماندي عام ١١٠١م بعد عودته من الأراضي المقدسة ومشاركته في الحملة الصليبية الأولى، ونجح هنري في رد الغزاة، ولم يكتف بذلك، بل تحين الفرصة وغزا نورمانديا، وانتصر في معركة تنشبريه Tinchebrai عام ١١٠٦م، وضم نورمانديا للتاج الإنجليزي. وبدا هنري في هذه المرحلة الرجل القوي الذي بدد أطماع فرنسا في نورمانديا، ولكي يقوى من مركزه أراد أن يظهر بمظهر الانجلوسكسوني والنورماندي في آن واحد، فتزوج في عام ١١١٤م من ماتيلدا Matilde سليلة الملوك الإسكتلنديين والانجليز قبل الحكم النورماني، فطعم الأسرة

الحاكمة بالدم الإنجليزي القديم، وراعى هنري العدالة في حكمه وتجنب الإسراف، ويؤخذ عليه انه فرض الضرائب الفادحة على الأهالي.

وأنجب هنري الأول وليم الذي غرق مع السفينة البيضاء عام ١١٢٠م، وابنة حملة اسم أمها ماتيلدا، وأنجبت الابنة ابناً واحداً من زوجها جوفري اف انجوي Geoffrdey of Anjou، وهذا الابن هو هنري الثاني فيما بعد، وأرغم هنري الأول رجال الدين والنبلاء على ان يقسموا يمين الولاء لابنته ماتيلدا وابنها هنري من بعده، وعندما مات هنري الأول عام ١١٣٥م اغتصب ستيفن كونت بلوا العرش، وستيفن هذا هو حفيد وليم الفاتح عن طريق ابنته أدل Adele.

٤- ستيفن كونت بلوا ١١٣٥-١١٥٤م:

عندما توفي هنري الأول كان يعتقد ان العرش سيؤول في هدوء إلى ابنته ماتيلدا، ولكن ستيفن وهو أول من أقسم بالولاء لماتيلدا كان أول من حنث بوعده واغتصب عرش إنجلترا، فقد كان ستيفن محبوباً في لندن؛ لذلك سانده أهالي المدينة، ومن لندن اتجه سيتفين إلى ونشستر Winchester، حيث تقبل تأييد وخضوع رجال الدين والنبلاء.

وكان على ستيفن ان يحترم حقوق من ساندوه فاحترم حرية الكنيسة وحقوق البارونات، ورغم هذا فإن عصر ستيفن يعرف باسم عصر الفوضى Period of Anarchy، وذلك بسبب الحرب الأهلية والفتن التي سادت معظم فترة حكمه تقريباً.

ووجد ستيفن التأييد من الحزب الديني القوي تحت قيادة أخيه هنري أسقف ونشستر، وروجر اسقف سالزبوري Salisbury، كما ساندته أيضاً جماعة من البارونات بزعامة هيوبيجود Hugh Bigod، ولكي يعزز سيتفن مركزه قرّب البعض إليه بمنحهم لقب إيريل، وكانت ألقاب شرفية لا إقطاعية، وظل الحال يسير في إنجلترا لصالح ستيفن حتى عام ١١٣٩م تقريباً رغم حدوث بعض الاضطرابات.

لم تستسلم ماتيلدا وزوجها جوفري لهذه الأحداث وأعلنا احتجاجهما، وفي عام ١١٣٥م وهو العام الذي اغتصب فيه ستيفن عرش انجلترا، غزا نورمانديا عن طريق انجو Anjou، ولكن أهل نورمانديا مالوا إلى جانب ستيفن، وفي الوقت نفسه قامت

بعض الثورات في شمال انجلترا، ولكن ستيفن نجح في القضاء عليها، وتعزز موقف ستيفن عندما أيده البابا في العام ١١٣٦م.

وبدأت المتاعب تحيط بالملك ستيفن في عام ١١٣٩م عندما تنازع مع آل روجر أف سالزبوري، وترتب على هذا الصراع فقدان ستيفن تأييد رجال الدين، وانتهزت ماتيلدا الفرصة وغزت انجلترا، ولكنها هزمت عند مدينة بريستول Bristol، ولكن ستيفن أطلق سراحها، وكان في ذلك قصر نظر من ستيفن، وترتب على هذا التصرف رد فعل ضد ستيفن، فقد انفض بعض النبلاء من حول الملك وساندوا ماتيلدا، وقاد سيتفن وقواته لمواجهة المتمردين، ولكنه هزم وأسر في عام ١١٤١م عند لنكولين Lincoln، إلا أنه حصل على حريته مقابل إطلاق سراح روبرت أف جلوسستر Gloucester، وهو أخ غير شقيق للملكة ماتيلدا.

ومع أسر الملك انفضوا من حوله بمن فيهم أخوه هنري، وأصبح الطريق ممهداً أمام ماتيلدا، فتوجت ملكة على انجلترا، ولكن الأحوال لم تهدأ بسبب ثورات بعض البارونات الذين يعملون لصالحهم، ويطالبون بالعرش الإنجليزي، واندلعت الحرب الأهلية في إنجلترا، وفي الوقت نفسه نجح جوفري في السيطرة على نورماندیا، ولكنه أصبح إقطاعياً من قبل لويس السابع ملك فرنسا.

ومال ميزان الحرب لصالح ماتيلدا في عام ١١٥٠م عندما كبر ابنها هنري، وأصبح في السادسة من عمره وحمل لقب دوق نورماندي، ولما مات والده جوفري ورث إقليم أنجوي، وبزواج هنري من اليانور أف أكويتين في عام ١١٥٣من بعد طلاقها من لويس السابع، حكم هنري أكويتين أيضاً، وبقوات نورماندیا وأنجوي وأكويتين غزا هنري إنجلترا في الوقت الذي كان فيه ستيفن يحارب بعض البارونات في والينجفورد Wallingford التي تقع على بعد خمسين ميلاً غربي لندن، وفي هذه المرحلة مات يوستاخ Eustache الوريث الوحيد لستيفن، وقد بدل هذا الموقف بأكمله، ولما كان هنري صغير السن عقدت معاهدة تقضي بأن يظل ستيفن ملكاً على البلاد طوال حياته، ويصبح هنري بعده ملكاً على أرض انجلترا، ومات ستيفن في العام التالي ١١٥٤م، وتوج هنري في ديسمبر من العام نفسه.

٥- هنري الثاني ١١٥٤-١١٨٩م:

باعتلاء هنري الثاني عرش إنجلترا ينتهي حكم أسرة النورمان في إنجلترا، ويبدأ حكم أسرة البلانتاجنت Plantagenet، وترجع هذه التسمية إلى جوفري أف انجوي - والد هنري - الذي كان يلبس عسلوجاً من نبات الرتم المسمى بالفرنسية Planta genet في قبعته، ومن الواضح ان هنري انتزع حقه بحد السيف، فبدأ قوياً يحكم مملكة تمتد من اسكتلندا إلى جبال البرانس، وتضم نصف فرنسا تقريباً، ولكن هذه المساحة الكبيرة قد مزقتها الحروب الأهلية أو الأطماع الإقطاعية التي انتهزت فرصة الحروب الأهلية ووطدت مراكزها.

المعروف عن هنري انه كان حاد الطبع، كثير المطامع، ذا ذاكرة قوية، وحتى يسيطر هنري على مملكته بدأ بضرب الإقطاع ونجح في إخضاعهم واحداً بعد الآخر، ودمر العديد من الحصون الإقطاعية، وأقام دعائم الأمن والعدالة والنظام، وانتشر السلم داخل أنحاء البلاد، واستطاع هنري إخضاع ايرلندا لحكمه، وبدأ كأعظم حكام عصره، واستقبل في بلاطه سفراء الدول الذين يطلبون العون أو المشورة لبلادهم، ولكن هذا الملك القوي الذي يعتبر من أعظم حكام إنجلترا، قد تحكم عندما تنازع مع توماس بكت Thomas Becket رئيس أساقفة كانتربوري.

ويرجع تاريخ توماس بكت عندما ولد في لندن عام ١١١٨م، من طبقة وسطى نورماندية، وظهر نبوغ توماس وهو صغير، فاهتم به ثيوبالد Theobald رئيس أساقفة كانتربوري، وأرسله ليدرس القانون المدني والكنسي في بولونيا وغيرها، ولما عاد إلى إنجلترا تدرج في المناصب الدينية، حتى أصبح رئيس شماسة كانتربوري في عام ١١٥٤م، وفي عام ١١٥٥م أصبح الوزير الأول في البلاط الإنجليزي وعمره سبعة وثلاثين عاماً، وأصبح الصديق الحميم للملك هنري ومستشاره وموضع ثقته، وعاش توماس بكت كرجل دنيا على أرفع مستوى، فقد شارك العاب الفروسية، وكانت مائدته أفخم الموائد، وقاد الجيوش في الحروب، وكان سفيراً للملك في جهات متعددة وله حاشية لا تقل عن مائتين من الرجال.

وفي عام ١١٦٢م أصبح توماس بكت رئيس أساقفة كانتربوري، وبتوليه هذا المنصب تبدل حاله تماماً، فقد هجر الحياة الدنيا بكل زينتها وعاش على الخضر والبقول، وأصبح المدافع الأول عن حقوق الكنيسة، وتمسك بعدم محاكمة رجال الدين أمام المحاكم المدنية، ومن هذا كان الصدام مع الملك هنري.

وكان هنري يرى بسط سلطاته على جميع الطبقات بما فيهم رجال الدين، خاصة عندما وجد أن المحاكم الكنسية لا تعاقب رجال الدين على ما يرتكبونه من جرائم. ولهذا السبب استدعى هنري الأشراف ورجال الدين إلى اجتماع عقد في مدينة كلارندون Clarendon – الواقعة إلى الجنوب الشرقي من سالزبوري – عام ١١٦٤م، واجبر هنري الحاضرين على توقيع دستور كلارندون الذي يقضي على الكثير من المزايا التي يتمتع بها رجال الدين.

اعترض توماس بكت على هذا الإجراء، ورفض ان يضع خاتم الكنيسة على هذا الدستور، ولكن هنري أذاع قرارات كلارندون وقدم توماس بكت ليحاكم أمام المحكمة الملكية، وليس أمام المحكمة الكنسية، وكان لدى توماس بكت من الشجاعة ما جعلته يمثل أمام المحكمة، ويعارض رجال الدين الذين ساندوا الملك، فاعلنوا انه مذنب لخروجه على الملك باعتباره سيدهم الإقطاعي، وفي نهاية المحاكمة تقرر القبض عليه، ولكنه اعترض، وأعلن أنه سيستأنف الحكم أمام البابا، وخرج من المحكمة دون أن يجرؤ أحد ويقبض عليه.

أحس توماس انه يقف في وجه الملك بمفرده بعدما تخلى عنه رجال الدين،
فهرب ليلاً إلى شمال فرنسا، واستقر في دير سانت أمر St. Omer الواقع في إقليم فلاندوز، ومن هذا الدير أرسل استقالته إلى البابا اسكندر الثالث ١١٥٩-١١٨١م. ولكنه رفض قبول استقالته، وأيده في موقفه، وطلب من التوجه إلى دير نونتني Pontigny حتى ينجلي الموقف.

وظل الحال على هذا الوضع سنتين، نفى هنري خلالها جميع أقارب توماس بكت، وفي عام ١١٦٦م سافر هنري إلى نورمانديا، فهاجمه توماس بكت من فرنسا وأصدر قرار الحرمان ضد رجال الدين الذين ساندوا الملك وأيدوا دستور كلارندون،

ورد هنري على ذلك مهدداً بمصادرة أملاك جميع الأديرة الواقعة في بلاده وتخضع لدير بونتي إذا استمر توماس مقيماً في هذا الدير، وجال توماس بكت ليعيش على الصدقات طوال ثلاث سنوات.

وفي عام ١١٦٩م تدخل لويس السابع ملك فرنسا والبابا اسكندر الثالث، وطلب البابا من هنري إعادة توماس إلى منصبه، وهدد بإنزال قرار القطع Interdict على انجلترا، وهو قرار يقضي بتحريم الصلاة وجميع الخدمات الدينية في إنجلترا، ولم يكن أمام هنري سوى الرضوخ لأوامر البابا، حضر إلى أفرانش Avranches وقابل توماس بكت ووعده بالعمل على إعادة حقوق الكنيسة، وعاد توماس بكت إلى إنجلترا مكرماً في أول ديسمبر ١١٧٠م، وما أن وطأت قدماه الأراضي الإنجليزية حتى أعلن قرار الحرمان على رجال الدين الذين ساندوا الملك.

وبلغت هذه الاخبار الملك هنري، وكان لا زال في نورمانديا، وقد وصلت مسامعه بصورة محرفة ومبالغ فيها فغضب هنري، وفسر بعض رجال هنري ان الملك يريد التخلص من توماس بكت، فاتجه أربعه من الفرسان هم ريجنالد فتز أورس Reginald Fitz Urse، ووليم دي تراكي Willian de Traci، وهيودي مورفي Hugh de Morville، وريتشارد بريتو Richard Brito دون علم الملك واغتالوا توماس بكت عند مذبح كنيسة كانتربوري في التاسع والعشرين من ديسمبر عام ١١٧٠م، وقطعوه إرباً بسيوفهم.

اهتز العالم المسيحي لهذه الحادثة، وأدين هنري بهذه الجريمة الشنعاء، ووجل هنري من هذا الإتهام، وحتى يبرأ ساحته أمر بالقبض على القتلة وأرسل إلى البابا يعلن عن حادثة الاغتيال، ولعل هنري قد أحس بأنه مسؤول عن مصرع توماس بكت بطريقة غير مباشرة، فوعد بأنه سيكفر عن ذنبه بالطريقة التي يرضى عنها البابا، وبدأ هنري بإلغاء دستور كلاندون وجميع الآثار التي ترتبت عليه، ومن ذلك اعدام جميع أملاك وأموال الكنيسة التي صادرها.

أصبح قبر توماس بكت مزاراً للمسيحيين، وأعلنت الكنيسة قداسته ومنحه البابا إسكندر الثالث لقب قديس في الثاني عشر من مارس عام ١١٧٢م. كما أتى الملك

هنري الثاني إلى قبر توماس بكت في كانتربوري نادماً، وعلى مسافة ثلاثة أميال من قبر توماس بكت ترجل هنري وسار حافي القدمين حتى وصل إلى قبر توماس، ثم انحنى أمام القبر وطلب من الرهبان ان يجلدوه، وتزلزل كبرياء هنري أمام قبر صديقه وعدوه الميت، وهنا يمكن القول ان هنري الثاني استسلم وخضع لتوماس بكت الميت، بما لم يستسلم ويخضع به لتوماس بكت حياً.

والمهم ان إرادة هنري الحديدية قد تحطمت وزاد سخط العامة عليه فضلاً على سخط الكنيسة رغم براءته، وزادت عليه المتاعب من أسرته عندما تآمرت زوجته وولده ريتشارد ويوحنا لخلعه عن العرش، وتحالف المتآمرون مع فيليب أوغسطس ملك فرنسا في حروب ضد إنجلترا، وظلت المتاعب تحيط بالملك هنري حتى مات في عام ١١٨٩م.

وعلى هذه الصورة ربما يرى البعض ان هنري قد تحطم من جراء صراعه مع الكنيسة، ولكن الحقيقية ان هذا الفشل كان عابراً في تاريخ إنجلترا، فالملك هنري كان يرى تحرير الدولة من القيود الكنيسة والإقطاعية، وغايته ان تكون هناك حكومة قوية، لها نظام وقانون واحد يخضع له الجميع. وربما كان التوقيت الذي بدأه هنري هو الذي كان غير مناسب، كما كانت الطريقة التي عالج بها هنري مشاكل عصره هي التي جعلته يفشل في مشروعاته، فالملك هنري كان يرى أن إخضاع الجميع لدستور واحد أمام حكومة مركزية قوية هو سياسة حكيمة، ولكن المشكلة ان هنري كان يرى ان يقوم هذا النظام في ظل حكومة استبدادية، وهذا هو لب المشكلة، وعلى اية حال فقد أقام هنري حكومة قوية، ووحد البلاد بعدما أخضع الأشراف المتمردين، ونجح في هذا الجانب نجاحاً كبيراً، ورأس دولة في ظل حكومة مركزية غير مسؤولة عن أقصى حد، وإذا كان هنري خاض صراعاً رهيباً مع الكنيسة، فإن المراحل التالية ستشهد صراعاً أشد ضراوة بين الحكومة والإقطاع(٣٢).

٦- ريتشارد الأول ١١٨٩-١١٩٩م:

تولى ريتشارد الأول حكم إنجلترا بعد أبيه، ويعرف باسم ريتشارد قلب الأسد Richard I The Lion Heart، وقد ولد في اكسفورد عام ١١٥٧م، وعاش اكثر

عمره في مقاطعة أكويتين ليصرف شؤون المقاطعة بدلاً من أمه اليانور. وكان لتواجده في إقليم أكويتين أثر كبير على ثقافته، فلم يعد انجليزياً، وتأثر بالثقافة الفرنسية الجنوبية خاصة الشعر والغناء وحب المغامرات، وعندما تولى حكم إنجلترا اضطر للعمل بالسياسة وهو بعيد عنها.

وانشغل منذ توليه عرش إنجلترا بالاستعداد للقيام بحملة صليبية، وهي الحملة المعروفة بالثالثة، وانضم فيها إلى فيليب أوغسطس ملك فرنسا وفريدريك بارباروسا إمبراطور ألمانيا، ومن أجل هذه الحرب اضطر للمال، ولم يكفه ما تركه والده، ولكي يحصل على الأموال فصل عدداً كبيراً من موظفي الدولة، ثم أعاد تعيينهم مقابل بعض الاموال، ومنح براءة قيام بعض المدن من أجل المال أيضاً، وحصل على مبلغ هزيل ليعترف باستقلال اسكتلندا، وصادر بعض السفن التي كانت راسية على شواطئ إنجلترا ليستخدمها في نقل قواته إلى سواحل الشام.

وفي طريقه إلى الأراضي المقدسة عبر البحر المتوسط مع فيليب أوغسطس استولى على جزيرة قبرص عام ١١٩١م، ثم باعها لفرسان الداوية Templers، ولما فشلت الصفقة مع الداوية باعها إلى جاي لوز جنان Guyg lusignan المطالب بعرش مملكة البيت المقدس الصليبية، وحارب ريتشارد صلاح الدين وفشل الملك الإنجليزي في الاستيلاء على مدينة بيت المقدس، وعقد صلاح الدين صلح الرملة عام ١١٩٢م، وعاد إلى بلاده مقتنعاً بأن الطريق إلى البيت المقدس يمر عبر القاهرة، وأن الاستيلاء على بيت المقدس لا يتم إلا بعد ضرب القوى الإسلامية في مصر.

وبعدما أبحر ريتشارد من الساحل الشامي في التاسع من أكتوبر ١١٩٢م فاجأته عاصفة دفعت بسفينته إلى جزيرة كورفو Corfu البيزنطية، وخاف أن يأسره الإمبراطور اسحق انجليوس Isaac Angelus ١١٨١-١١٩٥م. فاستقل قارباً إلى البحر الأدرياتيكي، ومنه إلى مدينة أكويليا Aquileia، ثم أسرع ليصل إلى ألمانيا، حيث يوجد زوج أخته ماتيلدا هنري الاسد، ولكنه وقع في يد ليوبولد دوق النمسا Leoplod of Austria فأسره، لأن ريتشارد مزق اعلام ليوبولد في عكا، كما اتهمه

بقتل كونراد أف مونتفرات Conrad of Monferrat، ثم سلمه ليوبولد بعد ثلاثة أشهر إلى هنري السادس إمبراطور ألمانيا.

ظل ريتشارد سجيناً لدى هنري رغم مخالفة ذلك لقوانين الحروب الصليبية، وطالب هنري بالفدية لإطلاق سراحه، وظل في الأسر حوالي سنة عجزت فيها إنجلترا عن جمع الفدية اللازمة لإطلاق سراحه، وفي هذه الأثناء حاول أخوه يوحنا اغتصاب العرش، ولكن الأم اليانور ساندت حقوق ريتشارد، ففر يوحنا إلى فرناس، وانضم إلى فيليب أغسطس في الهجوم على إنجلترا، ولما فشل فيليب في النيل من انجلترا غزا نورمانديا، وراسل هنري السادس ليبقي على ريتشارد أسيراً.

وفي مارس ١١٩٤م أطلق سراح ريتشارد، فعاد إلى انجلترا ليستعد لمحاربة فيليب، ونجح ريتشارد في استعادة أملاكه بعد حرب دامت خمس سنوات على أراضي القارة الأوروبية، وفي السادس والعشرين من مارس ١١٩٩م مات ريتشارد في مدينة ليموزين Limousin بسهم انطلق من قلعة أحد الإقطاعيين الذين تصارع معهم ريتشارد.

٧- يوحنا والعهد الأعظم ١١٩٩-١٢١٦م:

تولى يوحنا بعد أخيه ريتشارد، وعند تتويجه اضطر رئيس الاساقفة كانتربوري هيوبرت والتر Hubert Walter ان يقسم بأنه تولى عرشه بالانتخاب من قبل النبلاء ورجال الدين وليس وراثة من أخيه، ويتضح من تاريخ يوحنا انه لم يلتزم بهذا القسم، وكانت حياة يوحنا عاصفة مع نبلائه والبابوية وفيليب اغسطس ملك فرنسا، وفرض الضرائب الفادحة من أجل الدفاع عن الممتلكات الإنجليزية في أوروبا، ورغم ذلك فإن سياسته لم تكن خاطئة على الدوام.

وفي العام الذي تولى فيه يوحنا عرش انجلترا طلق زوجته ايزابيلا أف جلوسستر Isable of Gloucester بحجة أنها تمت إليه بصله القرابة، وتزوج من إيزابيلا أف أنجوليم Isable of Angouleme، وقد جرّت عليه هذه الزيجة متاعب متعددة؛ لأن زوجته الثانية كانت مخطوبة إلى لوزجنان كونت لا مارشLusignan La Marche في مدينة بواتو، وقد غضب الأشراف في أنجلترا وفي بواتو لهذا العمل، كما

احتج البارونات النورمانديون في أنجو ومين، واشتكى هؤلاء إلى فيليب أوغسطس باعتبار ان نورمانديا إقطاعية تابعة للتاج الفرنسي. وان يوحنا باعتباره مالكاً لإقليم نورماندي يعتبر تابعاً لملك فرنسا.

تجدد العداء القديم بين انجلترا وفرنسا في هذه المرحلة، ووجد فيليب في هذه القضية فرصة لاذلال يوحنا، وأرسل فيليب إلى يوحنا باعتباره تابعاً له وأمره بالحضور إلى القصر الملكي في باريس ليدافع عن نفسه، ومن الطبيعي ألا يحضر يوحنا، وكان هذا متوقعاً، وانعقدت المحكمة الإقطاعية الفرنسية ومنحت آرثر Arther كونت بريتاني، وهو حفيد هنري الثاني نورمانديا وأنجو وبواتو، وتشجع أرثر وطالب بعرش إنجلترا، وساعده فيليب بالمال والرجال لتحقيق ذلك.

تقدم آرثر لمهاجمة نورمانديا، وحاصر اليانور والده يوحنا في قلعة ميرابو Mirabeau، وقادت الملكة الأم القوات للدفاع عن حقوق ابنها، واسرع يوحنا إليها وهزم آرثر، وقبض عليه وسجنه في قلعة فاليس Falaise، ولم يسمع عن آرثر بعد ذلك، ويبدو أن يوحنا أمر بقتله.

انتهز فيليب هذه الفرصة وتقدم لغزو نورمانديا، وكان الموقف في صالحه، فقد كان يوحنا يفتقر إلى المال ووسائل الدفاع فهزمه فيليب وهرب يوحنا إلى انجلترا، وضم فيليب إلى فرنسا جميع الممتلكات الإنجليزية في القارة الأوروبية، وهي نورمانديا، ومين، وأنجو، وتورين في عام ١٢٠٥م، وأقسم إقطاعيوها يمين الولاء للملك فيليب.

ولما كان البابا أنوسنت الثالث على خلاف مع فيليب أوغسطس حاول مساعدة يوحنا قدر المستطاع، ولكن يوحنا لم يمنح البابا الفرصة لمساعدته، فقد اختلف الاثنان في العام نفسه بسبب الخلاف على تعيين رئيس اساقفة كانتربوري، ويرجع هذا الخلاف إلى موت هيوبرت والتر عام ١٢٠٥، وكان الملك يوحنا يرى تعيين الأسقف يوحنا دي جراي Jhon de Gray، ولكن بعض الرهبان الشبان في كاتدرائية كانتروبوري اختاروا نائب الرئيس لديرهم، وهو ريجالند Reginald.

اتجه المرشحان إلى روما، يطلب كل منهما تأييد أنوسنت الثالث، ولكن البابا اعترض على المرشحين، وعين ستيفن لانجتون Stephen Langton، وهو كاردينال انجلترا واستاذ سابق في اللاهوت في جامعة باريس، اعترض يوحنا على هذا الإجراء ولم يعبأ البابا، ونصب ستيفن لانجتون رئيساً لأساقفة كانتربوري عام ١٢٠٧م، وتمسك يوحنا بموقفه وهدد وتوعد وأنذر الرهبان، وأصدر أوامره بعدم دخول ستيفن لانجتون الأراضي الإنجليزية، وأعلن تحديه للبابا. رد البابا على هذا الإجراء بإنزال قرار الحرمان على الملك وقرار القطع على إنجلترا في عام ١٢٠٨م، وظل القراران حتى عام ١٢١٣م.

وخلال هذه المرحلة كان الملك يصادر أملاك الكنيسة، لذلك سانده النبلاء لأن انشغال الملك بالصراع مع رجال الدين يشغله إلى حد ما عن الصراع مع النبلاء، ونجح يوحنا - في هذه المرحلة - في الانتصار عسكرياً في حروبه مع ايرلندا، واسكتلندا، وويلز، وقد شجع كل هذا يوحنا على التمادي في سياسته المتشددة، فعندما احتاج إلى المال زج اليهود في السجن، وصادر أموالهم، ولم يرحم رجال الدين من السجن أيضاً، وتركهم حتى ماتوا في سجنهم، كما زاد من الضرائب التي أرهقت الأهالي.

ولما يئس البابا أنوسنت الثالث أصدر رسومات في عام ١٢١٢م بخلع الملك يوحنا من العرض الإنجليزي، وحل رجاله من القسم الذي أدوه له وأعلن ان الأملاك الإنجليزية حق لكل من يتمكن من الاستيلاء عليها، وحانت الفرصة للملك الفرنسي فيليب أوغسطس، فاستعد لغزو إنجلترا، وعلم يوحنا بهذا الاستعداد، فدعا رجاله للحرب، ولكن رجاله لم يمدوا له يد المساعدة خوفاً من عقوبات البابا.

أحس يوحنا بالخطر، وكان لا بد من التراجع حتى يفوّت الفرصة على الجميع، فعقد اتفاقاً مع المبعوث البابوي باندولف Pandulf، ويقضي هذا الاتفاق بأن يرد الملك يوحنا جميع أملاك الكنيسة، وأن يضع إنجلترا بأكملها تحت السيادة البابوية الإقطاعية إذا ألغى البابا قرار الحرمان وقرار القطع، واتفق الطرفان على ذلك وسلم يوحنا

إنجلترا إلى البابا عام ١٢١٣م، ويعتبر هذا الاستسلام الأول للملك يوحنا، ثم استعادها بعد بضعة أيام بوصفها إقطاعاً، على أن يؤدي الجزية عن إنجلترا للبابوية.

وبعد أن سوّى يوحنا مشكلته مع البابوية استعد لمحاربة فيليب أوغسطس ملك فرنسا، وتحالف مع أوتو الرابع إمبراطور ألمانيا، ولكن بارونات إنجلترا تخلفوا عن المشاركة في هذه الحرب، ورغم ذلك عبر يوحنا القناة الإنجليزية بما لديه من رجال، ووصل إلى أنجو في الوقت الذي سار فيه أوتو إلى باريس، وفي يوليو عام ١٢١٤م هزم أوتو في موقعة بوفين Bouvines في إقليم فلاندرز، وترتب على هذه الهزيمة نتائج هامة جداً في تاريخ أوروبا، خاصة في ألمانيا وانجلترا، ففي ألمانيا اهتز عرش أوتو وفتح المجال أمام فريدرك الثاني ليتولى عرش ألمانيا. أما في إنجلترا فقد اضطر يوحنا إلى عقد الهدنة بعد هزيمة ألمانيا وتخلي باروناته عنه، وبموجب هذا الصلح تنازل يوحنا عن إقليم بواتو، أما فرنسا فقد أصبحت القوة الوحيدة في القارة الأوروبية.

ولم يكن يوحنا جاداً في طلب الهدنة، إنما عقدها لكسب الوقت، فلما عاد إلى إنجلترا بعد عقد الهدنة بدأ يعد جيشاً لمحاربة فيليب، ولكن الأشراف والنبلاء رفضوا مرة أخرى الانضمام إلى الجيش واعترضوا على الضرائب التي يجمعها الملك للدخول في حروب لا فائدة منها، وذكروا الملك أيضاً بسياسته الخاطئة التي أدت إلى تسليم إنجلترا للبابوية، ولم يكن لدى الملك وسيلة غير التفاوض.

عرض يوحنا على الأمراء أن يؤدوا مبلغاً من المال بدلاً من الخدمة العسكرية، ولكن الأمراء تجاهلوا هذا المطلب وطالبوا الملك الالتزام بالقوانين التي وضعها الملك هنري الأول التي تحدد حقوق الاشراف وسلطات الملك. وماطل يوحنا في الرد، فظن الأمراء أنه يستعد لمحاربتهم فجمعوا قواتهم، وحتى يكسب الملك يوحنا تأييد البابا ورجال الدين أعلن بعض الامتيازات لرجال الدين، وأعلن انه سيحمل الصليب ويقود حملة صليبية إلى الشرق لاستعادة بيت المقدس.

ولم يغير هذا مجرى الأحداث، فقد اجتمع في إبريل عام ١٢١٥م في مدينة براكلي Brackley خمسة من الايرلات وأربعون من البارونات، وقدموا قائمة بمطالبهم للملك، وأرسل الملك إلى المجتمعين وليم لامارش بالإضافة إلى ستيفن

لانجتون بهدف إخضاعهم لسلطان الملك، ولكن المجتمعين رفضوا وأعلنوا في مايو من العام نفسه الحرب على الملك، ونجحوا في غزو لندن بعدما استمالوا مواطنيها، وطلب الملك من ستيفن لانجتون رئيس أساقفة كانتربوري إنزال قرار الحرمان على المتمردين، ولكن ستيفن رفض إصدار مثل هذا القرار.

تحرك يوحنا بقواته من إكسفورد إلى وندسور Windsor، وتحرك البارونات من لندن، وعقدوا اجتماعاً في رونيميد Runnymede من الثامن حتى الرابع عشر من يونيه ١٢١٥م، وتولى أمر الوساطة بين الملك والبارونات ستيفن لانجتون ووليم لامارش، وظلت المباحثات بين الطرفين وهي التي انتهت بالوثيقة المعروفة بالعهد الأعظم Magna Carta، وهي الوثيقة التي صيغت عباراتها خلال عدة أيام، ووقعها الملك يوحنا في الخامس عشر من يونيه عام ١٢١٥م، ولعب ستيفن لانجتون ووليم لامارش دوراً كبيراً في صياغة بنودها، ويعتبر العهد الأعظم أشهر وثيقة في التاريخ الإنجليزي بأكمله، وبه استسلم يوحنا الاستسلام الثاني.

والعهد الأعظم يتكون من اثنين وستين مادة بخلاف الديباجة، وقد ورد بها:

تحية من يوحنا المتوج ملكاً على انجلترا بعناية الـلـه تعالى، وسيد ايرلندا، ودوق نورماندي واكويتين وكونت انجو، إلى رؤساء الأساقفة ورؤساء الأديرة والايرلات والبارونات، وجميع رعاياه المخلصين... بإرادة الـلـه ومن أجل خلاص جميع أرواحنا وأرواح خلفائنا ... وتلى ذلك البنود الخاصة بالعهد الأعظم، ونكتفي في هذا الموضع بإلقاء الضوء على بعض بنوده.

فقد ورد في البند الأول ان تكون الكنيسة حرة لا يتعدى أحد على شيء من حقوقها وحرياتها.

وفي البند الثاني: (إننا نمنح جميع الأحرار في مملكتنا عنا وعن ورثتنا إلى أبد الدهر جميع الحريات المدونة فيما بعد).

مادة ١٢: ألا يفرض بدل الخدمة أو المعونة ... إلا المجلس العام في المملكة.

مادة ١٤: وهي مرحلة انتقال حتى يتم تشكيل المجلس العام، وقد ورد بها، حتى يجتمع المجلس العام الذي يتولى تقدير المعونات وبدل الخدمات نأمر باستدعاء

كبار الاساقفة، ورؤساء الأديرة، والإيرلات وكبار البارونات في البلاد... وغيرهم ممن هم تحت رئاستنا بعقد اجتماع يحدد له موعد ثابت دوري كل أربعين يوماً على الأقل، ويحدد مكانه أيضاً.

بند ١٥: لن نسمح من الآن فصاعداً لكائن من كان ان يتخذ معونة من رجالنا الأحرار، إلا إذا كان ذلك بسبب الفداء، أو تنصيب الابن الأكبر فارساً، أو زواج ابنته الكبرى للمرة الأولى، ويشترط ان تكون المعونة في مثل هذه الحالات معونة مقبولة.

ولما كانت الشكاوى تعرض من قبل على محكمة الملك، ولما كانت محكمة الملك تتبعه أينما كان، فقد ورد في المادة السابعة عشرة ما نصه: (لن تعرض الشكاوى العادية على محكمتنا، بل ينظر فيها في مكان محدد).

وفي المادة السادسة والثلاثون ورد مبدأ في غاية الأهمية ويعتبر ثورة على النظم السائدة، وهو: يجب ألا يطول حبس إنسان من غير محاكمة.

وفي المادة التاسعة والثلاثين تقرر عدم القبض على أي رجل حر أو أن يسجن أو أن تنزع ملكتيه، أو أن يخرج عن حماية القانون أو أن ينفى، أو يؤذى بأي نوع من
الإيذاء، إلا بناء على محاكمة قانونية أمام أقرانه المساوين له في المدينة، أو بمقتضى قانون البلاد.

وتعرضت المادة الحادية والأربعون لحرية التجارة، فقد نصت على تمتع جميع التجار بحق الدخول إلى انجلترا والإقامة فيها والمرور بها براً وبحراً، سالمين مؤمنين للشراء والبيع، دون ان تفرض عليهم ضرائب غير عادلة.

وورد في المادة الستين أن كل الحريات السالفة الذكر يجب ان يراعيها أهل إنجلترا كلهم، سواء رجال الدين ام غيرهم.

وإذا اكتفينا في هذا الموضوع ببعض البنود الواردة في العهد الأعظم، إلا انه يمكن القول ان هذا العهد كان أساس الحريات التي تمتعت بها إنجلترا ولا زال كذلك، وواقع الأمر ان العهد الأعظم جدير بهذه الشهرة. والحقيقة أن هناك بعض القصور في نصوص العهد الأعظم، ولكن علينا ان ننظر إليه في عصره، ومع ما كان هناك من أنظمة، ولا نقارنه بما نحن فيه الآن، وإذا كان العهد الأعظم بدا وكأنه انتصار للإقطاع

لا للديمقراطية، إلا أنه نص على الحقوق الأساسية وحماها وزاد عليها بعد ذلك، وهو الذي بدل الملكية المستبدة إلى ملكية دستورية مقيدة.

لقد وقع يوحنا العهد الأعظم وهو مرغم، دون ان يدري انه خلّد اسمه في التاريخ للنزول عن سلطاته الاستبدادية، وانه الذي جعل من إنجلترا دولة تفتخر بأنها أمّاً للديمقراطية. وعز على يوحنا هذا التنازل، وان يعتبر بالنسبة لعصره ضعيفاً لا قوياً، لذلك حاول إلغاء العهد الأعظم وسانده البابا في هذه المرحلة، فأعلن الملك والبابا ان العهد باطل، ورفض الأمراء إطاعة أوامر البابا فأصدر الأخير قرار الحرمان عليهم، ولكن ستيفن لانجتون رئيس أساقفة كانتربوري صانع هذا العهد رفض نشر قرار الحرمان. وقد تأزم الموقف بين البابا وستيفن لانجتون، وقام مبعوثو البابا في إنجلترا بإذاعة قرار البابا ووقف ستيفن عن العمل، فاستنجد نبلاء إنجلترا بالملك فيليب أوغسطس الذي كان على خلاف مع البابا في هذه المرحلة، وهب فيليب لمساعدة النبلاء، خاصة أنه كان يرى ان ملك إنجلترا ليس إلا تابعاً له.

أرسل فيليب ابنه لويس لمساعدة النبلاء، وليتولى في حالة نجاحه عرش إنجلترا، ولما كان البابا لا يوافق على مثل هذا العمل فقد حذر البابا أنوسنت الثالث على لسان مبعوثية الأمير لويس من الإبحار إلى إنجلترا، وفي الوقت نفسه قام يوحنا بضرب النبلاء في كل مكان واشتد في معاقبتهم، ولكنه مرض فجأة على أثر تناول كمية كبيرة من الدراق (الخوخ)، ومات على أثر هذا المرض في التاسع عشر من أكتوبر عام ١٢١٦م[٣٣].

٨- هنري الثالث ١٢١٦-١٢٧٢م:

تغير الموقف تماماً بعد وفاة هنري الثاني، فقد مال الأشراف إلى الملك المرتقب وانفضوا من حول لويس وطالبوه بالعودة إلى فرنسا، وتوج هنري الثالث ابن الملك المتوفي ملكاً على إنجلترا (١٢١٦-١٢٧٢)، ولما كان هنري الثالث في السادسة من عمره، وضع تحت وصاية وليم لامارش إيرال بمبروك Pembroke. وقد قام هذا الوصي بإعادة إصدار العهد الأعظم باسم الملك الجديد، فهدأت النفوس كلها والتف

الشعب الإنجليزي حول مليكه الجديد وسانده أيضاً مبعوثو البابا وغالبية رجال الدين، وكما يقال لقد فضّل الإنجليز ملكاً إنجليزياً طفلاً على ملك فرنسي غريب.

مات وليم لامارش في عام ١٢١٩ بعد ان حكم إنجلترا حكماً فعلياً منذ توليه هنري الثالث، وساعده في هذه الفترة المبعوث البابوي، وتولى الوصاية على هنري المبعوث البابوي حتى عام ١٢٢١م، حيث عاد إلى روما. وتولى بعد ذلك أسقف ونشستر Winchester بطرس دي روشيه Peter des Roches أمر الوصاية، وساعده في أمر القضاء هيوبرت دي بورج Hubert de Burgh. وفي عام ١٢٢٣م أعلن البابا هونوريس الثالث ان الملك هنري قد بلغ سن الرشد، وعليه ان يحكم بمفرده، ولكن هنري لم يتخل عن مساعدة بطرس حتى عام ١٢٢٧م عندما ذهب بطرس في الحملة الصليبية السادسة مع فريدريك الثاني. وعلى أية حال فقد كان هنري الثالث على شاكلة أسلافه، ففرض الضرائب التي أرهقت النبلاء وكادوا يثورون عليه، وسمح لرجال الدين بجمع العشور لمساعدة البابا في حروبه ضد الإمبراطور فريدريك الثاني، ورغم هذا كله فإن أهم شيء حدث في عصر هنري الثالث هو ان فترة قصور هنري الثالث، أشعرت الوزراء بالمسؤولية الملقاة على عاتقهم، فتعاون الوزراء مع النبلاء ونجحوا في دفع الدولة إلى الأمام بطريقة أفضل بكثير من الأجيال السابقة عندما كانت السلطة في يد الملك، ومن تجاربهم في السلطة بدون تعرض الملك وضعوا أساس الحكم الديمقراطي في إنجلترا، وقد ظهرت نتائج هذه الممارسة على مر الزمن.

٩- إدوارد الأول ١٢٧٢-١٣٠٧م:

كان رجلاً طموحاً، قوي الإرادة، داهية في السياسة، صبوراً في الحرب، خبيراً بالفنون العسكرية، وقاد حملة صليبية وهو أمير في عام ١٢٧١م، ولكنه لم يوفق، فقد عاد بسرعة لتولي أمر الدولة، ويعتبر عهد إدوارد من أكثر العهود نجاحاً في تاريخ إنجلترا ويرجع ذلك إلى عدة عوامل، منها انه درب جميع الإنجليز على حمل السلاح، وأعاد تنظيم الجيش، وبهذه القوة العسكرية فتح ويلز وكسب اسكتلند عام ١٢٨٤م. ورفض دفع الجزية التي تعهد بها الملك يوحنا عندما استسلم للبابوية، ولكن هذا كله لم يكن سبباً في تمجيد عهد إدوارد، فإن نمو البرلمان - الذي بدأ في عام

١٢٩٠ باجتماع رجال الدين والبارونات، ثم تطور هذا البرلمان إلى البرلمان الثاني الذي عقده في عام ١٢٩٥م بحضور الإيرلات والبارونات والفرسان ونواب عن الأساقفة ورؤساء الأساقفة والعامة - هو الذي خلد عهد إدوارد، فقد قرر هذا البرلمان عدم فرض ضرائب إلا بموافقة البرلمان، ووضع مبدأ في غاية الأهمية، وهو أن ما يمس الناس جميعاً يجب ان يوافقوا عليه جميعاً، كما قرر البرلمان في هذا العام أيضاً أن الأخطار التي تواجه الدولة يجب ان تعامل بطرق يتفق عليها الناس جميعاً.

وبالإضافة إلى تحسن طرق الإجراءات القانونية والتحقيق القضائي، فإن ما قدمه إدوارد من التشريع التجاري، وصدور قانون التجار عام ١٢٨٣م، وعهد التجار في عام ١٣٠٢م، يعتبر من الأعمال العظيمة التي خلفها إدوارد. وعندما مات إدوارد عام ١٣٠٧م كانت إنجلترا تتمتع بحكم برلماني سليم وقانون تجاري عادل، ونعمت إنجلترا بحكم قوي وفق بين الحرية والقانون[٣٤].

الفصل الثالث عشر

إنكلترا في القرنين
التاسع والعاشر

الفيكنج هم سكان شبه جزيرة إسكندناوة القدامى، وهم الدانيون Danes أو الدانماركيون، النرويجيون والسويديون، وكلهم يرجعون إلى أصل انجلوسكسوني. وقد ساعدتهم طبيعة بلادهم وكثرة خلجانها على التحرك في البحار والأنهار المحيطة بهم، وكانوا يخرجون في جماعات بغية السلب والنهب، وتوغلوا عن طريق الأنهار في البلاد التي هاجموها لمسافات طويلة معتمدين على عنصر المفاجأة، وقد سببت هجماتهم الدمار والفزع في أنحاء أوروبا قبل ان يولوا وجههم شطر الجزر البريطانية وغيرها من البلاد التي وصلوا إليها.

وأول هجمات الفيكنج على الجزر البريطانية كانت في نهاية القرين الثامن وأوائل التاسع الميلادي، ومنذ العقد الرابع من القرن التاسع اشتدت غاراتهم في شكل جماعات صغيرة، والواضح ان مثل هذه الغارات لم تتعد السلب والنهب، ومنذ عام ٨٦٥م وصلت جماعة كبيرة منهم بهدف الاستيطان، وفي الفترة الممتدة حتى عام ٨٧٠ نجحوا في امتلاك جانباً من الأراضي الإنجليزية.

١- الفريد ٨٧١-٨٩٩م:

تولى حكم مملكة وسكس وعمره ثلاثة وعشرون عاماً، وواقع الأمر أن مملكة وسكس هي التي تولت عبء الدفاع عن الجزر البريطانية بعد الدانيين على نورثمبريا وانجليا وجانب من مرسيا، وفي السنة الأولى لاعتلاء الفريد العرش لمع كبطل قدير تمكن من التصدي للغزاة في معارك متعددة لم يكن النصر فيها حاسماً لأي منهما، وفي عام ٨٧٢م تم عقد الصلح بين الطرفين.

لم تكن الهدنة سوى هدنة مسلحة بالنسبة للملك الفريد، وظل الفريد يعد العدة للقاء المرتقب، وبعد خمس سنوات تجددت المعارك مرة أخرى.

ففي عام ٨٧٦م فاجأت الفريد الدانيون، ولكنه هزم وفر من ميدان المعركة، ورغم الهزيمة عاود تجميع قواته مرة أخرى، واستعد استعداداً أفضل بعدما خبر طرق القتال عند الدانيين، وفي عام ٨٧٨م انزل الفريد بالدانيين هزيمة ساحقة عند إدنجتون Edington، وترتب على هذه المعركة معاهدة تقضي بسحب جميع قوات الدانيين من مملكة وسكس واعتناق زعيم الدانيين، وهو جثروم Gurhrum الديانة المسيحية،

وتعهده بعدم مهاجمة أملاك الفريد بعد ذلك، وبدت هذه المعاهدة وكأنها حفظت استقلال مملكة وسكس.

لم يلتزم الدانييون بالمعاهدة، فقد قامت بعض الاشتباكات، كان أشدها مهاجمة الدانيين عام ٨٩٢م لمملكة وسكس بعد وصول مجموعة كبيرة من بلادهم بهدف الحصول على مستقر لهم في الجزر البريطانية، وقد نجح الفريد في حصارهم حتى اضطروا للرحيل، ونعم الفريد بالهدوء في مملكته حتى وفاته عام ٨٩٩م.

والواقع ان الفريد لم ينتصر على عناصر الدانيين بسهولة، فمثل هذه العناصر التي تعتمد على عنصر المفاجأة في الهجوم تحتاج لتنظيم عسكري غير تقليدي، لذلك قام الفريد بتسليح أكبر عدد من المواطنين، وكانت عملية استدعائهم تتم في فترات وجيزة، وكان البعض يحارب، ويظل البعض في الحقول، ويتم ذلك بالتناوب بينهم.

وبالإضافة إلى ذلك قام بتحصين الأماكن الاستراتيجية ووفر لها وسائل الدفاع اللازمة، وأخيراً شيد بعض السفن للتصدي للعناصر المغيرة، وقد جهزت هذه السفن على طريقة سفن الفيكنج، فكان بها ستون مجدافاً، ونجح بأسطوله هذا في ضرب المغيرين عام ٨٩٦م.

واهتم الفريد بالعمل على نشر الديانة المسيحية، ولعل أهم ما قدمه في هذا المضمار تنصير جثروم زعيم الدانيين، وارتبط بالباباوية كثيراً وزار روما عدة مرات، والى جانب ذلك اهتم بالتعليم، فأسس المدارس، وأولها مدرسة القصر التي استدعى لها العلماء من أوروبا، ويبدو انه تشبه بشارلمان في هذه الناحية، ولم يكتف بذلك، بل شجع حرك الترجمة للكتب اللاتينية الشائعة في عصره، وعلى رأسها كتاب التاريخ الكنسي للأمة الإنجليزية، للمؤرخ بيده Bede، وكتاب التاريخ، للمؤرخ أورسيوس Orosius، والعناية الربانية، للبابا جريجوري، وسلوى الفلاسفة، للفيلسوف لبوثيوس Boethuis، كما اهتم الفريد بتاريخ إنجلترا في عصورها القديمة.

واعتنى الفريد بالإدارة المدنية وأعاد سلطة القانون بعد ان جمدتها الحروب، وأمر بجمع القوانين وإعادة تصنيفها، ثم أدخل عليها من التعديلات ما يتلاءم والديانة المسيحية، وفي مجال العمارة أقام الفريد الكثير من الكنائس والأديرة بعد ان خرب ما

كان موجوداً منها بسبب هجمات الدانيين، والمعروف أن الأديرة لعبت دوراً كبيراً في المعرفة والتعليم في هذه العصور، ومن هنا جاء اهتمام الفريد بها.

٢- خلفاء الفريد:

حاول الفريد قدر جهده توحيد إنجلترا، واستمرت عملية توحيد البلاد في ظل حكم ملك واحد في عهد إدوارد Edward (٨٩٩-٩٢٤) ابن الفريد، وعمل ادوارد على استرجاع منطقة الحدود الشمالية للبلاد، وهي المنطقة التي عرفت باسم دانلو Danelaw وانتزعها من الدانيين، وقد استطاع إدوارد بمساعدة زوج أخته اثلرد Alheterd ملك مرسيا فرض سلطان العناصر الانجلوسكسونية على انجليا الشرقية وإسكس، كما نجح إدوارد في فرض سلطانه على جانب من إقليم ويلز ونورثمبريا وبعض الأراضي التي سيطر عليها الدانيون، ومد حدود بلاده حتى اسكتلندا في الشمال.

وخلف إدوارد ابنه إيثلستان Ethelstane (٩٢٥-٩٣٩م)، واستطاع إيثلستان إعادة إقليم دانلو إلى سلطانه، ونجح في بسط نفوذه على البلاد التي تحت سلطانه، وذلك بإرسال نواب عنه لإدارة الولايات المختلفة، وهؤلاء النواب كانوا من الثقاة الذين اختارهم الملك بنفسه.

ولم يستمر الحال على هذا المنوال، فقد تمرد سكان ويلز واسكتلندا في محاولة للخروج من سلطان الملك إيثلستان، وقد هزمهم الملك هزمية ساحقة عام ٩٣٧م في معركة برونابور Brunaburh، وأجبرهم على تقديم فروض الولاء والطاعة، وسطع نجم إيثلستان، وأصبحت إنجلترا في عهده من دول أوروبا القوية.

وزاد إيثلستان من نجاحه العسكري بنجاح دبلوماسي، وارتبط بعدة دول أوروبية عن طريق المصاهرة، فزوج أختاً له إلى هيو الكبيرة Hugh the Great، زوج أخته الثانية من أوتو الأول، وزوج ثالثة من شارل البسيط، وبهذه الصورة ارتبط على التوالي بإيطاليا وألمانيا وفرنسا.

بعد موت ايثلستان خلفه في حكم إنجلترا اخوته إدموند Edmund (٩٣٩-٩٤٦م)، ثم أدرد Edred (٩٤٦-٩٥٥م)، وقد نحج أدرد في ان يكون ملكاً

على جميع أنجلترا، واعترفت بسيادته جميع العناصر، وقدموا له فروض الولاء والتبعية، وبعد موت أدرد حكم عرش إنجلترا ولداه إدويج Edwig (٩٥٥-٩٥٩م)، ثم إدجار Edgar (٩٥٩-٩٧٥م).

ويعرف إدجار هذا باسم إدجار المسالم Edgar the Peaceful، فطوال مدة حكمه التي دامت ستة عشر عاماً لم يدخل في معركة عسكرية، وقد عاونه في حكم البلاد دونستان Dunstan رئيس أساقفة كنتربوري وكبير مستشاري الملك، وفي عهد إدجار زاد انصهار العناصر الأنجلوسكسونية مع غيرها من العناصر انصهاراً معقولاً، ولكنه غير تام.

وكان لدونستان فضل كبير في هذه الناحية بفعل ما قام به من إعادة تنظيم الكنيسة، وإقامة كنائس جديدة، وإعادة النظام البندكتي في الأديرة. وفضلاً على ذلك أعيد تنظيم القوانين فاستتب الأمن ونشطت التجارة وخضع الناس جميعاً لسلطة ملكية واحدة في ظل حكم مركزي قوي.

ولم يستمر الحال على هذا التقدم، فقد أعقب موت إدجار في عام ٩٧٥ اضطرابات داخل البلاد وهددت وحدتها، وشجعت هذه الحالة على تجدد هجمات الدانيين، ويرجع هذا الاضطراب إلى ان الملك إدجار قد تزوج مرة أخرى بعد وفاة زوجته الأولى.

وبعد وفاته أصبح أكبر أبنائه - وهو إدوارد من زوجته المتوفاة - ملكاً على البلاد في عام ٩٧٥م، ولكن زوجته الثانية عملت على تولية ابنها أثلرد Ethelred، فدخلت البلاد في مرحلة من الصراع على التاج امتد أثره إلى نواح أخرى متعددة، وانتهى الصراع بتدبير مؤامرة راح ضحيتها الملك إدوارد.

تولى إثلرد ٩٧٥-١٠١٦م عرش البلاد، وعمره حوالي عشر سنوات، فاستعاد كبار النبلاء نفوذهم وقلصوا نفوذ رجال الدين، واستبعد دونستان من المشورة الملكية، وفرض النبلاء سيطرتهم على الملك القاصر وعلى شؤون الحكم بطريقة تخدم مصالحهم الخاصة، وقد أضر ذلك كله بالبلاد.

شجعت هذه الحالة الدانيون على تجديد غزواتهم لإنجلترا، ولم تكن هذه الغزوات كسابقتها من الغزوات الجماعية، بل كانت غزوة مرتبة، قادها ملوك الدانمارك والسويد، ولم يكن بوسع اثلرد مقاومة مثل هذه الغزوات التي استمرت من عام ٩٨٠حتى عام ٩٩١م، وفي العام الأخير آثر السلامة ووافق على دفع الجزية لشراء الصلح، وقد عرفت هذه الجزية التي دفعها الشعب الانجلوسكسوني للدانيين باسم ذهب الدانيين Danegeld.

كان لعقد الصلح تأثير عكسي على الدانيين وأهل البلاد، فمن جهة الدانيين فقد شعروا بأن طلب الصلح دليل على ضعف الملكية، فزاد طمعهم بالبلاد حتى انهم كانوا يأتون إلى البلاد لجمع الجزية في شكل حملات عسكرية أرهقت الأهليين، ومن ذلك عندما جاء أولاف Olaf ملك النرويج، وسوين Sweyn,Swein ملك الدانمارك لهذا الغرض.

ضج إثلرد بهذه التصرفات، ولم يكن بوسعه وقف هذه الأعمال، فتحالف مع ريتشارد الثاني دوق نورماندیا، وتزوج إثلرد أخته، ويبدو ان هذا التصاهر قد شجع العناصر الانجلوسكسونية، فهبوا عام ١٠٠٢م بثورة ضد العناصر الدانية، حيث قتل منهم الكثير.

ردت الدانمارك في شخص ملكها سوين بحملات متعددة على البلاد، ظلت حوالي عشر سنوات (١٠٠٣-١٠١٣م)، وانتهت هذه الحملات بهزيمة إثلرد على أيدي القوات الدانية بقيادة سوين، وعجز أثلرد عن المقاومة، فهرب إلى نورماندیا، واضطر مجلس الوتيان Witan الإنجليزي أن يعترف بالملك سوين ملكاً على انجلترا، ولكن سوين حكم بهذه الصورة لمدة عام واحد؛ فقد مات في عام ١٠١٤م، وخلفه على عرش الدانيين ابنه كانوت Canute. لم يعترف الانجلوسكسون في إنجلترا بالملك كانوت ملكاً عليهم، واستدعى مجلس الوتيان الملك إثلرد من نورماندیا، وفي الوقت نفسه رحب الدانيون المقيمون في إقليم دانلو بالملك كانوت ملكاً على إنجلترا.

وبدأ الصراع بين الجانبين، وتجددت الحرب مرة أخرى بين الأنجلوسكسون والدانيين، ولم يدم الصراع بين إثلرد وكانوت طويلاً؛ فقد مات إثلرد عام ١٠١٦م،

ولكن مجلس الوتيان تمسك بالعرش لابنه إدموند الحديدي Edmund Ironside، ولعل في تسميته ما ينم عن الشجاعة والصلابة، وقد نجح إدموند في الانتصار على الدانيين في عدة معارك، وانتهى الأمر بعقد صلح يقضي بان يحكم إدموند العناصر الانجلوسكسونية التي تقطن الجزء الجنوبي من إنجلترا، ويحكم كونت العناصر الدانية التي تقطن البلاد مجتمعة، ولكن ادموند الحديدي لم يعش بعد هذه المعاهدة سوى بضعة أشهر، وأصبح من حق كانوت ان يصبح ملكاً على الجانب الانجلوسكسوني، وبذلك كان كانوت أول ملك داني يحكم عرش إنجلترا[٣٥].

٣- الملك كانوت وخلفاؤه:

حكم كانوت (١٠١٦-١٠٣٥م) إنجلترا بطريقة مختلفة عن والده سوين، ويقول البعض ان كانوت اعتنق المسيحية وزار البابا في روما، وأصبح ابناً باراً للمسيحية، ويمكن تلخيص حكم الملك كانوت بأنه حاول معاملة أهل البلاد كفرد منهم، وليس كمتسلط عليهم أو فاتح يستغل البلاد. فاستعان بمجلس الوتيان في شؤون الحكم والإدارة، واستخدم القانون الأنجلوسكسوني في طول البلاد التي حكمها وطبّقه على العناصر الدانية والانجلوسكسونية مع إضافة بعض القوانين الدانية.

كما استعان كانوت بمستشارين انجلوسكسونيين بعد ان كان كل اعتماده على مستشارين دانيين، ويعرف هؤلاء المستشارون في التاريخ الإنجليزي في هذه المرحلة باسم الايرلز Eearls، وإمعاناً في إرضاء الشعب الإنجليزي لم يبق حوله من جنده سوى حرسه الخاص وان كانوا بضعة آلاف، ولعل أهم ما جلب له محبة أهل الجزيرة هو الاهتمام بأمور الكنيسة، وما أضفاه على البلاد من الأمن والسلام.

وفي المجال الخارجي نجح الملك كانوت في عقد بعض الاتفاقيات التجارية، وفي الوقت نفسه كان كانوت أيضاً ملكاً على الدانيين، ثم آلت إليه أراضي النرويج، وفي هذه الدول الثلاث التي حكمها ملك واحد كان التبادل التجاري يسير بخطى واسعة فضلاً على الحركة التجارية مع أوروبا، خاصة وان الاتفاقيات التجارية ضمنت للمسافرين امتيازات في القارة الأوروبية، فسيطرت التجارة الإنجليزية على معظم شمال أوروبا حتى البحر البلطي شرقاً.

وقد ساعد على هذا النجاح ان الدانيين أهل الملاحة والأسفار ورجال التجارة، قد أمدوا العناصر الانجلوسكسونية بخبراتهم في هذا المجال، الأمر الذي أدى إلى انتعاش الحركة الاقتصادية.

مات كانوت عام ١٠٣٥م، وبموته دب الصراع بين أولاده على وراثة عرش الدانيين، وعلى أثر هذا الصراع لم يتمكنوا من تثبيت دعائم حكم الدانيين في إنجلترا، وعلى أثر هذا الصراع لم يتمكنوا من تثبيت دعائم حكم الدانيين في إنجلترا، فأقام مجلس الوتيان على عرش إنجلترا ابن ادموند وهو أدوارد الذي يعرف باسم إدوارد المعترف (١٠٤٣-١٠٦٦م).

وهكذا عاد العرش مرة أخرى إلى بيت الفريد الانجلوسكسوني، وانتهى حكم الدانيين على إنجلترا، وإن كان هناك ما يستحق الذكر في عهد إدوارد فهو الذي أنشأ دير وستمنستر Westminster عام ١٠٥١م.

كانت أم الملك أدوارد أخت ريتشارد الثاني دوق نورماندیا، وخلال حكم كانوت كان إدوارد يعيش في بلاط خاله بنورماندیا، ولما عاد إدوارد إلى إنجلترا ليتولى عرشه اصطحب معه بعض أصدقائه من النورمان، وأقطع لبعضهم الأراضي وعهد إليهم بشؤون الحكم، وأصبح بلاط إدوارد مزاراً للشخصيات النورماندية، وقد سبب هذا كله قلقاً كبيراً في إنجلترا.

وكان من أبرز شخصيات إنجلترا في هذه المرحلة جودوين Godwin الذي عينه كانوت ايرل في مقاطعة وسكس، وقد لعب جودوين هذا دوراً كبيراً في مجلس الوتيان لتعيين إدوارد ملكاً على البلاد.

ورد الملك هذا الجميل بأن تزوج ابنة جودوين، ولما كان إدوارد عديم الأولاد، فقد تطلع جودوين إلى عرش البلاد، ولكن كان هناك رجل آخر هو وليم المعروف باسم وليم الفاتح دوق نورماندیا يتطلع إلى العرش نفسه، فقد كان ابن خال إدوارد.

بدأ وليم يخطط لحكم إنجلترا، فزارها عام ١٠٥١م، ولكن بعض المساندين لجودوين هاجموه في دوفر، فطلب إدوارد من جودوين معاقبة المعتدين، ولكنه رفض،

٢٧٧

فتم نفيه، وتطور الأمر، وقام هارولد Harold ابن جودوين بمهاجمة شاطئ نورمانديا، ولكن هارولد وقع في الأسر.

ومن أجل حصول هارولد على حريته اقسم بمساعدة وليم ليكون ملكاً على انجلترا بعد وفاة إدوارد، ولما مات إدوارد عام ١٠٦٦م حنث هارولد بوعده وساعده مجلس الوتيان في اعتلاء عرش إنجلترا، ولكن وليم غزا إنجلترا في الرابع عشر من أكتوبر من العام نفسه، وتولى حكم إنجلترا.

٤- الإقطاع في إنجلترا:

ترتب على الغزو الانجلوسكسوني لإنجلترا قدوم عدد من زعماء العشائر الذين كانت لهم السلطة الحقيقة في البلاد، وأصبح المجتمع الأنحلوسكسوني يتألف من الطبقة الحاكمة التي يتكون منها مجلس الوتيان، وهو الذي يختار الملك من الطبقة نفسها، ويلي هذه الطبقة طبقة أخرى هي الفلاحون، ثم الثالثة وهي العبيد.

وتركزت السلطة في يد الملك وحاشيته، وعمل الفلاحون والعبيد بجهد منقطع النظير في الأراضي الزراعية وتوسيع رقعتها.

ومنح الملك رجاله مقابل خدماتهم إقطاعيات، وانسحب ذلك على رجال الكنيسة والرهبان، وكانت هذه الهبات بداية الإقطاع الذي أفقد الأحرار حريتهم وخضوعهم للسادة الجدد.

وإذا أضفنا إلى تلك الحروب المنازعات الداخلية التي طال أمدها بين الحاكم المحليين، نجد أن الفلاح الحر اضطر لوضع نفسه وأرضه وأهله تحت رحمة أحد السادة الإقطاعيين للدفاع عنه.

وعندما جاءت غزوات الدانيين، لم يعد بوسع الأهالي تحمل وطأة الحرب ووطأة الضرائب التي فرضتها الدولة، إما لمواجهة نفقات الحرب أو لشراء السلم وعلى ذلك تحول الأحرار إلى عبيد للسيد الإقطاعي لضمان سلامتهم ولقمة العيش.

وعلى هذه الصورة بدأت ملامح الإقطاعي تظهر بشكل ملموس في إنجلترا، وعندما لم يعد بوسع الملك الإشراف على جميع مرافق الدولة عهد إلى هؤلاء الإقطاعيين بهذه المهمة، ومن هنا أصبحت دار الإقطاعي مقر الحكومة في منطقته

ومحور النشاط الاقتصادي فيه، وقد اكتمل هذا النظام الإقطاعي بعد الفتح النورماندي لإنجلترا[٣٦].

الفصل الرابع عشر

إيطاليا بين الإمبراطورية والبابوية

١- نشوء مملكة إيطاليا بموجب معاهدة فردان سنة ٨٤٣م:

قضت معاهدة فردان (سنة ٨٤٣) على وحدة الإمبراطورية الفرنجية الكارولنجية، وأوجدت مكانها ثلاث ممالك مستقلة يسود بينها نظام التحالف والإخاء الذي يرمي إلى المحافظة على السلام والبقاء على وضع الأراضي الراهن. فبموجب معاهدة فردان اقتسم أبناء لويس التقي (ابن شارلمان) الإمبراطورية بينهم، فحصل شارل الأصلع على فرنسا، ولويس الألماني على ألمانيا، ولوثر الأول على إيطاليا مع اللقب الإمبراطوري. وفي سنة ٨٥٥ مات لوثر الأول، فاقتسم ابناؤه الثلاثة مملكته: لويس الثاني أخذ شمال إيطاليا، ولوثر الثاني أخذ الشريط الفرنسي (فريزلاند- أي الأراضي المنخفضة)، كما أخذ شارل الصغير البروفانس.

ولما مات لوثر الثاني (سنة ٨٦٩) ضم عمه شارل الأصلع مملكته (فزيزلاند) إلى مملكة فرنسا، كذلك عندما مات لويس الثاني (سنة ٨٧٥) زحف عمه شارل الأصلع إلى شمال إيطاليا، وضم هذه المملكة إلى مملكته أيضاً، وبعدها ذهب شارل الأصلع إلى روما، فتوّجه البابا يوحنا الثامن إمبراطوراً على فرنسا وإيطاليا معاً، وفي سنة ٨٨٤ لم يبق في فرنسا وإيطاليا شخص من الأسرة الكارولندية سوى شارل البسيط (حفيد شارل الأصلع) الذي كان آنئذ في الرابعة من عمره، ولا يستطيع اعتلاء العرش الملكي، وعلى هذا أعلن الملك الألماني شارل السمين (ابن لويس الألماني) ضم فرنسا وإيطاليا إلى ألمانيا، وبذا عادت وحدة الممالك الكارولنجية إلى الوجود، وفي سنة ٨٨٨ مات شارل السمين فانفصمت عرى وحدة الممالك الكارولنجية انفصاماً أبدياً، كما استقلت فرنسا وإيطاليا عن ألمانيا.

٢- الصراع الداخلي على الحكم والتدخل الألماني في إيطاليا:

بعد موت شارل السمين وانفصال إيطاليا عن ألمانيا عقد الأمراء الإيطاليون مجلساً في بافيا، وانتخبوا بيرانجيه الأول (ابن جيزيل بنت لويس التقي ومركيز مقاطعة فريول) ملكاً على إيطاليا، ولكن غي الثاني (دوق مقاطعة سبوليت التي تقع إلى الشرق من روما) قام ينافس بيرانجيه الأول على السلطة الملكية، فحقق نصراً عسكرياً، وأعلن نفسه ملكاً على إيطاليا (سنة ٨٨٩)، ثم إمبراطوراً (سنة ٨٩١) بالرغم من أنه لم

يسيطر إلا على قسم صغير من إيطاليا، هذا وقد ظل بيرانجيه الأول بالرغم من هزيمته العسكرية، محتفظاً بمزاعمه على أنه ملك أيضاً، ولم يكن بابا روما فورموز على وفاق مع غي الثاني؛ لذا وجه نداء إلى الملك الألماني آرنولف كي يأتي إلى إيطاليا ويخلصها من ذلك المغتصب. وعلى هذا زحف آرنولف بجيشه إلى إيطاليا، فاحتل القسم الشمالي منها ٨٩٤.

وفي العام التالي قام آرنولف بحملة ثانية إلى إيطاليا، فدخل روما وتوّجه البابا إمبراطوراً على إيطاليا وألمانيا، أما غي الثاني فقد مات سنة ٨٩٥، فخلفه ابنه لامبرت الذي ظل ينافس آرنولف على السلطة في إيطاليا، حتى مات سنة ٨٩٨، وبعد موت لامبرت عادت السلطة الملكية في إيطاليا إلى الملك السابق بيزانجيه الأول، وفي سنة ٨٩٩ مات الملك الألماني آرنولف، فانتهت بموته السيادة الألمانية في إيطاليا.

بعد زوال السلطة الألمانية من إيطاليا نشب الصراع على الحكم فيها بين بيرانجيه الأول ولويس بن بوزون (ابن بنت لويس الثاني)، وقد جاء لويس بن بوزون إلى روما، فتوّجه البابا إمبراطوراً. ولكن بيرانجيه الأول استطاع ان يقبض على لويس بن بوزون وان يسمل عينيه، فسمي بـ(لويس الأعمى)، وفي سنة ٩١٥م توج بيرانجيه الأول إمبراطوراً على إيطاليا، وظل يحكمها حتى مات سنة ٩٢٤.

وبعد موت بيرانجيه الأول تبوأ دوق البروفانس (هوغ آرل) العرش الإيطالي ٩٢٦-٩٤٨، وخلف هوغ آرل ابنه لوثر، لكنه مات سنة ٩٥٠ فاغتصب الدوق بيرانجيه الثاني العرش الإيطالي، إلا أن زوجة الملك الراحل لوثر ذهبت إلى ألمانيا وطلبت من الملك أوتون الأول (العظيم) التدخل في إيطاليا للعمل على إزاحة بيرانجيه الثاني عن العرش الإيطالي. وفي سنة ٩٥١ أسرع أوتون الأول إلى غزو لومبارديا وأجبر بيرانجيه الثاني على الاعتراف بالسيادة الألمانية، كما تزوج أوتون الأرملة الحسناء زوجة الملك الراحل لوثر بن هوغ آرل، وقد تمرد بعض الأمراء الإيطاليون على السلطة الألمانية سنة ٩٥٣، فلم يستطع أوتون الأول العودة إلى إيطاليا بسبب ما كانت يعانيه آنئذ من المشكلات الداخلية والخارجية في ألمانيا.

وفي سنة ٩٦٢ أنهى أوتون حل المشكلات الألمانية وعاد إلى إيطاليا ثانية، فتوّجه البابا إمبراطوراً على إيطاليا وألمانيا، وبذا نشأ ما يسمى بالإمبراطورية الرومانية المقدسة.

من خلال استعراضنا الأحداث المذكورة أعلاه نلاحظ أن إيطاليا قد مرت بمرحلة من الانهيار السياسي والصراع الداخلي بعد تفتت الإمبراطورية الكارولنجية. فلقد تصارع الأمراء الإقطاعيون على الأملاك والسلطة والنفوذ، كما تصارع الأقوياء منهم على العرش الملكي. هذا وغدت الكنائس والأديرة تملك الأراضي الشاسعة عن طريق الإهداء والشراء والاغتصاب، كما امتلك الاساقفة الأراضي الكثيرة وتمتعوا بصلاحيات إدارية وقضائية ومالية في أسقفياتهم، فالأسقف في كثير من المدن الإيطالية صار يجمع لنفسه الضرائب التي كانت تصب في الخزانة الملكية، وهكذا كانت السلطة الملكية في إيطاليا ضعيفة جداً في تلك الحقبة التاريخية، ففي كل مكان نشأت قوى محلية مستقلة استقلالاً يكاد يكون تاماً، وبذا غدت إيطاليا مجزأة إلى إمارات إقطاعية (علمانية وكنيسة) لا سيطرة للملك عليها.

أما مدينة روما بالذات فقد سيطرت عليها الطبقة الأرستقراطية الرومانية وأخذت هذه الطبقة تلعب بالمنصب البابوي كما تشاء، فتعين البابوات وتعزلهم حسب مصالحها الخاصة.

٣- الأوضاع الخارجية وغارات الشعوب المجاورة على إيطاليا:

أ- القواعد البيزنطية في إيطاليا:

قضى شارلمان على مملكة اللومبارديين وضم شمال إيطاليا إلى مملكة الفرنجة (في أواخر القرن الثامن)، فزال النفوذ البيزنطي في شمال إيطاليا، بينما ظل هذا النفوذ قائماً في جنوب إيطاليا وفي صقلية، وفي القرن التاسع احتل العرب المسلمون جزيرة صقلية، فلم يبق نفوذ لبيزنطة سوى في منطقة كالابريا الواقعة في جنوب إيطاليا. وظلت بيزنطة تسيطر في القرن العاشر على بعض المواقع في جنوب إيطاليا، كما كانت تتطلع إلى استعادة جميع الأراضي التي كانت تحتلها في إيطاليا من قبل، وإن لم يكن في طاقتها تحقيق ذلك، هذا وقد ظل الصراع يدور طوال القرنين التاسع والعاشر

على السيطرة في جنوب إيطاليا بين بيزنطة من جهة، والعرب المسلمين من جهة ثانية، والإيطاليين من جهة ثالثة.

ب- غارات الهنغار على إيطاليا:

شجعت الاضطرابات الداخلية في إيطاليا على شن الغارات على شمال إيطاليا بهدف السلب والنهب. والهنغار (المجر) هم قبائل آسيوية دخلوا أوروبا في بداية القرن التاسع، وفي أواخر القرن التاسع ضغطت قبائل البتشنغ التركية على الهنغار من الشرق، فتحركوا نحو الغرب في قلب أوروبا، وحلوا في حوض الدانوب الأوسط، ورغب الهنغار عن حياة الاستقرار وممارسة العمل الزراعي، لكنهم اهتموا بتربية الخيول لخدمة أهدافهم الحربية وللقيام بغارات سريعة على المناطق المجاورة لهم؛ بهدف السلب والنهب والحصول على الغنائم، وقد بدأ الهنغار شن غاراتهم على إيطاليا قبل ان يهاجموا ألمانيا. فما أن استقر بهم المقام في حوض الدانوب الأوسط حتى انقضوا بجموعهم (سنة ٨٩٩) على شمال إيطاليا، فاجتاحوا لومبارديا، ثم عادوا في سنة ٩٠٠ ونهبوا بانونيا، ولم يجد الهنغار عقبة تحول دون توغلهم في الأراضي الإيطالية، كما لم يكن في إيطاليا ملك قادر على ردع هؤلاء الغزاة (مات الملك الإيطالي لامبرت بن غي الثاني سنة ٨٩٨، كما تبعة الملك الألماني آرنولف سنة٨٩٩، ثم نشب الصراع بين بيرانجيه الأول ولويس ابن بوزون على حكم إيطاليا بعد زوال السلطة الألمانية منها)، وعلى ان الملك الإيطالي بيرانجية الأول جهز جيشاً للدفاع عن إيطاليا، ولكنه لم يستطع التصدي للغارات الهنغارية ألا قليلاً، وفيما بعد عرفت إيطاليا فترة راحة؛ لأن الهنغار وجهوا غاراتهم إلى ألمانيا، ولكن هذا لم يمنعهم من العودة إلى إيطاليا وشن عدة غارات على أراضيها في الفترة الممتدة بين سنتي ٩٢١-٩٢٦، فاقتربوا آنئذ من روما وهددوها بالاحتلال، وتابع الهنغار شن غاراتهم على إيطاليا وألمانيا إلى أن تمكن الإمبراطور الألماني أوتون الكبير ان يلحق بهم هزيمة ساحقة سنة ٩٥٥، فأنشأ في أراضيهم ماركية أوستريا (النمسا) وألحقها بألمانيا، وفي سنة ١٠٠٠ أنشأ الملك الهنغاري ستيفان الأول أول مملكة هنغارية مستقلة.

إن اضطراب الأوضاع الداخلية في إيطاليا (بنتيجة التصارع على السلطة الملكية) قد مهد السبيل للغارات العربية وساعد القوات الإسلامية على التوغل في الأراضي الإيطالية. ففي سنة ٨٤٨ أغار العرب المسلمون (الأغالبة) من صقلية على جنوب إيطاليا، فوصلوا في غاراتهم إلى مدينة روما، حيث وقع أحد أحيائها بأيديهم وعادوا منها بالغنائم. وكان وقع هذه الغارة أليماً على الملك لوثر الأول وابنه لويس الثاني، فعملا جاهدين على تحرير إيطاليا الجنوبية من العرب المسلمين، ففي أواخر سنة ٨٤٦ قاد لويس الثاني حملة عسكرية إلى جنوب إيطاليا، فانتصر على المسلمين واسترد منهم مدينة بينيفنت، هذا وألزم لويس الثاني دوق بينيفنت ودوق ساليرنو ان يكتفي كل منها بدوقيته، لأن تنافسهما أدى إلى الهجوم الإسلامي على جنوب إيطاليا، وفي سنة ٨٤٩ استرجع العرب المسلمون بعض الأراضي[٣٧].

٤- الأوضاع السياسية في إيطاليا:

تأثرت البابوية كثيراً بالأوضاع السياسية في أوروبا بصفة عامة، وفي إيطاليا بصفة خاصة باعتبارها مركز البابا. وكلما زاد تصارع القوى السياسية وخاصة في إيطاليا عانت البابوية من تنافس الحكام، وقد وقع ذلك على مدى قرن ونصف من الزمان ابتداء من القرن العاشر، فقد ظهر في إيطاليا في هذه المرحلة أخلاط من الأجناس في الجنوب، فقد كانت الإمبراطورية البيزنطية تسيطر على بعض المواقع، والمسلمون يتحكمون في مواقع أخرى وفي جزيرة صقلية، هذا بالإضافة إلى بعض الدوقيات المحلية.

وفي ظل هذه الحالة المضطربة نجح النورمان في إقامة إماراتهم، ومع بداية حكم روجر الأول Roger I ‏١٠٨٥-١١١١م كان النورمان قد نجحوا في فرض سلطانهم على جزيرة صقلية وأكثر المناطق في الجنوب الإيطالي على حساب الممتلكات البيزنطية والإسلامية والأهالي، وظهرت مملكة الصقليتين التي كانت من أهم المراكز الحضارية في غرب أوروبا في هذه المرحلة.

وفي وسط إيطاليا وجدت بعض الإمارات اللمباردية وبعض الإمارات الأخرى

كان أهمها دوقية توسكانيا Tuscany، وكان حاكمها بونيفاس Boniface من أقوى حكام إيطاليا ومن أكبر أنصار البابوية، وظلت زوجته ماتيلدا Mathilda - وهي من الحزب الولفي الألماني - على هذه الصورة من القوة ومساندة البابوية في عصر البابا جريجوري السابع ١٠٧٣-١٠٨٥م.

أما في شمال إيطاليا فقد ظهرت المدن، أو ما يعرف بالقومونات Communes التي حققت لنفسها نوعاً من الاستقلال السياسي القائم على الحرية الاقتصادية، وقد نجحت هذه المدن في دعم استقلالها ومقاومة أي سلطة تتدخل في شؤونها حتى ولو كانت السلطة البابوية، ولعبت هذه المدن دوراً هاماً في تاريخ إيطاليا.

وبالإضافة إلى هذه القوى السياسية كانت هناك القوى الروحية الممثلة في شخص البابا، وقد سعت البابوية في دعم زعامتها الروحية لتكون زعامة سياسية، ولكن هذا التحول لا يتحقق إلا بعد ان تكون البابوية قد وصلت إلى درجة من النقاء يجعل لها الكلمة الأخيرة في وسط هذا الخليط السياسي المتضارب الأهواء، وكان عليها ان تصلح من شأنها وتتخلص من عيوبها ومشاكلها حتى يصبح لها السلطان السياسي إلى جانب السمو الروحي.

١- مشاكل الكنيسة:

اهتم شارلمان بالكنيسة وساندها، ولكنها ما لبثت ان تعرضت إلى الضعف بعد نهاية حكم الكارولنجيين، ووصلت إلى مرحلة أصبحت سلطة البابا فيها سلطة رمزية فقط، ويرجع ذلك إلى عدة عوامل سياسية والى البابوية ذاتها، فقد أهمل الباباوات مسؤولياتهم الدينية، مما أعطى الفرصة للحكام لتولي أمر الكنائس الموجودة في ممتلكاتهم، وضاعت وحدة الكنيسة أمام هذا التدخل العلماني في شؤون الكنيسة، ومما لا شك فيه أن تسلط الحكام على أمور الكنيسة أدى إلى تعيين رجال الدين الذين يعملون لمصلحة الدولة، أكثر مما يعملون لمصلحة الكنيسة، فاختاروا رجالاً غير مؤهلين لمناصب الكنيسة والأديرة، وخرج رجال الدين من سلطان البابا ليصبحوا إقطاعيين في أماكنهم.

وإن كانت هذه الطريقة قد أدت إلى ضعف الكنيسة والبابوية، فقد كان هناك عاملاً هاماً أدى إلى اضمحلال البابوية ذاتها، وهي طريقة انتخاب الباباوات، ولعل مرجع ذلك إلى عدم وجود قاعدة دينية يتم اختيار البابا بموجبها، فقد تدخل الحكام والنبلاء ورجال الدين والعامة في اختيار البابا، كما نظر نبلاء روما وشعبها على ان الانتخاب من حقهم دون سواهم، ووصل الامر إلى أن أصبح تعيين البابا بعيداً كل البعد عن الأصول الدينية وغير الدينية، حتى أننا نرى ان بعض الباباوات تولى عرش البابوية، وهو في الثانية عشرة من عمره، مثل البابا بندكت التاسع ١٠٣٢-١٠٤٤م، وليس ذلك فحسب، بل إن الفترة الممتدة من ١١٢٤-١١٤٤م شاهدت تعيين أكثر من بابا في وقت واحد.

وفضلاً على سيطرة الحكام على شؤون الكنيسة في ممتلكاتهم وضعف البابا، وجدت مشاكل أخرى خطيرة عانت منها الكنيسة لفترة طويلة من الزمن، وقد أسهمت هذه المشاكل في الهبوط بالكنيسة إلى أدنى مستوى يمكن ان تصل إليه مثل هذه الهيئة الروحية، وقد تجلت هذه المشاكل في الرشوة وزواج رجال الدين والتقليد العلماني.

وفيما يتعلق بالرشوة أو السيمونية، فإن هذه التسمية جاءت من إحدى روايات الإنجيل، وموجزها ان سيمون Simon الساحر حاول إغراء القديس بطرس ببذل المال مقابل ان يبارك له عمله، فأجابه القديس بطرس وفقاً لما جاء في سفر أعمال الرسل، الإصحاح الثامن ١٨-٢٠: "لتكن فضتك معك للهلاك، لأنك ظننت أن تتقن موهبة الـلـه بدراهم"، وعلى أية حال فقد انتشرت السيمونية للحصول على المناصب الدينية، وتفسير ذلك أن الأديرة والكنائس جنت ثروات هائلة تطلع إليها رجال الدين عند خلو مناصب شاغليها وتنافس رجال الدين على تقديم الأموال للحكام أو كبار رجال الدين لشغل هذه المناصب.

وأما عن زواج رجال الدين، فيرجع ذلك إلى عدم وجود قانون كنسي واضح يقضي بعدم زواج رجال الدين، وهو المعروف بالعزوبة Celibacy، وإن كان هناك بعض التشريعات التي اعتبرت العزوبة عادة ديرية حاولت الكنيسة تعميمها على كافة

رجال الدين بهدف تطهير النفس والانصراف إلى الشؤون الدينية، وحتى لا تصبح ممتلكات الكنيسة وراثية في أبناء رجال الدين.

وكانت المشكلة الثالثة هي مشكلة التقليد العلماني Lay Investiture التي كانت نقطة تصادم بين السلطة الروحية والسلطة الزمنية. والتقليد العلماني هو قيام الحكام الزمنيين بتعيين رجال الدين في مناصبهم، على العكس مما يقضي به قانون الكنيسة الذي يحتم تعيين رجال الدين عن طريق كبار المسؤولين فيها، ولكن مع ضعف نفوذ الكنيسة تدخل الحكام العلمانيون، وقاموا بتعيين رجال الدين على أساس أنهم يشغلون مناصب دنيوية إلى جانب مراكزهم الدينية. ومن هنا كان على رجال الدين تقديم ولاءهم للرئيس العلماني عند تولي مناصبهم، ولم يكن ضعف الكنيسة هو السبب في ذلك، بل إن الحكام العلمانيين وجدوا في تعيين رجال الدين في المناصب الإقطاعية ضرباً للنفوذ الإقطاعي المعادي للسلطة المركزية، هذا بالإضافة إلى ثقافة رجال الدين التي افتقر إليها الحكام العاديون، والمهم ان عناصر غير أمينة أو غير جديرة بهذه المناصب قد دخلت في السلك الكنسي، مما أدى إلى تدهور أوضاع الكنيسة.

٢- الإصلاح الكنسي:

شعر المخلصون للكنيسة بهذه المشاكل وطالبوا بالإصلاح، وبدأت ملامح هذا الإصلاح. وفي منتصف القرن الحادي عشر دخلت الكنيسة مرحلة من النقاء أهلتها لفرض سيطرتها، وكان من المتحمسين لهذا الإصلاح الإمبراطور هنري الثالث (١٠٢٩-١٠٥٦) والبابا ليو التاسع (١٠٤٤-١٠٥٤م)، ومن بعده البابا جريجوري السابع، هذا بالإضافة إلى جماعة رهبان دير كلوني Cluny التي نشأت عام ٩١٠م.

وتدخل الإمبراطور هنري لإصلاح الكنيسة، وساعده في ذلك ما بلغته الإمبراطورية في عهده من قوة، وكان تدخل الإمبراطور في انتخاب البابا يهدف للقضاء على تدخل شعب روما في هذا الانتخاب الذي أساءوا إليه كثيراً، وبهذا التدخل قضى الإمبراطور على فوضى الاختيار الذي وقع في الربع الثاني من القرن الحادي عشر، وتولى عرش البابا ليو التاسع الذي تعاون مع الإمبراطور لإصلاح أحوال الكنيسة، وانضمت جماعة رهبان كلوني إلى البابا ليو التاسع والإمبراطور هنري

الثالث، ويرجع قيام جماعة دير كلوني إلى عام ٩١٠ في حوض نهر الرون الأعلى، حيث أقام وليم التقي دوق أكويتين ديراً في منطقة كلوني.

ولم يكن دير كلوني أول ما أنشأ من أديرة في أوروبا، فقد سبقته أنظمة أخرى بدأت قوية ثم تسرب إليها الضعف، وجاء إنشاء دير كلوني للقضاء على المشاكل التي أدت إلى ضعف الأنظمة السابقة، ووُضعت أسس سليمة لدير كلوني، ومن هذه الأسس ان يكون لدير كلوني سلطة مركزية على جميع الأديرة الكلونية، ويخضع رئيس كلوني للبابا شخصياً، وعلى ذلك لم يتدخل رجال الكنسية الواقع في منطقتهم الدير أو الحكام العلمانيين في هذه الأديرة، ومن هنا كانت الأديرة الكلونية قوة للكنيسة المركزية في روما وساندتها ضد المتدخلين في شؤونها.

كما عمل البابا نيقولا الأول Nicholas I (١٠٥٩-١٠٦١) - رغم مدته القصيرة - على دعم الكنيسة، وفي السنة الأولى التي تولى فيها البابا نيقولا عرش البابوية عقد مجمعاً دينياً في روما، ووضع القواعد اللازمة لاختيار الباباوات، ومن هذه القواعد ان يتم اختيار البابا من بين رجال الدين في كنيسة روما نفسها.

ويمكن اختيار البابا من كنيسة أخرى في حالة عدم تواجد الشخص المناسب في كنيسة روما، أو يتم اختيار البابا عن طريق كرادلة روما وضواحيها السبع، ثم يجتمع هؤلاء الكرادلة مع بقية الكرادلة والأساقفة لاقرار الانتخاب، وجاء في هذه القواعد أيضاً ما يقطع خط الرجعة على المتدخلين في شؤون الكنيسة، فقد ورد بها أنه إذا تم اختيار بابا بغير الطريقة القانونية يجب طرد مثل هذا البابا ومن ساعدوه من رحمة الكنيسة.

وقام البابا جريجوري السابع ١٠٧٣-١٠٨٥م كذلك بدور كبير من أجل رفعة الكنيسة، وكان جريجوري يهدف إلى تحرير الكنيسة من مشاكلها الداخلية، وبدأ بعقد مجمع في روما عام ١٠٧٤م من أجل القضاء على الرشوة، وفي هذا المجمع وضع البابا الأسس الكفيلة بالقضاء على هذه المشكلة، فقد قضت القواعد بفصل أي رجل دين وصل إلى منصبه عن طريق دفع المال، كما نصت القواعد أيضاً على تحريم بيع مناصب رجال الدين بعد تاريخ انعقاد المجلس، كما تطرقت القواعد إلى زواج رجال

الدين، وحَرَمَت رجال الدين المتزوجين من القاء القداس والمواعظ، وحُرِّم على الناس الاستماع إليهم.

كما نادى البابا جريجوري السابع بعدم خضوع الكنيسة للسلطة الزمنية ونادى بسمو البابوية على الإمبراطورية، وهي المشكلة المعروفة باسم التقليد العلماني، وعمل البابا على تحقيق هذه الغاية، ويتضح ذلك من المبادئ التي نسبت إليه عام ١٠٩٠م والتي يبدو أنها جمعت بعد وفاته، وقد اشتملت هذه المبادئ على بنود عديدة تتعلق بمعظم الجوانب المتعلقة بالكنيسة، والتي تجعل منها سلطة لا تسمو عليها أية سلطة أخرى، ومن هذه المبادئ ان سلطة البابا وحده هي التي تسمى بحق سلطة عالمية، وان يذكر اسم البابا دون سواه في الكنائس، وان للبابا حق عزل الأباطرة، وان القرارات التي يصدرها البابا لا يمكن لأي فرد إلغاؤها، وللبابا الحق في إلغاء القرارات الصادرة من غيره، وقد ورد بها أيضاً انه لا يستطيع أي إنسان ان يحاكم البابا، ولا يجوز لأي فرد ان يعتدي على إنسان التجأ إلى البابا.

وكان لا بد لهذه المبادئ ان تؤدي إلى الصدام بين البابوية والإمبراطورية، ولكن البابوية كانت تعتمد على احترام الناس لها، بالإضافة إلى العقوبات الروحية التي كانت من أشد العقوبات التي يخشاها العالم المسيحي، ومن هذه العقوبات قرار الحرمان من رحمة الكنيسة Excommunication، وهو قرار يقضي- بحرمان من وقع عليه القرار من الاشتراك في قداس الكنيسة وجميع امتيازاتها، واعتبار الشخص المحروم مطروداً من رحمة الكنيسة ومن مجتمعها، كما كان هناك القطع الجماعي Interdict، وبموجب هذا القرار تقفل الكنائس ويدفن الموتى دون صلاة، ولا يتم تعميد الأطفال، وتوقف عقود الزواج، وبمعنى آخر شل الحركة الكنسية في المنطقة التي يفرض عليها هذا القرار.

وعلى هذه الصورة عالجت البابوية مشاكلها الداخلية، وأصبحت منذ عهد البابا جريجوري السابع قوة روحية كبيرة معتمدة على رجال الدين المخلصين من القساوسة ورؤساء أديرة كلوني، وبعض الحكام الزمنيين، وتبوأت مكانة عالية، ولكن هذا الوضع كان لا بد أن يؤدي إلى الصدام بين البابا وبين الحكام، وخاصة الإمبراطور الألماني،

فإن معنى تنفيذ قرارات البابا الخاصة بالتقليد العلماني ان تخرج كثير من الإقطاعيات من تبعية الإمبراطور لتدخل في تبعية البابا، وكان في ذلك تهديد خطير للسلطة الإمبراطورية أدى إلى الصدام بين السلطتين.

٣- الصراع بين هنري الرابع وجريجوري السابع:

كان من الطبيعي بعد حركة إصلاح الكنيسة ان يحدث الصراع بين الإمبراطورية والبابوية، وقد قدر لهذا النزاع ان يستمر لفترة طويلة، وأن يكون له نتائج كبيرة على المجتمع الأوروبي الغربي في العصور الوسطى، وليس ذلك فحسب، بل امتد اثره إلى ما بعد العصر الوسيط، وكما سبق أن أوضحنا ان السبب الحقيقي لهذا النزاع يرجع إلى محاولة كل من الإمبراطور والبابا ان يفرض أحدهما سلطته على الآخر، وإن كانت البابوية قد نظرت إلى هذا الموضوع من الناحية الروحية، فإن الإمبراطور كان يرى عدم تدخل البابا في تعيين رجال الدين الذين كانوا عماد الإدارة في الإمبراطورية، وإن ولاءهم كان في الدرجة الأولى للإمبراطور، ولا يتسع المجال هنا للدخول في تفاصيل كل مراحل هذا النزاع، ونكتفي بإلقاء الضوء على بعض نماذج من هذا الصراع بعد ما ألمحنا إليها في الفصول السابقة.

ومن هذه النماذج الصراع بين هنري الرابع ١٠٥٦-١١٠٥م، والبابا جريجوري السابع، والأسباب الحقيقية لهذا الصراع معروفة، ولكن الصراع الذي بدأ مع هنري الرابع يرجع إلى ان هنري تولى العرش وعمره ست سنوات، ولعل في صغر سن الإمبراطور وما كان عليه من وصاية أدخلت الإمبراطورية في بعض المشاكل الداخلية، مما شجع البابا جريجوري على الوقوف في وجه الإمبراطور.

ولكن عندما كبر هنري ظهرت قوته ونزعته الاستبدادية في الحكم، فاصطدم بالبابا جريجوري، وبدأ الصراع عام ١٠٧٥م، أي بعد سنتين من تولية جريجوري عرش البابوية ١٠٧٣-١٠٨٥ عندما قام هنري الرابع بتعيين رئيس أساقفة مدينة ميلانو، وأسقف مدينة فرمو Fermo، وأسقف مدينة سبولتو Spoleto، وردّ البابا على هذا الإجراء بالتهديد بقرار الحرمان ضد هنري من منصبه إذا لم يرجع عن قراراته.

ورد الإمبراطور هنري الرابع بعقد مجلس في الرابع والعشرين من يناير عام ١٠٧٦م في مدينة ورمز،
وقد حضر هذا المجلس جميع الأساقفة الألمان تقريباً، وفي هذا المجلس اتهم الأساقفة الحاضرون البابا بالتدخل
في شؤونهم المحلية، وأرسلوا إلى البابا رسالة بدأت بعبارة "الأخ هيلدبراند"، وهو الاسم الحقيقي للبابا، ولم
يخاطبوه باسم البابا، كما أرسل الإمبراطور هنري الرابع: "إلى هيلدبراند الذي لا يُعتبر البابا، بل راهباً مزيفاً"،
وذيّل الرسالة بقرارات مجمع ورمز التي تقضي بعزل البابا.

وعقد البابا مجمعاً دينياً في روما في الثاني والعشرين من فبراير عام ١٠٧٦م للرد على خطاب
الإمبراطور هنري، وأصدر هذا المجمع قراراً بعزل الإمبراطور للتمرد على الكنيسة، واعتبار رعاياه في حِلّ من
القسم الذي أدوه له، وحرم على الجميع ان يتعاملوا معه كملك، وقد أدى ذلك إلى تصدر الإمبراطورية، وارتاع
رجال الدين الألمان واتجه بعضهم إلى البابا يعلن ولاءه.

كما عقد الأمراء الألمان - الذين وجدوا في هذا الموقف فرصة لزيادة نفوذهم - اجتماعاً في مدينة
تريبور Tribur في أكتوبر عام ١٠٧٦م، وانحازوا إلى جانب البابا، وأعلنوا انه في حالة عدم تمكن هنري من رفع
قرار حرمانه قبل الثاني والعشرين من فبراير عام ١٠٧٧م، فإنهم في حل منه كملك، وعليهم ان يختاروا ملكاً
آخر، وقد سرت هذه المواقف البابا لدرجة كبيرة.

اهتز عرش هنري الرابع بعدما انفض من حوله الأساقفة وعاداه النبلاء، وكان عليه تدارك الأمر قبل
فوات الأوان، وقرر هنري التوجه للبابا لطلب الصفح والغفران، والمعلومات الواردة هنا مستمدة من الخطاب
الذي أرسله البابا جريجوري السابع إلى الأمراء الألمان في نهاية فبراير عام ١٠٧٧م، وقد ورد في هذا الخطاب ان
الإمبراطور وصل أمام أبواب قلعة كانوسا Canossa التي احتمى بها البابا في مقاطعة توسكانيا التابعة للأميرة
ماتيلدا، وذلك في الخامس والعشرين من يناير عام ١٠٧٧م وطلب الإذن لمقابلة البابا، ولكن البابا لم يجبه إلى
طلبه إلا بعد ثلاثة أيام قضاها الإمبراطور أمام أبواب القلعة في برد يناير القارس، وقد أوقع حضور هنري البابا
في حرج شديد، فالبابا كرجل دين على رأس الكنيسة لا يستطيع ان يرد تائباً عن بابه، كما

ان العفو عن هنري يجعله أقوى مما كان، ويعطي له الفرصة لضرب النبلاء الذين ساندوا البابوية، وأخيراً تحكم الجانب الديني على الجانب الدنيوي، وعفا البابا عن هنري بعدما سار إليه حافي القدمين باكياً ساجداً أمامه، مقبلاً الأرض طالباً للغفران.

ولم يكن هنري جاداً في توبته، فعاد إلى ألمانيا لينكل بالنبلاء، ويعمل على زيادة نفوذه، وضج النبلاء بأعمال هنري، فاتجه بعضهم إلى البابا وحصلوا منه على قرار الحرمان ضد هنري، وقرار آخر بعزله وتعيين رودلف دوق سوابياRudolph Duke of Swabia في مارس ١٠٧٧م، ولكن هذين القرارين لم ينالا من هنري الذي زاد نفوذه في هذه المرحلة، هذا بالإضافة إلى ان رودلف الذي لم يتمكن من الوقوف في وجه هنري، وظلت الفتنة في ألمانيا ثلاث سنوات.

وكرر جريجوري قرار عزل هنري وقرار حرمانه عام ١٠٨٠م، وحرم على الأهالي طاعته، ولكن صدور القرارات وسحبها قد أضاع قوتها، وعلى ذلك لم يكن لقرارات البابا قوة فعالة في هذه المرة، كما مات رودولف في العام نفسه، ولكن الأمراء عينوا ملكاً آخر هو هيرمان أف سالم Herman of salm، ولكنه كان ذا شخصية ضعيفة، وقد أعطى ذلك الفرصة للإمبراطور ليتصرف كما يحلو له، كما اجتمع رجال الدين الألمان في مينز Mains، وقرروا عزل البابا جريجوري مرة أخرى، وساندهم في هذا القرار بعض رجال الدين في إيطاليا، وعين البابا كلمنت الثالث Clement III (١٠٨٠-١١٠٠) الذي توج هنري إمبراطوراً.

وفي عام ١٠٨١ قاد هنري جيشاً واتجه إلى إيطاليا، وحتى عام ١٠٨٤ لم يتمكن هنري من الدخول إلى روما، في الوقت الذي احتمى فيه البابا بقلعة سانت انجلو St. Angelo، واستنجد بروبرت جويسكارد Robert Guiscard زعيم النورمان في إيطاليا، وقد استغل النورمان فرصة عودة هنري من روما، فدخلوها وعاثوا فيها فساداً بطريقة لم نسمع عنها زمن القوط والوندال عندما دخلوا المدينة، وانسحب النورمان ومعهم البابا وحلفاؤه، وظل البابا في منفاه حتى مات في مايو عام ١٠٨٥م، ورغم نجاح هنري في عزل البابا، فإنه لا يمكن القول ان الصراع بين البابوية والإمبراطورية لم ينته، وسيكون للقوتين جولات أخرى.

٤- هنري الخامس وتسوية ورمز ١١٢٢م:

ورث هنري الخامس (١١٠٦-١١٢٥) الإمبراطورية عن أبيه، وورث معها الصراع مع البابوية، وتولى عرش البابوية خلال حكمه عدد من الباباوات انشغلوا في هذه المرحلة بأمر الحروب الصليبية، ولكنهم لم ينسوا حقوقهم التي يمارسها الأباطرة وخاصة مسألة التقليد العلماني.

وعندما اعتلى عرش البابوية البابا كالكستس الثاني Calixtus II ١١١٩-١١٢٤م، عمل على تسوية الأمر مع الإمبراطور؛ لأن الصراع بين البابا والإمبراطور ليس في مصلحة أي منها، وبهذه الروح التي أبداها البابا عقد تسوية ورمز Worms عام ١١٢٢م، وبموجب هذه الاتفاقية أصبح للبابا حق تعيين رجال الدين في مناصبهم باعتبارهم رؤساء في الكنيسة، وباعتبار رجال الدين هؤلاء يتولون مناصب علمانية لكونهم من الإقطاعيين، فعليهم ان يقدموا ولاءهم للإمبراطور باعتبارهم إقطاعيين، وكانت هذه التسوية في صالح البابوية أكثر من الإمبراطور، لأن رجال الدين الذين قدموا الولاء للإمبراطور هم الذين تسلموا أراضي إقطاعية، وليس كل رجال الدين من الإقطاعيين، وعلى ذلك خرج بعض رجال الدين من سلطان الإمبراطور.

ولكن هذه التسوية - رغم أهميتها - لم توقف تنافس القوتين على السيادة، خاصة وأن البابوية قد ظهرت قوتها في هذه المرحلة بشكل واضح من جراء الحروب الصليبية التي أظهرت البابوية كأقوى سلطة في العالم الأوروبي الغربي، كما ان بعض النبلاء في ألمانيا بعد اتفاقية ورمز عملوا على توسيع رقعة نفوذهم، مما أدى في النهاية إلى زيادة قوة الإقطاعي في الوقت الذي وقف البعض إلى جانب الإمبراطور، وأدى ذلك إلى ظهور حزب الجبليين الموالي للإمبراطور وحزب الجولفيين الموالي للبابا، كما سبق ان أوضحنا(٣٨).

٥- فريدريك بارباروسا والبابوية:

ساندت إيطاليا حزب الجولفيين، وكان على الإمبراطور فريدريك بارباروسا (١١٥٢-١١٩٠م) القيام بعدة حملات على إيطاليا للقضاء على انصار البابوية المتمثلة في المدن اللمباردية، وظلت الحرب لفترة طويلة انتهت بانتصار فريدريك بارباروسا

في أغسطس عام ١١٧٦م، ودخل روما، ولكن فريدريك هزم في العام نفسه في معركة لينيانو، وقد جعلت هذه الهزيمة فريدريك يجنح إلى السلم والتفاوض مع البابوية، وكان على الإمبراطور ان يقدم فروض الولاء والطاعة ويطلب الصفح والغفران من البابا الكسندر الثالث ١١٥٩-١١٨٤م.

وانتقل البابا إلى البندقية، ودخل عليه الإمبراطور في كنيسة القديس مرقص بعدما عزل الإمبراطور البابا غير الشرعي، فقد كان فريدريك عين ثلاثة باباوات غير شرعيين منذ عام ١١٥٩ حتى عام ١١٧٧م، وهي فيكتور الرابع ١١٥٩-١١٦٤م، باسكال الثالث paschal III ١١٦٤-١١٦٨م، كالكستس الثالث ١١٦٨-١١٧٨م، وفي كنيسة القديس مرقص قدم فريدريك فروض الولاء والطاعة وطلب الصفح والغفران من البابا، مثلما تم في كانوسا قبل مائة عام، وعقدت اتفاقية بين البابا والإمبراطور في عام ١١٧٧م عرفت باسم اتفاقية البندقية، ولم يضف هذا الصلح شيئاً جديداً إلى بنود اتفاقية ورمز فيما يتعلق بالتقليد العلماني، ولكنها اضافت صلحاً بين الإمبراطور والعصبية اللمباردية مدته ست سنوات، وصلحاً مع وليم الثاني النورماندي مدته خمسة عشر سنة.

٦- هنري السادس وفريدريك الثاني والبابا أنوسنت:

ورث هنري السادس الإمبراطورية والالتزام بتنفيذ البندقية، وكان هنري السادس (١١٩٠-١١٩٧م) قد تزوج من كونستانس وريثة عرش الصقليين، ولما كان هنري متحمساً لفكرة الإمبراطورية العالمية فقد استغل مركز زوجته ليتدخل بنفوذه في إيطاليا، وهو الأمر الذي لا ترضى به البابوية.

ولكن قصر عهد هنري لم يجر الإمبراطورية إلى صراع مع البابوية، وعندما توفي هنري عام ١١٩٧م كان المفروض ان يرثه ابنه فريدريك المعروف بالثاني، ولكن فريدريك كان صغيراً، فآثرت أمه الانسحاب إلى صقلية ووضعت نفسها وابنها تحت حماية البابا إنوسنت الثالث (١١٩٨-١٢١٦م).

وساعدت الظروف البابا انوسنت على فرض كلمته على العالم الغربي، فقد كان رجلاً قوياً مثقفاً في اللاهوت والقانون، واسع الآمال، طموحاً وهو الذي كان يرى

ان البابا أقل من الرب وأرفع من الإنسان، وأن الحكام الزمنيين مجرد عمال البابا واتباعه، يدينون له بالطاعة، ولما اشتد النزاع بين الأمراء الألمان، أسرع أوتو وطلب التاج الإمبراطوري رغم عدم أحقيته، فمنحه له البابا نظير الولاء والتبعية، وعندما تمرد عليه أصدر ضده قرار الحرمان الذي كان سبباً في عزله، وولى مكانه فريدريك مربيه وصانعه.

وعندما قامت الحرب بين فرنسا وإنجلترا انضمت ألمانيا إلى إنجلترا، ولما كان البابا غاضباً على الملك الإنجليزي يوحنا ساعد فرنسا التي انتصرت في معركة بوفين ١٢١٤م، وهي المعركة التي اضطر بعدها الملك الإنجليزي يوحنا ان يسلم للإقطاع وثيقة العهد الأعظم كما سبق، واستسلم للبابا عام ١٢١٣م بعدما أصدر البابا ضده قرار الحرمان.

واذا كان البابا انوسنت قد أيد فرنسا ضد انجلترا، فإن ذلك لا يعني ان فرنسا كانت بمنأى عن عقوبات البابا، فإن فرنسا لم تنصع لأوامر البابوية، لذلك أصدر البابا قرار الحرمان ضد الملك الفرنسي فيليب أغسطس عام ١٢٠٠م بسبب زواجه الثاني، وقاوم الملك في أول الأمر، ولكنه استسلم في العام التالي، وأعاد زوجته الأولى.

ومن ذلك كله يتضح ان البابا أنوسنت الثالث نجح في فرض سلطانه على إنجلترا، وقراراته على فرنسا، وإرادته على ألمانيا، وكان في ذلك كله نصر للبابوية، ولكن هذا النصر كان نصراً مصطنعاً، فقد أخرج البابوية عن رسالتها واستعملت قوتها في ضرب السلطة الزمنية، ولكن تطور الأحداث ونمو الروح الديمقراطية والدساتير والبرلمانات أنهى تسيد البابوية على السلطة الزمنية. وعلى أية حال فالمهم هنا ان هذا الصراع قد شطر العالم الغربي إلى شطرين: أحدهما يساند البابوية ويدعمها، والآخر يناصر الإمبراطورية ويقويها، وكان لكل فريق حجته التي نادى بها وآراؤه التي دافع عنها، وظهرت بعض النظريات لكلا الفريقين.

٧- أنصار البابوية وأنصار الإمبراطورية:

ونادى بعض أنصار البابوية بنظرية الوحدة، وتقضي هذه النظرية بأن العالم وحدة واحدة، دينه المسيحية ولغته اللاتينية، وحكومته الإقطاع، ويتولى البابا أمر

الجانب الديني والإمبراطور الجانب الحكومي، ولما كان الجانب الديني هو الجانب الرئيسي أصبح البابا أعلى مرتبة في السلطة والنفوذ، ويبدو ان دعاة هذه النظرية اعتمدوا على القانون الطبيعي بالطريقة التي فهمها أرسطو الذي قال ان القانون الطبيعي أيضاً يحتم خضوع الكائنات الدنيا إلى العليا.

كما استعانوا أيضاً بأقوال القديس أوغسطين St Augustine (٣٥٤-٤٣٠م) الذي قال إن الدولة ليست شيئاً مقدساً، وإنما القداسة للكنيسة.

وترتب على هذه النظرية ان الروح أعلى مقاماً من المادة، ولهذا فالبابا أسمى مقاماً من الإمبراطور، وعلى الأخير ان يلتزم بأوامره ويخضع لسلطانه.

كما استعان انصار البابوية بنظرية أخرى هي نظرية السيفين، ومفهوم هذه النظرية ان الرب ملك الدين والدنيا، وبيده سيفان، أحدهما يمثل السلطان على الأرواح ويعتمد على القداسة، والآخر على الأجساد وقائم على الحكومة الدنيوية، وبعد انتشار المسيحية في العالم على يد تلاميذ السيد المسيح بصفة عامة، وفي روما على يد القديس بطرس بصفة خاصة، سلم القديس بطرس سيف الأرواح للبابا وسيف الأجساد للإمبراطور. ولما كان السيف الأول يتفوق على الثاني كما تتفوق الروح على الأجساد، فمن الطبيعي ان يتسيد البابا على الإمبراطور.

وكان من أهم من نادوا بهذه النظرية العالم الإنجليزي يوحنا أف سالسبوري John of Salisbury الذي بات أسقفاً لمدينة شارتر Chartres عام ١١٨٠م، وقد اعتمد يوحنا على القانون الروماني مستشهداً بالمبدأ الروماني الذي ينص على ان من يملك حق إعطاء السلطة يملك أيضاً حق استعادتها، وعلى ذلك يكون للبابا السيطرة على الإمبراطور، وهو الذي يعينه وهو الذي يعزله.

كما ذهب بعض أنصار البابوية إلى أبعد من ذلك وابتدعوا بدعة تعرض بهبة قسطنطين Donation of Constantine، وموجز هذه البدعة أن الإمبراطور قسطنطين الأول مرض بمرض مستعصٍ، ولم يشف منه إلا بدعاء البابا، فكافأه الإمبراطور بإصدار مرسوم يمنحه ملكية إيطاليا، وسمح له بلبس التاج والعباءة الإمبراطورية، كما منح أساقفة الكنيسة امتيازات مجلس السناتو (الشيوخ)، وترك للبابا

الحرية التامة في إيطاليا، وان الإمبراطور قسطنطين غادر روما واتجه إلى القسطنطينية ليعيش فيها واتخذها عاصمة للإمبراطورية.

ورغم ان هذه الأسطورة لا تستند إلى الحقيقة في شيء من الوجهة التاريخية وثبت زيفها في القرن الخامس عشر الميلادي، ولكنها كانت تؤثر على تفكير أوروبا أثناء الصراع بين الإمبراطورية والبابوية، وكانت جزءاً من القانون الكنسي واعتمد عليها البابا جريجوري السابع والبابا إنوسنت الثالث، ورغم أن هذه الفكرة تجعل من الذي اعطى – وهو قسطنطين - سيداً على آخذ العطية – وهو البابا -، إلا انها روجت لصالح البابوية.

وظهرت للبابا إنوسنت الثالث آراء وأقوال اعتمد عليها البعض في الدفاع عن حق البابوية ضد الإمبراطورية، ومما قاله إنوسنت الثالث ان البابا خليفة الرب Vicar of Christ والقديس بطرس على الأرض وبيده مفاتيح مملكة السماء، وان ما يفتقده الإنسان على الأرض سوف يفقده في السماء، وأن خليفة القديس بطرس هو الوسيط بين الإنسان والرب، وهو أقل من الرب، ولكنه أرفع منزلة من الإنسان، وهو يحاكم الجميع ولا يحاكمه أحد.

من ذلك كله يتضح أن أنصار البابوية رأوا ان البابا هو خليفة الرب والقديس بطرس هو ظل الرب على الأرض، وله سلطان الدنيا والدين، وان الدولة ليست شيئاً مقدساً، وإنما الكنيسة هي المقدسة، وان خضوع الإمبراطور للبابا أمر واجب دينياً.

وكما كان هناك متحمسون للبابا كان يوجد أيضاً مدافعون عن الإمبراطورية، وقامت آراء بعض هؤلاء على نظرية السيفين، ولكن بطريقة عكسية، فقد رأى اتباع هذه النظرية ان الإمبراطور يستمد سلطانه من الرب، ولا يمكن عزله إلا إذا أتى أعمالاً مخالفة للعقيدة المسيحية، ومن ابرز أنصار هذا الرأي الاسقف هينكمار Hincmar رئيس أساقفة مدينة ريمس Rheims الذي عاش في القرن التاسع الميلادي، وكان من أكبر المتحمسين من قبل إلى تسيد السلطة البابوية.

ومن أفكار أصحاب هذا الرأي أن صاحب السلطة لا يسأل أمام الرب، واعتمدوا أيضاً على بعض سوابق تاريخية في إيضاح سمو السلطة والإمبراطورية،

واستعانوا أيضاً ببعض أقوال شارلمان، وبما قاله أيضاً البابا ليو الثالث بأن وظيفة الملك - كائناً من كان - هي ان يحكم بين الناس، وأن يدافع عن الكنيسة، وان واجب البابا هو ان يصلي ويبارك ويدعو لصاحب هذه الوظيفة.

وبرز بين الفريقين فريق ثالث وقف موقفاً وسطاً بين أنصار البابوية وأنصار الإمبراطورية حتى يجنبوا العالم الأوروبي الغربي ويلات هذا الصراع، ورفعوا شعار (أعط ما لله لله، وما لقيصر لقيصر)[٣٩].

الفصل الخامس عشر

عصر أسرة باليولوجوس

(١٢١٦-١٤٥٣م)

وسقوط القسطنطينية

بعد ان وطد ميخائيل باليولوجوس مركزه داخل القصر طلب من مجلس الشيوخ تعيينه إمبراطوراً، وأن يقسم يمين الولاء للإمبراطور القاصر، وأن يسلمه العرش عندما يصل إلى سن الرشد، وقد تمت الموافقة على ذلك وأعدت مراسم التتويج، وأراد البطريق أرسينوس إقامة مراسم تتويج الإمبراطور القاصر قبل مراسم تتويج ميخائيل، فاعترض الأخير على هذا الإجراء، وتدخل رجال الدين والأعيان وانتهى الأمر بتتويج ميخائيل باليولوجوس إمبراطوراً، وتأجل تتويج يوحنا حتى يبلغ سن الرشد، ولكن يوحنا لم يتوج بعد ذلك فقد آل العرش إلى أسرة باليولوجوس بعد وفاة ميخائيل.

١- ميخائيل السابع باليولوجوس ١٢٥٩-١٢٨٢م:

لقد أهمل ميخائيل الإمبراطور القاصر في بداية الأمر، ثم قام بعد حوالي عامين بسمل عينيه، وأودعه أحد السجون ليقضي بقية عمره هناك، وكان في اغتصاب ميخائيل عرش الإمبراطورية دافعاً لجميع أعداء إمبراطورية نيقية على حمل السلاح ضدها، فتخالف حكام ابيروس البيزنطيين مع الصليبيين في القسطنطينية وغيرها بالإضافة إلى البنادقة، وفي خريف عام ١٢٥٩م دارت معركة رهيبة بين الطرفين في وادي بلاجونيا Pelagonia في شمال بلاد اليونان، انتصر فيها ميخائيل انتصاراً ساحقاً، ولم يتمكن أعداؤه بعدها من الوقوف أمامه مرة أخرى.

وبعدما نجح ميخائيل على أعدائه في البلقان بدأ يخطط لفتح القسطنطينية وإعادة الإمبراطورية البيزنطية مرة أخرى، وكان يحكم إمبراطورية القسطنطينية في هذه الفترة بلدوين الثاني ١٢٢٨-١٢١٦م، وكانت إمبراطوريته تعاني الكثير، وقد بذل بلدوين جهداً كبيراً لمحاولة إنقاذها، ولذلك قضى سنوات طويلة خارج بلاده متجولاً في أوروبا للبحث عن العون المالي والعسكري، ولم يكن خافياً على ميخائيل باليولوجوس الذي انتظر الوقت المناسب للهجوم على القسطنطينية.

وفي عام ١٩٢١ أرسل ميخائيل قائده ألكسيوس بعدما جهزه بما يمكن تجهيزه به من جند ومعدات، ونجح ألكسيوس في يوليو من العام نفسه من اقتحام المدينة دون

مقاومة تذكر، وفر بلدوين من العاصمة ليطلب العون من حكام أوروبا لاستعادة عرشه، ودخل ميخائيل العاصمة البيزنطية ليعيد مجد الإمبراطورية مرة أخرى.

ولا يعني انتصار ميخائيل باليولوجوس أنه أعاد حدود الإمبراطورية إلى ما كانت عليه عند سقوطها في يد الصليبيين عام ١٢٠٤م، فقد كان هناك جانب من بلاد اليونان مقسماً بين بعض الأمراء الصليبيين وجزر بحر أيجه التي كان معظمها تحت سلطان البنادقة، كما أن الأحوال الداخلية في الإمبراطورية كانت تحتاج إلى الإصلاح في جميع النواحي بعد ما يزيد عن نصف قرن من الحروب المتواصلة.

وكان على ميخائيل ان يبدأ بالإصلاح الذي بدأ شبه مستحيل في هذه المرحلة، وكان عليه ان يقتحم المشاكل من أجل بقاء الإمبراطورية، ومن أجل بقائه على عرشها، وبدأ بترميم أحياء العاصمة التي هدمت فعاد إليها السكان ونشطت الحياة، كما تعهد أسوار المدينة بالإصلاح ليعيد إليها حصانتها، وبنى أسطولاً جديداً ليدافع عن مصالح الإمبراطورية، ورغم هذا كله فقد كانت الإدارة المالية والحكومية قد اختلفت تماماً، وكان إصلاحها يحتاج إلى جهد كبير.

وواقع الأمر أن انحطاط التجارة كان السبب الرئيسي في عدم جدوى الإصلاح، ذلك أن عظمة الإمبراطورية القديمة كان سببها أنها كانت تتحكم بجانب كبير من تجارة العالم الغربي، وان القسطنطينية كانت مركز هذه التجارة، ولكن الحروب الصليبية فتحت آفاقاً جديدة للتجارة الأوروبية في مصر والشام، وبقيت القسطنطينية مركزاً لتجارة البحر الأسود.

وفي مجال السياسة الخارجية، فقد كانت تتلخص في أن حدود الإمبراطورية في الشرق كانت تدافع عنها قوات محلية منحها الإمبراطور الأرض للإقامة عليها للدفاع عن الحدود، وقد نجحت هذه السياسة لفترة من الزمن، وعندما بدأ الإمبراطور في تجريد هذه المناطق من السلاح لشكه في إخلاصها، وبدا الطريق سهلاً أمام سلاجقة الروم والأتراك العثمانيين من بعدهم وفي الجانب الغربي، تحالف الإمبراطور البيزنطي مع قوة ضد أخرى، وقد سهل له ذلك الوقوف أمام البلغار والفرنجة وأساطيل جنوة لفترة من الزمن، ولكن أعداءه الغربيين تحالفوا عليه بعدما اكتشفوا أمره وسببوا له

متاعب كثيرة، ويمكن القول ان ميخائيل باليولوجوس قد أعاد الإمبراطورية إلى ما كانت عليه تقريباً من الناحية الاسمية، ولكنه لم ينجح في إعادة فاعليتها وقوتها من جديد، وقبل موته بعشرة أعوام أشرك ابنه اندرونيقوس في الحكم وكان في السادسة عشرة من عمره، وزوجه من ماريا ابنة ستيفن الخامس ملك المجر ١٢٧٠-١٢٧٢م.

٢- أندرونيقوس الثاني ١٢٧٢-١٣٢٨م:

ورث الابن عن أبيه القوة والخيانة والتهور، وقضى وقتاً طويلاً في الصراع مع بطارقة الإمبراطورية، فقد تعامل مع أحد عشر بطريكياً، كان هو عازلهم وموليهم، قد أعطى هذا الصراع الفرصة للأتراك السلاجقة للتوغل غرباً في آسيا الصغرى حتى وصلوا إلى الساحل الغربي عند أزمير وإفسوس، وما ان حل عام ١٣٢٥ حتى انحصرت أملاك الإمبراطورية في آسيا الصغرى في شريط ساحلي ضيق يمتد من الدردنيل جنوباً حتى البسفور شمالاً.

وقد سببت جماعة من المرتزقة استدعاها أندرونيقوس لقتال الأتراك السلاجقة ضرراً كبيراً في طول البلاد وعرضها، وقد عرف هؤلاء المرتزقة باسم الجماعة الكبيرة Grand Campany، وهو الاسم الذي اتخذته بعد نهاية الحرب بين بيتي آنجو Anjon، وأرجوان Aragon في عام ١٣٠٢م بعد مذبحة الفسبار الصقلية The Siciliam Vespers، فقد استعان الإمبراطور بهؤلاء المرتزقة لمقاومة الأتراك السلاجقة، ولكن هؤلاء المرتزقة حاولوا الاستقلال بالأرض التي استردوها من السلاجقة وضايقوا الأهالي، وقد انتهى الأمر بالقبض على قائد المرتزقة وقتله في عام ١٣٠٧م، واذا كان الإمبراطور قد لجأ إلى المرتزقة لصد هجمات السلاجقة فقد استغلوا فرصة انشغال الإمبراطور بمقاومتهم وتقدموا في آسيا الصغرى.

والى جانب الصراع مع الأتراك السلاجقة والمرتزقة نشب صراع ثابت بين الإمبراطور وحفيده الذي يحمل اسمه، فقد أراد أندرونيقوس حرمان الحفيد أندرونيقوس من حقه في وراثة العرش، وانقسم الجيش إلى فريقين، كل منهما يحارب لصالح جانب من الجانبين، وانتهى الأمر بعد حرب طويلة إلى سيطرة الحفيد على الموقف، وإبعاد الجد عن السلطة، وظل الحال كذلك حتى مات أندرونيقوس الثاني عام ١٣٣٨م. وترتب

على هذا الصراع الطويل نتائج سيئة في الداخل والخارج، فقد فقدت الإمبراطورية ثلث أراضيها التي استردتها في عام ١٢١٦.

٣- أندرونيقوس الثالث ١٣٢٨-١٣٤١م:

حاول أندرونيقوس منذ توليه العرش العمل على النهوض بالدولة من عثرتها، وقرب إليه القائد يوحنا كانتاكوزين Cantacuzenus، وهو رجل قدير له شهرته الحربية والسياسية، وكان أول ما قام به يوحنا هو العمل على إيجاد حالة من الاستقرار الداخلي، فقضى على الفتن والمؤامرات حتى يشعر الأهالي بالأمان، وفوق ذلك فقد رفع عن كاهل الأهالي الضرائب الزائدة، وحتى ينشر العدل بين أرجاء الإمبراطورية لجأ إلى الكنيسة لاختيار رجال القضاء وزاد من رواتبهم، وجعلهم يقسمون على معاملة الناس كافة معاملة واحدة لا فرق بين غني وفقير، وأشرف الإمبراطور بنفسه على تنفيذ ذلك، ولكن مع مرور الوقت أضعف الرقابة عليهم شيئاً فشيئاً، فعادت الأمور إلى ما كانت عليه من الفساد مرة أخرى.

أ- أندرنيقوس والصرب:

تحالف الإمبراطور مع ميخائيل شيشمان Sisman حاكم البلغار ١٣٢٣- ١٣٣٠م لقتال الصرب الطامعين في الأراضي البيزنطية، وفي عام ١٣٣٠ تعجل ميخائيل حاكم البلغار المعركة مع الصرب قبل وصول القوات البيزنطية، فهزم ميخائيل ومات في المعركة، ولما كان أندرنيقوس طامعاً في بعض حصون البلغار استولى عليها بعد وفاة ميخائيل، وترتب على ذلك تحالف الملك البلغاري الجديد أيفان الكسندرIvan Alexander ١٣٣١-١٣٧١م، مع ملك الصرب ستيفن دوشان Stephen Dusan ١٣٣١-١٣٥٥م، وأعلن أيفان الحرب على أندرنيقوس، واستعاد ما سبق ان استولى عليه الإمبراطور البيزنطي، وإذا كانت الحروب البيزنطية ضد الصرب لم تغير من شكل الحدود، فإن الإمبراطور البيزنطي قد نجح في ضم بعض الأراضي في إقليم أيبروس.

ب- أندرنيقوس والأتراك العثمانيون:

واقع الأمر ان الحالة كانت تتطلب المزيد من الاهتمام بآسيا الصغرى في هذه المرحلة، لان أحد القبائل التركية التي تولى قيادتها الأمير عثمان ٦٩٩-٧٣٧هـ ١٢٩٩-١٣٢٩م كانت قد وسّعت أراضيها على حساب الاراضي البيزنطية. وتابع عثمان فتوحاته، ونجح في عام ١٣٢٦ في الاستيلاء على مدينة بروسة، ومات عثمان في العام نفسه، وتولى بعده أورخان ٧٣٧-٧٦١هـ/١٣٢٦-١٣٥٦م الذي استولى على مدينة نيقية عام ١٣٣١م، ولم يكتف أورخان بذلك فعبر إلى الجانب الأوروبي، ولكنه هزم في تراقية في العام نفسه، وعاود أوخان الكرة مرة أخرى عام ١٣٣٧م، ونزل بقواته في ضواحي العاصمة البيزنطية، ولكنه فشل مرة أخرى في إحراز النصر على القوات البيزنطية، وعند هذه المرحلة رأى أورخان ان يكتفي بما تحت يديه من أراضٍ في آسيا الصغرى، وان يتوسع فيها بدلاً من الجانب الأوروبي، فهاجم أورخان مدينة نيقوميدية واستولى عليها، وبذلك تقلصت الممتلكات البيزنطية في آسيا الصغرى، ولم يعد لها سوى بعض المدن المتفرقة، وظهرت في آسيا الصغرى بعض الإمارات التركية التي أسست حكمها بالقرب من الساحل الغربي، وبدأت في الإغارة على المدن البيزنطية الساحلية منها والداخلية، وحاول أندرنيقوس وقادته وقف التوسع التركي بالتحالف مع الغرب الأوروبي والتقرب إلى البابا بندكت الثاني عشر Benedict XII ١٣٣٤-١٣٤٣م لإشعال نار حملة صليبية ضد الأتراك في آسيا الصغرى، ولكن انشغال حكام الغرب الأوروبي بمشاكلهم الداخلية والخارجية وعدم موافقة رجال الدين البيزنطيين على التعاون مع البابا في روما أفسد هذا المشروع.

٤- يوحنا الخامس باليولوجوس ١٣٤١-١٣٩١م:

ومات أندرنيقوس والخطر التركي يزداد يوماً بعد آخر، وزاد من سوء الحال أن الإمبراطور الجديد كان قاصراً، فتولت أمه الوصاية عليه وشاركها في الوصاية الوزير الأول يوحنا كانتاكوزين، وبدأ الوزير يوحنا كعادته موجة من الإصلاح مثل التي بدأها مع والد الإمبراطور، ولكن البعض حقدوا عليه وبدأوا يتآمرون ضده عند أم الإمبراطور، ولكن الأم رفضت ابعاده عن الوصاية، وعاد الحاقدون إلى التآمر مرة أخرى، وكان يوحنا على علم بكل ما يدبر ضده، فانتظر حتى نفد صبره، وفي نهاية

الأمر - وبمساندة أصحاب الملكيات الكبيرة وطائفة من الرهبان - أعلن عن نفسه إمبراطوراً. ولم يرض الحاقدون على هذا الإجراء، وكان على رأسهم الكسيوس أبوكوكوس Apocauxos الذي نجح في ضم الفلاحين والطبقات الوسطى إلى جانبه، واشتعلت حرب أهلية طاحنة دامت لأكثر من ست سنوات، انتهت بمقتل ابوكوكوس وتتويج يوحنا كانتاكوزين إمبراطوراً، ولكي يضمن يوحنا بقاءه على العرش زوج ابنته هيلينا من الإمبراطور يوحنا الخامس باليولوجوس.

٥- يوحنا كانتاكوزين (مغتصب) ١٣٤٧-١٣٥٥م:

لم تكن جميع الأطراف راضية عن حكم يوحنا، واعتبروه مغتصباً للعرش، لذلك بادر يوحنا بإصدار العفو عن جميع من قاوموه، ويبدو ان هذه الخطوة لم تهدئ من الثائرين، فاضطر إلى إعادة يوحنا باليولوجوس إمبراطوراً إلى جانبه، ولم ينخدع الشعب بهذه الحيلة، ولم تهدأ ثائرة الأهالي، واستغل اعداء الإمبراطورية في الخارج الفتن الداخلية وبدأوا في غزو أراضي الإمبراطورية. وكان الصربيون أول من استغل المتاعب الداخلية في غزو الأراضي البيزنطية، فاستولى ستيفن دوشان ملك الصرب على مقدونية وغيرها من الأراضي البيزنطية الغربية بسهولة، وقد ساعده ذلك على التطلع للعاصمة البيزنطية نفسها، وحلم بما كان يحلم به سيمون البلغاري من قبل، وفكر في تأسيس دولة صربية في البلقان، واستخف ستيفن بالإمبراطورية البيزنطية وبمن على عرشها، فجمع رجال الدين لانتخاب بطريك لدولته المزمع قيامها، وبعد ما تم انتخاب البطريك توج ستيفن إمبراطوراً لا على دولة الصرب فحسب، بل على الصربيين والبيزنطيين والواقع ان ما أقدم عليه ستيفن كان خطوة كبيرة ما كان يستطيع القيام بها إذا تيسر للإمبراطورية البيزنطية القوات العسكرية لمقاومته.

ولكن الإمبراطور البيزنطي يوحنا كانتاكوزين استعان بالقوات التركية، ولجأ إلى أورخان الذي أمده بالقوات اللازمة، ونجحت القوات التركية في إبعاد الصرب عن إقليم تساليه، والقوات البيزنطية في استعادة سالونيك عام ١٣٤٩م، كما استغل الإمبراطور البيزنطي فرصة الصراع الذي قام بين البلغار والصرب، ونجح في استمالة بعض أمراء الصرب إلى جانبه فتمكن من استعادة جانب كبير من مقدونيا، ولم

يكن أمام ستيفن غير التخلي عن أطماعه في هذه المرحلة على الأقل، والتسليم بشروط الإمبراطور البيزنطي يوحنا كانتاكوزين التي تقضي بعودة الأراضي التي استولى عليها الصرب، وتم توقيع المعاهدة في عام ١٣٥٠م. وكان الجنيويون طامعين أيضاً في ممتلكات الإمبراطورية، ووجدوا في الحرب الأهلية فرصة لهم أيضاً في زيادة مطامعهم، وبدأت المشاكل عندما خفف الإمبراطور البيزنطي الرسوم الجمركية بهدف زيادة النشاط التجاري. ولما كان الجنيويون لا يحبون ان يروا غيرهم مستفيداً بتجارة البحر الأسود وجدوا في قرارات التخفيض الجمركي تهديداً لمصالحهم التجارية، واستغل الجنيويون فرصة وجود الإمبراطور بعيداً عن العاصمة وحاصروها وعاثوا في ضواحيها فساداً، وظل الحال مضطرباً بضعة أشهر، وأحس الجنيويون بمحاولة تحالف الإمبراطور مع البنادقة، فخافوا من تدخل البنادقة المنافسين لهم ورضخوا لأوامر الإمبراطور، وهدأت الأحوال حتى جاءت سفن البنادقة للتجارة في مياه البحر الاسود، فثار الجنيويون من جديد واشتبكوا مع البنادقة، ولكن الإمبراطور تدخل ونجح في تهدئة الأحوال، ولكن إلى حين.

وفي خضم هذه الأحداث قامت حرب أهلية بسبب محاولة يوحنا كانتاكوزين الانفراد بالعرش، واتسع نطاق هذه الحرب وتحالف يوحنا كانتاكوزين مع الأتراك العثمانيين، وفي الوقت نفسه لجأ الإمبراطور يوحنا الخامس باليولوجوس إلى التحالف مع الصرب والبنادقة والبلغار، ولكن رجال الدين والشعب ساندوا الإمبراطور الشرعي يوحنا باليولوجوس، وانتهى الأمر بعد صراع دام أربع سنوات (١٣٥١-١٣٥٥) بخلع يوحنا كانتاكوزين ودخوله الدير، وانفراد يوحنا باليولوجوس بالعرش البيزنطي ليحكم حتى عام ١٣١٩م. وواقع الأمر أن يوحنا باليولوجوس عاد ليجلس على عرش إمبراطورية متصدعة تحيط بها الأخطار من كل جانب، ولم يكن بوسعه مقاومة الطامعين في أراضي الإمبراطورية من الأتراك والبلغار والصرب وغيرهم ممن ساعدوه على استرداد عرشه، فارتضى بالأمر الواقع بغية حدوث بعض التغيرات التي تمكنه من استعادة أملاكه، ولكن الظروف أجبرته في العام الذي استرد فيه عرشه على التخلي عن جزيرة لسبوس Lesbos في بحر أيجه إلى فرانسسكو

جاتليوسيوFrancesco Gattilusio، وهو قرصان جنيوي ساعد يوحنا باليولوجوس في استرداد عرشه. كما أجبرته الظروف مرة أخرى على التخلي عن إقليم تراقية للأتراك العثمانيين في عام ١٢٥٨م. ويبدو أن هذه الأحداث قد دفعت متى بن يوحنا كانتاكوزين إلى إعلان نفسه إمبراطوراً في منطقة أدرنه، ولكن الأب أقنع الابن بالعدول عن هذه الفكرة وانتهى الأمر بسيطرة الإمبراطور على الموقف. وفي خضم هذا الصراع خاف البنادقة من غزو الأتراك للعاصمة البيزنطية فأعدوا مشروعاً للاستيلاء عليها، ولكن هذا المشروع لم ير النور، كما انشغل الصرب والبلغار في بعض المشاكل الداخلية، فكان في ذلك فرصة للأتراك العثمانيين الذين استغلوا ثورة متى كانتاكوزين وتوسعوا في إقليم تراقية، وبدأ أورخان في حصار مدينة أدرنه، ولكنه مات أثناء الحصار، فخلفه ابنه مراد الأول ٧٦٣-٧٩٢هـ ١٣٦٠-١٣٨٩م الذي واصل الحصار حتى سقطت أدرنه عام ١٣٦١م. وباستيلاء الأتراك العثمانيين على إقليم تراقية يتم فصل القسطنطينية عن الأقاليم البيزنطية الغربية في أوروبا.

لم يعد بوسع الإمبراطورية البيزنطية مقاومة الأتراك بعد هذه الأحداث، خاصة انه لم يعد لديها الجيش المدرب الذي يستطيع التغلب على الخيالة التركية خفيفة الحركة، أو اقتحام حصون الأتراك المنيعة، ولذلك اعترف يوحنا باليولوجوس بسلطان الأتراك من الجانب الغربي، فأحس مراد الأول بذلك ورد على الإمبراطور في عام ١٣٦٦م بأن جعل مدينة أدرنه عاصمة لحكمه. وأحس الإمبراطور البيزنطي بالخطر يزحف على القسطنطينية فأراد اشعال حرب صليبية ضد الاتراك، ومن أجل ذلك اتجه الإمبراطور إلى البابا في روما ليقدم فروض الولاء والطاعة، وليس ذلك فحسب، بل ان الإمبراطور البيزنطي الأرثوذكسي تخلى عن مذهبه، وأعلن انه كاثوليكي المذهب، ورغم ذلك كله فإن ما ذهب من أجله وهو دفع البابا إلى الدعوة لحملة صليبية لم يتم. وجاء تحول الإمبراطور من الأرثوذكسية إلى الكاثوليكية في غير صالحه، فقد قاوم هذا الاتجاه البطريك البيزنطي، وأعلن عدم اعترافه بسلطة الباباوية في روما على الكنيسة الارثوذكسية في القسطنطينية، وشاركه في ذلك الصرب والبلغار، وربما يمكن القول

إن إعلان الإمبراطور البيزنطي بأنه أصبح كاثوليكياً كان من قِبَل العمل السياسي وليس عملاً دينياً، إلا انه كان له أثر كبير على الجبهة الداخلية بعامة، والأوساط الدينية بخاصة، وكان لهذا الموقف أثر كبير على الأحداث التالية. وأحس مراد بتصدع الإمبراطورية البيزنطية ونجح في عام ١٣٧٠م في الوصول إلى نهر الدانوب، وفي عام ١٣٧٣م انتصر على الجيوش الصربية والبلغارية التي حاولت إيقاف تقدم الأتراك في شرق أوروبا، كما سيطر مراد على مقدونية وواصل الأتراك زحفهم حتى وصلوا إلى ساحل دالماشيا. وأجبر مراد الأول أمراء الصرب على الدخول في طاعته، وأمام هذا كله - ومع فشل الإمبراطور البيزنطي في الحصول على مساعدة البابا والغرب الأوروبي - اضطر الإمبراطور للدخول في طاعة السلطان العثماني مراد الأول عام ١٣٧٤م.

وزاد من خطورة الموقف في الإمبراطورية الخلاف الذي نشب بين الأسرة الحاكمة، ففي العام الذي اعلن فيه الإمبراطور دخوله في طاعة السلطان مراد الأول وهو عام ١٣٧٤م، وأعلن الإمبراطور أيضاً حرمان ابنه الأكبر أندرنيقوس من وراثة العرش، وفضل عليه أخيه مانويل، وقد أدى ذلك إلى تمرد أندرونيقوس على أبيه، ورغم ان هذا التمرد انتهى إلى عفو الأب عن ابنه، إلا ان نتائجه كانت وخيمة على الإمبراطورية، وجعلت من الأتراك أسياد الموقف، فالأسرة الحاكمة منشقة على نفسها، ودول أوروبا الشرقية مثل الصرب والبلغار لم تتمكن من وقف الزحف العثماني، والدول الأوروبية مشغولة بمشاكلها الداخلية والخارجية، ولا يستطيع البابا ان يجمع جيوش الغرب في حملة صليبية كما كان في القرون السابقة. وتمكن الأتراك في السنوات التالية من التقدم في شرق أوروبا وتابعوا انتصاراتهم في غربي البلقان، واستولوا على مدينة صوفيا في عام ١٣٨٥م، ونيس في عام ١٣٨٦م، ونجحوا في الاستيلاء على مدينة سالونيك في عام ١٣٨٧م، وكان في هذا التقدم تهديد مباشر لدولة الصرب التي كان يتولى أمرها في هذه المرحلة الأمير لازار Lazar ١٣٧١-١٣٨٩، لذلك نقض لازار عهد والده بتبعيته للأتراك، وتصدى الابن بعدما تحالف مع البنجناكية للقوات التركية وهزمها في إقليم البوسنة Bosnia عام ١٣٨٨م، ولكن الأتراك أعادوا

تنظيم صفوفهم مرة أخرى، حيث تقابلت مع القوات الصربية في قوصوه Kosovo، وفي الخامس عشر من يونيه عام ١٣٨٩م وقعت المعركة المشهورة وحالف النصر الصربيين في بداية الأمر، وقتل مراد، وهرب النجاح الأيمن للجيش التركي، فتولى بايزيد الحرب، ونجح في الانتصار على الحرب، وأُسر لازار وعدد من نبلائه، وقتلهم بايزيد، وتولى أمر الصرب ستيفن لازارفيك Lazarvic ١٣٨٩-١٤٢٧م، ووافق الحاكم الجديد على دفع الجزية للأتراك والخدمة في صفوف القوات التركية، وبانتصار الأتراك على الصرب في موقعه قوصوه سقط مركز المقاومة في شرق أوروبا ضد الأتراك، وقد سهل هذا من فرض الأتراك سيطرتهم على البلقان. وبدأت موازين القوى تميل بشكل ملحوظ بعد هذه الأحداث لصالح الأتراك العثمانيين، وكان أمام بايزيد الجبهة البلقانية، حيث معظم الأراضي البيزنطية والصرب والبلغار والبنجناكية، والجبهة الآسيوية في آسيا الصغرى، حيث توجد بعض الأراضي البيزنطية وأمراء الأتراك المستقلون في دويلاتهم، وقد نجح بايزيد في الفترة (١٤٩١-١٤٩٥م) في إخضاع بعض الامراء الأتراك في آسيا الصغرى لسلطانه، وبعض المدن البيزنطية الواقعة على الساحل الجنوبي للبحر الأسود، ومنها مدينة سينوب.

كما نجح بايزيد كذلك في الجبهة البلقانية، وتمكن بالحرب من هزيمة البنجاكية وبالسياسة من كسب الصرب إلى جانبه، ولم تبق غير الجبهة البلغارية التي مثلت مركز المقاومة للتقدم العثماني في شرق أوروبا، واعتقد البلغار أنهم أصبحوا ورثة الإمبراطورية في حكم البلقان، ومن هنا كان الصدام حتمياً بين الأتراك والبلغار، وبادروا بالهجوم، ونجحوا في الاستيلاء على مدينة نيقوبوليس الواقعة على نهر الدانوب بعد حصار طويل، ولكنهم اضطروا إلى الجلاء عنها عندما سمعوا بقدوم القوات العثمانية بعدما تكبدوا خسارة كبيرة، وتابع بايزيد انتصاراته في الأراضي البلغارية، ولم يكتف بذلك، بل نقل بعض البلغاريين إلى آسيا الصغرى لإضعاف الجبهة البلغارية والاستفادة من البلغار في آسيا الصغرى. ونجح بايزيد أيضاً في تعامله مع الإمبراطورية باتباعه سياسة فرّق تسد، فشجع الطامعين في العرش، وعاونهم، ثم سيطر عليهم. وموجز هذه الأحداث أن بايزيد شجع طامع في العرش هو يوحنا بن

أندرنيقوس الرابع، وساعده في الوصول إلى عرش الإمبراطورية. واضطر الإمبراطور البيزنطي يوحنا الخامس باليولوجوس إلى الفرار والاحتماء في أحد الحصون. ثم جاء طامع آخر وهو مانويل الثاني باليولوجوس ١٣٩١-١٤٢٥م، ونجح في طرد يوحنا بن أندرونيقوس وجلس على العرش، ولم يعترض بايزيد على ذلك وشجع الإمبراطور الجديد، وخرج من هذه الصفقة بأن زاد في الجزية التي تقدمها الإمبراطورية وإقامة مسجد في القسطنطينية، وظهر نفوذ بايزيد بصورة واضحة عندما اختلف ثيودور الأول باليولوجوس حاكم المورة وهو بيزنطي، مع حكام بقايا الدويلات الصليبية المجاورين له، فاشتكى هؤلاء إلى بايزيد فدعا بايزيد كل هؤلاء الإمبراطور البيزنطي، وفرض عليهم كلمته وأنزل العقاب بالمخالفين منهم، حتى انه سمل أعين بعضهم.

وبعد هذه الأحداث خاف البنادقة على مصالحهم التجارية في البسفور والدردنيل، ولم يكن بوسعهم مقاومة الأتراك العثمانيين بمفردهم، فاتصلوا بالجنويين والإمبراطور البيزنطي مانويل الثاني باليولوجوس بهدف الدعوة إلى حملة صليبية ونجحت الفكرة.

٦- صليبية نيقوبولس:

بدأت الدعوة لحملة صليبية منذ عام ١٣٩٤، وتم الاتفاق في عام ١٣٩٥م على ان يتولى سيجسموند Sigsimund ملك المجر ١٣٨٧-١٤٣٧م قيادة الجيوش الغربية وتطهير ولاشيا والأراضي البلغارية من الأتراك، في الوقت الذي تتولى فيه بحرية البنادقة كسر الخطوط البحرية للأتراك الموجودة في مضيق البسفور والدردنيل. وفي عام ١٣٩٦ بدأ تنفيذ الخطة المتفق عليها، وتقدم سيجسموند بقوات الحملة شرقاً على طول نهر الدانوب، في الوقت الذي تقدمت فيه البنادقة صوب المضايق، ونجحت في اختراق خطوط البحرية التركية، وانتظرت مهاجمة سيجسموند وقواته للقسطنطينية من الغرب، ولكن سيسجموند لم ينجح في الوصول إلى العاصمة، فقد آثر انتظار بايزيد في البلقان، ولما طالت مدة الانتظار تقدم بقواته حتى وصل إلى مدينة نيقوبوليس، وألقى الحصار عليها، وعند هذه المرحلة وصلت القوات التركية وانزلت بالقوات الصليبية

هزيمة ساحقة، وهكذا فشل التحالف الأوروبي البيزنطي في القضاء على الأتراك العثمانيين.

لم يعد بايزيد يطمئن بعد ذلك إلى الحكام المحيطين به، وبدأ بضرب حاكم المورة، وانتصر عليه في عام ١٣٩٧م، وأجبره على الدخول في طاعته، ولم يكتف بذلك، فأراد إضعاف إقليم المورة، فاستولى على بعض مدنه واسر ما يقرب الثلاثين ألف، نقلهم إلى بلاده.

والتفت بايزيد إلى القسطنطينية بعد المورة وطلب من الإمبراطور البيزنطي تسليمها فرفض، ورأى بايزيد الاستيلاء عليها بالقوة، ولكن الأسطول العثماني لم يكن قوياً لاقتحامها من جانب البحر، فضلاً على حصانتها من ناحية البر، فأجل هذا المشروع. وأحس الإمبراطور البيزنطي مانويل الثاني باليولوجوس بالخطر المحدق به، فاتصل بانجلترا وفرنسا وروسيا، فأتته المعونة المالية من الجميع، ووصلت بعض القوات الفرنسية في عام ١٣٩٨م إلى العاصمة البيزنطية، ولكن هذا كله لم يغير الموقف. ولما لم تجد كثيراً اتصالاتُ الإمبراطور البيزنطي بالعواصم الأوروبية، انتقل بنفسه إلى الغرب الأوروبي، فاتجه إلى إيطاليا حيث المدن التجارية والبابوية في روما، ونجح في كسب معنوي فقط، ودعوة البابا لحملة صليبية لإنقاذ الإمبراطورية البيزنطية، ومن إيطاليا انتقل إلى فرنسا وقابل الملك شارل السادس ١٣٨٠-١٤٢٢م الذي قدم له حوالي ألف جندي ونفقاتهم لمدة عام، ثم اتجه مانويل إلى إنجلترا والتقى بالملك هنري الرابع ١٣٩٩-١٤١٣م الذي لم يقدم له سوى كرم الضيافة، وهكذا يمكن القول ان جولة مانويل في أوروبا التي دامت حوالي ثلاث سنوات (١٣٩٩-١٤٠٢م) لم تحقق شيئاً من أجل إنقاذ الإمبراطورية المتداعية.

وعلم بايزيد بما خطط له الإمبراطور البيزنطي، فطلب من نائب الإمبراطور تسليم القسطنطينية والدخول في طاعته، وكان بايزيد يهدف من وراء ذلك إلى هدفين، إما ان يقوم النائب بتنفيذ هذه الشروط، وهذا في صالح بايزيد، أو يرفض فيكون بذلك سبباً مباشراً للحرب، وحدث ان رفض نائب الإمبراطور شروط بايزيد، فألقى الأخير

الحصار على العاصمة البيزنطية، ولكن بايزيد اضطر لرفع الحصار عندما داهم التتار آسيا الصغرى.

ومن العوامل التي شجعت التتار على دخول آسيا الصغرى أن أمراء الأتراك الذين استولى بايزيد على أملاكهم لجأوا إلى تيمورلنك لمناصرتهم على بايزيد، وبدأت قوات التتار تتقدم داخل آسيا عام ١٤٠٠م فاستولت على جانب كبير من أراضيها، وأرسل تيمورلنك إلى الجنويين لمحالفتهم ضد بايزيد، ثم طالب بايزيد بإعادة الأراضي البيزنطية التي استولى عليها إلى الإمبراطور البيزنطي، ويبدو ان ذلك كان شرط تحالف البنادقة مع التتار، ولكن بايزيد رفض شروط تيمورلنك فاستعد الطرفان للقاء، وكانت مدينة أنقرة مسرحاً لأحداث معركة مروعة وقعت في عام ١٤٠٢م، انتصر فيها التتار ووقع بايزيد في أسر تيمورلنك، حيث مات بعد أقل من عام.

وترتب على موقعة أنقرة نتائج خطيرة غيّرت الحدود السياسية في المنطقة، فقد أعاد تيمورلنك أمراء الأتراك السلاجقة إلى إماراتهم، وأعطى إقليم تراقية إلى سليمان بن بايزيد على ان يحكم باسم تيمورلنك، وترتب على دخول أبناء بايزيد في حرب أهلية دامت لبعض الوقت، فعطلت مشروعات الأتراك العثمانيين في السيطرة على القسطنطينية إلى حين.

عاد الإمبراطور البيزنطي مانويل إلى عاصمته من جولته في أوروبا وعلم بهذه الأحداث، وكان الصراع بين أبناء بايزيد على أشده، فناصر أحدهما على الآخر لبعض الوقت، حتى انتهى الأمر - بعد صراع دام ما يقرب من أحد عشر عاماً ١٤٠٢-١٤١٣م - إلى اعتلاء محمد بن بايزيد عرش سلطنة الأتراك العثمانيين ٨١٧-٨٢٤هـ/ ١٤١٣-١٤٢١م. وتحسنت العلاقة بين مانويل ومحمد طوال العهد الأخير، ولم تقع الحرب بينهما حتى نهاية عهده، وكان في ذلك فرصة للطرفين لالتقاط الأنفاس.

تجددت الحروب مرة أخرى بعد وفاة محمد وتولية ابنه مراد الثاني ٨٢٤-٨٥٥هـ/ ١٤١٢-١٤٥١م، ففي عام ١٤٢٢ ألقى مراد الحصار على العاصمة البيزنطية، ولكنه اضطر لرفع الحصار للقضاء على ثورة قام بها أخوه، وظلت

العلاقات بين التوتر والسلام، ولم يعش مانويل طويلاً، فقد مات في عام ١٤٢٥م، بعد ما نصب ابنه يوحنا على عرش الإمبراطورية.

٧- يوحنا الثامن باليولوجوس ١٤٢٥-١٤٤٨م:

كانت الإمبراطورية قد ضاع منها الكثير، ولم يبق من أراضيها سوى مثلث، قاعدته المسافة الممتدة من القسطنطينية حتى سليمبريه Selymbria غرباً، وضلعه الغربي من سليمبريه حتى مسيمبريا Mesembria شمالاً، والضلع الشرقي من سليمبريه حتى القسطنطينية، واحتوى أنخيالوس وسوزبوليس Sozopolis، هذا بالإضافة إلى سالونيك والمورة، ونتج عن ذلك قلة موارد الدولة وما ترتب على ذلك من نتائج في كافة المجالات حتى شلت مرافق الدولة، ولم تعد الإمبراطورية قادرة على الصمود أمام هجمات الأتراك العثمانيين، فسقطت مدينة مودون Modon الواقعة في شبه جزيرة المورة عام ١٤٢٥م، أي في العام الأول من تولية يوحنا الثامن في يد الأتراك، وبعد خمس سنوات - وفي عام ١٤٣٠م - سقطت سالونيك، وغنم الأتراك الكثير من هاتين المدينتين فضلاً على الأسرى.

ولم يكن بوسع الإمبراطورية مقاومة السلطان مراد والجيوش التركية، فلجأ يوحنا الثامن إلى الغرب الأوروبي، وخاصة البابا يستنهضهم لرفع الخطر عن القسطنطينية، وأسفر الموقف عن عقد مجمع ديني في مدينة فرارا Frrara عام ١٤٣٨، ثم انتقل المجمع إلى مدينة فلورنسا Florence في العام التالي ١٤٣٩م، حيث وعد البابا يوجينوس الرابع Eugenius IV ١٤٣١-١٤٤٧م بدعوة ملوك الغرب الأوروبي لإنقاذ القسطنطينية. استجاب لنداء البابا ملك أراجون ونابلي الفونسو الخامس Alphonso V ١٤١٦-١٤٥٨م أقوى شخصية أوروبية في حوض البحر المتوسط، ولاديسلاس الثالث Ladislas III ملك المجر وبولندا ١٤٣٤-١٤٤٤م، ويوحنا هونيادي Hunyadi حاكم ترانسلفانيا، وقاد هؤلاء حملة صليبية لقتال الأتراك العثمانيين، وانتهى الأمر بهزيمة الأتراك بالقرب من مدينة نيش عام ١٤٤٣م، وعقد معاهدة لمدة عشر سنوات، ولكن الهدنة لم تنفذ سوى بضعة أشهر، فقد خرقها الجانب الأوروبي في العام التالي، وتقدم هونيادي حتى وصل إلى البحر الأسود، وعلم السلطان

مراد بهذه الأحداث فهرع إلى فارنا Varna، وأنزل بالصليبيين هزيمة قاسية في عام ١٤٤٤م، وفي عام ١٤٤٧م نجح مراد في هزيمة قسطنطين باليولوجوس حاكم المورة الذي دخل في طاعة السلطان. وفي ١٤٤٨م دعا البابا نيقولا الخامس ١٤٤٧-١٤٥٥م إلى حملة صليبية، كان معظم أفرادها من المجر وبولونيا تحت قيادة هونيادي، ولكن مراد انتصر على هذه الحملة عند قوصوة في العام نفسه.

٨- قسطنطين الحادي عشر ١٤٤٩-١٤٥٣م:

بدأ عهده بإعلان ولائه للسلطان العثماني مراد، ولكن مراد مات بعد قليل، فخلفه محمد الثاني (الفاتح) ١٤٥١-١٤٨١م، وتعكر صفو العلاقات بين بيزنطة والأتراك، وبدأ كل طرف يستعد لمنازلة الطرف الآخر، وراسل الإمبراطور البيزنطي الغرب الأوروبي لنجدته، وبدأ استعداد قسطنطين بترميم أسوار العاصمة وحصونها، وفي عام ١٤٥٣م بدأ السلطان محمد الفاتح في حصار القسطنطينية وقصف المدينة بالمدافع وطال أمر الحصار، وهنا عرض السلطان على قسطنطين تسليم المدينة بالأمان فرفض الإمبراطور، فاشتعلت الحرب مرة أخرى، وقاوم أهل المدينة بالأمان فرفض، فنجحت القوات التركية في دخول المدينة عبر ثغرة في سور المدينة ونفذوا إلى الداخل، وحارب قسطنطين حتى لقي مصرعه، وسقطت المدينة في يد محمد الفاتح وسقطت الإمبراطورية البيزنطية بعد احد عشر قرناً ونصف تقريباً، ودخل محمد الفاتح القسطنطينية في شهر مايو عام ١٤٥٣ في احتفال كبير، ومن العجيب ان القسطنطينية قد بناها قسطنطين الكبير وافتتحها رسمياً في الحادي عشر من مايو عام ٣٣٠م، وأنها سقطت في عهد إمبراطور يحمل نفس الاسم وهو قسطنطين الحادي عشر، وأن محمداً الفاتح دخلها في الثلاثين من مايو عام ١٤٥٣ وهو الشهر عينه الذي افتتحت فيه[٤٠].

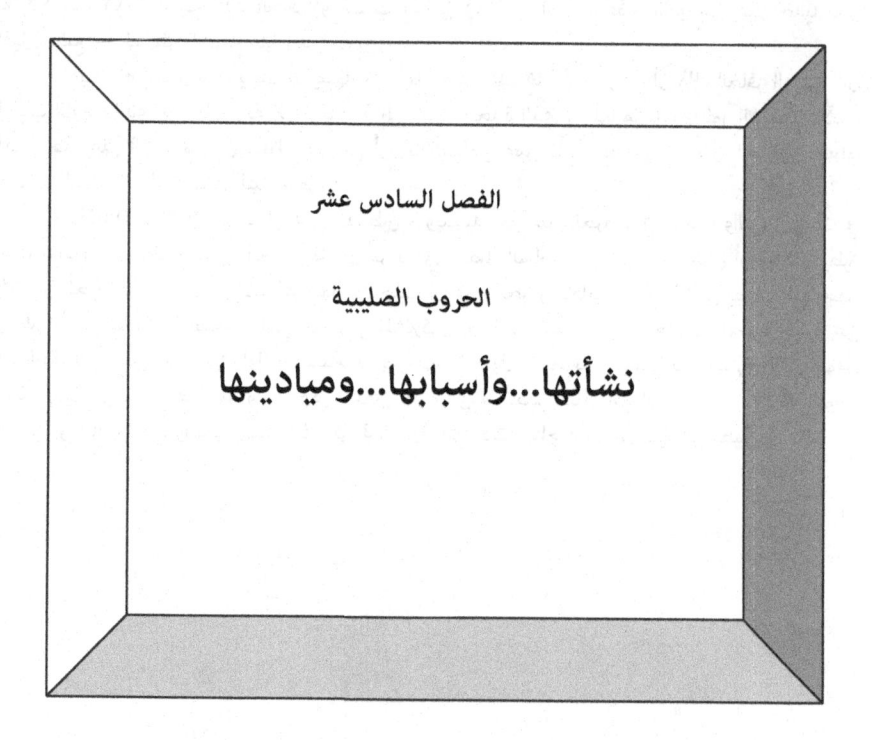

الفصل السادس عشر

الحروب الصليبية

نشأتها...وأسبابها...وميادينها

١- أسباب الحروب الصليبية:

انه لمن نافلة القول ان نجحد في دراستنا لأسباب حروب أضفي عليها طابع ديني ان يكون ثمة سبب أو أسباب دينية لها، وكان ذلك السبب أو الحافز الديني هو تصوير بعض من حجوا الأماكن المقدسة المسيحية في فلسطين سوء أحوال الحجاج المسيحيين الغربيين ومسيحيي بلاد الشرق الأدنى، وما يلقونه من عنت واضطهاد السلطات السلجوقية التركية المسلمة السنية أو الفاطمية الشيعية، فهؤلاء وأولئك كانوا - بزعم الحجاج من غربي أوروبا - يسومون المسيحيين سوء العذاب، وينكلون بهم نكالاً أليماً، ثم جاء استنجاد العاهل البيزنطي ألكسي كومنين الذي أوشكت إمبراطوريته ان تنهار وبصورة نهائية، أو أجهز السلاجقة عليها غداة معركة ملاذكرد سنة ١٠٧١، فرسخ ذلك الحافز أو السبب الديني في تفكير الحبر الأعظم الذي بدأ يفكر جدياً بحل كفيل بوضع حد لسيطرة الإسلام على تلك الأماكن.

بيد أنه بمقابل ذلك يجب ألا يسها عن بالنا أنه من المبالغة ان نشير إلى أن ذلك الحافز الديني كان السبب الأوحد الذي حدا بالبابوية إلى الاستجابة إلى طلب النجدة الذي وصلها من الإمبراطور البيزنطي الآنف الذكر، هذا على الرغم من أن معظم مؤرخي أوروبا القدامى ومن تأثر بهم من المؤرخين الحديثين جعلوا الأسباب الدينية الدافع الرئيسي لتلك الحروب.

لقد أغرت الحروبُ الصليبية في فلسطين - وبنسبة أعلى من الحروب في إسبانيا والتي أسهمت في إجلاء المسلمين عن شبه جزيرة إبيريا، مما كان مر بنا في الفصل السابق - جمهرةَ نبلاء غربي أوروبا النشيطين والمحبين للحركة والمغامرة على الاشتراك فيها، من حيث ان فكرة تحرير الأماكن المقدسة التي يضاف إليها جهل أولئك النبلاء الفرسان بالصعاب التي سيضطر المشتركون في تلك الحروب إلى مجابهتها تعطينا فكرة عن السذاجة التي تقترن في عقول أولئك السذج بالتصورات والحلول السحرية. أليست بلاد المشرق التي ينوون السفر إليها هي بلاد ألف ليلة وليلة، وهي المعين الثر الذي لا ينضب لتلك الثروات العظيمة، ولتلك التوابل والبخور واللبان والعاج واللآلئ وللحجارة الكريمة النادرة التي ادت المتاجرة بها إلى إثراء البيزنطيين

وجمهوريات إيطاليا، والتي كان الكثيرون ممن قرروا الاشتراك في تلك الحرب، وفي قرارة نفوسهم، يفكرون بأنه آن الأوان لهم أخيراً كي يتمتعوا تماماً بدورهم بتلك السلع وليحصلوا على الثروات.

وعلى الرغم من كل ذلك يجب ألا تفوتنا ملاحظة الخلاف الجذري العميق بين الحروب الصليبية والحملات التي كان فرسان عصر الإقطاع لا ينون الاشتراك فيها في أوروبا، والتي كان الشعور الديني فيها كحافز أو كسبب ضعيف، بينما لم يكن منطلق المقاتِلة الصليبيين إلى فلسطين - ولو على الصعيد النظري البحت، أو من حيث المبدأ - نشداناً إلى تحقيق ربح مادي أي الحصول على الأسلاب والغنائم، إنما كانت تلك الحروب في واقعها النظري فقط مشروع حرب أعدتها ونظمتها البابوية من أجل تحقيق هدف ديني وليس مادياً.

عالج الاستاذ الدكتور سعيد عبد الفتاح عاشور قضية أسباب الحروب الصليبية، ورد مزاعم الكثيرين من المغرضين الذين شوهوا الوقائع بدون أن يكون لهم من هدف سوى النيل من سمعة المسلمين ومبادئ الإسلام التي فرضت على المسلمين رعاية أهل الذمة، كما دعم المؤلف المذكور رأيه بآراء مؤرخين عديدين من المشهود لهم بالنزاهة والتجرد، فقال بصدد كل ذلك ما نصه: "حقيقة إن الحركة الصليبية لها في اسمها وطريقة الدعوة لها والروح التي كيفت بعض أحداثها ما يجعل الصفة الدينية واضحة فيها، ولكن ليس معنى هذا ان التيار الديني هو المسؤول الوحيد عند إثارة تلك الحركة والقوة الوحيدة الموجهة لها، وإن المدقق في تاريخ الحروب الصليبية ليسترعي نظره ان الروح الصليبية ذاتها كثيراً ما فترت في بعض حلقاتها، وإن الباعث الديني كثيراً ما ذاب وسط التيارات السياسية والاقتصادية بوجه خاص".

وللوقوف على قيمة الباعث الديني في الحركة الصليبية يجدر بنا أن نتأمل أوضاع الحياة في الغرب الأوروبي في العصور الوسطى، وما اعترى تلك الأوضاع من تطورات حتى أواخر القرن الحادي عشر، وذلك حتى لا تنزلق في الطريق نفسه الذي انزلق فيه كثير من المؤرخين السابقين، وهم الذين اعتادوا ان يستفتحوا كلامهم عن الحروب الصليبية بالمبالغة في سوء أحوال المسيحيين في البلاد الإسلامية في

العصور الوسطى، وما تعرضوا له من اضطهادات وحشية، وكيف ان كنائسهم خربت وأديرتهم أغلقت وطقوسهم عطلت، فضلاً على ما لاقاه حجاج بيت المقدس من عقبات وما تعرضوا له من معاملة سيئة من حكام البلاد الإسلامية التي مروا بها".

وبعد ان شرح المؤلف أحكام الشرع الإسلامي الحنيف في معاملة كل من المسيحيين واليهود والى حديثه قائلاً: "ويثبت التاريخ ان المسيحيين عاشوا دائماً في كنف الدولة الإسلامية عيشة هادئة هانئة، تشهد عليها الرسالة التي بعث بها تيودوسيوس بطرق بيت المقدس سنة ٨٦٩ إلى زميله إغناتيوس بطرق القسطنطينية، والتي امتدح فيها المسلمين، واثنى على قلوبهم الرحيمة وتسامحهم المطلق، حتى انهم سمحوا للمسيحيين ببناء مزيد من الكنائس دون أي تدخل في شؤونهم الخاصة، وذكر بطرق بيت المقدس بالحرف الواحد في رسالته: (إن المسلمين قوم عادلون، ونحن لا نلقى منهم أي أذى أو تعنت)، حقيقية ان التاريخ يشير إلى تعرض المسيحيين أحياناً في بعض البلدان الإسلامية لنوع من الضغط والاضطهاد، ولكن هذه الحالات فردية شذت عن القاعدة العامة التي حرص الإسلام دائماً عليها، وهي التسامح المطلق مع أهل الكتاب، واذا كان بعض المؤلفين الأوروبيين قد تمسكوا بهذه الحالات الفردية وأرادوا ان يتخذوها دليلاً على تعسف حكام المسلمين مع المسيحيين في عصر الحروب الصليبية، فلعل هؤلاء الكتاب نسوا أو تناسوا ما صحب انتشار المسيحية ذاتها من اضطهادات ومجازر بدأت منذ القرن الرابع للميلاد واستمرت حتى نهاية العصور الوسطى، وحسبنا ما قام به خلفاء الإمبراطور قسطنطين/١ من اضطهادات لإرغام غير المسيحيين على اعتناق المسيحية، وما قام به شارلمان في القرن الثامن من فرض المسيحية على السكسون والبافاريين بحد السيف، حتى انه قتل من السكسون وحدهم في مذبحة فردن الشهيرة أكثر من أربعة آلاف فرد جملة واحدة، وما ارتكبه الفرسان التيتون وفرسان منظمة السيف من وحشية وقسوة بالغة في محاولتهم نشر المسيحية في القرنين الثالث والرابع عشر بين البروسيين واللتوانيين وغيرهم من الشعوب السلافية قرب شاطئ البحر البلطي، هذا كله فضلاً عما أتاه المبشرون الجزويت في القرن السابع عشر من عنف لنشر المسيحية في الهند".

ويضيف أحد كبار المؤرخين الأوربيين ان حالات الاضطهاد الفردية التي تعرض لها المسيحيون في البلدان الإسلامية في الشرق الأدنى في القرن العاشر بالذات لا يصح ان تتخذ بأي حال سبباً حقيقياً للحركة الصليبية، لان المسيحيين بوجه عام تمتعوا بقسط من وافر من الحرية الدينية وغير الدينية في ظل الحكم الإسلامي، فلم يسمح لهم فقط بالاحتفاظ بكنائسهم القديمة، وإنما سمح لهم أيضاً بتشييد كنائس وأديرة جديدة جمعوا في مكتباتها كتباً دينية متنوعة في اللاهوت، ومن الواضح ان مثل هذه الروح السامية التي عومل بها المسيحيون في البلدان الإسلامية لا ينتقص من قدرها إطلاقاً ما قام به رجل عرف بشذوذه - مثل الخليفة الحاكم بأمر الله - من تصرفات تجاه أهل الذمة، ولم يكد الحاكم يموت سنة ١٠٢١ إلا وعاد المسيحيون في مصر والشام يحظون بما ألفوه دائماً من رحابة صدر الإسلامي والمسلمين، كما عقد الصلح بين الدولتين الفاطمية والبيزنطية، وصار البيزنطيون يشرفون على كنيسة القيامة في بيت المقدس، ثم وفد الحجاج كعادتهم يزورون الأماكن المقدسة في أمن الإسلام.

واذا كان دعاة الحروب الصليبية في أواخر القرن الحادي عشر قد دأبوا على الدعاية لحركتهم في غرب أوروبا عن طريق المناداة بأن أحوال المسيحيين في آسيا الصغرى والشام قد ساءت تحت حكم السلاجقة، فإن هناك أكثر من مؤرخ أوروبي مسيحي منصف قرروا في صراحة تامة ان السلاجقة لم يغيروا شيئاً من أوضاع المسيحيين في الشرق، وأن المسيحيين الذين خضعوا لحكم السلاجقة صاروا أسعد حالاً من إخوانهم الذين عاشوا في قلب الإمبراطورية البيزنطية نفسها.

وإن ما اعترى المسيحيين في الشام وآسيا الصغرى من متاعب في ذلك العصر، إنما كان مرده إلى الصراع بين السلاجقة والبيزنطيين؛ لانه لا يوجد أي دليل على قيام السلاجقة باضطهاد المسيحيين الخاضعين لهم.

لا مرية في ان الشعور الديني العام في العصور الوسطى كان قوياً، وليس من شك في أن البابوية وجهت الدعوة إلى مختلف طبقات شعوب أوروبية باسم الدين (لاستخلاص مقدسات المسيحيين من أيدي الكفرة)، كما وان الإمبراطور البيزنطي نفسه أضفى على طلبه النجدة من البابا طابعاً دينياً.

حيث لم يلتمس عون عواهل وأمراء وأفراد شعوب أوروبية، كما نص طلب النجدة وكما صوره أعضاء وفد الإمبراطور البيزنطي للمجتمعين في مجمع بليزانس الديني في شمالي إيطاليا (ولاية إيميليا)، إلا من أجل حماية الديانة المسيحية، وهذا ما نراه بوضوح فيما أورده الأستاذ أوغوستان فليش بصدد ذلك، حيث ذكر ما نصه: "لقد وصلت إلى البابا أوربان/٢ أثناء ترؤسه مجمع بلبزانس الديني المنعقد بين أول آذار ١٠٩٥ والسابع منه سفارة بعث بها الإمبراطور البيزنطي ألكسي كومنين ملتمساً وبإلحاح من البابا دون جميع أتباع المسيح ان يمدوه بنجدة للدفاع عن الديانة المسيحية، ومن المحتمل انه نشداناً من مبعوثي الإمبراطور ألكسي ان يستثيروا عطف وشفقة أعضاء ذلك المجمع هؤلاء بلمحة مثيرة عن الآلام التي تحملها المسيحيون الشرقيون بنتيجة اضطهاد السلاجقة الاتراك لهم، وبما أن الحبر الأعظم أوربان/٢ كان بطبعه انفعالياً وشديد التأثر بآلام وبؤس الآخرين، فانه أخذ يفكر وبصورة تدريجية بتعبئة جيش قوي من غربي أوروبا تناط به مهمة تحرير الأراضي المقدسة، ووضع حد للتعصب السلجوقي".

لكن هذا الطلب الذي تقدم به عاهل بيزنطة إلى المتربع على الكرسي الأقدس لم يكن الأول من نوعه، فبعد ان أبدا أباطرة الدولة البيزنطية عجزهم عن الصمود في وجه الأفاقة الإسلامية التي أحييت الخلافة العباسية في ظل السلاجقة، وأن الانهيار المحتم بات قاب قوسين أو أدنى من الدولة البيزنطية، ولا سيما بعد النصر المؤزر الذي أحرزه ألب أرسلان السلجوقي عليها في معركة ملاذكرد سنة ١٠٧١، إذ ذاك وجدنا الإمبراطور البيزنطي ميخائيل/٧ - وكان قد خلف الإمبراطور رومان ديوجينيس الذي وقع في اسر السلطان السلجوقي - يرسل إلى البابا غريغوار/٧ مستنجداً به، وقد أغراه ومناه أنه في حالة إرسال نجدة سريعة لإنقاذ الإمبراطورية البيزنطية وأراضيها في آسيا الصغرى، فإنه سيرد الجميل للبابوية بالعمل على إزالة الخلاف بين الكنيستين الشرقية والغربية.

لم يهمل البابا غريغوار/٧ أمر طلب النجدة هذا، إنما أولاه ما يحتاجه من عطف ورعاية، فبعث إلى عواهل أوروبا وأمرائها يشرح لهم واقع أحوال الدولة

البيزنطية التي ان لم تهب أوروبا الغربية إلى نجدتها فسوف لن تقوى على الصمود في وجه المد الإسلامي السلجوقي وستنهار حتمياً. هذا فضلاً على ادعائه ان المسيحيين في الشرق الأدنى مضطهدون من قبل السلاجقة، وان واجب إخوانهم في غربي أوروبا ان يهبوا لنجدتهم وشد أزرهم، لكن انشغال هذا الحبر الأعظم في النضال الشاق المرير الذي خاضه ضد الإمبراطور هنري/٤ - مما كنا أوردناه في حينه - حال بينه وبين تحقيق إرسال نجدته.

وأثناء تولي أوربان/٢ منصب الحبرية العظمى (١٠٨٨-١٠٩٥)، وبعد ان لاحت له تباشير نجاح مشروعه الرامي إلى الإفادة من انقسام المسلمين في إسبانيا على أنفسهم، وإخراجهم من هذا البلد، بدا له ان يحقق فائدة مزدوجة بالنسبة إلى البابوية وعلى حساب كل من الدولة البيزنطية نفسها من جهة، والدولة الفاطمية (التي كانت قد احتلت مدينة بيت المقدس) والإمارات السلجوقية والعربية في بلاد الشام من جهة ثانية، إنه أولاً بتلبيته استغاثة الدولة البيزنطية يفيد من الحرب التي ستدور في ربوع الشرق الأدنى لاستخلاص الاماكن المقدسة في فلسطين بإعادة سيطرة البابوية على الكنيسة البيزنطية الشرقية المنشقة.

انه لمن الطبيعي ألا يسفر الحبر الأعظم عن نيته في انه ينشد من رواء الحملة الصليبية تحقيق هدفين اثنين، أولها: وهو الظاهر الذي ثار إليه عندما صور لمستمعي خطبته في مجمع كليرمونت، تحرير القبر المقدس والأماكن المقدسة من سلطة المسلمين، بينما أبقى الهدف الثاني - وهو كما أشرنا إلى ذلك أعلاه، إعادة فرض البابوية لسيطرتها على الكنيسة الشرقية، مما كان العاهلان البيزنطيان (ميخائيل/٧، وألكسي دوكومنين) قد اغريا به كلاً من الحبرين الأعظمين (غريغوار/٧، وأوربان/٢) - سراً لم يبح به إلى جماهير مستمعي خطابه في كليرمونت، ومع ذلك فمن العدل ألا تتهم المتربع على الكرسي الأقدس بأنه كان يرمي من وراء إرسال الحملة أو الحملات الصليبية تحقيق أي ربح مادي.

وسواء أفكر أوربان/٢ في استخدام توجيه الحملة الصليبية لإعادة فرض سيطرة البابوية على الكنيسة البيزنطية الشرقية، ام لم يفكر فإنه لا مرية في ان غايته،

وعلى الصعيد المسيحي الصرف، كانت روحية سامية نبيلة، لكن إلى أي مدى يمكن ان نرد اشتراك العناصر الكثيرة التي تجاوبت مع دعوة الحبر الأعظم واستجابت لها وأعلنت عن رغبتها في التطوع في تلك الحملة إلى نفس الشعور الديني العميق والعارم الذي كان يجيش في صدر الحبر الأعظم، لقد لبى الكثيرون من مستمعي خطبة أوربان/٢، وبصورة لا يرقى الشك إليها تلك الدعوة السامية تحدوهم نفس رغبة الحبر الأعظم في استخلاص قبر السيد المسيح وباقي الأماكن المقدسة من أيدي المسلمين، لكن بمقابل ذلك وُجد كثيرون ممن أعلنوا عن استعدادهم للانخراط في سلك تلك القوات الصليبية كان هدفهم اما جراً لمغنم مادي أو لأي اعتبار آخر، ومع ذلك يجب ألا نجرد هؤلاء من أنهم تأثروا في بداية الأمر، وتحت وطأة سريان عدوى الحماس الديني إليهم أو الانفعال الذي نتج عن سماع خطبة أوربان/٢ وهو يهيب بالمسيحيين عامة إلى استخلاص القبر المقدس وكنيستي القيامة والمهد وغيرهما من أيدي الكفرة، كما ورد في خطبة البابا نفسها Les Indeles، بيد ان هؤلاء سرعان ما شوهوا الهدف الديني المسيحي الذي نشده البابا، وحولوا تلك الحملة الصليبية، وكما ذكر أحد المؤرخين المعاصرين، وهو الأستاذ لويس هالفين، إن الحملة استعمارية غايتها الربح المادي، وقد قال هذا الاستاذ بصدد ذلك ما نصه: "لم يكن منطلق المقاتِلة الصليبيين إلى فلسطين، ولو من الناحية النظرية البحتة، من أجل الحصول على الربح المادي، أي الحصول على الأسلاب والغنائم، إنما كانت هذه الحرب في وقعها مشروع حرب اعدتها ونظمتها الكنيسة من أجل هدف ديني بحت وليس مادياً، فالكنيسة راعها - وهي محقة في ذلك - التهديد القوي الذي مارسه السلاجقة الأتراك - بعد ان باتوا قريبين جداً من أوروبا - على أوروبا المسيحية جمعاء". وهكذا كان الهدف الأوحد الذي حدد بشكل سافر إلى المشتركين في تلك الحرب هو استخلاص القبر المقدس، والسعي وراء تجنب لجوء بعض من كان الاهتمام بالحصول على الربح المادي يستقطب تفكيرهم إلى التقليل من نوعية وصفة اشتراكهم وإسهامهم في تلك الحرب المقدسة، فقد حرص الداعون إليها بقدر ما فكروا بهذه الزاوية ان يتركوا وبصورة مبهمة مسألة مصير الأراضي التي يأملون ان تحتلها الجيوش الصليبية.

وبعد ان تم الانتقال فيما بعد إلى حيز الواقع والاصطدام بالحقائق بدأ الكثيرون يتصورون الأشياء من زاوية أكثر موضوعية، وحتى قبل ان تطأ أقدام النبلاء الأرض المقدسة فإن هؤلاء رجعوا إلى نفوسهم وجرؤوا ان يتمنوا تحقيق بعض الرغبات المادية التي لا تنسجم أبداً مع أطر المشاعر السامية والجهود التقية النبيلة التي أظهروا أول الأمر للعالم منظرها الخلاب، إذ ذاك اتخذت الحرب الصليبية طابع حملة استعمارية سيقارن نجاحها بنسبة أقل فيما يتعلق بالنتائج الدينية التي يُحصل عليها حين تقارن بسعة ومتانة المناطق التي ستحتل من أراضي العدو.

ثمت، فإن البابوية نفسها إذا ما عالجنا القضية من زاوية ان هذا الموقف الذي اتخذته سيضمن سلام فوق ما يؤمله كل مفكر ضمن ساحة عملها الشخصي، فالبابوية والحالة هذه لم تكن تستطيع في نهاية الأمر إلا ان تتعامى وتغض طرفها وتسر في انها استطاعت - وبصورة مفيدة - ان توجه غرائز القتال التي كانت لدى النبلاء الإقطاعيين إلى خيّرة معطاءة.

وبعد أو أوضحنا الأهداف التي نشدتها البابوية من توجيه الحملات الصليبية، وألمحنا إلى الفارق بين تلك الأهداف وتلك التي رغب الذين تطوعوا في تلك الحروب - من عواهل وأمراء ونبلاء اقطاعيين ومدن تجارية وطبقات العامة - على تحقيقها، وعلى صعيد الواقع من اشتراكهم في الحرب. نقول الكلمة الثانية: ما هي الأسباب التي حملت جميع هؤلاء على الإصاخة بأسماعهم إلى دعوة البابا لهم بالسفر إلى البلاد المقدسة وخوض الحرب فيها ضد السلاجقة المسلمين وغيرهم من القوى الإسلامية؟؟ اننا نرجح ان أقوى الاسباب - وبجانب الحافز أو العامل الديني - هما السبب الاقتصادي والسبب الاجتماعي، وسنطرق الآن لدراسة كل من هذين السببين، لكن وقبل ذلك نرى لزاماً علينا ان نثبت ما أثبته الاستاذ تومسون وهو ضعف العامل الديني كعامل أوحد أهاب بمن اشتركوا في تلك الحملات إلى التطوع فيها، ونحن ننقل هنا رأي الأستاذ المشار اليه عن كتاب الاستاذ عبد الفتاح عاشور حيث ورد فيه حول هذه القضية ما يلي: "اما جمهرة الصليبين الذين استجابوا لنداء البابوية وخرجوا قاصدين الشرق الأدنى، فلم يكن الهدف الديني هو الهدف الرئيسي الذي دفع الغالبية العظمى

منهم إلى المشاركة في الحركة الصليبية، وقد اعترف كثير من المؤرخين الأوروبيين الذين عالجوا هذا الموضوع بأن غالبية الصليبين الغربيين الذين اسهموا في الحركة الصليبية تركوا بلادهم، اما بدافع الفضول أو لتحقيق أطماع سياسية، وإما للخلاص من حياة الفقر التي كانوا يحيونها في بلادهم في ظل النظام الإقطاعي، واما للتهرب من ديونهم الثقيلة أو محاولة تأجيل سدادها، واما فراراً من العقوبات المفروضة على المذنبين منهم، واما لتحقيق مكاسب سياسية واقتصادية في بلاد الشرق، وأي وزاع ديني كان عند ألوف الصليبين الذين شاركوا في الحملة الصليبية الرابعة، والذين اتجهوا نحو القسطنطينية - وهو البلد المسيحي الكبير - لينهبوا كنائسها، ويسرقوا أديرتها ويعتدوا على أهلها بالقتل والضرب، وهم جميعاً اخوانهم في الدين؟؟".

وهكذا يبدو انه إذا اردنا ان نعرف الأسباب الحقيقية للحركة الصليبية فعلينا البحث في الاوضاع السياسية والاجتماعية والاقتصادية في غرب أوروبا في القرن الحادي عشر.

أولاً: السبب الاقتصادي:

كانت الأحوال الاقتصادية لمعظم بلدان غربي أوروبا في نهاية القرن الحادي عشر - أي في نفس الفترة التي وجه الحبر الأعظم فيها دعوته إلى التطوع في الحملة الصليبية التي كان مزمعاً توجيهها إلى الأماكن المقدسة - سيئة للغاية، وكانت أحوال فرنسا الاقتصادية بالذات أسوأ بكثير من أقطار غربي أوروبا، وهذا ما ردّ إليه كثير من المؤرخين سر زيادة نسبة المتطوعة من الفرنسيين في الحملة الأولى عن متطوعة باقي دول غربي أوروبا، حيث أكد بعضهم انتشار المجاعة في ربوع فرنسا في نهاية القرن نفسه، وان تلك المجاعة ادت إلى ندرة الأقوات والغلات وان وجد الشيء اليسير منها فإن أثمانه بلغت نسبة عالية جداً، لا بل أكد بعض المؤرخين الثقات ان تلك المجاعة اضطرت الكثيرين على أكل الأعشاب والحشائش، واطلق تجار اليهود العنان إلى غرائزهم الجشعة فاحتكروا الأقوات، وافتعلوا وجود أزمة في الخبز، مما أتاح لهم جني أرباح فاحشة.

كما لم يسهَ المؤرخون عن الإشارة إلى الاثر السيئ الذي تركته حروب النبلاء الإقطاعيين فيما بينهم في الحياة الاقتصادية، من حيث انها كانت ضغثاً على إبالة؛ لانها زادت من وطأة المجاعة بإتلاف المحاصيل وتعطيل اليد العاملة في الحقول، كما أدت تلك الحروب إلى بوار التجارة وشل حركة المبادلات التي كانت تتم وعلى مستوى الأقطار والأقاليم، بعد ان دمرت الطرق وعاث فيها الأشقياء فساداً، وهذا ما حمل الكثيرين من الجياع ذوي البطون الخاوية على التطوع تحت راية الصليب، حيث أتاحت الحروب الصليبية لهم أملاً جديداً، ووسيلة كفيلة بخلاصهم من واقعهم الأليم والفرار من عيشة التبلغ، أو المعيشة الضنك التي يحيونها إلى تذوق لين العيش في أجواء معطاءة خيرة (في أجواء ألف ليلة وليلة).

وكانت النتيجة الحتمية لسوء الأحوال الاقتصادية في تلك الفترة في غربي أوروبة عامة وفرنسا خاصة ان تطوع في الحملة التي دعا إليها الحبر الأعظم أوربان/ ٢ في كليرموت جموع غفيرة من الفقراء والمساكين والملاحقين قضائياً، وكان هؤلاء يستوحون بطونهم الخاوية أكثر من العمل بوحي من عقيدتهم الدينية، بدليل ما قاموا به من أعمال سلب ونهب وقتل في البلاد المسيحية التي مروا بها قبل بلوغهم العاصمة البيزنطية، مما لا يمكن اطلاقاً ان يكون بوحي من شعور ديني.

ألح الأستاذ الدكتور سعيد عبد الفتاح عاشور على تلك الأسباب الاقتصادية مورداً رأي الأستاذ هيد Heyde (صاحب كتاب تجارة الشرق الأدنى الذي صدر في لايبتزنغ في ألمانيا سنة ١٩٣٦)، فقال ما يلي - بالنسبة إلى هذه الزاوية الاقتصادية -: "ثم ان الباحث في تاريخ الحركة الصليبية يلحظ حماسة منقطعة النظير من جانب المدن التجارية في إيطاليا وغير إيطاليا من الغرب الأوروبي للمساهمة في تلك الحركة، سواء بعرض خدماتها بنقل الصليبيين عن طريق البحر إلى الشرق، أو في نقل المؤن والأسلحة وكافة الإمدادات إلى الصليبيين بالشام، أو مساعدة الصليبيين في الإستيلاء على الموانئ البحرية ببلاد الشام، وتقديم المعونة البحرية للدفاع عن هذه الموانئ ضد هجمات الأساطيل الإسلامية، وهنا أيضاً نستطيع ان نقرر ان جمهوريات إيطاليا البحرية لم تكن مدفوعة إلى تقديم جميع تلك المساعدات للصليبيين بوازع ديني، وإنما

جرت وراء مصالحها الاقتصادية الخاصة، ورأت في الحروب الصليبية فرصة طيبة يجب اقتناصها لتحقيق أكبر قسط من المكاسب الذاتية على حساب البابوية والكنيسة والصليبيين جميعاً، وسنرى في صفحات هذا الكتاب ان البندقية لم تتورع عن تضليل حملة صليبية كبرى، فوجهتها نحو غزو القسطنطينية وهو البلد المسيحي الآمن، بدلاً من ان تتركها تسير في طريقها الطبيعي المرسوم لها ضد المسلمين، وكان ذلك عندما رأت البندقية ان مصالحها المادية الصرفة تتطلب مهاجمة القسطنطينية وليس غزو مصر.

والواقع ان الصليبين بالشام كانوا لا يمكنهم الاستغناء عن مساعدة أساطيل (الثلاثة الكبار) - البندقية وجنوة وبيزا -، حيث ان هذه الأساطيل قامت بدور فعال في ربط بلاد الشام الصليبية بالغرب الأوروبي، واذا كانت هذه الجمهوريات الإيطالية قد قدمت المساعدة المطلوبة للصليبيين بالغرب الأوروبي، فإنها لم تفعل ذلك إكراماً للكنيسة وابتغاء مرضاة اللـه، وإنما بمقابل معاهدات عقدتها مع القوى الصليبية بالشام، وحصلت بمقتضاها على امتيازات اقتصادية هامة، ففي معظم موانئ الشام ومدنها الكبرى التي استولى عليها الصليبيون، تمتعت المدن الإيطالية التجارية بإعفاءات خاصة، فضلاً على شارع وسوق وفندق وحمام ومخبز خاص بتجار المدن الإيطالية التي قدمت خدماتها لحاكم الإمارة الصليبية التي تبعها الميناء، ولم تلبث مرسيليا بجنوب فرسنا ان حذت حذو المدن الإيطالية فحصلت على امتيازات كبيرة لتجارها في عديد من المدن الصليبية بالشام، إذ منح الملك بلدوين/٢ ملك بيت المقدس تجار مارسيليا حياً خاصاً بهم في مدينة القدس ذاتها سنة ١١١٧، ثم أعفاهم الملك فولك من الضرائب بعد ذلك، حتى لجأ الملك بلدوين/ ٣ سنة ١١٥٢ إلى منحهم امتيازات واعفاءات من الضرائب في كافة الموانئ الصليبية في فلسطين.

وهكذا اصطبغت الحركة الصليبية من أول أمرها بصبغة اقتصادية استغلالية واضحة، فكثير من المدن والجماعات والأفراد الذين أيدوا تلك الحركة، وشاركوا فيها، ونزحوا إلى الشرق لم يفعلوا ذلك لخدمة الصليب وحرب المسلمين، وإنما جرياً وراء المال وجمع الثروات وإقامة مستعمرات ومراكز ثابتة لهم في قلب الوطن العربي، بغية

استغلال مواردها والمتاجرة بها، والحصول على أكبر قدر ممكن من الثروة، وحقيقة إن الاستعمار - بمعناه الحديث - لم تتضح معالمه إلا بعد الانقلاب الصناعي في القرن الثامن عشر، ولكن ليس معنى ذلك ان العالم لم يعرف الاستعمار منذ أيام الفينيقيين واليونانيين القدامى، وفي العصور الوسطى كانت الحروب الصليبية أول تجربة في الاستعمار الغربي قامت بها الأمم الأوروبية خارج حدود بلادها لتحقيق مكاسب اقتصادية واسعة النطاق، وذلك على قول أحد المؤرخين المحدثين.

ثانياً: السبب الاجتماعي:

ضم مجتمع العصور الوسطى في اوروبا الغربية ثلاث طبقات، وكانت اثنتان منها مغلقتين، وهما: طبقة الأسياد، وهم النبلاء الإقطاعيون ملاك الأراضي، ويرأس هذه الطبقة الملك نفسه، وقد ذكرنا من قبل انه كان بمثابة سيد اولئك الأسيادLes seigneur des seigneurs، ويلحق بهذه الطبقة أفراد طبقة الفرسان، ولا يمكن لأحد أفراد طبقة العامة - ومهما سمت منزلته، ومهما عظمت ثروته - ان يُقبل في هذه الطبقة؛ لأن أفرادها كانوا من الطبقة الأرستقراطية المالكة للأراضي، فكانوا سراة القوم (وهم الأرستقراطية) بحسب انحدارهم من أبوين نبيلين.

أما الطبقة الثانية المغلقة، فهي طبقة العامة وهم الفلاحون الذين يشملون الأقنان ورقيق الأرض، ويحتل أفراد هذه الطبقة أسفل الهرم الاجتماعي في مختلف دول العصور الوسطى، اما بالنسبة إلى رقيق الأرض، الأقنان فقد كانوا ثابتين عليها، وليس بوسعهم مغادرتها، فهم - كما قيل عنهم - مسمّرون على الأرض، يملكهم السيد صاحب الأرض التي يعملون عليها، وكانوا يُباعون معها إلى المالك الجديد، وسواء أكان الفرد في هذه الطبقة من الفلاحين ام من الأقنان رقيق الأرض، فإن أوضاعه كانت سيئة للغاية، فيحيا معيشة ضنكة، وفي ظل الفاقة والعوز، وليس من أمل لأفراد هذه الطبقة البائسة المعدمة في تحسين أوضاعهم.

وثمة طبقة ثالثة لم تكن مغلقة انما تفتح - ولو من حيث المبدأ - لمن تتوفر فيه الكفاءات العلمية الدينية، إنها طبقة رجال الدين، ويشمل أفرادها فئتي الاكليروس، وهما: الاكليروس العلماني أو الدنيوي، وهم هيئة رجال الدين الذين منهم الأساقفة

والمطارنة والبطارقة والكرادلة والخ...، ثم الأكليروس النظامي، وأفراده هم الرهبان، سواء أكانوا من الانعزاليين ام من الديريين، فهذه الطبقة مفتوحة في وجوه من توفرت فيهم الكفاءات العلمية الدينية من جهة، وفي وجه التائبين الذين يهجرون الحياة العصرية حياة الآثام والخطايا ليلتحقوا بأحد الأديرة، حيث ينقطعون إلى العلم وممارسة حياة الفضيلة والعبادة، ولربما انضم - وفي أحيان كثيرة - أفراد من طبقة النبلاء إلى إحدى تينك الفئتين.

وقد عاش افراد طبقة الفلاحين في ظل ظروف سيئة للغاية، وما لقوا في ذلك النظام الاجتماعي أي تحسين لأوضاعهم الاجتماعية، فوجدوا متنفساً لهم في دعوة الحبر الأعظم أوربان/٢ والراهب بطرس الناسك وأترابه للفكاك من حياة الذل والهوان والضعة، وللتخلص من عقد الصغار الاجتماعي التي كانت تلازمهم ما داموا على قيد الحياة، وهكذا وجدنا الآلاف المؤلفة من الفلاحين تستجيب إلى دعوة بطرس الناسك، مؤملة في ان تحيا حياة أفضل، وإلا فالموت في الرحاب المقدسة، لا سيما بعدما ناءت كواهلهم بالأعباء النوعية والعينية المفروضة عليهم من السيد النبيل الذي يعملون في أرضه، والتخلص من السخرات التي يؤدونها عنده وهم صاغرون.

لقد صور لنا الأستاذ الدكتور سعيد عاشور حياة البؤس والفاقة التي كان يعيشها الفلاحـون في غـربي أوروبا في العصور الوسطى، كما تعرّض لمختلف الأعباء العينية والنوعية التي كانوا يُحملون - ولـو قسراً - عـلى أدائها، كما حدثنا عن السخرات التي أنَّ مِن وطأتها الفلاحون، وكيف أنهم لبوا مسرعين الدعوة إلى التطويـع في الحملات الصليبية، مثبتاً آراء المصادر الانكليزيـة التاليـة: (بواسـوناد Bosissonade وهيتـون Heaton وبـاتير Painter)، حيث ذكر بصدد كل ذلك ما نصه: "الواقع ان آلاف الفلاحين عاشوا في غرب أوروبا عيشة منحطة في ظل نظام الضيعة، حيث شيدوا لأنفسهم أكواخاً قذرة من جذوع الأشجار، وفروعها غطيـت سـقوفها وأرضـيتها بالطين والقش، دون ان تكون لها نوافذ أو بداخلها أثـاث، عـدا صـندوق صـغير مـن الخشـب، وبعـض الأدوات الفخارية والمعدنية، (نقلاً عن بواسوناد Life and work in medival Europe P.٨٥)، وكان معظم أولئك من العبيد

والأقنان الذين ارتبطوا رباطاً وراثياً بالأرض التي يعملون عليها، وقضوا حياتهم محرومين من أبسط مبادئ الحرية الشخصية، فكل ما يجمعه القن يعتبر ملكاً خاصاً للسيد الإقطاعي؛ لأن القن محروم حتى من الملكية الشخصية.

ثم أولئك الفلاحون عاشوا مثقلين بمجموعة من الالتزامات والخدمات، فكان عليهم ان يقدموا خدمات معينة للسيد الإقطاعي، مثل فلاحة أرضه الخاصة، فضلاً على تسخيرهم في أعمال شاقة، مثل إنشاء طريق أو حفر خندق أو إصلاح جسر، كذلك على الفلاحين دفع مقررات معينة، مثل ضريبة الرأس التي يتعين على القن دفعها سنوياً رمزاً لعبوديته، هذا عدا الضرائب المفروضة على ماشيته وما تنتجه أرضه من خضراوات. (نقلاً عن هيتون: Heaton: Eeonomic History of Europe P:٩٥)، فإذا أضفنا إلى ذلك الاحتكارات العديدة التي أُلزم الفلاحون بقبولها، أدركنا مدى الهوان والذلة التي عاشت فيها غالبية الشعب الأوروبي في القرن الحادي عشر، فالسيد الإقطاعي صاحب الضيعة هو الذي يمتلك طاحونة وفرناً ومعصرة، بل أحياناً البئر الوحيد في الضيعة، وفي هذه الحالة يصبح له قن ملزم بإحضار غلته إلى طاحونة السيد لطحنها، ويحمل خبزه إلى فرن السيد لخبزه، وكرومه وزيتونه وتفاحه إلى معصرة السيد لعصرها، كل ذلك مقابل أجور معينة يقدمها الأقنان والفلاحون لسيدهم الإقطاعي وهم صاغرون، فإذا امتلك فلاح طاحونة يدوية، وغير ذلك من الأجهزة التي من حق السيد الإقطاعي ان يحتكرها، صار ذلك جرماً خطيراً يحاكم عليه. (نقلاً عن بانتير Painter: Meddival Society P: ٥١).

وهكذا ظلت الغالبية العظمى من الناس في غرب أوروبا يحيون حياة شاقة مليئة بالذل والهوان، وكان ذلك في الوقت الذي عليت فيه الدعوة للحرب الصليبية، فوجدت تلك الألوف من البؤساء في الغرب الأوروبي فرصتها قد حانت للتخلص مما كانت ترسف فيه من ذلك العيش ونكد الدنيا، ومهما يكن في الدعوة الجديدة من أخطار فإن أخطارها هانت أمام الفاقة والهوان والذلة التي كتب على جمهرة العوام ان يعيشوا فيها في غرب أوروبا دون أمل في الخلاص، فإذا ماتوا في تلك الحرب الصليبية الجديدة فإن ذلك كان أحب إليهم من الجوع والذل والعبودية، وان وصلوا إلى الأراضي

المقدسة سالمين فإن حياتهم الجديدة لن تكون بأي حال أسوأ من حياتهم التي يحيونها فعلاً في بلادهم الأصلية.

ومن هذا يبدو جلياً انه إذا كانت ألوف العامة من أهل غرب أوروبا قد أسهموا في الحركة الصليبية، فإنما دفعتهم إلى ذلك عوامل اجتماعية واقتصادية هامة، فوجدوا في تلك الحركة منفذاً إلى حياة افضل، ونستطيع ان نقرر انه لو تيسرت لتلك الجموع في بلادهم الأصلية حياة حرية وقدراً مناسباً من كرامة العيش لما غامروا بترك أوطانهم جرياً وراء وعود خيالية أسرفت الكنيسة في تقديمها.

ثالثاً: السبب السياسي:

كان للسبب السياسي أثر قوي في حمل الكثيرين من نبلاء غربي أوروبا على الاستجابة إلى دعوة البابا لهم بالتجهيز لحرب المسلمين المسيطرين على الأماكن المقدسة، واستخلاص تلك الأماكن منهم؛ تأميناً لأداء إخوانهم في الدين حج تلك الأماكن المقدسة بدون التعرض إلى اضطهاد وإرهاق السلاجقة المسلمين أو سواهم، لا بل فإن الكثيرين من المؤرخين أشاروا إلى ان عدداً كبيراً من الأمراء الذين لبوا دعوة الحبر الأعظم بالخروج إلى حرب المسلمين لم يصيخوا بأسماعهم إلى تلك الدعوة إلا تحت وطأة ضغط المتربع على الكرسي الأقدس وتهديدهم - ولو بصورة غير مباشرة - بالحرمان إنْ بقوا في زمرة القاعدين الذين لم يهبوا إلى نصرة ودعم الفكرة الصليبية.

وفضلاً على ذلك فإن نظام التركات أو نظام الإرث المطبق آنئذ كان يقضي بأن يخصص الابن البكر للنبيل مالك الإقطاعيات بوراثة إقطاعيات أبيه، مما أدى إلى نشوء فئة من النبلاء الثنيين، (أي الأولاد الثاني والثالث والخ.. للسيد ملك الإقطاع ويدعون عادة Les Cadets) الذين لم تَؤُل إليهم أية حصة من تركة أيٍّ من إقطاعيات آبائهم، فلما قامت الدعوة إلى التطوع في الحملات الصليبية بالنسبة إلى هؤلاء المفلسين كوسيلة للرزق وامتلاك الأراضي وكسب الشهرة، فما فات هؤلاء في مهادهم الأصلية ومساقط رؤوسهم يمكن ان يعوضوه في بلاد الشام، وحتى في مصر، هذا ناهيك عما كان هؤلاء النبلاء الفرسان يجدونه في ممارسة الحرب والطعان من رياضة لفروسيتهم.

ولم يقلّ النبلاء ملاك الإقطاعيات حرصاً عن إخوانهم النبلاء المفلسين في الإسهام في الحملات الصليبية؛ نشداناً إلى الحصول على مزيد من الثروة ومزيد من الإقطاعيات ومزيد من الشهرة العسكرية، وبكلمة ثانية - وكما ذكر المؤرخون - وجد أولئك النبلاء الإقطاعيون في المشاركة في الحملات الصليبية ظرفاً مواتياً للحصول على مزيد من الثروة، (ويذكر الإنكليز في أقوالهم المأثورة: ان الكثير يتطلب المزيد) ومجداً أكبر وجاهاً أسمى، لا سيما وكان للنبيل الإقطاعي في مجتمع غربي أوروبا في العصور الوسطى من النفوذ والجاه والأهمية بقدر ما يملك أو بقدر ما بحوزته من الأرضين، بينما سُلب النبلاء المفلسون في نفس المجتمع أي نفوذ وأهمية؛ لأنهم لا يملكون الأراضي، ولا يمارسون سلطتهم على أحد، ولا يتفيأ ظلال حمايتهم أحد، بمعنى أنهم كانوا ثانويي الأهمية، وان لم يكونوا فاقدين لتلك الأهمية تماماً في ذلك المجتمع. لم تفت هذه الملاحظات على الأستاذ الدكتور سعيد عاشور فعالجها في كتابه الآنف الذكر، وقال بشأنها ما يلي: "ولا أدَلّ على تغلب السياسة عند الأمراء الغربيين الذين اسهموا في الحركة الصليبية من الخلافات التي كثيراً ما دبت بينهم وبين بعض، ما أنزل بالغ الضرر بالصالح الصليبي". وسنرى بين صفحات هذا الكتاب كيف أن أمراء الحملة الصليبية الأولى أخذوا يقسمون الغنيمة، وهم في طريقهم إلى الشام، أي قبل ان يستولوا على الغنيمة فعلاً، وكيف استحكم النزاع فيما بينهم أمام إنطاكية من أجل رغبة كل منهم في الفوز بها، وكيف ان من استطاع منهم ان يحقق لنفسه كسباً في الطريق قنع بذلك الكسب، وتخلى عن مشاركة إخوانه الصليبين في الزحف إلى بيت المقدس، وهو الهدف الأساسي للحملة، كذلك سنرى ان الصليبين بعد ان استقروا في بلاد الشام كثيراً ما دب للخلاف فيما بينهم حول حكم إمارة أو الفوز بمدينة، وعبثاً ما حاولت البابوية ان تتدخل لفض بعض تلك المشاكل، وتَذَكُّر الأمراء كان ذاتياً سياسياً، ولم يكن يهمهم كثيراً رضاء البابا أو سخطه، بل ان بعض الأمراء الصليبين بالشام لم يحجموا - كما سنرى - عن مخالفة القوى الإسلامية ضد إخوانهم الصليبيين، مما يدل على ان الوازع الديني كثيراً ما ضعف عند أولئك الأمراء أمام مصالحهم السياسية.

هذا، ويجب ألا يغيب عن بالنا - ونحن في معرض دراسة الحروب الصليبية - الإشارة ولو بصورة عابرة إلى سبب جزئي، وهو ان الاشتراك في الحملات الصليبية كان بمثابة الميدان العملي الذي أتاح للفرسان الفرصة لإظهار مهارتهم وكفاءتهم العسكرية، وقد اكسبهم اشتراكهم فيها مراناً، وكان كرياضية لهم، مما أتاح زيادة في فن الفروسية، وعلاوة عن جميع ذكر فهناك المثوبة من اللـه التي مناهم بها الحبر الأعظم، وقبول هذا الأخير توبتهم، وان تحط عنهم خطاياهم، أي منحهم غفرانه لها.

١- تنظيم الحملة الصليبية الأولى:

انه مهما كان في الحملة إلى تلك البلاد البعيدة والتي بدأ البابا أوربان/ ٢ يعدها من إغراء بالنسبة إلى النبلاء الذين سيشاركون فيها، فقد كان ضرورياً لحمل هؤلاء على ترك أسرهم وقصورهم وأملاكهم طوال أشهر، ولربما طيلة سنين عديدة، ان يقوم هذا الحبر الأعظم بدعاية قوية ومغرية جداً لهذه الحملة، لا سيما بعد ان وقف الملوك والنبلاء أي - رؤساء الإمارات الإقطاعية الكبرى - من هذه الحملة موقفاً متحفظاً، ولم يقرر أحد من نبلاء الدرجة الأولى الاشتراك فيها سوى أولئك الذين كانوا يرون ان مستقبلهم من أوربان/٢ في مجمع كليرمونت الديني ذلك الحماس الذي ساده التحفظ، فإن مشروع الحملة كاد ان يخفق لولا نشاط هذا الحبر الأعظم الذي لا يكل ولا يمل، والذي ضاعف البابا البراهين عليه خلال الأشهر القادمة، ولولا التأييد القوي الذي لم ينِ الأساقفة في تقديمه، ولولا إسهام بعض الوعاظ وبنية حسنة في السعي الدؤوب إلى نجاح مشروع الحملة، ومن هؤلاء الوعاظ بطرس الناسك الشهير.

وقد زرق أوربان/٢ مزية أخرى نادرة، حيث عرف كيف يفرض على النظام الإقطاعي نفسه - ذلك النظام الذي كان مفتقراً إلى الاستقرار - احترام بعض المبادئ العامة التي صار المشروع الصعب الذي كان يحلم به بفضلها ممكناً في النهاية، وبناء على هذه المبادئ فإنه طلب إلى كل من قبل بمشروعه ان يخيط على ثيابه صليباً من قماش، كرمز للتعهد الذي لا يمكن ان يُلقى أو يُتساهل به، والذي قطعه من قبل الاشتراك في الحملة على نفسه بصورة علنية، والذي سيعرض غير المتقيد بتعهده إلى

عقوبة الحرمان، واستناداً إلى تلك المبادئ نفسها فإن من سيعلن اشتراكه في هذه الحملة الصليبية سيوضع قريباً - وبصورة رسمية هو وأفراد أسرته وأملاكه - في ظل حراسة ورعاية البابوية التي تتعهد بحماية أملاك الذاهبين إلى الحرب، بنفس درجة الرعاية وبنفس درجة القوة التي تحمي بها أملاكها الخاصة، وعلاوة على ذلك، وللحيلولة دون قيام منافسات أو خصومات خطيرة بين البارونات، وخشية ان تتحول الحملة منذ البداية إلى حرب إقطاعية توسعية، فإن البابا أصم أذنيه عن سماع الطلبات التي قدمت إليه لتعيين قائد عسكري لتلك الحملة الصليبية، لكنه رغب في ان توسد قيادتها إلى ممثل أو مندوب رسولي (بابوي)، ووقع اختياره على اسقف بوي Puy آديمار دو مونتي Ademar de Monteil الذي كان يعرف الأراضي المقدسة، ويبدو انه كان قد حجها سابقاً، وكان أثناء انعقاد مجمع كليرموت من أوائل من التمسوا من البابا السماح لهم بوضع شارة الصليب.

تحدث الأستاذ أوغوستان فليش عن المخطط الذي وضعه أوربان/٢ للحملة، وعمن أوسد إليهم قيادتها وعن بعثه الطمأنينة في نفوس الذين سيشتركون فيها من النبلاء الإقطاعيين بضمان الحبرية العظمى أملاكهم، فقال - فيما يتعلق بهذه القضايا ما معناه -: ومند منتصف تشرين الثاني ١٠٩٥، وبعد ان كان الحبر الأعظم قد قتل موضوع توجيه تلك الحملة إلى الديار المقدسة بحثاً وتمحيصاً فإنه أنهى المخطط الذي وضعه من أجلها، وعين القادة الذين سيوسد إليهم مهمة تنفيذها وفكر بالوسائل الكفيلة بنجاح مشروعه هذا، فلما افتتح مجمع كليرمونت الديني في ١٨ تشرين الثاني أسفر عن نواياه وكشف النقاب عن مشروعه الكبير وحدد أبعاده بدقة.

وبلغ عدد من لبوا النداء من كبار هيئة الإكليروس اثنا عشر مطراناً، وثمانون أسقفاً، وتسعون مقدم دير، وكانت الجلسات الأولى لذلك المجمع مخصصة لمعالجة قضيتي إصلاح الكنيسة وتحديد معالم مؤسسات السلام الجديدة، (ومن بينها قضية السلام الإلهي أو هدنة اللـه la Paix de dieu)، ثم خرج الحبر الأعظم في السابع والعشرين من تشرين الثاني من الكنيسة، حيث كان يتم انعقاد جلسات ذلك المجمع، وواجه الجمهور المحتشد في إحدى ساحات المدينة، وعلى الرغم من الافتقار إلى النص

الأصلي للخطاب الذي ألقاه الحبر الأعظم على الجماهير المحتشدة، فإن تحاليل مؤرخي الحروب الصليبية له تكاد تكون مجمعة على مضمونه إلى درجة انه بوسعنا ان نسرد أقسامه، وبصورة دقيقة إلى حد ما. لقد وجه البابا كلامه إلى الفرنسيين المحبوبين والمنتقين من قبل الـلـه، كما ذكر لهم: إن شعباً طاغياً ملحداً وملعوناً اجتاح أراضي المسيحيين، واحتلها بالحديد والنار، وقد أعمل مقاتلته قتالاً في السكان المسيحيين، أو انهم استرقوا طائفة منهم، وقد دمروا الكنائس، أو حولوها أماكن لتمارس فيها المذاهب أو الفرق الإسلامية عبادتها وصلواتها. وبعد ان توسع أوربان/٢ في عرض تلك اللوحة القاتمة على سامعيه فإنه وجه إليهم نداء وبصوت مرتجف ومترجرج، ذلك النداء الذي ألهب الجماهير المحتشدة حماساً، وقد رفعت الجماهير عقائرها بالصياح قاطعة خطاب الحبر الأعظم وهي تصيح: بذلك قضت مشيئة الـلـه، ذلك الصياح الصادر عن صدور لاهثة نطقت بتلك العبارة التي لم يلبث البابا نفسه ان رددها إشعاراً منه لسامعيه أنهم قد أحسنوا تعليل الموقف، كما وجه البابا كلامه إلى من ينشدون ان يهبوا نفوسهم إلى الجهاد في سبيل الـلـه بأن يضعوا على صدورهم شارة الصليب. وبينما كانت توزع على أفراد الجمهور المحتشد قصاصات من الجوخ الأحمر (لتجعل على هيئة الصليب وتخاط على صدور من عزموا الانخراط في القوات التي ستوجه إلى فلسطين)، فإن الكردينال غريغوار أعلن - وهو جاث على ركبتيه بحضرة البابا وباسم جميع أفراد ذلك الجمع المحتشد، وتوكيداً لإيمانهم، وكاعتراف منهم بالذنوب التي ارتكبوها، وبعد ترديد ذلك الكردينال وباسم الجميع - عبارات الندم والتوبة، فإن البابا تسلم الحديث معلناً قبوله توبة جميع من أعلنوا عن استعدادهم إلى التطوع في القوات التي سترسل قريباً إلى الأراضي المقدسة بمنحهم المغفرة الجبرية أي الرسولية...

وبعد ان أشار المؤلف إلى ان عدد المتطوعة لم يكن في بادئ الأمر كبيراً أضاف إلى ذلك قوله: لم تولد الحملة الصليبية وبصورة عفوية بفعل الانتقال المتبادل لحماس كل من الحبر الأعظم والجماهير التي كانت تصغي إلى خطابه، بينما بوسعنا ان نعتبر - وكمرحلة رئيسية في تهيئة واعداد الحملة التي ستوجه إلى المشرق - ان أوربان/٢ كشف النقاب للجماهير وبصورة رسمية عن مشاريعه؛ ليتمكن

بعيد ذلك من اتخاذ الخطوات الكفيلة بتحقيقها، ولربما كان يوم ٢٨ تشرين الثاني حاسِماً وبنسبة أعلى من السابع العشرين من الشهر نفسه، (وهو اليوم الذي ألقى فيه البابا خطبته) من حيث ان البابا عين في الثامن والعشرين من الشهر نفسه، وبالاتفاق مع أعضاء مجمع كليرمونت الديني أسقف إقليم البوي، (ويقع في الحوض الأعلى لنهر اللوار، ويبعد حوالي ٥٠٠ كم إلى الجنوب الشرقي من باريز) إيمار دومونتي (ونشير إلى ان الاستاذ لويس هالفين يذكر ان اسم هذا الأسقف هو آديمار، وليس إيمار) كمندوب رسولي على رأس الحملة الذاهبة إلى الأراضي المقدسة، كما وصل إلى البابا في التاريخ نفسه وفد مرسل من قبل كونت طولوز ريموند/٤ سانت جيلRaymond IV de saint- Gilles حاملين إليه أمنية سيدهم بقبول تطوعه في الحملة المزمع إرسالها إلى الديار المقدسة، كما أملى في اليوم ذاته التدابير الخاصة المتعلقة بأملاك النبلاء المتطوعين في الحملة الصليبية والتي ستتفيأ أثناء غيابهم حماية البابوية، وانه لدى عودة أصحابها من الديار المقدسة سينعمون وبكل هدوء بممارسة ملكيتهم لها.

لم يلبث ان زاد والى حد ما عدد المتطوعين بين كبار رجال الدين والنبلاء الإقطاعيين والفرسان العاديين ورجال الإكليروس والعلمانيين، أما عدد المتطوعة بين صفوف الفقراء والمعدمين فالتقدير أشد تفاؤلاً، وذلك لأن المواعظ المتقدة حماساً والتي كان يلقيها بطرس الناسك وزملاؤه وأقرانه، كانت نتيجتها جعل الآلاف من الحجاج من جميع الأعمار، ومن الجنسين، ومعظمهم بدون مؤن وبدون مال ولا سلاح يتدافعون على الطرائق المؤدية إلى القسطنطينية، وقد قل صبر تلك الجموع أو القوات اللجبة الجرارة الزاحفة كالسيل لرغبتها في الوصول وبأقصى سرعة إلى قبر المسيح، لذا فإن أفرادها لم ينتظروا تجمع الجيوش النظامية.

وكانت الجماعات الأولى التي سلكت طريقها نحو القسطنطينية عبارة عن تجمعات من عناصر بائسة لا تجانس ولا انسجام بينها، وهذا ما حمل الكثير من مؤرخي الحروب الصليبية على دعوة تلك الجموع الزاخرة من العوام التي سلكت الطريق إلى الديار المقدسة بصليبية الرعاع أو بصليبية الغوغاء، بينما دعاها بعضهم: صليبية العوام، وكانت غالبية أفراد صليبية العوام هذه من الفرنسيين، لقد بدأت تلك

الجماعات مسيرتها وزحفها في شهر نيسان ١٠٩٦، وكان سلوك أفرادها على طول الطريق سلوك من يعيثون في المناطق التي يمرون بها فساداً، ويعملون فيها سلباً ونهباً أكثر من سلوك حجاج الأراضي المقدسة، وجعل هذا السلوك الإمبراطور البيزنطي يأخذ فكرة سيئة عن مشروع الحملة، وبمجرد وصول هذه الجماعة إلى بلاد السلاجقة أبادها هؤلاء (في تشرين الأول ١٠٩٦)، وثمت جماعات أخرى - بلغت عشرات الألوف وغالبية أفرادها من الألمان - انقسمت إلى ثلاث مجموعات، بدأت زحفها وبصورة متتالية بعد الجماعات الأولى، وقد أعمل فيها ملك هنغاريا قتلاً وذبحاً من جراء ما قام به أفرادها في بلاده من سلب ونهب وقتل، بعد ان عبأ للفتك بها جميع قوات بلاده.

أما الجيوش النظامية التي تألفت منها الحملة الصليبية الأولى فقد بدأت تتحرك نحو غايتها وببطء، وكان البابا قد حدد في مجمع كليرمونت تاريخ السفر في الخامس عشر من آب، لكن في الأجل المضروب لم يكن قد تجهز إلى السفر سوى نبلاء حوضي الموز والموزيل، وكانوا بقيادة دوق مقاطعة اللورين السفلي غودفروا بويون Godefroi de Bouillon الذي بدأ زحفه على رأس قواته بشكل منظم وباتفاق مسبق في هذه المرة مع ملك هنغاريا، وقد اجتازت هذه القوات النظامية أقاليم أوروبا الوسطى مارة بمدن نيش وصوفيا وفيليبو بولي، وبلغت أخيراً ضواحي القسطنطينية في ٢٣ كانون الأول ١٠٩٦.

وبدأ زحف الجيوش الثلاثة الباقية في خريف ذلك العام، ولعل أقوى تلك الجيوش الثلاثة هو الذي واكب ممثل الحبر الأعظم، أديماردو مونتي والذي تسلم قيادته العسكرية ريموند دو سانت جيل كونت طولوز ومركيز مقاطعة بروفانس الذي غادر فرنسا حوالي منتصف تشرين الأول؛ ليلتقي بقوات اللورين أمام القسطنطينية، وقد سلكت قوات كونت طولوز طريقها مارة بمناطق لومبارديا وإيستريا ودالماسيا ومقدونية، ويبدو ان حملة النبلاء النورمانديين قد بدأت زحفها أيضاً في تشرين الأول باتجاه لومبارديا بقيادة دوق نورمانديا روبير، وقد انضم إلى هذه الحملة كونت مقاطعة الفلاندر، ولكن بدلاً من ان تقطع هذه الحملة سواحل الآدرياتيك الشمالية لتقفو أثر قوات

ريموند دو سانت جيل، فإن قادتها رجعوا، ولعل ذلك لعدم تمهيد مسألة تزودهم بالمؤن على طول الطريق، ولم يصلوا مباشرة إلى إقليم البوي Pouille في جنوبي إيطاليا (وكان اسمه قديماً إقليم آبوليا Apulie المطل على ساحل الأدرياتيكي)، بل أبحروا من باري إلى دورازو، مما جعلهم يتأخرون فترة طويلة، وذلك لأن هبوب العواصف في بحر الأدرياتيك جعلهم يرجئون عبوره إلى نيسان ١٠٩٧؛ لدرجة أنهم لم يصلوا القسطنطينية إلا في شهر مارس، أي مؤكداً بعد عدة أسابيع من وصول اللانغدوكيين والبروفانسيين، وبعد أكثر من شهر من وصول قوات صليبية كبرى من نورمانديي جنوبي إيطاليا الذين سلكوا الطريق بواسطة دوراز وفالونا، وكانوا بقيادة بوهيموند بن روبير غيسكار.

وأشار الأستاذ أوغوستان فليش - ونقلاً عن المؤرخ آلبيرت من مدينة ايكس Aix - إلى أن الصليبيين في القوات النظامية التي تألفت منها الحملة الصليبية الأولى ضمت صفوفهم - والى جانب النبلاء الورعين الأتقياء - عدداً كبيراً من فاسدي الأخلاق، فذكر بالنسبة إلى هذه القضية ما يلي: "ومع ذلك يجب ألا نبالغ في الاعتماد على ان جميع أولئك الفرسان كانت تحدوهم رغبة واحدة، وهي ان يهبّوا إلى نصرة المسيحيين المضطهدين في الشرق الأدنى، والى استخلاص القبر المقدس".

وقد أشار المؤرخ آلبيرت من مدينة أيكس إلى انه وجد بين ظهرانيهم زناة وقتلة ولصوص وحانثون بأيمانهم، وقد استهواهم لذلك القيامُ بالمغامرات، وإغراءُ تلك المناطق المجهولة لهم والتي كان جميع من حجها يطري ثراءها، كما استهوى الكثير من الفرسان الذين تطوعوا في تلك الحملة الصليبية إلى جانب الحافز الديني الصليبي، لكن حملة جنوبي فرنسا - والتي كان على رأسها المندوب الرسولي (البابوي) وكونت طولوز (وهو ريموند/٤ سانت جيل) - بقيت أشد وفاء وتمسكاً بالفكرة الصليبية التي حملت أوربان/٢ على التفكير بتوجيه تلك الحملات إلى ربوع الشرق الأدنى، ثم إن المندوب الرسولي إيمار دو مونتي (ذكرنا ان مصادر أخرى تدعوه آديمار) كان في أبرشيته داعية ومبشراً بالإصلاح الغريغوري، وليس بوسع أحد سواه الحفاظ على التفكير الديني بين أولئك الفرسان الإقطاعيين الذين ينتمي إليهم بمولده، والذين يعرف

- لشعوره بنفس الشعور - سجاياهم السمحة الكريمة وغرائزهم الجشعة، وقد شد ريموند سانت جيل - وبصورة تستدعي الإعجاب – أزره، خاصة وهو ذلك الفارس النبيل الذي تجمعت فيه الخصال الكريمة الواجبة التوفر في الفارس المسيحي الكامل من عفة وإيمان، والذي تناسى إقطاعه الذي حصل عليه منذ فترة وجيزة، وانه وتبعاً لذلك يستدعي وبحكم الضرورة بقاءه فيه، وعلى الرغم من كل ذلك فإنه أقسم أثناء تطوعه تحت راية الصليب على انه لن يعود إطلاقاً إلى إمارته، وبالنظر إلى صفاء وطيب وسجايا هذا الفارس فإن النبلاء الإقطاعيين الذين كانوا في الحملة الأولى ذاتها، وعند العثور على الرمح المقدس عند أسوار إنطاكية، فإنهم عهدوا إليه بالحفاظ على ذلك الأثر المقدس الثمين.

وهكذا فإن حملة جنوبيي فرنسا، (ويطلق المؤرخون الفرنسيون هذا النعت على الحملة الصليبية الأولى، حيث كانت جمهرة المشتركين فيها من الفرنسيين)، والتي كان على قيادتها رئيس من هذا النوع بدا وكأنها الحملة التي تمثل العقيدة والإيمان المسيحي، والتي كان كل من المندوب الرسولي ومساعده يقودانها، وقد كانا يبدوان كما اشار إلى ذلك أحد الحوليين بمثابة نبي الـلـه موسى وأخيه هارون.

ويحمل كل شيء على الاعتقاد انه على الرغم من انفصال الكنيستين الشرقية والغربية عن بعضهما فإن الحبر الأعظم كان قد تفاوض مع الإمبراطور البيزنطي الكسي كومنين، وتم بينهما الاتفاق على الخطوط العامة بصدد مرور الصليبيين في أراضي الإمبراطورية البيزنطية، وتجمعهم أمام أسوار القسطنطينية وعبورهم مضيق البوسفور إلى آسيا الصغرى وتموينهم، لكن تنفيذ هذا الاتفاق الذي نجهل تفاصيله ووقائعه أدى إلى ظهور صعوبات لا حصر لها، من حيث ان القادة البيزنطيين لم يوفقوا دائماً في كبح جماح جنودهم الذين كثيراً ما اعتبروا البلاد الصليبية بلاداً عدوة، كما وانه حرصاً من الإمبراطور الذي ذاقت بلاده الويلات من جراء مرور عصابات بطرس الناسك في ربوعها على ألا تعاد الكرة، فإنه اتخذ بعض الاحتياطات حتى ولو من شأنها الضغط على حرية الصليبيين أو استفزاز مشاعرهم، كأن يعهد إلى فرق غير

نظامية من الجنود البرابرة (أي من غير رعايا البيزنطيين) الذين كانوا أجلافاً قساة بمراقبة القوات الصليبية وحملها على الهدوء.

ومع ذلك لم يكن لهذا العمل وقع سيئ جداً لو لم تظهر عقبة كأداء منذ أول احتكاك بين القوات الصليبية والبيزنطية أوشكت ان تؤثر على طبيعة مشروع الحملة، لقد أهمل البابا أثناء المفاوضات التي دارت بينه وبين الإمبراطور البيزنطي البحث في مصير الأقاليم التي سيحتلها الصليبيون، سواء أكان ذلك سهواً منه أم كان متعمداً، حيث رأينا انه لم يشأ ان يكسو أغراضه الدينية البحتة بطلاء مادي، وكنا ذكرنا من قبل انه لم يكن راغباً في ان تكون الحملة الصليبية مجرد حرب توسعية استعمارية، إنما حرب من أجل غايات أنبل وأسمى، ومهما يكن فان قضية مصير المناطق التي سيحتلها الصليبيون في سورية والأراضي المقدسة لم تثر إلا منذ ان وطئت أقدام الصليبيين تربة البلاد البيزنطية، وقد دهش قادة القوات الصليبية عندما سمعوا من فم العاهل البيزنطي انه مزمع على الاحتفاظ بحقوقه في السيادة على جميع المدن والأقاليم التي كان المسلمون قد احتلوها من البيزنطيين، والتي سيقوم الصليبيون باستردادها من السلاجقة، وتبعاً لذلك فإنه طلب إلى كل منهم ان يقسم يميناً بالولاء والتبعية تحفظ للإمبراطور البيزنطي حقوقه على الأراضي التي سيتم انتزاعها، وانه لن يقدم دعمه العسكري إلى الحملة أو يسمح بنقل الجنود والمؤن عبر البوسفور إلا إن ربط القادة أنفسهم بهذا القسم، وقد استجاب معظم النبلاء القادة إلى اشتطاط الإمبراطور، ولو أنهم احتدموا غيظاً معتقدين ان يميناً انتزعت منهم بهذا الشكل ليست لها أية قيمة وأن مخالفها لا يعتبر خائناً، وانه (ليس على مُكْرَهٍ يمين....).

٢- السلاجقة والصليبيون:

ارتدت القوات السلجوقية عـن آسيا الصغرى عند وصول الصليبيين إليها: انه ولو اقتصر دور البيزنطيين على تزويد قادة الحملة الصليبية بما لديهم من معلومات عن عالم السلاجقة الذي سيخوضون صراعاً مريراً ضده، وذلك بحكم جوارهم لهذا العالم، فإن ذلك الدور سيكون بالنسبة إلى الصليبيين ذا أهمية قصوى، وذلك لأن عيون الإمبراطور البيزنطي المنتشرين في جميع بقاع آسيا الغربية والذين أخذوا منذ عشرات

السنين يذكون الفتن، ويحبكون المؤامرات، ويثيرون الأمراء الحاكمين، الذين كانوا من جميع الأجناس ومن جميع المذاهب، على بعضهم بعضاً مما كان ذا أثر في إضعاف قوة السلاجقة غداة أوج ظفرهم.

كان السلاجقة مقاتلين مهرة، وفرسان حلبة لا يشق لهم غبار، ولا يجارون في مضمار، لكنهم لا يتمتعون إلا بمركز متوسط فيما يتعلق بالتنظيم، حيث لم يجيدوا تحويل تلك الأقاليم الفسيحة الرحاب التي أخضعوها بحد السيف إلى دولة منسجمة متجانسة، وكان أمراؤهم الذين يمارس كل منهم حكم إقليم من هذه الأقاليم مستقلين في الواقع عن بعضهم بعضاً، وتفصلهم عن بغداد حاضرة الخلافة بواد مقفرة، وكان السلاجقة لا يقرون فكرة الخضوع إلى سلطة مركزية والائتمار بأمرها والعمل بتوجيهاتها، إنهم كانوا يؤثرون العيش في ظل الفوضى، وسرعان ما كف حكام الأقاليم أو الأمراء المعينون من قبل السلاطين والسلاجقة عن التقيد بتوجيهات وإرشادات رؤسائهم ليمارس كل منهم - وداخل نطاق المنطقة التي أوسد حكمها إليه - السياسة الملائمة لأذواقه وطموحه وأطماعه الشخصية.

وقد بدا هذا الواقع حقيقياً، ولا سيما منذ وفاة السلطان ملكشاه بن ألب أرسلان، الذي تمكن بقوته الجبارة من إيقاف التيار الذي كان سيؤدي بإمبراطورية السلاجقة إلى الانهيار ولما تنجز بعد وحدتها، إنه نجح - وبصورة مدوية وتسترعي الانتباه - في استرداد آسيا الصغرى من البيزنطيين، تلك المنطقة التي كان العرب والمسلمون يدعونها بلاد الروم والتي انفصلت منذ مستهل عهده عن كتلة البلاد الخاضعة إلى حكمه لتشكل سلطنة أخرى أوسد حكمها إلى ابن عمه سليمان بن قتلمش، وصارت تعرف باسم سلطنة سلاجقة الروم، وقد تخلص ملكشاه وفي الوقت المناسب من ابن عمه، ذلك المنافس الخطير الذي قتل في معركة خاضها سنة ١٠٨٦، فلم ينل ملكشاه ومنذ ذاك جهداً، وحتى آخر رمق من حياته في إعادة وحدة الدولة السلجوقية بشتى مناطقها وأجزائها، تلك المناطق والأجزاء التي لم يتمكن الخلفاء العباسيون الذين كان السلاجقة يحكمون في ظلهم وباسمهم حتى في أوج عزهم وقوتهم إلا بشق الأنفس من الحفاظ على وحدتها مع باقي أجزاء إمبراطوريتهم.

وبمجرد وفاة ملكشاه سنة ١٠٩٢ عادت التجزئة إلى بلاد السلاجقة أعنف وأقوى مما كانت عليه من قبل، وتمكن قليج أرسلان بن سليمان بن قتلمش من العودة إلى قونته حاضرة سلطنة أبيه (سلطنة سلاجقة الروم)، وقد حالفه الحظ وللمرة الثانية في انتزاع بلاد الروم كلها (آسيا الصغرى) من سلطنة خليفة بغداد العباسي، ومن سيطرة السلطان السلجوقي المستأثر بالسيطرة على الخلافة العباسية وعلى حاضرتها بغداد نفسها، وهو السلطان برقيارق الابن البكر لمكشاه الذي تحول عن آسيا الصغرى ليقوي قبضته وسيطرته على بلاد فارس والعراق وسورية بدون ان ينجح في الوقت نفسه في بسط سيطرة مماثلة على مصر، وقد عادت البلاد التي خضعت إلى النفوذ السلجوقي إلى ظل الفوضى التي كانت ترين عليها قبل تولي ظغرل بل وألب أرسلان حكمها إلى مجرد خليطة معدنية أو لوحة فسيفساء، وذلك بالنسبة إلى العدد الذي لا حصر له من الإمارات التي تقوم في ربوعها، وهي إمارات متنافسة وتعيش كلها على الشهرة التي كان جنودها يتمتعون بها كمقاتلة شجعان وفرسان أشاوس، بيد أن هذه الإمارات لم تهتم إطلاقاً - وفي هذا الظرف الحرج بالذات - بالصالح العام، ونظراً إلى ان البلاد الخاضعة إلى سلاجقة الروم حصينة منيعة، وبما ان عيون البيزنطيين لم ينوا في جعل سلاطين هذه البلاد ينفصلون عن مجموعة كتلة السلطنات السلجوقية الأخرى، لذلك لم يهتم سلاجقة الروم ان فقدوا أي شعور بالتآزر والمساندة مع باقي المجموعات السلجوقية، ولم يتردد بعض حكام مدن سلاجقة الروم في الاستنجاد بالقوات البيزنطية، وعندما كان بوسعهم اللجوء إلى تلك الوسيلة، ليتغلبوا على خصومهم، وقبيل مجيء الحملة الصليبية كانت المناطق الغربية من آسيا الصغرى غارقة في بحر من دماء، حيث تآمر السلطان قليج أرسلان وبالاتفاق مع الإمبراطور البيزنطي ألكسي كومنين، على عمه والد زوجته سلطان مدينة إزمير، فتلك السياسة الخرقاء والرعناء (التحالف مع الإمبراطور البيزنطي) التي انتهجها إذ ذاك قليج أرسلان ساعدت الحكومة البيزنطية على الصمود في وجه أمير إزمير وهجومه على جزر بحر أيجه، لا سيما وكان من شأن النجاح الذي حققه هذا الأمير في تلك الجزر ان يعتبر - وعلى الصعيد السلجوقي العام - انتصارات مؤزرة رائعة، وفي الوقت

الذي كان فيه الصليبيون يعبرون مضيق البوسفور كان سلطان سلاجقة الروم منهمكاً في قتال الملك غازي الدانشمندي على ضفاف الفرات، وكان غازي هذا راغباً في ان يؤسس على تخوم سلطنة سلاجقة الروم إمارة واسعة تتمتع باستقلال فعلي عن هذه السلطنة، لا سيما وان سياسة الملك غازي غالباً ما كانت معارضة لسياسة سلطان سلاجقة الروم.

وفضلاً على جميع ما ذكر يجب ألا يغيب عن بالنا ان عمال السلاجقة في مختلف الأقاليم سواء في سورية، ام في العراق، ام في بلاد فارس، ام في آسيا الصغرى كانوا لا يقدمون ولاءهم وتبعيتهم التامة إلى السلطان السلجوقي، إنما كانوا شبه خارجين على سلطته، وسعياً من هذا السلطان إلى ان يبقي الولايات الآنفة الذكر في ظل تبعيتها التامة، فإنه عيّن لحكمها وإدارتها أفراداً من أسرته، وفضّل الشباب الصغار منهم، واضعاً كلاً منهم في عهدة رجل من ثقته لرعايته وتوجيهه، ومنح كلاً من هؤلاء الرجال المحنكين الذين عركهم الدهر لقباً مشرفاً (الأتابك)، فكان أحدهم يقوم بدور المستشار والمربي في الوقت نفسه لأولئك الأمراء الصغار الذين كان مفروضاً فيهم ممارسة الحكم بأنفسهم، بينما كان كل من أولئك الأتابك في الواقع حريصاً على استخلاص السلطة لنفسه، وممارستها لحسابه الخاص، وتأمين انتقال مناصب الحكم إلى أنساله الخاصين من بعده.

وهكذا كانت الفوضى منتشرة في جميع الولايات التي كان يجب عليها الخضوع - ولو على الصعيد النظري - إلى السلطان السلجوقي، وندر ان وجدنا بين هؤلاء الأمراء الحكام من كان ملتزماً الخضوع التام للأوامر الصادرة إليه من بغداد حاضرة الخلافة، وقدمت ثورة حاكم دمشق السلجوقي تنتش وأخيه السلطان ملكشاه على ابن أخيه برقياق سنة ١٠٩٤ لنا مثلاً آخر على جو الفوضى الذي كان يخيم على البلاد قبيل الغزو الصليبي لها، كما بدأت سلطة برقياق في العراق تهن وتضعف من جراء دسائس أخيه محمد الذي سيقود مند سنة ١٠٩٩ الثورة الأهلية ضد أخيه محاولاً إثارة أفراد الحاشية والبلاد المصلحة، فكيف نعجب إذا كان الأمراء حكام الأقاليم قد تُركوا منذئذ إلى مجابهة مصائرهم ولمقارعة الخطوب التي تنزل بهم، وانه إذا ما داهمهم

الخطر فسيبرمون - وبصورة خاصة - الاتفاق مع من يهتم من الأمراء جيرانهم بمصائرهم. لكن المفاوضات من أجل إبرام تلك الاتفاقات كان يطول أمدها، وقد تكون متابعتها دقيقة للغاية ومحرجة لدرجة قد تفقدها الغاية التي نشدت من وراء عقدها من جراء التأخير الذي يؤدي إلى تبادل وجهات النظر، وحتى المساومة نفسها، وقد شعر بوطأة ذلك حاكم أنطاكية السلجوقي، وكان ذلك لغير مصلحته، فعندما بدأ الصليبيون يهددون حاضرتها ظن ان من واجبه ان يستنجد بأمير الموصل (كربغا)، فلم تصل قوات هذا الأخير لنجدته إلا غداة سقوط المدينة بيد الصليبيين بعد مقاومتها طوال سبعة أشهر.

وعلاوة على ذلك تجب الإشارة إلى العداء الخفي غير السافر الذي كان يكنه قسم من عناصر السكان إلى السلاجقة والمسلمين عامة الذين عاشوا بين ظهرانيهم، وبدون ان يؤدي تسامح هؤلاء بإزائهم إلى التخفيف من حدة كراهيتهم لهم، وتلك حال السكان الأرمن بصورة خاصة الذين كانت جماعاتهم قد غادرت موطنها الأصلي عندما غمرته عناصر المد العربي الإسلامي، وقد أخذت تلك الجماعات التي بدأ عددها بالازدياد وباطراد تبحث عن مأوى لها إلى الجنوب الغربي من بلادها الأصلية، منتشرة في المناطق التي كان البيزنطيون - وما يزالون - محتفظين بها بين وادي الفرات وسلسلة جبال طوروس الداخلية، وحتى إلى كيليكيا، لا بل إلى جنوبي سورية، وبعد انتشار الإسلام في هاتيك الربوع عامل المسلمون هؤلاء المهاجرين من أرمينيا معاملة سمحة كريمة، وبلغ من حسن معاملة المسلمين لأولئك الأرمن أنهم أسندوا إليهم مناصب هامة في ممارسة شؤون الإدارة، لا بل إنهم أسندوا إليهم حكم بعد المدن كمرعش والرها (وهي أورفه حالياً)، وغيرهما؛ ظانّين ان معاملتهم السمحة وأن نظام حكمهم القائم على حرية ممارسة العقيدة - أي ليبراليتهم الحرة - ستلقى تجاوباً في نفوس أفراد تلك العناصر، ولكن حدبهم ورعايتهم لتلك العناصر ذهبا أدراج الرياح، حيث سينضم الكثير منهم إلى الصليبيين.

٣- استيلاء الصليبيين على آسيا الصغرى وموالاتهم الزحف إلى بيت المقدس:

لم تجد الجيوش الصليبية مشقة كبرى في الواقع في التغلب على القوات التي حاول الحكام السلاجقة مجابهتهم بها، وكانت أقوى مقاومة صادفوها أمام أسوار نيقية، حيث كان العاهل البيزنطي حريصاً على الإفادة من سنوح فرصة مَقْدَم الصليبيين لاسترداد البلاد التي كان المسلمون قد استخلصوها من البيزنطيين، وبعد ان دام حصار نيقية مدة ربت على الشهر - ذلك الحصار الذي اشتركت فيه القوات البيزنطية، ولو أنها كانت متراخية في هجماتها ولم تصدق القتال - سقطت تلك المدينة في أيدي محاصريها، وبعد احتلال البيزنطيين لهذه المدينة توجهت قواتهم مباشرة إلى سواحل بحر إيجه لتسترد - وعلى مراحل متتالية - مناطق إزمير وليديا وفريجيا وبثنيا، وهذا بينما أوغلت القوات الصليبية في زحفها متحدية الجو القائظ، مجتازة وبصورة نظامية هضبة الأناضول بدون ان تتمكن قوات السلاجقة التي انهارت معنوياتها منذ الاشتباكات الأولى - ولا في موقع من المواقع - من الحيلولة دون موالاة الصليبيين لزحفهم خلال فترة طويلة، ثم دخلت القوات الصليبية مدينة أسكي شهر (وكان اسمها دوريليه) في أول تموز، واحتلت بعد ستة أسابيع مدينة قونية، ووصلت في حوالي منتصف أيلول إلى كيليكيا.

لكن - ومنذ تلك الفترة، وبعد تغلب الصليبيين على كأداد العقبات - فإن قواتهم بدأت تتراخى، وأخذت عزائم النبلاء تهن، وبدأ الاستقرار في تلك المناطق يغري بعضهم، ولم يعدم أولئك الذين بدأوا يميلون إلى الاستقرار والمقام في هاتيك الربوع الحجج والذرائع، وذلك لانه بعد اجتياز الصليبيين شعاب طوروس الصعبة السلوك وجدوا أنفسهم بين ظهراني العناصر الأرمنية التي تركها السلاجقة تستقر في تلك الرحاب، ونظراً لكون تلك العناصر مسيحية، فإنها استقبلت الصليبيين كمحررين، وكانت تلك الفرصة ممتازة بالنسبة إلى بعض قادة الصليبيين الذين قاموا ببعض المغامرات وبالعمل من أجل مصلحتهم وخدمة لأغراضهم الشخصية بدون ان يأبهوا بصالح الفكرة الصليبية.

وهكذا بدأت قوات الحملة الصليبية تتوزع - وفي غضون عدة أسابيع - على بعض المناطق، واخذ أحد بارونات الحملة النورماندية الإيطالية الشهيرين، وهو تنكريد

حفيد روبير غيسكار من جهة أمة، وأكبر نبلاء قوات إقليم اللورين، وهو بودوان دو بولوني Baudoin de Boulogne (أخو غودفروا دو بويون) يتسابقان؛ ليبلغ كل منها - وقبل زميله - مدينة تارس Tarse؛ ليستولي عليها لحسابه الخاص، وبعد نقاش حاد عنيف كاد ان يتحول إلى قتال أخوي فإن بودوان وقواته اللورينية زحزحوا النورمانديين الذين كانوا أقل عدداً وأبعدوهم (ايلول ١٠٩٧)، هذا وإن يكن تنكريد وصحبه قد عوضوا عن خسارتهم بالاستيلاء على مدن عديدة، بينها أضنة والإسكندرية.

كما استولى الفرسان البروفانسيون اللانغدوكيون المنضمون إلى قوات ريموند دو سانت جيل على كثير من الحصون المشيدة على الطريق ما بين إنطاكية وحلب، وثمت صليبيون آخرون لحقوا بالأمير بودوان دوبولوني، فاتح مدينة تارس، إلى ما وراء مجرى الفرات، وحتى مدينة الرها (أورفه) التي سيطروا واستولوا عليها.

ومع ذلك فقد وصل القسم الأعظم من قوات الصليبيين أمام اسوار أنطاكية، في ٢١ تشرين الأول، تلك المدينة الجميلة التي كان أكثر من أمير من أمراء الحملة يمني نفسه بالاستئثار بها لنفسه من دون الباقين، ولا سيما بوهيموند رئيس نورمانديي إيطاليا، لقد طال حصار هذه المدينة، ولم يكن أحد القادة المحاصِرين لها راغباً في مضاعفة جهوده؛ لأنه لم يكن واثقاً من انه سيجني شخصياً ثمار تلك الجهود.

وأخيراً فإن بوهيموند الذي حسب انه يجب على باقي أمراء الحملة ان يعتبروا أنفسهم مرؤوسيه، والذي نجح في استمالة بعد أفراد حامية المدينة إلى جانبه، تمكن في الثالث من حزيران ١٠٩٨ من الاستيلاء على مدخل المدينة، ونظراً لأمل بقية قادة الحملة في ان يستولوا في هذه المدينة على غنائم وفيرة فإنهم زادوا من عنف هجماتهم، ولم تسقط انطاكية فقط بأيديهم وبدون كبير عناء، إنما تمكنوا - وبعد ثلاثة أسابيع من القتال الشديد الذي احتدم بينهم وبين قوات أمير الموصل كربغا التي وصلت في ٤ حزيران لنجدة حامية انطاكية - من دحر هذه النجدة وردّها على أعقابها في ٢٨ من الشهر نفسه، مما أدى إلى عدم بقاء أية قوة مرابطة على الطريق المؤدية إلى الجنوب لصد الصليبيين.

ولكن ازدياد حدة القيظ من جهة، وازدياد جشع النبلاء في الحرص على الاستيلاء على ممتلكات جديدة من جهة ثانية أعاقا الحملة عن موالاة زحفها بسرعة إلى الجنوب، وقد تنافس كبار قادة الحملة من أجل الاحتفاظ بانطاكية، بينما كان النبلاء الأقل أهمية منهمكين في سلب ونهب المناطق المجاورة، أو ان يقيموا في تلك إقطاعات جديدة بمركزهم.

وكان الإعياء قد استولى على الكثير من الصليبيين اثناء حصار انطاكية؛ لأنهم لم يكونوا قد فكروا ان الحملة ستطول فترتها إلى هذه الدرجة، ولا انهم سيتعرضون إلى آلام مبرحة وعذاب كالذي ذاقوه.

ومنذ عام ١٠٩٨ بدأ الكثير من النبلاء والأشخاص العاديين بدون استثناء أفراد الإكليروس المرافقين للحملة يفرون منها، لا بل إن بطرس الناسك نفسه فكر في برهة ما قبل سقوط انطاكية بالفرار بمعية فيكونت مولان Melun، وقد أوقفه هذا الأخير، وحال بينه وبين تنفيذ فكرته، لكنه لم يلبث ان عاود المحاولة مجدداً، وقلده الكثيرون من أفراد الحملة، ثم ألم نر في شهر حزيران من العام نفسه واحداً من القادة الرئيسيين للحملة، وهو إيتيين (كونت مقاطعتي بلوا وشارتر) يتذرع بمرض اصابه ليفر إلى ميناء الإسكندرونة الذي أبحر منه وبأقصى سرعة؟

هذا، ويجب ان نعترف في الواقع انه من جراء النصب والتعب، ومن جراء شدة وطأة القيظ، ونتيجة لمعيشة الحرمان وحياة التبلغ التي كان مقاتلة هذه الحملة يحيونها فإن المرض بدأ يفتك فتكاً ذريعاً.

وقد توفي المندوب البابوي آديمار في مطلع آب، وترك بوفاته الساحة خالية - وبصورة أكثر - أمام جشع القادة الزمنيين؛ كي يرجئوا الزحف على بيت المقدس إلى بداية فصل الشتاء، وعندما تم الاتفاق في الأيام الأخيرة من تشرين الثاني على استئناف زحف القوات الصليبية أجلوا في ذلك الظرف الراهن مسألة تنظيم البلاد المجاورة لانطاكية والتي فتحت بصعوبة إلى المستقبل، وقد قطعت الحملة بعد ذلك مسافة ثمانين كيلو متراً لتغور أقدام أفرادها في الرمال، وفي الوحل مجدداً، وذلك في مدينة معرة النعمان الصغيرة، حيث تم جمع الغنائم.

وانتهى مقاتلة الحملة من إرواء ظمئهم إلى سفك الدماء، فلم يعد أحد يفكر إلا بالعمل لحسابه الخاص، وقد قدر بعض رجالات الحملة انهم أسهموا فيها بما فيه الكفاية، فعادوا أدراجهم إلى الشمال، حيث قصد بعضهم مدينة الرها، وبعضهم مدينة تارس، وآخرون توجهوا إلى انطاكية، وتلك كانت حال بوهيموند الذي سره كثيراً ان رأى ابتعاد منافسيه، فعاد على جناح السرعة إلى تلك المدينة في نهاية كانون الأول عندما تأكد تماماً ان ريموند نفسه والذي كان في تشرين الثاني قد رفض مغادرة انطاكية؛ إذ بقي فيها بوهيموند لم يقبل مواصلة زحفه في شهر كانون الثاني ١٠٩٩، إلا بعد ان ضغط عليه وأجبر من قبل رجال متدينين أتقياء على ذلك، لا سيما وكان يأمل في ان ينال في موعد مقبل عرش بيت المقدس مكافأة له على خدماته.

ثم نشط ريموند مجدداً، ولم يعد يحلم منذ ذاك بموالاة الزحف، ولم يحجم عن تكبد تضحيات مالية كبيرة ليذكي حماس بقية البارونات، وليستميلهم إلى جانبه، حيث منحهم مبالغ باهظة، وقد وصل الجميع إلى وادي العاصي، ثم سلكوا طريق ذلك الوادي، وصعدوا نحو الشمال، ثم انحرفوا بعيد فترة نحو الغرب باتجاه ساحل البحر بدون ان يتعرضوا إلى أقل مقاومة، وقد نصبت الحملة في ٢٢ كانون الثاني خيامها في مصياف، وبعد عدة أيام سارت القوة من الحملة إلى الساحل لتحتل ميناء طرطوس.

وقد حدث تأخر جديد يعزى إلى رغبة ريموند سانت جيل الواضحة في ان يضمن لنفسه الاستيلاء ولحسابه الخاص على طرابلس وضواحيها، فدخل القسم الأعظم من الحملة هذه المدينة في ١٣ مارس، كما دخلت تلك القوات بيروت في التاسع من الشهر نفسه، ثم والت الحملة طريقها وبسرعة، فلم تتوقف أثناء الطريق للراحة إلا خلال برهة وجيزة، وكانت أول مرحلة قطعتها الحملة هي ما بين بيروت وصيدا، ومن ثم إلى صور، وبعدها إلى عكا وهرقلة فالرملة فعمواس التي وصلها الصليبيون في السادس من حزيران، حيث بدت مدينة بيت المقدس صبيحة ذلك اليوم لناظريها.

وقد أذكى منظر المدينة المقدسة الشعور الديني لدى مقاتلة الحملة، فاستثار عواطفهم، ولم يعد أحد منهم يفكر بحياة الحرمان التي عاشها والعذاب والشقاء اللذين تحملهما، كما أذكى الشعور نفسه حماس هؤلاء المقاتلة لتحقيق الهدف الأسمى الذي

بات منهم قاب قوسين أو أدنى بعد أشهر طويلة من الانتظار، لكن لم يبق من الجيوش اللجبة والجحافل الجرارة من القوات الصليبية التي غادرت أوروبا الغربية يحدوها الامل سوى عدد قليل من المحاربين، وقفوا الآن ليمتعوا انظارهم بذلك المنظر الذي لا يمكن ان يُنسى، فلم يبق من تلك الحملة سوى ١٢٠٠-١٣٠٠ فارس مع اتباعهم، كما يؤكد ذلك أحد شهود العيان، أي بين ١٠٠٠٠-١٥٠٠٠ مقاتل، بينما قدّر عدد القوات التي غادرت أوروبا بمائة وخمسين ألف مقاتل وفق التقدير الأكثر اعتدالاً.

وكانت المدينة المقدسة مزودة بوسائل دفاع قوية، وترابط فيها حامية وفيرة العدد منذ أن سقطت بيد خليفة القاهرة الفاطمي، كما اختزنت فيها كميات كافية من المؤن والماء، ومع ذلك فإنها لم تصمد في وجه محاصريها سوى شهر واحد، وكان تموين المحاصرين - لا سيما تزودهم بالماء - يتم بصورة رديئة.

وقد انهكت شدة قيظ فصل الصيف في سورية قوى الصليبيين، وبدأ يسيطر عليهم اليأس من جراء عجزهم عندما بذل جهد أخير عنيف في أيام ١٣و١٤و١٥ تموز أدى إلى النجاح في النهاية، وبدأ الهجوم العام في الخامس عشر من الشهر نفسه من جهتي الشرق والجنوب في نفس الوقت، وأخذ المهاجمون يدمرون جميع ما وجدوه في طريقهم، معمِلين قتلاً في سكان المدينة، ومستولين على كل ما عثروا عليه فيها، ومشعلين الحرائق داخلها، متسلقين سطوح المنازل ليتاح لهم قتل سكانها، مريقين الدماء التي جرت في الطرق كالسيل حتى داخل هيكل سليمان، ونجحت الحملة في استرداد قبر المسيح من المسلمين في ١٥ تموز ١٠٩٩.

٤- استقرار الصليبين في بلاد الشام:

أنجز أفراد الحملة حجهم الأكبر للأراضي المقدسة، وصار بوسع كل واحد منهم ان يعتبر أمانيه قد تحققت، وفعلاً فإن الكثيرين من مقاتلة تلك الحملة الصليبية قد أبحروا عائدين إلى بلادهم ونفوسهم تطفح بالبِشر، وتغمرها السعادة.

هذا بينما لم يكن - وعلى صعيد الواقع - قد حُلَّ شيء بعد، لا بل إن استرداد القبر المقدس لم يتوطد بعد، وحتى ذلك الظرف ما دام يُخشى من عودة القوات الفاطمية

إلى مهاجمة مدينة القدس مجدداً، لا سيما وان تسلم الأفضل للوزارة الفاطمية في مصر معناه ان القاهرة تخلت عن موقفها السلبي.

زد على ذلك كله الأسباب الجغرافية والسياسية (المتعلقة بعدم تمكن الحكومات المتعاقبة على مصر من الدفاع عن حدودها الشمالية الشرقية الصحراوية لعدم إمكانية إقامة تحصينات فيها) التي دفعت حكام مصر - وفي جميع حقب تاريخ ذلك القطر - إلى تغطية دفاعهم عنها من جهة الشمال باحتلال فلسطين على الأقل إن لم يكن جميع أقاليم بلاد الشام، فتلك الأسباب نفسها هي التي حدت بالوزير الفاطمي الأفضل في شهر آب ١٠٩٨ إلى إرسال جيوشه إلى فلسطين التي استخلصت من أيدي السلاجقة، فتلك الأسباب كانت من القوة بحيث جعلت الفاطميين لا يرضخون إلى الأمر الواقع ويقبلون الانتصارات الأخيرة التي أحرزها الصليبيون كحقيقة راهنة.

وهكذا فبمجرد سقوط بيت المقدس توجه جيش فاطمي مدعوم من قبل الأسطول إلى ميناء عسقلان، وقد واتى الحظ الصليبيين بإحرازهم النصر في المعركة العنيفة التي خاضوها ضد تلك القوات إلى الشمال الغربي من عسقلان في ١٢ آب ١٠٩٩، حيث لقنوا الفاطميين درساً قاسياً منعهم من القيام بأية محاولة لغزو فلسطين في المستقبل القريب.

ومهما كان النصر الذي أحرزه الصليبيون في فلسطين مؤزراً، فإنه لم يكن كافياً لتقرير مصير هذه البلاد، إنهم أفادوا لتحقيق هذا الغرض من تدفق النجدات من أوروبا الغربية التي أخذت تترى على سواحل فلسطين، ومن الأساطيل الإيطالية التي كانت شديدة الحرص على انتقال السيطرة على هذه البلاد إلى أيدي الغربيين، (وذلك لتأمين ازدهار تجارة جمهوريات إيطاليا مع الشرق الأقصى)، فكل ذلك أدى في فلسطين إلى توالي سقوط المدن الرئيسية الداخلية والساحلية الواحدة إثر الأخرى بأيدي الصليبيين، وقد مر ربع قرن قبل ان ينهي احتلال هؤلاء لمدينة صور سنة ١١٢٤ استيلاءهم على الأراضي المقدسة.

وحتى قبل إنجاز الصليبيين تلك المهمة كاملة فإنهم وضعوا حلاً للقضية الدقيقة للغاية، وهي إيجاد كيان سياسي للمناطق التي أمكنهم إجلاء المسلمين عنها، أما فلسطين

بالذات فإنه منذ الوقت الذي تم فيه إقصاء كل من السلاجقة والفاطميين عنها غدت مسألة هذا الكيان بالنسبة إلى الصليبيين مسألة داخلية بحتة، لأن الحكومة البيزنطية لم تبد اية رغبة في المطالبة بتلك الولاية النائية والتي كانت قد فقدتها منذ فترة تقرب من أربعة قرون.

وحيث لم يكن ثمة ما يبرر إيجاد سبب للخصام مع الفاطميين من أجلها، إلا أن الحال تختلف بالنسبة إلى سورية وملحقاتها، حيث احتفظ الإمبراطور البيزنطي لنفسه وبشكل قطعي بما يدعيه من حقوق فيها، وحيث كانت الغالبية العظمى إن لم يكن مجموع القادة الصليبيين قد أقسموا وبحضرة الإمبراطور نفسه على ان يكون سلوكهم وبالنسبة إلى الفتوح في سورية وبإزاء هذا الإمبراطور، حسب كل حالة على حدة، كحلفاء شرفاء وكأوصال تابعين أوفياء مخلصين له، واضطروا - براً بأيمانهم - إما إلى تسليم المواقع المستردة إلى الضباط البيزنطيين، وذلك بعد القيام باقتسام ما استولوا عليه من غنائم، وإما في حالة بقاء القوات الصليبية محتلة أحد المواقع بصورة دائمة الى الاعتراف بالسيادة البيزنطية على هذا الموقع وبتبعيته إلى الإمبراطور البيزنطي، ثم يطلب قائد الصليبيين المرابطين فيه من الإمبراطور ان يوسد إليه حكام هذا الموقع كوالٍ أو كحاكم بيزنطي.

وتمسكاً من الصليبين بالعهود التي قطعوها، فقد بقوا حتى استيلائهم على منطقة كيليكيا يتنازلون وببساطة عن جميع الأقاليم التي استخلصوها من السلاجقة إلى الإمبراطور، ويسلمونها إلى قوات هذا الأخير التي كانت تواكبهم، ثم تغير موقعهم هذا،

ونحن ما نزال نذكر ان القادة الصليبيين كانوا منذ احتلالهم لانطاكية يعملون لحسابهم الخاص، لذلك فقد أزفت الآن ساعة التصفية لتلك الحسابات، وقد بدت هذه التصفية صعبة الحل جداً، وذلك لانه لضمان الصليبيين بقاء سيطرتهم على فلسطين كان عليهم ان يراقبوا - وعن كثب - ما ستؤول إليه حال سورية.

ولم يعترض الإمبراطور البيزنطي على موقفهم هذا، لا بل إنه اقترح ان يدعمهم بأسطوله وبقواته البرية لينهوا في هذه الولاية المهمة ما لم تتمكن قوات أوروبا الغربية وأثناء زحفها السريع على بيت المقدس من البدء بها، علماً انه كان يطالب بأن

يُعترف بسيطرته وبسيادته على كل منطقة تم الاتفاق بسببها بينه وبين القادة الصليبيين، ولا سيما بالنسبة إلى منطقتي كيليكيا وانطاكية، وقد جر ذلك مناقشات عقيمة وطويلة ومثيرة بينه وبين أولئك الذين كان طلبه التقيد بتلك الوعود يفسد خططهم، وخاصة قائد نورمانديي إيطاليا بوهيموند الذي استقر في انطاكية، والذي ذكّر الإمبراطور ألكسي كومنين بالدور الذي كان قد قام به أثناء احتلال روبير غيسكار لمقاطعتي دالماسيا وإيبراوس، لذلك فمهما حاول هذا العاهل نسيان موقف بوهيموند بإزائه، فإنه لم ير فيه سوى عدو لدود إلى بيزنطة.

وبمقابل ذلك فإن قادة المعسكر الصليبي الغربي لم يلبثوا ان رفعوا عقائرهم باعتراضات حادة مفادها ان النجدات الإمبراطورية الموعودة لم تظهر إطلاقاً في الساعات الحرجة، وانه كان على الصليبيين ان يجابهوا وحدهم جيوش المسلمين، وان الاتفاق الذي كان قد أبرم بهذا الصدد بين الصليبيين والبيزنطيين بقي حبراً على ورق.

وكان لتعارض وجهتي النظر هاتين - ذلك التعارض الذي لم يمكن التغلب عليه - أثر في زيادة حدة الخصام والخلاف بين قادة الصليبيين أنفسهم، فكان بعضهم متمسكاً بوجوب تمتعهم بالاستقلال التام في البلاد التي ستخضع إلى حكمهم، (بينما كان من رأي الإمبراطور ان يدين هؤلاء له بالولاء)، على حين مال الآخرون إلى التساهل، وذلك ضد مصالح الصليبيين، أو ميلهم، أو عواطفهم الشخصية.

كما قاد هذا التعارض الإمبراطور البيزنطي إلى اتخاذ موقف عدائي صريح ضد فئة من النبلاء الذين غدوا من بين حكام منطقة الشرق الأدنى ومعاملة أفرادها كخصوم، وأن يهبّ وبواسطة السلاح إلى طلب الحصول على ما اتفق ان يعطى إليه، لا بل فمن المحتمل انه لجأ إلى طريقة أسوأ، بأن أثار ضد من اعتبرهم أعداءه بعض الحكام السلاجقة.

وفي الوقت الذي كان ضرورياً ان يقف فيه الصليبيون والبيزنطيون صفاً واحداً متراصّاً لمجابهة المسلمين الذين انتثر عقد قواتهم، فإن أولئك الصليبيين والبيزنطيين شجعوا باختلافهم وتفرقهم المتفاقم والمتزايد المسلمين على جمع شملهم والتفكير جدياً باسترداد ما فقدوه.

لذلك كله، فنحن لا نعجب ان طالت الفترة التي تمكّن الصليبيون خلالها من تذليل صعابهم الداخلية، ذلك التذليل الذي مكّنهم بعد ذلك من ترسيخ حكمهم في البلاد التي احتلوها، لا بل إن بعض المناطق التي سقطت بيد الصليبيين صارت بعد فتح القدس تتناقلها الأيدي، فصار الصليبيون والسلاجقة والبيزنطيون يتنازعون عليها بحماس، إلى درجة انه لم يعد يُعرف من كان يحكمها في فترة معينة.

وقد استشرى القتال بين هذه الفئات الثلاث في كل من كيليكيا وضواحي انطاكية واللاذقية وجبيل، وستكون الفئة المنتصرة من بينها في يوم من الأيام مهزومة في غد ذلك اليوم، فالسلاجقة الذين تضايقوا بعد ان تبدد شمل فالّتهم بدأوا يوحدون صفوف قواتهم، ويستردون روعهم، وحتى في آسيا الصغرى، حيث حاول ألكسي كومنين مجابهتهم سنة ١١٠١ ببعض الفرق الصليبية التي وصلت حديثاً وفي الوقت المناسب من أوروبا الغربية، فإن السلاجقة بدأوا يتخذون موقفاً هجومياً بعد ان كانوا لزموا جانب الدفاع.

وقد أحرز هؤلاء السلاجقة - وفي نفس عام ١١٠١ - انتصارات متتالية ثلاثة، لم تفصل بينها سوى عدة أسابيع، سواء في الشمال حول آماسيا بالقرب من دوقية طرابزون (في حزيران)، حيث تمكن البيزنطيون من الثبات والصمود في المعركة، أو في الجنوب بجوار مدينة هرقلة على السفح الغربي من سلسلة جبال طوروس في كيليكيا (في شهري آب وأيلول)، مما أعاد الثقة إلى نفوس مقاتلة السلاجقة، فأخذوا ينقضّون بين الفينة والأخرى على الجيوش البيزنطية واستأنفوا طريقة الغارات والغزوات الخاطفة التي تلقي الرعب في نفوس الأعداء، وتفسد تنظيم خطوط دفاعهم، وتمهد السبيل إلى احتلال المناطق التي أغاروا عليها.

أما في سورية وفلسطين فقد جعلت السرعةُ المتناهية لجماعات السلاجقة قواتِ غربي أوروبا التي استقرت في بعض المناطق تلوذ منها بالفرار، ولم تعد هذه الجماعات الإسلامية مجرد أداة تهديد مباشر بالنسبة إلى سلامة المواصلات الصليبية، ولكنها غدت - عندما تتحد فيما بينها وينضم بعضها إلى بعض - خطراً مميتاً بالنسبة إلى الإمارات الصليبية التي كانت منهمكة في تنظيم شؤونها.

ولقد اختطفت هذه القوات سنة ١١٠٠ بوهيموند من انطاكية، واحتفظت به في أسرها حتى سنة ١١٠٣، وألحقت في سنة ١١٠٤ هزيمة نكراء بالصليبيين في حران جنوبي الرها، جعلتهم يفرون وهم لا يلوون على شيء.

ووالى السلاجقة تقدمهم حتى وصلوا ابواب انطاكية، أو إلى القرب منها، وقد بلغت الجرأة بهذه القوات حداً جعلها تصل في غاراتها حتى مدينة بورصة في آسيا الصغرى، ثم حتى ضفاف مضيق الدردنيل؛ لتعود بعد ذلك إلى أقصى الشمال الغربي من الأناضول، مارّة بكوتاهية وأسكي شهر وغيرهما من المدن، ومع ذلك لم يلبث مستقبل الإمارات الصليبية في آسيا الصغرى - ومن الناحية العسكرية البحتة - ان توطد تقريباً، وستجبر قوات السلاجقة على ان تبقى بعيدة عن الساحل، سواء في آسيا الصغرى، حيث تمكّن البيزنطيون من تطويقها بإعادة احتلال المناطق ما بين القوقاز والإسكندرونة، ام في سورية، حيث ردّها الصليبيون إلى شرقي وادي العاصي وجبال لبنان ووادي الشريعة.

وبذلك كسرت شوكة السلاجقة، ومنعوا من إلحاق الأذى ولو بصورة مؤقتة بالصليبيين وبالبيزنطيين، واضطر الرؤساء الصليبيون - وتحت وطأة الحوادث - إلى الكف عن مهاتراتهم وحل خلافاتهم، والاتفاق فيما بينهم؛ لينظموا معاً الدفاع عن حدودهم، فاضطر السلاجقة منذئذ إلى التريث والتفكير قبل المغامرة بشن هجوم على إحدى المناطق التي احتلها الصليبيون.

وحتى بالنسبة إلى الناحية السياسية فإن الوضع أخذ يزداد وضوحاً بمرور الزمن، فالصليبيون - الذين درج المؤرخون العرب المعاصرون على دعوتهم بالفرنجة كما لو شكل هؤلاء وحدة جنسية فيما بينهم - أبدلوا في المناطق التي احتلوها الطابع الآني المؤقت، وهو طابع الاحتلال العسكري بإقامة كيان مدني، أضفى وبشكل تدريجي على المناطق هيئة بلدان غربي أوروبا.

وصارت منطقة انطاكية التي آلت إلى بوهيموند رئيس النورمانديين الإيطاليين ثم إلى ابن أخيه تنكريد تدعى إمارة انطاكية، وقد امتدت رقعتها بين الإسكندرونة في الشمال وبانياس في الجنوب، مغطية منطقة ساحلية يبلغ طولها ٢٠٠ كم، وكانت بمثابة

واجهة أمام جزيرة قبرص، وتضم في الجنوب الشرقي كلاً من آفاميا ومعرة النعمان، وتتصل حدودها التي تمر بالقرب من حلب التي استمرت بيد السلاجقة بحدود كونتية أو إمارة الرها.

وكان العنصر الأرمني هو الغالب على هذه الإمارة إلى درجة ان مؤسس دولتها - وهو بودوان أخو غودفروا بويون - رأى أن من واجبه الزواج بأرمنية، وكانت هذه الإمارة قارّيّة بحتة، ولا تتصل بالبحر، وتحتل موقعاً ممتازاً، فهي ترقب عن كثب حوض الفرات، وتضم في الغرب مدينة مرعش، وفي الجنوب عنتاب ومنبج وحران، وتوغل حدودها شرقاً حتى ماردين، مكملة بذلك عزل إمارة حلب عن بلاد سلاجقة آسيا الصغرى وعن أرمينيا.

هذا بينما تقع كونتية أو إمارة طرابلس على ساحل البحر الأبيض المتوسط، وقد آلت إلى ريموند سانت جيل كونت طولوز الذي أقضي تباعاً عن تملك انطاكية والقدس.

ونظراً إلى انه لم يعد ثمة إمارات أحسن منها فإنه قنع بها، وتصل أقاليم طرابلس بين إمارتي انطاكية وبين المقدس، وتتصل بحدود هذه الأخيرة عند منتصف الطريق المتجهة من جبيل إلى بيروت، وتحول بين السلاجقة المقيمين في دمشق وحمص وحماة وبين السهل الساحلي الذي تفصله سلسلة لبنان الغربية عن المناطق الداخلية.

وكانت هذه الإمارة آخر الدويلات الصليبية التي تأسست في سورية، ولم يتم انتزاع مدينة طرابلس نفسها من أيدي المسلمين إلا في سنة ١١٠٩ على يدي الكونت ترتزاند، وهو ابن غير شرعي للكونت ريموند، وذلك بعد أربع سنين من وفاة هذا الأخير.

وشكّل ما بقي من المناطق السورية والفلسطينية التي استولى عليها الصليبيون في مملكة بيت المقدس التي انتُخب غودفروا دوبويون في ٢٢ كانون الثاني ١٠٩٩، أي بعد عدة أيام من احتلال الصليبيين هذه المدينة، أميراً عليها رغم ممانعة واستياء كونت طولوز، وقد أمكن وبسهولة تنظيم هذه الإمارة وجعلها دولة حقيقية مستقلة، وسادها

طابع دول غربيّ أوروبا اللاتينية الكاثوليكية، ولم تُدْعَ مملكة بيت المقدس إلا بعد وفاة أميرها غودفروا (١٨ تموز ١١٠٠)، ولم يتمكن هذا الأمير من اتخاذ لقب الملك مراعاة للبابوية، فاكتفى بلقب القائد الحامي للقبر المقدس Avoue de St. Sepolere. لكن إمارة بيت المقدس هذه دعيت منذ السنوات الأولى من عهد أخيه ووريثه بودوان مملكة، وصارت شديدة الشبه بملكيات غربي أوروبا، إنها قسمت إلى ولايات يحكمها كونتات والى مقاطعات يحكمها نبلاء أسياد Seigneurs وغصّت رحابها بالحصون التي شيدت في ربوعها، وهي على نمط الحصون والقلاع المشيدة في فرنسا، ومارس النبلاء الذين عاشوا في هذه الحصون والقلاع نفس طراز الحياة الذي عاشه نظراؤهم في ظل النظام الإقطاعي، وصار سكان ضواحي القدس يشبهون من قريب أو من بعيد - وبالنسبة إلى النواحي والنظم العقارية والمالية والاقتصادية والقضائية - القرويين المقيمين في أحواض نهر اللوار والسين والموز.

وفضلاً على ذلك، فقد نشد ملك مملكة بيت المقدس ان يبسط سيادته على إمارات طرابلس والرها وانطاكية، فجوبه هذا الإدعاء وبقوة بالنزعة الاستقلالية الموجودة لدى البارونات الثلاثة الحاكمين لتلك الإمارات، وبمطالب الإمبراطور البيزنطي الموجود الذي لم يكف عن المطالبة بولاء أمير انطاكية له وفق الاتفاقات الأولى، وأراد ان يعترف له بحقوقه وسيادته على إمارة الرها لوصول حدودها إلى الضفة الشرقية للفرات، أي بعد الحدود القديمة للإمبراطورية البيزنطية، وعلى إمارة طرابلس التي ساعدت وحدات الأسطول البيزنطي الصليبيين في احتلالها، والذي اعلن له - وبصورة أصولية الكونت ريموند حاكمها وأميرها ومن أجل تمتعه بحكم هذه الإمارة - ولاءه.

وصفوة القول انه لافتقار العاهل البيزنطي إلى الوسائل العسكرية، فإنه لم يتمكن من تحويل تلك الادعاءات إلى أفعال وواقع، وبقيت الإمارات الصليبية في سورية وفلسطين مشكلة مجموعة كبرى من الولايات التي تتشابك وتتداخل شؤونها، ولو بصورة غير تامة، ولكنها في الوقت نفسه - ومع إيصالها حدود المناطق التي آلت إلى الصليبيين إلى مصر - أظهرت استرداد أوروبا الحوض الشرقي من البحر

الأبيض المتوسط ابتداء من بلاد اليونان وترافيا، هذا الحوض الذي كان العرب المسلمون قد طردوهم منه منذ قرون عديدة[٤١].

الفصل السابع عشر

أثر الحضارة الإسلامية

في العالم الغربي

امتدت دولة الإسلام من حدود الصين إلى جنوبي فرنسا، ورافق حركة الفتوحات الإسلامية استفادة العرب من فلسفة اليونان، ومن ثقافة الصين والهند والفرس، مع ما عندهم من ملامح فكرية عربية أصيلة، فهضموا هذه الحضارات المختلفة وتولوها بالرعاية والبحث والتصحيح والتهذيب، وأضافوا إليها الكثير من أفكارهم وابتكاراتهم، حتى بلغت غاية نضجها واكتمالها، وتميزت بملامح جديدة غير موجودة في الحضارات السابقة، والحضارة العربية لا ينقصها أو يقلل من أهميتها امر استفادتها من الحضارات والثقافات التي سبقتها، وهذا امر طبيعي ان تقتبس كل امة من معارض وعلوم الأمم الأخرى التي سبقتها، ولكن يكفي الحضارة العربية فخراً أنها لم تكن مقلدة أو تابعة للحضارات التي سبقتها، بل ان رجال هذه الحضارة بحثوا واجتهدوا وابتكروا، متخذين ركائز دينهم الذي يدعو إلى طلب العلم مع جذورهم الفكرية الأصلية، فأضافوا وأوجدوا عناصر جديدة دفعت عجلة التطور الحضاري إلى الأمام.

قامت حضارة إسلامية ضمن الرقعة الجغرافية للعالم الإسلامي، قوامها ملامح فكرية واحدة، أساسها الدين بجانبه الإيماني الذي يدعو إلى طلب العمل، وبجانبه العملي الذي يقرن العمل بالقول أولاً، وأساسها الجهود المشتركة للعلماء في مختلف المجالات في بناء صرح هذه الحضارة ثانياً، متجاوزين الخلافات السياسية، وقيام الدويلات الإسلامية المختلفة في مشارق العالم الإسلامي ومغاربه ثالثاً، فالمتبع لملامح الحركة الفكرية في العالم الإسلامي في عصر الازدهار يرى تبادل المؤلفات بين أقطار هذا العالم، ويرى حركة دائبة للعلماء ينتقلون بين أرجاء هذه العالم طلباً للعلم والمعرفة، ورافق ذلك استقرارهم في بلاد غير بلد النشأة، فنرى على سبيل المثال عالماً من الهند يستقر في بغداد، وعالماً من الأندلس يستقر في مصر... وهكذا.

وفكرة هذا الفصل تقوم على معرفة اثر الفكر العربي في الفكر العالمي خارج حدود العالم الإسلامي، ودوره في بعث عصر جديد لأمم مجاورة للعالم الإسلامي كانت تعيش عصورها المظلمة المتخلفة.

ولما كانت أوروبا في طليعة هذه الأمم التي استفادت من الفكر العربي وجعلته

اساس نهضتها، فلنلق نظرة أولاً على هذا التأثير. ولسنا بحاجة إلى ذكر تفاصيل من أجل التدليل على عصر التخلف الذي ساد أوروبا عندما كانت أمة العرب والإسلام في عصر ازدهارها الفكري، فقط يكفينا في هذا المجال شهادة بعض العلماء الأوروبيين الذين كتبوا في حضارة العرب وأثرها في تكوين الفكر الأوروبي:

تمت عملية الإخصاب بين الفكر العربي وبين العقل الأوروبي في ثلاث مناطق، الأولى: الأندلس، الثانية: صقلية وجنوب إيطاليا، والثالثة: مصر وبلاد الشام، لأن هذه المناطق وبخاصة الأولى والثانية هما نقطتا التلاقي بين الثقافة العربية الزاهرة وبين العقلية الأوروبية الناشئة؛ فهما على الحدود بين بلاد الإسلام وبلاد أوروبا.

بدأ تأثير العرب في أوروبا منذ القرن الثامن الميلادي، ولقد اتخذ هذا التأثير صوراً وأشكالاً متعددة؛ نظراً للحالة التي كانت عليها أوروبا حينئذ، ويمكن تمييز ثلاث مراحل لأثر الحضارة الإسلامية في أوروبا ابتداء من بدايتها الأولى وحتى عصر النهضة، وهي:

١- عصر التأثير غير المباشر.

٢- عصر الترجمة من العربية إلى اللاتينية.

٣- عصر الاستعراب – قمة التأثير العربي.

١- عصر التأثير غير المباشر:

استقر المسلمون في الأندلس ما يقارب ثمانية قرون، بلغت فيها الحضارة العربية اوجها، وكانت هذه الحضارة تشع من حواضر قرطبة وغرناطة واشبيلية وبلنسية وطليلطة وسرقسطة، وكان النابهون في أوروبا يأتون إلى مراكز الحضارة الإسلامية في الأندلس، ويقضون السنوات الطوال في الدراسة والتتبع، والاطلاع على كتب العرب فيها، وفي مقدمة هؤلاء النابهين الراهب الفرنسي (جربرت دي أورياك) الذي وفد إلى الأندلس في عصر حكم المستنصر (توفي عام ٣٦٦هـ) الذي اهتم بالعلم والعلماء، ودرس في معاهد برشلونة وقرطبة، واهتم بصورة خاصة بدراسة العلوم الطبيعية والرياضية، وبرع بها حتى خُيِّل لعامة فرنسا بعد رجوعه آنذاك بأنه ساحر،

وأصبح فيما بعد بابا روما باسم البابا سلفستر الثاني (٣٩٠-٣٩٤هـ/٩٩٩-١٠٠٣م)، وله دوره البارز في نشر علوم العرب في اوروبا.

كما وجدت نسخة لاتينية من حكم أبقراط كانت تستخدم في التدريس في شارتر بفرنسا في عام ٣٨٢هـ/٩٩١م، ولهذا عللت هذه الظاهرة بوجود نفوذ ثقافي عربي مبكر؛ لأن هذه النسخة كانت عن أصل عربي، ذلك لأن الغرب اللاتيني كان يجهل في هذا العصر جهلاً تاماً أيَّ شيء عن الأصول اليونانية لأعمال اليونان القدماء.

ونستقي مثلاً من ظروف هرمان الكسيح (١٠١٣-١٠٥٤م)، وهو ابن امير والماسيا من أصل سويسري، وقد كتب في الرياضيات والتنجيم عن تأثير الحضارة العربية، فهذا الكسيح لظروفه لم يزر الأندلس أو صقلية، إلا انه استفاد أولاً من ترجمات لأعمال عربية كالتي وجدت في شارتر أو التي عملت لجربرت، واستفاد ثانياً من الطلاب الأوروبيين العائدين من الأندلس، والذين كانوا يمرون بدير (ريخناو) الذي يقيم به هرمان، ويقضون فيه أياماً عديدة قبل ذهابهم إلى أهليهم، عن هؤلاء نقل هرمان الكسيح كل ما جلبوه من الآلات الفكرية العربية وفي مقدمتها الإسطرلاب.

وإذا كانت هذه الأمور جهوداً فردية قام بها بعض الأفراد أو بعض الأديرة، فان بعثات علمية أرسلت إلى الأندلس ذات طابع رسمي من قبل حكومات بعض الدول الأوروبية.

أخذت البعثات الأوروبية تتدفق على الأندلس بأعداد متزايدة سنة بعد أخرى، حتى بلغت سنة ٣١٢هـ على عهد الخليفة الناصر (٣٠٠-٣٥٠هـ) زهاء سبعمائة طالب وطالبة، وكانت إحدى هذه البعثات من فرنسا برئاسة الأميرة اليزابيث ابنة خال لويس السادس ملك فرنسا، وبعث فيليب ملك بافاريا إلى الخليفة هشام الثاني (توفي حوالي ٤٠٣هـ) بكتاب يطلب إليه ان يأذن له بإرسال بعثة من بلاده إلى الأندلس للاطلاع على أحوالها وأنظمتها وشرائعها وثقافتها، وذلك لاقتباس المفيد منها لبلاده، فوافق الخليفة هشام، وجاءت بعثة ملك بافاريا برئاسة وزيره المدعو (ويلمبين) الذي يسميه العرب (وليم الأمين)، وسار ملوك آخرون من أوروبا على هذا المنوال، فقد أوفد جورج ملك ويلز بعثة برئاسة ابنة أخيه كانت تضم ثماني عشرة فتاة من بنات

الأشراف والأعيان، وقد توجهت البعثة إلى إشبيلية برفقة النبيل (سفيلك) رئيس موظفي القصر في ويلز الذي حمل رسالة من ملكه إلى الخليفة هشام الثالث، (ويبدو ان هشام هو المعتد بالله الذي خُلع عام ٤٢٢هـ)، وكان هدف هذه البعثة كما تقول الرسالة: "فقد سمعنا عن الرقي العظيم الذي تتمتع بفيضه الصافي معاهد العمل والصناعات في بلادكم العامرة، فأردنا لأبنائنا اقتباس نماذج هذه الفضائل لتكون بداية حسنة في اقتفاء أثركم لنشر أنوار العلم في بلادنا التي يسودها الجهل من أربعة أركان..."، وقد استقبله خليفة الأندلس أحسن استقبال ورد على رسالة ملك ويلز التي استردها النورمان عام ٤٨٤هـ.

ومعنى خضوع هذه المناطق الحدودية مع أوروبا لحكم العرب ازدهار حضارة الإسلام فيها، فقد أصبحت بالرمو وسرقوسة ومسينا وبارى مراكز حضارية يانعة في صقلية وجنوبي إيطاليا، فقد تسربت إلى غربي أوروبا في عصر مبكر، ولعل الدليل على ذلك ان (جاريو بونتس) المتوفى حوالي عام ٤٤٠هـ/١٠٥٠م كان أول من نقل إلى الغرب اللاتيني إسفنجة التخدير العربية، وهذه المعلومات الطبية حصل عليها إما من مؤلَّف عربي مترجم، أو من أحد المعلمين العرب الذين كانوا منتشرين في صقلية وجنوبي إيطاليا حينئذ.

استمرت عملية التأثير غير المباشر زهاء ثلاثة قرون، وقد عملت على وضع أول خطوة في طريق تغير العقلية الأوروبية.

٢- عصر الترجمة من العربية إلى اللاتينية:

يبدأ هذا العصر من منتصف القرن الحادي عشر إلى آخر القرن الثالث عشر، وأول ما اهتم به هؤلاء المترجمون - وبخاصة في صقلية والأندلس - هو العلوم العربية المنقولة عن العلوم اليونانية، ومن ثم ترجمة العلوم العربية الإسلامية.

كانت أوروبا قد أقفرت أو كادت من العلم اليوناني، ما عدا خلاصات شاحبة لآثار ضئيلة من العلم اليوناني وضعت منذ القرن الخامس الميلادي والى القرن الثامن الميلادي، ولذا بقيت الدراسة في أوروبا ضئيلة محصورة في فئة قليلة من الرهبان، وما كان يمكن لهذه الدراسة ان تغير مجراها إلا إذا أمدها مصدر خصب جديد، فكان

هذا المصدر هو العلوم العربية، وبخاصة التي تشتمل على أصول علوم اليونان التي ترجمها العرب في عصر ازدهار حضارتهم.

بعد ان استرد الإسبان مدينة طليطلة عام ٤٧٨هـ/١٠٨٥م أصبحت على الحدود بين الدولة الإسلامية في الأندلس وبين الدولة النصرانية في إسبانيا وفي أوروبا، لقد امتازت هذه المدينة بكثرة مكتباتها خصوصاً وقد انتقل إليها برسالة أحسن منها، وقد حظيت هذه البعثة باهتمام رجال الدولة الذين قرروا ان يتم الانفاق على هذه البعثة من بيت مال المسلمين.

وقد كانت بعثة ملك بافاريا التي أراسها (وليم الأمين) تتألف من ٢١٥ طالباً وطالبة، وزّعوا على جميع معاهد الأندلس لينهلوا من مواردها الصافية، وتخبرنا الروايات بأن ثمانية من أفراد هذه البعثة اعتنقوا الدين الإسلامي، ومكثوا في الأندلس ورفضوا العودة إلى بلادهم، ومن هؤلاء الثمانية ثلاث فتيات تزوجن بمشاهير من رجال الأندلس في ذلك الوقت، وأنجبن عدداً من العلماء، كان منهم عباس بن مرداس الفلكي.

وبالإضافة إلى البعثات العديدة التي ذكرنا بعضها، عمد بعض ملوك أوروبا إلى استقدام علماء الأندلس لتأسيس المدارس ونشر ألوية العلم والعمران، ففي خلال القرن التاسع الميلادي وما بعده وقّعت حكومات انجلترا وهولندا وسكونيا وغيرها على عقود مع حوالي تسعين من الأساتذة العرب في الأندلس بمختلف العلوم، وقد اختير هؤلاء من بين أشهر العلماء الذين كانوا يحسنون اللغتين الإسبانية واللاتينية، إلى جانب اللغة العربية، ووقّعت تلك الحكومات عقوداً أخرى مع حوالي مائتي خبير عربي في مختلف الصناعات، ولا سيما إنشاء السفن وصناعة النسيج والزجاج والبناء وفنون الزراعة، ولقد أقام بعض المهندسين العرب أكبر جسر على نهر التايمس في بريطانيا عرف باسم (جسر هليشم Helichem)، وهذه الكلمة تحريف لكلمة هشام خليفة الأندلس الذي أطلق الإنجليز اسمه على هذا الجسر؛ اعترافاً بفضله؛ لانه أرسل إليهم أولئك المهندسين العرب، وكذلك كان المهندسون هم الذين شيّدوا قباب الكنائس في

بافاريا، ولا تزال توجد بمدينة (شتوتغارت) بألمانيا حتى اليوم سقاية ماء تدعى (أميديو Amedeo)، وهو تحريف لكلمة أحمد المهندس العربي الذي بناها.

وفتح العرب صقلية منذ عام ٢١٢هـ في عهد الإمارة الأغلبية في تونس، وخضعت هي وجنوبي إيطاليا لحكم المسلمين من الأغالبة والفاطميين إلى آلاف المجلدات من المشرق، وبقيت الثقافة العربية فيها حتى بعد استرجاعها من قبل الإسبان، وقامت فيها حركة ترجمة من قبل هيئة حرة من المترجمين نقلوا فيها كتب العرب إلى اللاتينية، ولكن في عهد مطران طليطلة (ريموندو ١١٢٦-١١٥٢م) في أواسط القرن الثاني عشر أسس معهداً لترجمة الأعمال العربية إلى اللاتينية، وعهد برئاسته إلى (دومنجو غنصالفة) الذي برز نشاطه ما بين عام ١١٣٠، والى عام ١١٨٠م، والذي يعد أشهر رجال الترجمة في العصر الوسيط من العربية إلى اللاتينية عن طريق الإسبانية العامية، فقد كانت الطريقة في الترجمة ان يقوم يهودي مستعرب - ومن أشهرهم من معهد الترجمة بطليطلة أبراهام بن عزرا - بترجمة النص العربي شفوياً إلى اللغة الإسبانية العامية، ثم يتولى غنصالفة الترجمة إلى اللاتينية، ومن بين ما ترجمه غنصالفة على هذا النحو بعض مؤلفات الفارابي وابن سينا والغزالي، وشاركه في الترجمة أحياناً خوان بن داوود، إذ اشتركا معاً في ترجمة كتاب في النفس لابن سينا، وشاركه أيضاً المترجمان الإنكليزيان (روبرت الكيتوني وأدلارد الباثي)، والإيطالي (جيرار الكريموني ١١١٤-١١٧٨م)، واشتهر ادلارد الباثي بترجمة جداول في علم الفلك لمسلمة المجريطي عام ١١٢٦م، واشتهر جيرار الكريموني الذي ترجم عن العربية كتباً لابقراط وجالينوس كانت قد نقلت بدورها إلى العربية، كما ترجم كتابين أصليين في العربية هما (القانون في الطب لابن سينا)، وكتاب التصريف للزهراوي الذي يعد القسم الأخير منه أشهر بحث في الجراحة.

ومن المرجح ان أول الأوروبيين غير الاسبان الذين استفادوا من حركة الترجمة من العربية إلى اللاتينية هو (ادلهر أوف باث)، وكان رحالة وعالماً جاب ديار فرنسا وصقلية وسوريا حوالي ١١١٥م، وقد ترجم من الإسبانية عام ١١٢٦م الزيج الذي وضعه الخوارزمي، وعرف باسم السند هند.

واستمرت حركة الترجمة في مدينة طليطلة في القرن الثالث عشر، ووفد إليها علماء أوروبا أمثال (ميخائيل اسكوت) الذي ترجم كتباً لابن سينا.

ومن كبار المترجمين في طليطلة (ماركوس) شماس طليطلة الذي ترجم بعض مؤلفات جالينوس الطبية (المترجمة إلى العربية أصلاً)، كما ترجم القرآن الكريم وبعض كتب علم التوحيد، كما ترجم (هرمانوس المانوس) شرح ابن رشد على كتاب الأخلاق لأرسطو عام ١٢٤٠م، ويلاحظ من أعمال ماركوس ان هناك دافعاً دينياً وراء اهتمام الأوروبيين في هذا القرن باللغة العربية، فقد أرادت الكنيسة الكاثوليكية ان تحول المسلمين إلى المسيحية، وان تربط الكنائس الشرقية بروما بعد توحيدها، ومن أجل الوصول إلى هذا الهدف، لا بد من تعلّم العربية، وقد أثمر هذا الاهتمام أولاً بترجمة القرآن الكريم إلى اللاتينية؛ تنفيذاً لفكرة بطرس الجليل (رئيس دير كلوني) الذي زار إسبانيا عام ١١٤١م في مهمة دينية، فأتيحت له فرصة مراقبة بدايات الصراع المرير بين الإسلام والنصرانية في الأندلس، وقد توصل إلى ان القوة المسلحة لا تجدي نفعاً في محاربة الإسلام، وإنما ينبغي اللجوء إلى المنطق، وذلك بفهم الخصم أولاً، والإصغاء إلى حججه وجدله ثانياً، وبما ان القرآن هو المرجع الأول لدى المسلمين فقد وجب على الأوروبيين فهمه، ولتحقيق هذه الغاية قام بطرس الجليل بتكليف راهب انكليزي يدعى روبرت الكيتوين الذي كان يدرس آنذاك الفلك العربي والرياضيات في إسبانيا بأن يترجم القرآن إلى اللاتينية وأجزل له العطاء، وقد لقيت ترجمته رواجاً واسعاً.

ومن رجال الدين المسيحي الذين اهتموا بالدراسات العربية بدافع ديني هو (رامون لل من أهل ميورقة من جزر البليار- الجزائر الشرقية) الذي برز بعد استرجاع هذه الجزر من يد المسلمين عام ٦٢٧هـ/١٢٣٠م، فقد درس العربية تسع سنوات على يد أسير مسلم، ثم نجح في تأسس معهد لتدريس اللغة العربية، وكان يؤمن بالحوار الهادئ مع المسلمين مع الاعتقاد سلفاً بتفوق الدين المسيحي، ولتحقيق هذا الأمر أبحر في عام ١٢٩١م إلى تونس من أجل إجراء مناقشة علنية مع علماء المدينة

حول أوجه الخلاف بين المسيحية والإسلام، وقد أدت المناقشة إلى طرده، فعاد إلى أوربا، ثم كرر العودة إلى تونس، فثار عليه العوام وقتلوه عام ١٣١٦م.

لقد أوضحنا التأثيرات الطبية العربية المبكرة في صقلية وجنوبي إيطاليا، وأشرنا إلى جهود (جاريوبونتس)، وعلى الرغم من الترجمات الرديئة التي قام بها قسطنطين الإفريقي (١٠٢٠-١٠٨٧) لبعض المؤلفات الطبية المهمة، وبالرغم من كونه انتحل لنفسه تأليفها دون خجل، إلا أن الإقبال على أعماله كان كبيراً في اوروبا إلى مؤلفيها الأصليين، ومن المعلوم ان قسطنطين هذا كان من حاشية (روبير جيسكار) حاكم صقلية وابن عم (وليام الفاتح) الذي غزا صقلية عام ١٠٧٦م.

ويستقر (اديار الباثي) في مدينة (سالزو)، وقام ببعض ترجمات من العربية إلى اللاتينية، بعد ان زار مراكز الثقافة العربية في صقلية، وقد قام بترجمة النسخة العربية لأقليدس، وألف مختصراً في العلوم العربية، ولما كانت مدينة سالزنو ميناءً مهماً استخدمه الصليبيون في ذهابهم وإيابهم إلى بلاد الشام، نقل هؤلاء الصليبيون الكثير من النصائح الطبية التي اشتهرت بها سالرنو إلى بلاد أوروبا، إلا أن مدرسة سالزنو بدأت بالضعف عندما استباح هنري الرابع هذه المدينة عام ١٠٩٤م.

وبعد ذلك يبدأ عصر روجار الثاني ملك صقلية (١٠٩٦-١١٥٤م) الذي كان شغوفاً بالثقافة العربية، وعاش في كنفه الشريف الإدريسي صاحب كتاب نزهة المشتاق، وهو من أكبر علماء الجغرافية في القرون الوسطى، ومن أهم أعمال هذا الملك انه أصدر في عام ١١٤٠م أمراً يلزم جميع المزاولين لمهنة الطب ان يحصلوا على إذن خاص من موظف مختص، وإلا تعرضوا لعقوبات السجن ومصادرة الأموال، وهذا تقليد عربي على غرار ما فعله الخليفة المقتدر العباسي (٢٩٥-٣٢٠هـ)، كما أشرنا إلى ذلك في فصل الطب.

وفي عهد جيوم الأول بن روجار الثاني نشطت حركة الترجمة، ليس فقط من العربية، بل ومن اليونانية، حيث قام وزيره (انريكوارستبو) بترجمة كتاب الآثار العلوية لأرسطو من اليونانية، وكذلك ترجم محاورتين لأفلاطون. كما ترجم هذا الوزير بالتعاون مع يوجنيودي بالرمة كتاب المجسطي لبطليموس من العربية إلى اللاتينية

حوالي عام ١١٦٠م، كما ترجم يوجينو كتاب المناظر لبطليموس من العربية، ومن أشهر المترجمين في هذا العصر (جيرار الكريموني ١١١٤-١١٧٨م) الذي رحل إلى طليطلة لدراسة كتب الفلك لبطليموس، وعلى رأسها المجسطي الذي ترجمه إلى اللاتينية عام ١١٧٥م، كما ترجم أكثر من سبعين كتاباً عربياً في الفلك والحساب والجبر والطب.

كما سار على نهجه الإمبراطور فردريك الثاني (١١٩٤-١٢٥٠م) وريث العرش الصقلي وإمبراطور الإمبراطورية الرومانية المقدسة فيما بعد، والذي يهمنا من أمره دوره في حركة الترجمة، وانجازاته العلمية، فقد أنشأ جامعة نابولي عام ١٢٢٤م، وجعل منها أكاديمية لنقل العلوم العربية إلى أوروبا، وكان شديد الإعجاب بالفلاسفة العرب الذين كان يقرأ مؤلفاتهم بالعربية، واستقدم إلى بلاطه علماء مسلمين ومسيحيين ويهود، وقد كان ميشيل سكوت الذي ترجم شروح ابن رشد، وليوناردوا البزي الذي عرّف أوروبا بالارقام العربية وعلم الجبر العربي، من بين المشاهير الذين استقبلهم في بلاطه، كما كانت له علاقات ودية مع الدولة الايوبية في مصر، وتراسل مع بعض حكامها (السلطان الكامل محمد ابن أخ صلاح الدين الأيوبي) في أمور رياضية وفلسفية، مما جعل المجمع المسكوين في مدينة ليون عام ١٢٤٥م يتهمه باعتناق الإسلام سراً، وأصدرت الكنيسة بحقه أمر الحرمان عدة مرات.

واهتم أيضاً بحركة الترجمة ملك صقلية شارل أنجو (١٢٢٦-١٢٨٥م)، وهو شقيق القديس لويس التاسع ملك فرنسا، الذي أسره المصريون في موقعة المنصور مع أخيه.

وتدل سجلات بلاطه الباقية إلى الآن، انه اهتم بترجمة المؤلفات العربية إلى اللاتينية، وانه كان لديه مؤسسة كاملة لهذا الغرض، بما في ذلك مترجمون من العرب، أمثال (فرج بن سالم وموسى السالرني)، وغيرهم، ومن أشهر الكتب التي ترجمها كتاب الحاوي للرازي.

أما طريق الحروب الصليبية، والتي بدأت في عام ١٠٩٦م وكانت بلاد الشام ومصر مسرحاً لها، فقد كان دورها ضعيفاً قياساً إلى مسلك الأندلس وصقلية، ولكن مع

هذا فقد وفرت مجال الاختلاط بين العرب والأوروبيين، فنقل الأوروبيون الكثير من علوم العرب ومعارفهم وصناعاتهم، كما حصلوا على كثير من الكتب العربية، فساعد ذلك على ظهور روح البحث ودراسة علوم الأقدمين وآدابهم، فنرى مثلاً ان الأدب الأوروبي اغتنى بما نقلته الحملات الصليبية إلى أوروبا من الفن القصصي والأسطوري للحضارتين البيزنطية والعربية.

من هذا كله يتبين مدى اتساع حركة الترجمة من اللغة العربية إلى اللغتين الإسبانية واللاتينية، مما سيكون له أكبر الأثر في بعث العلم والأدب في أوروبا.

٣- عصر الاستعراب:

قمة التأثير العربي، ويمتد هذا العصر من منتصف القرن الثالث عشر حتى منتصف القرن الخامس عشر، وقد اتصف هذا العصر بالقبول الأعمى- من كل علماء هذه الفترة - لكل ما هو عربي، والنظر إليه باعتباره الحجة النهائية.

وفي هذه الفقرة نستعرض أثر العلوم العربية المختلفة في تكوين الفكر الأوروبي في مختلف ميادينه.

ففي مجال الفكر الفلسفي نال اهتمام الغرب بصورة كبيرة، حيث يمكننا ملاحظة ظاهرة عامة في مجال النقول من العربية، هذه الظاهرة هي انتقاء بعض المؤلفات لعلوم معينة، وترك بعض المؤلفات جانباً، والذي نال اهتمام الترجمة الكتب الفلسفية والعلمية، ونتيجة لذلك بقيت كتب الحديث و كتب الفقه مجهولة من قبل الغرب، فمثلاً نجد أن الغزالي قد عرف عندهم بأنه صاحب كتاب مقاصد الفلاسفة لأصحاب كتاب الاحياء.

إن دور العرب في تكوين الفلسفة الأوروبية في العصور الوسطى دور مزدوج، ويمثل هذا الدور ما يأتي:

١- عن طريق العرب عرفت أوروبا في القرنين الثاني عشر والثالث عشر- مؤلفات أرسطو، وأجزاء من فلسفة أفلوطين وابرقلس، ومعالم من فلسفة أفلاطون، إذ قام المترجمون في مراكز طليطلة وصقلية والتي اشرنا إليها بترجمة كتاب البرهان من منطق أرسطو المسمى (أورجانون أرسطو)، أي مؤلفات أرسطو المنطقية، مثل

التحليلات الثانية والسماء والعالم والكون والفساد وغيرها، كما ترجموا كتاب الخير المحض المنسوب إلى أرسطو، وهو في الحقيقة فصول من الهيات ابرقلس، وعن هذه الطريق عرفت أوروبا فلسفة أرسطو وابرقلس، فكان لهما اثر فعال في اخصاب الفكر الأوروبي الذي سرعان ما خضع لفلسفة أرسطو خضوعاً تاماً.

٢- أثر الفلاسفة العرب في أوروبا عندما ترجمت مؤلفاتهم إلى اللاتينية وبعض اللغات الأوروبية الحديثة الناشئة، حيث قام جيرار الكريموني بترجمة بعض رسائل الكندي فيلسوف العرب، منها رسالة في العقل، ورسالة الجواهر الخمسة، كما ترجم رسالة في العقل الفارابي، كما ترجم الإسباني منطق ابن سينا، وترجم غنصالفة بمساعدة يوحنا الإسباني قسم الطبيعيات من كتاب الشفاء وقسم النفس والالهيات من الشفاء لابن سينا أيضاً، كما ترجموا كتاب مقاصد الفلاسفة للغزالي، وكتاب ينبوع الحياة لابن جبرول (توفي عام ٤٥٠م).

وقد تأثر شيخ المترجمين الأوروبيين (غنضالفة) بآراء فلاسفة الإسلام، فألف كتباً نجد فيها لأول مرة آثار الفلسفة الإسلامية، ومن أشهر كتبه التي بدأ فيها تأثير ابن سينا وابن جبروم هي كتاب (صدور العالم، وفي خلود النفس، وتقسيم الفلسفة، وفي التوحيد)، وعندما بدأ الأوروبيون قراءة كتب فلاسفة الإسلام بدأت النهضة الحقيقة للفكر الفلسفي الأوروبي، فإلهيات ابن سينا المتأثرة بأرسطو والأفلاطونية الحديثة، التي تدور حول تفسير الكون تأثر بها الأوربيون وتركوا تفسيرات التوراة حول هذا الأمر.

ومن أهم فلاسفة أوروبا في القرنين الثالث عشر والرابع عشر الذين تأثروا بالفلاسفة المسلمين:

أ- البرتس الكبير (١٢٠٧-١٢٨٠): الذي اهتم بكل مؤلفات العرب الفلسفية، والتي ترجمت إلى اللاتينية، وتأثر بها إلى حد كبير، وقد تأثر هذا العالم بآراء ابن سينا، كما فهم فلسفة أرسطو من خلال مؤلفات الفارابي وابن رشد وابن سينا.

ب- القديس توما الاكويني (١٢٢٥-١٢٧٤م): على الرغم من أنه كان يذكر الآراء الفلسفية، ويرد عليها من غير تحديد لمصادرها، على العكس من البرتس الأكبر، إلا اننا نجد أثراً عميقاً للفلسفة العربية في كتاباته، فأول شيء يظهر فيه تأثير الفلاسفة

العرب في القديس توما هو البراهين التي أرودها لإثبات وجود الـلـه بطريق العقل، وقد أخذ ذلك من الفارابي وابن سينا، وتقوم هذه البراهين على أساس تقسيم الوجود إلى ممكن وواجب (الواجب الوجود هو الـلـه)، وكان هذا البرهان أساس البراهين لإثبات وجود الـلـه، وهو نفس البرهان الذي شرحه الفارابي في كتابه (آراء أهل المدينة الفاضلة)، وعرضه ابن سينا في كتابه (النجاة والشفاء).

وهذا يقودنا إلى الاعتقاد ان توما الاكويني قرأ كتاب الفارابي وابن سينا، كما أخذ توما من ابن رشد فكرة ضرورة الوحي الإلهي التي وردت في كتابيه (فصل المقال وتقرير ما بين الشريعة والحكمة من الاتصال)، و(الكشف عن مناهج الأدلة في عقائد الملة)، وقد أوضح توما هذه الفكرة في كتابه (الأقوال)، كما أخذ عن ابن رشد ايضاً مذهبه في النقل والعقل، أي الصلة بين العقل والوحي، فكلاهما يقرر ان العقل يقدر على البحث عن الحق شيئاً فشيئاً، وكلاهما يعترف بعجز العقل أمام بعض الحقائق الإلهية، وهذا التطابق في الآراء لا يأتي اعتباطاً أو من باب توارد الخواطر، وإنما جاء من أخذ القديس توما هذه الآراء بحذافيرها من ابن رشد.

وأول من أدخل فلسفة ابن رشد إلى أوربا (ميخائل سكوت) عام ١٢٣٠م، ولم يأت منتصف القرن الثالث عشر حتى كانت جميع كتب هذا الفيلسوف قد ترجمت إلى اللغة اللاتينية. ولم ينتصف القرن الخامس عشر حتى صار ابن رشد صاحب السلطان المطلق في كلية بادوا بإيطاليا والمعلم الأكبر دون منازع، فقد اخذ بآراء ابن رشد (سيجر البرابنتي ١٢٣٥- ١٢٤٨م)، وبخاصة فيما يتعلق بالحقيقة، وبقدم العالم، وبنظرية العَود الأبدي (أي عودة الأحداث الماضية من جديد)، والى غير ذلك من آراء ابن رشد، وقلد (مارسيليو البادورفاني) ابن رشد في القول بنظرية الفصل بين العقل والنقل، وطبقها على السياسة، فطلب بالفصل بين الدولة والدين، وصرح أيضاً بازدواج الحقيقة، مثل سيجر ورسالة حي بن يقظان لمؤلفها أبو بكر بن طفيل (توفي عام ٥٨١هـ/١١٨٥م)، وتدور قصتها حول طفل تُرك دون ابويه في جزيرة غير مسكونة في المحيط الهندي، حيث أرضعته غزالة، وأصبح بالتدريج يدرك الحياة، ويكتشف بالتدريج ما حوله من أشياء، ويتعرف على قوانين الطبيعة إلى ان ينتهي إلى اثبات

وجود الله خالق العالم، ويتوصل من جديد إلى حقائق الدين، وقد ترجمت هذه الرسالة إلى العبرية في القرن الرابع عشر الميلادي، والى اللاتينية في القرن الخامس عشر الميلادي على يد (ميراندولا توفي عام ١٤٩٤م)، وبتوالي السنون ظهرت ترجمات بلغات مختلفة لهذه الرسالة.

اما أثر التصوف الإسلامي في نشأة التصوف الأوروبي، فقد بدأ أثره واضحاً، وبخاصة من خلال دراسات العلامة الإسباني (ميخيل اسين بلاثيوس) الذي وضع تأثير الصوفي الأندلسي بن عباد الرندي (توفي عام ٧٩٢هـ/١٣٩٠م) على آراء الصوفي الإسباني يوحنا الصليبي.

ولد الرندي بمدينة رندة بالأندلس، ثم انتقل إلى المغرب، وكان صوفيا على الطريقة الشاذلية، وعرف شرحه لكتاب الحكم لابن عطاء الله الإسكندري المسمى (غيث المواهب العلمية في شرح الحكم العطائية)، وهو كتاب يتضمن جملاً قصيرة فيها خلاصة التصوف.

والنقطة البارزة في هذا الشرح، والتي أثرت في يوحنا الصليبي هي فكرة البسط والقبض، وهما عند المتصوفة بمنزلة الخوف والرجاء، قال الجنيد (الخوف يقبضني والرجاء يبسطني....)، أما ابو الحسن الشاذلي الذي سار على مسلكه ابن عباد الرندي، فيشبه البسط والقبض بالليل والنهار، وهذا التشبيه أخذه يوحنا عند كلامه عن الليلة الظلماء للروح، وقد ميز الصليبي بين نوعين من الليلة الظلماء: الليلة الحسية التي فيها تحاول النفس ان تتطهر من الشهوات، ولكنها تسير في طريق مظلم، فلا تدري اين تذهب، وبعد مجاهرة النفس وتأملاتها يلقي الله بصيصاً من النور في قلب المريد، فيبدأ يدخل في الليلة الروحية، فيظهر من الجهالات، ويلهم الله النفس التقوى، ويلهمها محبته، ويصفيها من أدران الحواس.

ومن المعروف ان ابن عباد الرندي سبق يوحنا الصليبي بمائتي سنة، فلا شك انه هو الذي أثر في يوحنا، وان يعوزنا الدليل المادي الكتابي، ولكن هذا التوافق جاء نتيجة ان الطريقة الشاذلية كانت واسعة الانتشار في مصر والمغرب والأندلس، وبخاصة في الأندلس في القرن الرابع عشر والخامس عشر الميلادي، ولا بد أنها ظلت

عميقة التأثير والانتشار بين المسلمين الذين غلبوا على أمرهم، وبقوا في إسبانيا بعد إخراج العرب منها عام ١٤٩٢، عن هؤلاء تلقى يوحنا الصليبي علمه بالطريقة الشاذلية.

أما تأثير الغزالي على الفكر الأوروبي، فقد استفاد الراهب الدومينكي (ريمون- مارتي) من مؤلفات الغزالي في الكلام والفلسفة، هذا في المجال الفلسفة، أما في مجال التصوف فقد أثر الغزالي في فكر العالم الفرنسي المشهور (بسكال) صاحب الحجة المشهورة في إثبات وجود الآخرة، والتي تسمى (برهان بسكال)، حيث حاول اقناع المنكرين للآخرة الإيمان بوجودها، هذه الحجة التي ذكرها العزالي في معظم كتبه، وهذه الحجة قال بها الإمام علي رضي الله عنه، وقال بها بعض المتصرفة، كما وردت على لسان أحدهم:

قال المنجم والطبيب كلاهما: لن تحشر الأرواح، قلت: إليكما

ان صح قولكما فلست بخاسر وان صح قولي فالخسار عليكما

أما تفسير الاتفاق بين آراء الغزالي وآراء بسكال حول هذه الحجة، فإن بسكال عرف كلام الغزالي إما عن طريق مستشرق معاصر لبسكال، أو انه عرف آراء الغزالي أثناء اطلاعه على كتاب (خنجر الإيمان) لريموند مارتين والذي ثبت ان بسكال استفاد منه، وهو يكتب دفعاً عن الدين.

كما كان لمحي الدين بن عربي اثر كبير على عقول النساك والتصوفة من المسيحيين والذي حببه إلى المسيحيين انه دعا إلى وحدة الأديان، كما دعا إلى وحدة حقائق الوجود، ومن المعلوم ان أول الفلاسفة الصوفيين من أهل الغرب هو (جوهان اكهارت) الألماني، قد نشأ في القرن التالي لعصر ابن عربي (القرن الثالث عشر)، ودرس في جامعة باريس التي كانت تعتمد على الثقافة الأندلسية في الحكمة والعلوم، واثر محيي الدين بن عربي في دانتي الشاعر الإيطالي المشهور الذي استمد مادة غزيرة لكتابه (الكوميديا الإلهية) من التصورات الاخروية الإسلامية، وبخاصة ما ورد منها عند ابن عربي.

وفي خلال القرن الرابع عشر ظهر ثلاثة من الفلاسفة المتشككين، وتأثروا ببحوث الأشعري، من علماء المعتزلة، وعلم الكلام، توفي عام ٣٣٠هـ حول نظرية (العلية السببية) بصورة غير مباشرة عن طريق الغزالي، وهؤلاء الفلاسفة هم: بطرس دي ايلي، ونيكولاس الاتر كوري، وكيوم دي أوكام، وقد توصل الأخير، وهو أكثرهم تأثراً بآراء الأشعري إلى مذهب الحدسية والمعرفة الإلهية من خلال نقده للنظرية السببية، فمن هذه النقطة شرع كيوم دي أوكام، بمذهبه المسمى بمذهب العلل الافتراضية أو المناسبة في نقد النظرية آنفة الذكر، متأثراً بالغزالي وبمعزل عن أي تأثير لفلسفة القديس توماس العقلية.

أما في مجال الفكر العلمي، فتأثير العرب كبير جداً، فقد تبنت أوروبا في القرون الوسطى نظام الطب العربي، وذلك لكونه متفوقاً على الطب الأوروبي الذي كان آنذاك عبارة عن سحر ودجل وتعاويذ، كما انتقل الطب العربي إلى أوروبا مبكراً، فأنشأت مدارس للطب في مونبلييه وبادوا ونالبي واكسفورد وكمبردج، وكلها كانت تستخدم الكتب العربية المترجمة إلى اللاتينية أساساً لتدريس الطب، فقد ظلت هذه المدارس تعتمد على كتب الرازي زمناً طويلاً، كما كان قانون ابن سينا في الطب موضع اهتمام الغرب ودراستهم منذ القرن الثالث عشر إلى القرن السادس عشر.

فقد كانت كتب الرازي مشهورة معروفة في أوروبا، فكتابه الحاوي ترجم إلى اللغة اللاتينية من قبل الطبيب اليهودي (فرج بن سالم) برعاية كارل أنجو الأول ملك صقلية ونابولي (١٢٦٦-١٢٨٥م)، وقد فرغ من ترجمته عام ١٢٧٩م، وأصبح من الكتب المعتمدة في دراسة الطب في جامعات أوروبا، وكان كتاب الحاوي أحد الكتب التسعة التي تتكون منها مكتبة الكلية الطبية في باريس عام ١٣٩٥م، وعندما أراد لويس الحادي عشر استنساخه اضطر إلى دفع مبلغ كبير من الذهب والفضة مقابل استعارته له، وطبع مرات عديدة في أوروبا بترجمته اللاتينية، اما كتابه المنصوري فقد ترجم إلى اللاتينية عام ١٤٨٩م، ورسالته في الجدري والحصبة قد ظهرت باللغة اللاتينية في مدينة فينسيا عام ١٥٦٥م.

اما كتاب (الملكي) لعلي بن عباس المجوسي (كان حياً عام ٣٨٤هـ/٩٩٤م)، فقد ترجم إلى اللاتينية عام ١٤٩٢م بمدينة فينسيا، اما كتاب التصريف لخلف بن عباس الزهراي (توفي عام ٤٢٧هـ/١٠٣٥م)، فقد استمر مدة خمسة قرون العمدة في الأمور الجراحية في أوروبا، وقد ترجم إلى اللاتينية والعبرية عدة مرات، وكتاب (القانون في الطب) لابن سينا (توفي عام ٤٢٨هـ/١٠٣٦م) فقد ترجم إلى اللاتينية وطبع عشرات المرات خلال القرن الخامس عشر والسادس عشر الميلاديين، وكان الكتاب المدرسي في الطب في جامعتي مونبليه ولوفان في أواسط القرن السابع عشر.

وعن العرب أخذت أوروبا طريقة الأقرباذين (وهي رسالة صغيرة، ويقتصر بها على تركيب الأدوية، ويقابلها اليوم فارما كوبيا) التي يقوم الصيدلي على أساسها بتحضير الأدوية، كما غمرت أوروبا العقاقير الطبية عن طريق صقلية والبندقية، وتدفقت معها كذلك كتب كثيرة في علم الأدوية بواسطة رجال، أمثال قسطنطين الأفريقي، ووصلت حتى بلاد الريان، واستفادت منها أوروبا، وبعد موت قسطنطين بوقت قصير وضع عميد كلية الطب في سالرنو كتاباً على الطريقة العربية أصبح فيما بعد أساساً لعمل أجيال وأجيال من الصيادلة.

فقد كان كتاب في العقاقير لما سويه الماروديني (توفي عام ٤٠٦هـ/١٠١٥م) الكتاب المدرسي الأول في الصيدلة في أوروبا لعدة قرون، كما كان كتاب الأدوية المفردة لابن وافد (توفي عام ٤٦٧هـ/١٠٧٤م) من أهم كتب الصيدلة التي اعتمدت عليها أوروبا في القرون الوسطى.

ولقد بلغت الجراحة ذروتها في تاريخ الحضارة العربية على يد أبي القاسم الزهراوي، في كتابه (التصريف لمن عجز عن التأليف)، وقد ترجم الفصل الخاص بالجراحة إلى اللاتينية والى اللغات الدارجة، والى العبرية في أوائل عصر الترجمة، أي في القرن الثاني عشر، وقد ألحق الجراح الفرنسي (جي دي شولياك ١٣٠٠- ١٣٦٨م) النسخة اللاتينية بأحد مؤلفاته.

أما في الكيمياء، فقد كانت مؤلفات جابر بن حيان أشهر ما تداوله الأوروبيون في علم الكيمياء حتى القرن الثامن عشر، ومن خلال هذه المؤلفات عرفت أوروبا

عمليات التكليس والتبخير والتقطير والتبلور وتحضير الكثير من المواد الكيماوية، مثل الشب وأوكسيد الزرنيخ وكبرتيد الزئبق وغيرها، كما كانت لمؤلفات الرازي شهرتها، مثل (سر الأسرار) الذي نقله (جيرار الكريموني) إلى اللاتينية.

وكان بسبب نقل كتب جابر بن حيان والرازي وغيرهم، أمثال أحمد بن مسلمة المجريطي الأندلسي (توفي عام ٣٩٨هـ/١٠٠٧م) صاحب كتاب (غاية الحكيم) في الكيمياء الذي ترجم إلى اللاتينية في القرن الثالث عشر إلى اللغات الأوروبية، ان تلقى الأوروبيون عن العرب تقسيم المواد الكيماوية إلى نباتية وحيوانية ومعدنية. وما زالت المعدات العربية في مجال الكيمياء والتي انتقلت إلى الكيمياء الحديثة تحمل أسماءها العربية الأصلية.

أما في مجال الرياضيات فقد أخذ العرب الأرقام الحسابية من الهند، وعن طريقهم انتقلت الأعداد الغبارية إلى الأندلس، ومنها إلى أوروبا، وأول من أخذ الأرقام العربية من الأوروبيين جربرت الذي عرف فيما بعد بالبابا سلفستر الثاني، الذي درس في الأندلس، وبعدها ألف كتاباً يشرح فيه كيفية استخدام الارقام العربية، إلا أن اوروبا لم تُلْقِ بالاً إلى هذا النظام الجديد في البداية، بل كان ينظر إلى جربرت بعين الشك، وانه ساحر، كما رويت عنه الأساطير الشعبية، وبعد فترة من الزمن تبنت أوروبا الأرقام العربية نتيجة أعمال (ليوناردودي بيزا) الذي توفي عام ١٢٤٠م، والذي درس الرياضيات على يد معلم عربي في شمالي أفريقية، وأصدر كتاباً يشرح فيه نظام الأرقام العربية عام ١٢٠٢م، وكان ذلك بداية تاريخ تبني أوروبا الأرقام العربية، وبداية علم الرياضيات الأوروبي، ومن اشهر الرياضيين العرب الذين عرفتهم أوروبا وترجمت مؤلفاتهم إلى اللاتينية الخوارزمي الذي اشتهر بأوروبا من خلال كتابه (الجبر والمقابلة)، الذي نقله إلى اللاتينية روبرت الشستري عام ١١٤٥م، وظل هذا الكتاب مستعملاً في المدارس والجامعات الأوروبية حتى القرن السادس عشر، ومن علماء العرب الذين لهم فضل على أوروبا في مجال علم الجبر ابو بكر محمد بن حسن الكوجي (توفي عام ٤٠٧هـ/١٠١٦م) صاحب كتاب (الفخري في الجبر والمقابلة).

وترجم العرب كتاب اقليدس في الهندسة، وهذه الترجمة العربية نقلها الأوروبيون إلى اللاتينية في القرن الثاني عشر، وظلوا يتدارسونها إلى أواخر القرن السادس عشر عندما عثروا على مخطوط من كتاب اقليدس باللغة اليونانية.

وفي مجال علم الفلك، فقد قام مجموعة من المترجمين الأوروبيين بنقل كتب علم الفلك العربية إلى اللغة اللاتينية، ومن أشهرهم (ادلارد الباثي الإنكليزي)، و(أفلاطون التيفولي)، و(جيرار الكريموني)، وقد ترجمت قوائم الزيج والأعمال الفلكية إلى غير اللاتينية أحياناً، كترجمة زيج البتاني (توفي عام ٣١٧هـ/٩٢٩م) إلى الإسبانية بناء على رغبة الملك الفونسو العاشر ملك قشتالة (١٢١٥-١٢٨٤م)، وسمي هذا الزيج (بالجداول الألفنسية) الذي شاع استعماله في أوروبا لعدة قرون.

أما الألواح الفلكية للخوارزمي، فقد ترجمها إلى اللاتينية (ادلارد الباثي عام ١١٢٦م)، وكتب أبو العباس أحمد بن محمد الفرغاني في الفلك ترجمها إلى اللاتينية (خوان الإشبيلي وجيرار الكريموني)، كما ترجم بعضها إلى العبرية من قبل (يعقوب الأناضولي)، ومؤلفات ابي معشر البلخي (توفي عام ٨٨٦هـ/١٤٨م) نقلها إلى اللاتينية (خوان الإشبيلي)، ومن خلالها نقل إلى الأوروبيين تفسيراً لظاهرة المد والجزر وارتباطها بالقمر.

كما ان فكرة المراصد الفلكية أخذتها أوروبا من العرب، فإذا علمنا بان الخليفة المأمون اسس اول مرصد عربي، فإن أوروبا لم تعرف المراصد إلا في القرن السادس عشر، كما ان العرب استعملوا الرقاص أو الخطار (بندول الساعة)، وكان أول من استعمله ابن يونس المصري صاحب الارصادات المشهورة في عصر الخليفة الفاطمي الحاكم، وبذلك كان لهم السبق في ذلك، ثم بعد ذلك عرفته أوروبا وادعت شرف اختراعه من قبل غاليليو العالم المشهور (١٥٦٤-١٦٤٢م).

ونتيجة اهتمامات العرب الفلكية عرفوا موقع النجم الثابت في الجنوب، يسمونه (سهيل)، ويسمى أيضاً غيوم ماجلان، حيث استعان به ماجلان اثناء رحلته حول العالم (١٥١٩-١٥٢٢م). ومن علماء العرب في الفلك الذين ذكروا هذا النجم عبد الرحمن الصوفي (توفي عام ٣٧٦هـ/٩٨٦م) في كتابه (الكواكب الثابتة)، وبهذا قدموا خدمة

كبيرة لأوروبا في مجال الاستكشافات الجغرافية، واذا كان وصول العرب إلى القارة الأمريكية قبل كولمبس أمراً غير مقطوع به، فمن المحقق انهم وصلوا في المحيط الأطلسي (بحر الظلمات) إلى أمد بعيد، وانتهوا إلى بعض جزائره، اما الأمر الذي لا شك فيه هو ان الفكرة التي نهضت بكولمبس مكتشف القارة الأمريكية (١٤٩٢- ١٤٩٣م)، إنما هي فكرة علمية مستمدة من المؤلفات العربية، وبخاصة كتب الفلك والجغرافية، فلولا اقتناع كولمبس باستدارة الأرض لما خطر له ان يصل إلى الهند من طريق الغرب، ولم تكن في إيطاليا وإسبانيا يومئذ مؤلفات تشرح هذه الفكرة غير المؤلفات العربية.

كانت حواضر العالم الإسلامي في العصور الوسطى تزخر بالمدارس والجامعات على اختلاف أنواعها، وقد تأخر ظهور مثل هذه الجامعات في أوروبا، فعلى سبيل المثال فإن جامعات باريس ومونبلييه مثلاً لم تظهر قبل القرن الحادي عشر، أما جامعات فينا وبيزا فظهرت في القرن الرابع عشر.

كما ان الحقيقة الثابتة أن اكثر الكتب التي كانت تدرس في جامعات أوروبا، انما هي كتب مترجمة عن العربية، وقد أشرنا إلى نماذج كثيرة منها.

والى جانب هذا تأثرت الجامعات الأوروبية ببعض تقاليد الجامعات العربية، وبخاصة التي كانت موجودة في صقلية والأندلس، فقد قلدتها في لبس الأردية الخاصة بالأساتذة وقلدتها في تخصيص أروقة للطلاب حسب جنسياتهم؛ تسهيلاً لاستيعابهم في الجامعة، وقلدتها في منح الإجازات الجامعية (إجازة التدريس)، وقد أكد بعض علماء أوروبا ان كلمة (بكالوريوس اللاتينية) ليست إلا تحريفاً للعبارة العربية (بحق الرواية)، والتي تعني الحق في التعليم بإذن من الأستاذ، ولا تزال جامعة كامبردج تحتفظ بإجازة جامعية عربية مبكرة تعود إلى عام ١١٤٧م، فيها عبارة (بحق الرواية)، بينما لم تظهر كلمة (بكالوريوس) في الإجازات الأوروبية قبل عام ١٢٢١م.

أما في مجال الأدب، فقد يسبق إلى الخاطر ان الأدب الأوروبي ميدان لا يتسع للاقتباس في الفكر العربي، كما اتسعت ميادين العلوم والمباحث الفكرية، وذلك

لاختلاف اللغة واختلاف قواعدها من أساسها بين الشعبة الارية والشعبة السامية من اللغات.

إلا اننا إذا قرأنا لبوكاشيو الإيطالي في مؤلفه (الصباحات العشرة) ولسر فانتيز الإسباني في (دون كيشوت) ولشكسبير الإنكليزي في (العبرة بالخواتيم)، ولدانتي الإيطالي في (الكوميديا الإلهية) يتبين لنا بصورة قاطعة أنهم مدينون لقصص ألف ليلة وليلة، وكتب محي الدين بن عربي وحكاية ابن طفيل.

كان للأدب الأندلسي - وبخاصة الشعر - أثر كبير في نشأة الشعر الأوروبي الحديث في إسبانيا وجنوبي فرنسا، ويأتي تأثير الزجل والموشح بالدرجة الأولى، وأول من ابتكر الموشح هو مقدم بن معافي القبري (توفي عام ٢٩٩هـ/٩١٢م)، ثم تلاه شعراء آخرون أمثال الأعمى التطيلي وأبو بكر ابن اللبانة، ولسان الدين بن الخطيب وغيرهم، حيث وجد هؤلاء الشعراء الفحول أنفسهم مضطرين إلى نظم هذه الموشحات؛ لأنهم كانوا يعيشون في مجتمع يميل إلى كل ما هو شعبي، وأدى ذلك إلى ظهور الزجل الذي اشتهر به محمد بن عبد الـلـه بن قزمان (توفي عام ٥٥٤هـ). وأشهر نموذج للموشح هو موشح ابن الخطيب:

جادك الغيث إذا الغيث همى — يا زمان الوصل بالأندلس
لم يكن وصلك إلا حلما — في الكرى أو خلسة المختلس

واذا كان الموشح يعتمد نظم القوافي، فالزجل يمثل مظهراً من مظاهر ضعف اللغة العربية، وفقد سلطانها الكامل على الشعراء، ومن نماذج الزجل:

ما أعجب حديثي — اش هذا الجنون
نطلب وندبر — امرأ لا يكون
وكم ذا نهون — أمراً لا يهون
واش مقدار ما نصبر — لبعد الحبيب
رب اجمعني معو — عاجلاً قريب

هذان النوعان من الشعر هما اللذان أثرا في نشأة الشعر الأوروبي، كما يروي المستشرق الإسباني (خليان ريبيرا) الذي درس موسيقى الأغاني الإسبانية ودواوين الشعراء (التروبادور) أو (التروفير)، وهم الشعراء الجوالة في العصور الوسطى بأوروبا و(المنيسجر) وهم شعراء الغرام، كما أثبت انتقال بحور الشعر الأندلسي فضلاً على الموسيقى العربية إلى أوروبا.

وشعر التروبادور يعود إلى أصل عربي، وذلك لوجود أوجه شبه لفظية موسيقية بين ما شاع بأوروبا، وبين ما عرف عن الزجل الأندلسي، وكذلك من حيث المضمون، حيث شاع في هذا النوع من الشعر بعض مضامين الشعر العربي، وهي التي يطلق عليها (حب المرؤة) الذي شاع في أوروبا وانتشر في اسبانيا بفضل ابن حزم عن طريق كتابه (طوق الحمامة).

وقد انتفع شعراء جنوبي فرنسا في القرن الحادي عشر الميلادي من الشعر العربي بالأندلس، حيث وجد شبهاً بين شعراء التروبادور وبين ابن قزمان الشاعر الأندلسي، وأما سبب ظهور هذا النوع من الشعر في فرنسا قبل إسبانيا فيعود إلى ان جيوم التاسع أحد رواد التروبادور ودوق أكيتانيا، تعلم العربية عندما اشترك في حملة صليبية بالمشرق عام (٤٩٥-٤٩٦هـ/١١٠١-١١٠٢م)، وأقام مدة بالشام، كما اشترك مع ألفونسو المحارب في معركة قتنده في الأندلس عام ٥١٤هـ/١١٢٠م، ويعد هذا أول شاعر في اللغات الأوروبية الحديثة، وقد بقي من شعره إحدى عشرة قصيدة، كما ان سقوط طليطلة بيد الأسبان عام ٤٧٨هـ هيأ لكثير من الفرنسيين الاتصال بالمسلمين في الأندلس والتأثر بهم، كما لم ينقطع في الوقت نفسه تدفق البعوث الدينية وقوافل التجار بين طليطلة والمقاطعات الفرنسية، كل هذه الأسباب جعلت التروبادور الفرنسي أسبق ظهوراً من قرينه الإسباني.

كما نجد هذا النمط أيضاً عند شاعرين تروبادرويين، هما (ثركامون ومركبرو) اللذين عاشا في النصف الأول من القرن الثاني عشر، ثم انتشر هذا النمط من الشعر في الشعر الشعبي في أوروبا، ومن الشعر الديني الذي ظهر في القرنين الثالث عشر والرابع عشر، وفي أغاني (الكرنفالات) في القرن الخامس عشر، هذا التأثير لم يقتصر

على طريقة التنظيم، بل امتد إلى طريقة علاج الموضوعات، فمثلاً فكرة الحب النبيل التي تسود الغزل في الشعر البروفنسالي، تعود بالأصل إلى ابن حزم الذي عرضها في كتابه (طوق الحمامة في الألفة والآلاف)، وهو ما يسمى بالحب العذري.

كذلك نجد تأثير القصص العربية على نشأة الأدب القصصي في أوروبا، ولقد قام (بدرو الفونسو) بترجمة ثلاثين قصة من العربية إلى اللاتينية تحت عنوان (تعليم العلماء)، ذكر فيها قصة المرأة التي خانت زوجها الغائب، والذي عاد فجأة فأنقذتها أمها من هذه الورطة بأسلوب ماكر، وقد انتشرت هذه القصة في الأدب الأوروبي، ومن ناحية أخرى أثرت كليلة ودمنة في الأدب بعد ان ترجمت في عصر (الفونسو الحكيم) حوالي عام ١٢٥٠م إلى الإسبانية، كما ترجمت بعض القصص التي تسربت من ألف ليلة وليلة إلى الأندلس، ومنها حكاية (الجارية تودد) التي ترجمت إلى الإسبانية في القرن الثالث عشر، وأثرت بعد ذلك في انتاجات كبار أدباء المسرح الإسباني، وبذلك احتل كتاب ألف ليلة وليلة مكانة مهمة في تاريخ الأدب الغربي بما يصوره عن الشرق الغامض والساحر، الشرق الذي يزخر بالجن والسحرة، والذي يزخر بالكنوز الرائعة والمغامرات المذهلة، وبذلك أصبحت الصورة نصف الخيالية عن الشرق التي أظهرها كتاب ألف وليلة مجسمة إلى حد كبير في الأدب الأوروبي.

أما في صقلية، فإن العصر الذي يعد قمة التأثير العربي الإسلامي في صقلية هو عصر الإمبراطور فردريك الثاني (١١٩٤- ١٢٥٠م)، فمدرسة الشعر الصقلية التي استخدمت في بادئ الأمر اللغة العامية، ووضعت أسس الأدب الإيطالي الحديث، فقد ظهرت في بلاط هذا الإمبراطور، ولهذا كان شعراء إيطالية آنذاك يقلدون الشعراء العرب، كما هو الحال في الأندلس الذين نظموا قصائدهم باللغة العامية، والذين كانوا بكثرة في بلاط هذا الإمبراطور، وبذلك نمى الشعر الإيطالي باللسان العامي، بسبب ابداعات شعراء العرب الذين كانوا يلقون الرعاية والحماية من ملوك النورمان في صقلية، ومن طلائع الشعر العامي الإيطالي المبكر، أغاني المهرجان (الكرنفالات) واغاني (جاكوبوني)، والدليل على ذلك ايضاً الصيحة التي أطلقها الشاعر الإيطالي (بترارك ١٣٠٤-١٣٧٤م) ضد العرب، فهي تثبت على الأقل ان طراز الشعر العربي

الذي تغلب فيه اللغة الدارجة كان لا يزال معروفاً في إيطاليا في عصره، وتفصح عن الشعور العميق بسيطرة الفكر العربي في ذلك العصر.

ثم يتضح لنا تأثير الأدب العربي على عصر دانتي، ذلك الأثر الذي وضح في مؤلفه (الكوميديا الإلهية) في القرن الرابع عشر الميلادي، وقد أشرنا إلى ذلك، وهناك بحوث مطولة عن هذا التأثير يمكن الرجوع إليها في مراجعها.

والأديب الإيطالي بوكاشيو قلّد ألف ليلة وليلة في كتابه المسمى (الصباحات العشرة)، وجعله قصصاً تروى في عشرة أيام، وكل يوم منها تروى فيه عشر قصص، وأكثر هذه القصص تعريض بالمنافقين المنتسبين إلى رجال الدين، وسخريته بذوي المقامات، وما يستتر في حياتهم الخاصة من الموبقات.

ومن الملاحظ انه لم يترجم من قصص ألف ليلة وليلة في العصر الأوروبي الوسيط إلا القليل، وكان لهذا القليل - الذي ترجم معظمه إلى القشتالية واللاتينية - أثره في ميدان القصص الأوروبي، ولم تظهر الترجمة الكاملة لهذا الكتاب إلا في أوائل القرن الثامن عشر، حيث ظهرت أولاً باللغة الفرنسية، ثم بسائر اللغات الأوروبية.

ويشبه هذا الكتاب كتاب آخر ألفه الأديب الإسباني (سرفانيتز)، وسماه (دون كيشوت)، وبين انه ترجمة من نسخة عربية ضاعت منه بعد الترجمة، وضمن هذا المجال، نرى دخول كلمات عربية إلى اللغات الأوروبية المختلفة، فقد دخل بعض هذه الكلمات مباشرة من العربية، ودخل بعضها عن طريق اللغة الإسبانية أو اللاتينية التي كانت لغة العلم والأدب في تلك العصور، فمثلما نجد أثر اللغة العربية في اللغة العلمية لأوروبا، نجدها في الحياة المعيشية أيضاً، وهذا يدل على مدى تغلغل الحضارة العربية في شؤون المعيشة اليومية التي تلازم المرء في داره، وفي موطن عمله، كما تلازمه في جده ولهوه.

وبعد ذلك بدأ في أوروبا عصر الاستقلال الفكري والانطلاق الأوروبي في أواخر القرن الخامس عشر أوائل القرن السادس عشر، وذلك بظهور طائفة من العلماء اللاتين استطاعت ابتكاراتهم العلمية ان تبدأ عصراً علمياً جديداً طابعه الابتكار

والتجديد، وفي مقدمة هؤلاء (ليوناردو دافنشي)، و(كوبر نيكوس)، و(باراسيلوس) وغيرهم.

ومن الملاحظ ان أوروبا في بداية عصر النهضة اتخذت موقفاً معادياً لعلوم العرب، وبدأت تظهر بواكير حركة لهجر مؤلفاتهم، إلا انها عادت مرة ثانية في أواخر القرن السابع عشر وبداية القرن الثامن عشر إلى علوم العرب، بعد أن أدركت خطأ رجوعها إلى علوم اليونان، أو استقلالها العلمي، ولكن بطريقة استقلالية لتكمل النقص الذي لا زالت ثغراته في حاجة إلى سدها من علوم العرب.

لا ينكر ان دخول الأندلس وصقلية وجنوبي إيطاليا ضمن العالم الإسلامي جعلها مراكز حضارية راقية للفكر العربي - فعن طريقها خلال العصر الإسلامي وبعده - أثر الفكر العربي بالفكر الأوروبي، وذلك للقرب الجغرافي اولاً بين هذه المناطق وأوروبا، حيث لا يفصل الأندلس عن بقية أوروبا سوى جبال البرتات، مع العلم ان المسلمين عبروا هذه الجبال، وفتحوا مناطق في جنوبي ووسط فرنسا لفترة من الزمن، كما ان صقلية وجنوبي إيطاليا مرتبطة ارتباطاً مباشراً ببقية شبة الجزيرة الإيطالية، وإضافة إلى الاتصال والاحتكاك العسكري والحضاري الذي كان سائداً بين بلاد أوروبا وبين هذه الواحات الفكرية العربية منها، أو اتصالها بالمشرق الإسلامي عن طريق الحروب الصليبية، مع العلم بأن أوروبا كان جادة بأنها إذا ارادت التقدم والتطور عليها ان تتصل بمراكز الفكر والحضارة العربية، وقد كان أثر الفكر العربي في الفكر الأوروبي واضحاً، كما بينا سابقاً.

اما إذا جلنا ببصرنا صوب الشرق الاقصى، ونعني بلاد الصين، فالعرب لم يفتحوها، بل وصلوا إلى حدودها، وكانت لهم علاقات سياسية آنية مع ملوكها فيما يخص وصول المسلمين إلى حدودها، ولكن يمكن ملاحظة بعد الصين عن العالم الإسلامي، حيث يفصل بينهما صحارى واسعة وجبال شاهقة، عكس أوروبا. هذا مع العلم بأن التجارة كانت نشيطة بين العرب والصين خلال العصور الوسطى.

الثابت لدينا ان مؤثرات صينية حضارية - وبخاصة صناعة الورق الجيد والحرير والأواني الزخرفية - مع علوم- وصلتنا عن طريق الهند - وجدت سبلها في

ديار الإسلام، وهذا ليس المقصود ببحثنا هذا، بل الذي نريد معرفته مدى تأثير الفكر العربي على الصين؟ وعموماً المعلومات قليلة جداً عن هذا الموضوع، ولعلنا في ما سنورده من شواهد واستنتاج يلقي ضوءاً ولو بصيص نور على هذا الأمر، مع الأخذ بنظر الاعتبار بان الصين تعد دولة مغلقة بالنسبة للعالم الإسلامي، وللوطن العربي، قياساً إلى العالم الأوروبي الذي فتح أبوابه على مصارعيها للعالم الإسلامي، ومن بعده الوطن العربي، لعدة اعتبارات معروفة.

كان العرب يعرفون الصين، ويدركون بعدها عنهم، حيث قال رسول الـلـه: "اطلبوا العلم ولو في الصين"، اما الاتصال بين الصين والعالم الإسلامي فيرجع إلى أسره تنج (طانج) التي حكمت الصين بين عامي (٦١٨-٩٠٦م).

وجاء ذكر المسلمين في المصادر الصينية لأول مرة في بداية القرن السابع الميلادي، وأشار المؤرخون الصينيون إلى الدين الجديد في مكة، وذكروا مبادئ الإسلام، قائلين إنها تختلف عن مبادئ بوذا.

وفي بعض الأساطير عند المسلمين من أهل الصين، ان ملك الصين (تاي تسونج) أرسل إلى رسول الـلـه صلى الـلـه عليه وسلم يطلب منه إرسال وفد لنشر الإسلام في الصين، فبعث رسول الـلـه ثلاثة من أصحابه، توفي منهم اثنان في الطريق ووصل الثالث، فأحسن الملك استقباله، وساعده على إنشاء مسجد بمدينة كانتون، وبعض الأساطير الأخرى تشير إلى أن الإمبراطور (ون تي) بعث إلى رسول الـلـه يطلب منه ان يسافر بنفسه إلى الصين، فاعتذر عليه الصلاة والسلام، وأوفد مع رسول ملك الصين اربعة من الصحابة على رأسهم سعد بن أبي وقاص رضي الـلـه عنه الذي كان أول من بشر بالإسلام في الصين، والذي يقال انه توفي فيها، ودفن في ظاهر مدينة كانتون، وزعموا في هذه المناسبة ان رسول الإمبراطور رسم صورة رسول الـلـه سراً، وسلمها إلى سيده.

هذه مجموعة أساطير لا تقوم على أي أساس علمي صحيح، تكلم بها مسلمو الصين للافتخار بها على أهل الصين غير المسلمين على ما يبدو، وهي تمثل جانباً فكرياً لا يمكن إغفاله.

ولعل أول الأخبار الصحيحة عن اتصال المسلمين بالصين عاصرت الدولة الأموية، عندما وصل قتيبة بن مسلم الباهلي حدود الصين في عهد الخليفة الوليد بن عبد الملك (٨٦-٩٦هـ)، وقد صده الصينيون عن حدود بلادهم بإجراء ذكي. وأولى الصدمات الحربية المنظمة بين العالم الإسلامي والصين كانت خلال العصر العباسي الأول، حيث انتصارات جيوش أبي مسلم الخرساني على الجيوش الصينية عام ١٣٤هـ وعادت محملة بالغنائم من متاع الصين كالأواني الخزفية والديباج والصوف.

أما التجارة مع الصين، فأمرها مشهور، والرحلات الجغرافية إلى الصين معروفة، مثل رحلة سليمان التاجر السيرافي، وهناك الامتيازات التي تمتع بها المسلمون المستقرون في الصين، فتذكر الروايات ان مدينة كانتون كانت مجتمع التجار، وكان فيها رجل مسلم يوليه صاحب الصين الحكم بين المسلمين الذين يقصدون تلك الناحية، واذا كان العيد صلى بالمسلمين، وخطب ودعا لسلطان المسلمين.

كما تشير الروايات إلى ان الصين أصبحت ملجأ لبعض العرب الفارين من المشرق نتيجة بعض الأحداث، كحديث القرشي المسمى (ابن وهب) الذي هرب إلى الصين بعد حوادث حركة الزيج جنوبي العراق (٢٥٠-٢٧٥هـ)، وحظي بمقابلة ملك الصين بعد التأكد من ثبوت نسبه العربي وقرابته من رسول الله، حيث دارت مجادلة فكرية بين هذا العربي وملك الصين عن عمر الدنيا، ومناقشة الآراء المختلفة حول هذا الأمر، كما سأله عن سبب ترك موطنه، وأطلعه على صور الرسل، ومن بينها صورة رسول الله راكباً جملاً وأصحابه محيطون به.

فنشاط الحركة التجارية مع الصين خلال العصور الوسطى، وبخاصة نشاطها في ظل الإمارة السامانية (٢٦١-٣٨٩هـ/٨٧٤-٩٩٩م) أوجدت نوعاً من الاتصال الاجتماعي بالناس وتأثير المسلمين في الحياة المعيشية لأهل البلاد، إضافة إلى وجود جاليات إسلامية في الصين تمارس عبادتها بحرية، فمن المرجح أنهم اتصلوا بأهل الصين اتباع بوذا، وجرت مجادلات فكرية عن الخالق والتوحيد ورسول الله ومعجزاته، التي حظيت بنصيب وافر من الأساطير الصينية، ومناقشة بعض المعتقدات الإسلامية التي جاءت حرباً على الشرك، وبطبيعة الحال يتبع هذا الأمر تأثير اللغة العربية -

لأنها لغة القرآن، دستور المسلمين - على لغة أهل الصين، وقيام المجادلات الفكرية حول العقائد وغيرها، كما لاحظنا الجدل الفكري حول عمر الدنيا إضافة إلى التأثير في العادات الاجتماعية وغيرها.

وبعد غارات المغول هاجرت جماعات من المسلمين إلى بلاد الصين، وكانوا من مختلف الأجناس بين عرب وأتراك وفرس، وكان منهم التجار والصناع والجند والفلاحون، وقد استقر عدد كبير منهم في الصين، وكونوا جالية إسلامية امتازت بنشاطها، ولم تلبث ان فقدت معظم مميزاتها الجنسية، واندمجت مع أهل البلاد، وتقلد بعض أفرادها الوظائف الكبيرة، وقد لاحظ وجودهم ماركو بولو الذي عاش في الصين خلال (٦٧٤-٦٩٣هـ/١٢٧٥-١٢٩٢م)، كما اختلط ابن بطوطة أثناء رحلته إلى الصين بالمسلمين بين عامي (٧٤٥-٧٤٨هـ/١٣٤٤-١٣٤٧م)، وتحدث عن حسن لقائهم له.

وقد أشرنا في موضوع علم الفلك عند العرب، ان هولاكو اهتم بالعلوم الفلكية بتأثير وزيره نصير الدين الطوسي، ولكن بعد وفاة هولاكو عام ٦٦٣هـ/١٢٦٥م اهتم أخوه كوبلاي خان حاكم الصين بالكتب العربية، فنقل إليها كتب علماء بغداد ومصر في علم الفلك، وقد استفاد الصينيون من هذه المعارف العربية، واستنبطوا معارفهم الفلكية الأساسية في هذه الكتب[٤٢].

الملاحق

جداول البابوات والحكام

في أوروبا في العصور الوسطى

جدول (١)

البابوات في روما [1]

سكستوس الثالث	٤٣٢-٤٤٠	سلفستر الأول	٣١٤-٣٣٥
ليو الأول	٤٤٠-٤٦١	مارك	٣٣٦-
هيلاري	٤٤٠-٤٦١	جوليوس الأول	٣٣٧-٣٥٢
سمبلوكيوس	٤٦٨-٤٨٣	لبريوس	٣٥٢-٣٦٦
فيلكس الثالث	٤٨٣-٤٩٢	(فيلكس الثاني)	٣٥٥-٣٥٦
جلاسيوس الأول	٤٩٢-٤٩٦	داماسوس الأول	٣٦٦-٣٨٤
أنسطسيوس الثاني	٤٩٦-٤٩٨	(اورسبكتوس)	٣٦٦-٣٦٧
سماخوس	٤٩٨-٥١٤	سيركيوس	٣٨٤-٣٩٩
(لاور نتيوس)	٤٩٨-٥٠٥	أنسطسيوس الأول	٣٩٩-٤٠١
هورميسداس	٥١٤-٥٢٣	أنوسنت الأول	٤٠٢-٤١٧
حنا الأول	٥٢٣-٥٢٦	زوسيموس	٤١٧-٤١٨
فيلكس الرابع	٥٢٦-٥٣٠	بونيفاس الأول	٤١٨-٤٢٢
بونيفاس الثاني	٥٣٠-٥٣٢	(أبولاليوس)	٤١٨-٤١٩
(ديوسكورس)	٥٣٠-	كلستين الأول	٤٢٢-٤٣٢
حنا الخامس	٦٨٥-٦٨٦	حنا الثاني	٥٣٢-٥٣٥
كونون	٦٨٦-٦٨٧	أجابيتوس الأول	٥٣٥-٥٣٦
(ثيودور)	٦٨٦-٦٨٧	سلفريوس	٥٣٦-٥٣٨
سرجيوس الأول	٦٨٧-٧٠١	فجليوس	٥٣٨-٥٥٥
(باسكال)	٦٨٧-٦٨٨	بلاجيوس الأول	٥٥٥-٥٦١
حنا السادس	٧٠١-٧٠٥	حنا الثالث	٥٦١-٥٧٤
حنا السابع	٧٠٥-٧٠٧	بندكت الأول	٥٧٥-٥٧٩
سسينيوس	٧٠٨-	بلاجيوس الثاني	٥٧٩-٥٩٠
قنسطنطين	٧٠٨-٧١٥	جريجوري الأول	٥٩٠-٦٠٤

٣٨٨

سبنيان	٦٠٤-٦٠٦
بونيفاس الثالث	٦٠٧-
بونيفاس الرابع	٦٠٨-٦١٥
ديوسدديت الأول	٦١٥-٦١٨
بونيفاس الخامس	٦١٩-٦٢٥
هونوريوس الأول	٦٢٥-٦٣٨
سفرينوس	٦٤٠-
حنا الرابع	٦٤٠-٦٤٢
ثيودور الأول	٦٤٢-٦٤٩
مارتن الأول	٦٤٩-٦٥٥
يوجين الأول	٦٥٥-٦٥٧
فيتاليان	٦٧٥-٦٧٢
ديوسديت الثاني	٦٧٢-٦٧٦
دونس	٦٧٦-٦٧٨
أجاثون	٦٧٨-٦٨١
ليو الثاني	٦٨٢-٦٨٣
بندكت الثاني	٦٨٤-٦٨٥
بندكت الثالث	٨٥٥-٨٥٨
(أنسطسيوس)	٨٥٥-
نيقولا الثاني	٨٥٨-٨٦٧
هدريان الثاني	٨٦٧-٨٧٢
حنا الثامن	٨٧٢-٨٨٢
مارينوس الأول	٨٨٢-٨٨٤
هدريان الثالث	٨٨٤-٨٨٥
ستفن السادس (الخامس)	٨٨٥-٨٩١
فورمونوس	٨٩١-٨٩٦
بونيفاس السادس	٨٩٦-
جريجوري الثاني	٧١٥-٧٣١
جريجوري الثالث	٧٣١-٧٤١
زكريا	٧٤١-٧٥٢
ستفن الثاني	٧٥٢
ستفن الثالث (الثاني)	٧٥٢-٧٥٧
بولس الأول	٧٥٧-٧٦٧
(قنسطنطين الثاني)	٧٦٧-٧٦٨
ستفن الرابع (الثالث)	٧٦٨-٧٧٢
هدريان الأول	٧٧٢-٧٩٥
ليو الثالث	٧٩٥-٨١٦
ستفن الخامس (الرابع)	٨١٦-٨١٧
باسكال الأول	٨١٧-٨٢٤
يوجين الثاني	٨٢٤-٨٢٧
فالنتين	٨٢٧
جريجوري الرابع	٨٢٨-٨٤٤
سرجيوس الثاني	٨٤٤-٨٤٧
ليو الرابع	٨٤٧-٨٥٥
مارينوس الثاني	٩٤٢-٩٤٦
أجابيتوس الثاني	٩٤٦-٩٥٥
حنا الثاني عشر	٩٥٥-٩٦٤
ليو الثامن	٩٦٣-٩٦٥
بندكت الخامس	٩٦٤-٩٦٦
حنا الثالث عشر	٩٦٥-٩٧٢
بندكت السادس	٩٧٣-٩٧٤
(بونيفاس السابع)	٩٧٤،٩٨٤-٩٨٥
حنا الرابع عشر	٩٨٢-٩٨٤
حنا الخامس عشر	٩٨٥-٩٩٦

٨٩٦-٨٩٧	ستيفن السابع (السادس)
٨٩٧-	رومانوس
٨٩٧-	ثيودر الثاني
٨٩٨-٩٠٠	حنا التاسع
٩٠٠-٩٠٣	بنكت الرابع
٩٠٣-	ليو الخامس
٩٠٣-	(كرستوفر)
٩٠٤-٩١١	سرجيوس الثالث
٩١١-٩١٣	انسطسيوس الثالث
٩١٣-٩١٤	لاندو
٩١٤-٩٢٨	حنا العاشر
٩٢٨-	ليو السادس
٩٢٩-٩٣١	ستيفن الثامن (السابع)
٩٣١-٩٣٥	حنا الحادي عشر
٩٣٦-٩٣٩	ليو السابع
٩٣٩-٩٤٢	ستفين التاسع (الثامن)
١٠٤٨-	داماسوس الثاني
١٠٤٨-١٠٤٥	ليو التاسع
١٠٥٤-١٠٥٧	فكتور الثاني
١٠٥٧-١٠٥٨	ستفن العاشر
١٠٥٨-١٠٥٩	(بندكت العاشر)
١٠٥٧-١٠٦١	نيقولا الثاني
١٠٦١-١٠٧٣	اسكندر الثاني
١٠٦١-١٠٧٣	(هونوريوس)
١٠٧٣-١٠٨٥	جريجوري السابع
١٠٨٠-١١٠٠	(كامنت الثالث)
١٠٨٧-	فكتور الثالث
٩٧٤-٩٨٣	بندكت السابع
٩٩٦-٩٩٩	جريجوري الخامس
٩٩٧-٩٩٨	(حنا السادس عشر)
٩٩٩-١٠٠٣	سلفستر الثاني
١٠٠٣-	حنا السابع عشر
١٠٠٤-١٠٠٩	حنا الثامن عشر
١٠٠٩-١٠١٢	سرجيوس الرابع
١٠١٢-١٠٢٤	بندكت الثامن
١٠١٢	(جريجوري)
١٠٢٤-١٠٣٢	حنا التاسع عشر
١٠٣٢-١٠٤٤	بندكت التاسع
١٠٤٥-	سلفستر الثالث
١٠٤٥-	بندكت التاسع
١٠٤٥-١٠٤٦	جريجوري السادس
١٠٤٦-١٠٤٧	كلمنت الثاني
١٠٤٧-١٠٤٨	بندكت التاسع
١١٤٤-١١٤٥	لوكيوس الثاني
١١٤٥-١١٥٣	يوجين الثالث
١١٥٤-١١٥٩	هدريان الرابع
١١٥٩-١١٨٤	اسكندر الثالث
١١٥٩-١١٦٤	(فكتور الرابع)
١١٦٤-١١٦٨	(باسكال الثالث)
١١٦٨-١١٧٨	(كالكستس الثالث)
١١٧٩-١١٨٠	(انوسنت الثالث)
١١٨١-١١٨٥	لوكيوس الثالث
١١٨٥-١١٨٧	أوربان الثالث
١١٨٧	جريجوري الثامن

١٠٩٩-١٠٨٨	أربان الثالث
١١١٨-١٠٩٩	باسكال الثاني
-١١٠٠	(ثيودريك)
-١١٠٢	(ألبرت)
١١١١-١١٠٥	(سلفستر الرابع)
١١١٩-١١١٨	جلاسيوس الثاني
١١١٩-١١١٨	جلاسيوس الثاني
١١٢١-١١١٨	(جريجوري الثامن)
١١٢٤-١١١٩	كالكستس
١١٣٠-١١٢٤	هونوريوس الثاني
-١١٢٤	(كلستين الثاني)
١١٤٣-١١٣٠	أنوسنت الثاني
١١٣٨-١١٣٠	(أناكليتوس الثاني)
-١١٣٨	(فكتور الرابع)
١١٤٤-١١٤٣	كلستين الثاني
١٢٨٥-١٢٨١	مارتن الرابع

١٢٨٧-١٢٨٥	هونوريوس الرابع
١٢٩٢-١٢٨٨	نيقولا الرابع
-١٢٩٤	كلستين الخامس

١٣٠٤-١٣٠٣	بندكت الحادي عشر
١٣١٤-١٣٠٥	كلمنت الخامس
١٣٣٤-١٣١٦	حنا الثاني والعشرون
١٣٣٠-١٣٢٨	(نيقولا الخامس)
١٣٤٢-١٣٣٤	بندكت الثاني عشر
١٣٥٢-١٣٤٢	كلمنت السادس
١٣٦٢-١٣٥٢	أنوسنت السادس

١١٩١-١١٨٧	كلمنت الثلاث
١١٩٨-١١٩١	كلستين الثالث
١٢١٦-١١٩٨	أنوسنت الثالث
١٢٢٧-١٢١٦	هونوريوس الثالث
١٢٤٠-١٢٢٧	جريجوري التاسع
١٢٦٤-١٢٤١	كلستين الرابع
١٢٥٤-١٢٤٣	أنوسنت الرابع
١٢٦١-١٢٥٤	اسكندر الرابع
١٢٦٤-١٢٦١	أربان الرابع
١٢٦٨-١٢٦٥	كلمنت الرابع
١٢٧٦-١٢٧١	جريجوري العاشر
-١٢٧٦	أنوسنت الخامس
-١٢٧٦	هدريان الخامس
١٢٧٧-١٢٧٦	حنا الواحد والعشرون
١٢٨٠-١٢٧٧	نيقولا الثالث

(٢) بابوات أفينون

١٣٩٤-١٣٧٨	كلمنت السابع
١٤٢٢-١٣٩٤	بندكت الثالث عشر

(٣) بابوات مجمع بيزا

١٤١٠-١٤٠٩	إسكندر الخامس
١٤١٥-١٤١٠	حنا الثالث والعشرون

* * *

١٤٣١-١٤١٧	مارتن الخامس
١٤٤٧-١٤٣١	يوجين الرابع
١٤٥٥-١٤٤٧	نيقولا الخامس
١٤٥٨-١٤٥٥	كالكستس الثالث

١٣٧٠-١٣٦٢	أوربان الخامس	١٤٦٤-١٤٥٨	بيوس الثاني
١٣٧٨-١٣٧٠	جريجوري الحادي عشر	١٤٧١-١٤٦٤	بولس الثاني
		١٤٨٤-١٤٧١	سكستوس الرابع
* الإنشقاق الديني الأكبر *			
	(١) بابوات روما	١٤٩٢-١٤٨٤	أنوسنت الثامن
١٣٨٩-١٣٧٨	أوربان السادس	١٤٩٢-١٤٨٤	أنوسنت الثامن
١٤٠٤-١٣٨٩	بونيفاس التاسع	١٥٠٣-١٤٩٢	اسكندر السادس
١٤١٥-١٤٠٦	جريجوري الثاني عشر		

جدول (٢)

أباطرة الدولة الرومانية المقدسة وملوكها

٨١٤-٨٠٠	شارلمان	١١٩٧-١١٩٠	هنري السادس
٨٤٠-٨١٣	لويس التقي	١٢٠٨-١١٩٧	فيليب الثاني
٨٥٥-٨١٧	لوثر الأول	١٢١٨-١١٩٧	أوتو الرابع
-٨٥٠	لويس الثاني	١٢٥٠-١٢١٢	فردريك الثاني
٨٧٧-٨٧٥	شارل الأصلع	١٢٥٤-١٢٣٧	كونراد الرابع
٨٨٧-٨٨١	شارل الثالث السمين	١٢٥٦-١٢٤٧	وليم الهولندي
٨٩٤-٨٩١	جويدو	٠٠٠-٠٠٠	(فترة الشغور)
٨٩٤-٨٩٢	لامبرت	١٢٩١-١٢٧٣	رودلف الأول (هابسبورج)
٨٩٩-٨٩٦	أرنولف	١٢٩٨-١٢٩١	أدولف ناسو
٩٢٨-٩٠١	لويس الثالث	١٣٠٨-١٢٩٨	ألبرت الأول
٩٢٤-٩١٥	برنجار الأول	١٣١٤-١٣٠٨	هنري السابع (لكسمبرج)
٩٧٣-٩٦٢	أوتو العظيم (الأول)	١٣٤٧-١٣١٤	لويس الرابع البافاري
٩٨٣-٩٧٣	أوتو الثاني	١٣٧٨-١٣٤٧	شارل الرابع
١٠٠٢-٩٨٣	أوتو الثالث	١٤٠٠-١٣٧٨	ونسلاس
١٠٢٤-١٠٠٢	هنري الثاني	١٤١٠-١٤٠٠	روبرت

١٠٣٩-١٠٢٤	كونراد الثاني	١٤٣٧-١٤١١	سجسموند الهنغاري
١٠٥٦-١٠٣٩	هنري الثالث	١٤٣٩-١٤٣٨	ألبرت الثاني
١١٠٥-١٠٥٦	هنري الرابع	١٤٩٣-١٤٣٩	فردريك الثالث
١١٢٥-١١٠٥	هنري الخامس	١٥١٩-١٤٨٦	مكسمليان الأول
١١٣٨-١١٢٥	لوثر الثاني		
١١٥٢-١١٣٨	كونراد الثالث		
١١٩٠-١١٥٢	فردريك الأول بربوسا		

جدول (٣)
ملوك فرنسا

٨٧٧-٨٤٠	شارل الأصلع	١١٨٠-١١٣٧	لويس السابع
٨٧٩-٨٧٧	لويس المتأتيء	١٢٢٣-١١٨٠	فيليب أوغسطس
٨٨٢-٨٧٩	لويس الثالث	١٢٢٦-١٢٢٣	لويس الثامن
٨٨٤-٨٧٩	كارلومان	١٢٧٠-١٢٢٦	لويس التاسع (القديس)
٨٨٧-٨٨٤	شارل السمين	١٢٨٥-١٢٧٠	فيليب الثالث
٨٨٩-٨٨٨	أودو	١٣١٤-١٢٨٥	فيليب الرابع
٩٢٣-٨٩٣	شارل البسيط الثالث	١٣١٦-١٣١٤	لويس العاشر
٩٢٣-٩٢٣	روبرت الأول	-١٣١٦	حنا الأول
٩٣٦-٩٢٣	راؤول البرجندي	١٣٢٢-١٣١٦	فيليب الخامس (الطويل)
٩٥٤-٩٣٦	لويس الرابع	١٣٢٨-١٣٢٢	شارل الرابع
٩٨٦-٩٥٤	لوثر	١٣٥٠-١٣٢٨	فيليب السادس فالوا
٩٨٧-٩٨٦	لويس الخامس	١٣٦٤-١٣٥١	حنا الثاني (الطيب)
٩٩٦-٩٨٧	هيو الأول كابيه	١٣٨٠-١٣٦٤	شارل الخامس
١٠٣١-٩٩٦	روبرت الثاني	١٤٢٢-١٣٨٠	شارل السادس
١٠٦٠-١٠٣١	هنري الأول	١٤٦١-١٤٢٢	شارل السابع
١١٠٨-١٠٦٠	فيليب الأول	١٤٨٣-١٤٦١	لويس الحادي عشر

١١٠٨-١١٣٧	لويس السادس (السمين)	١٤٨٣-١٤٩٨	شارل الثامن

جدول (٤)
ملوك ألمانيا

٨٤٠-٨٧٦	لويس لاثني (الألماني)	٩١١-٩١٨	كونراد الأول
٨٧٦-٨٨٠	كارلومان	٩١٩-٩٣٦	هنري الأول (الصياد)
٨٧٦-٨٨٢	لويس الصغير	٩٣٦-٩٧٣	أوتو الأول العظيم
٨٧٦-٨٨٧	شارل السمين		
٨٨٧-٨٩٩	أرنولف		
٨٩٩-٩١١	لويس الثالث (الطفل)		(انظر قائمة أباطرة الدولة الرومانية المقدسة).

جدول (٥)
ملوك إنجلترا بعد الفتح الروماني

١٠٦٦-١٠٨٧	ولم الأول (الفاتح)	١٣٠٧-١٣٢٧	إدوارد الثاني
١٠٨٧-١١٠٠	وليم الثاني	١٣٢٧-١٣٧٧	إدوارد الثالث
١١٠٠-١١٣٥	هنري الأول	١٣٧٧-١٣٩٩	ريتشارد الثاني
١١٣٥-١١٥٤	ستفن	١٣٩٩-١٤١٣	هنري الرابع
١١٥٤-١١٨٩	هنري الثاني	١٤١٣-١٤٢٢	هنري الخامس
١١٨٩-١١٩٩	ريتشارد الأول	١٤٢٢-١٤٦١	هنري السادس
١١٩٩-١٢١٦	حنا	١٤٦١-١٤٨٣	إدوارد الرابع
١٢١٦-١٢٧٢	هنري الثالث	١٤٨٣-١٤٨٥	ريتشارد الثالث
١٢٧٢-١٣٠٧	إدوارد الأول	١٤٨٥-١٥٠٩	هنري السابع (تيودور)

جدول (٦)
اللمبارديون في إيطاليا

٥٧٢-٥٦٨	ألبوين	٦٨٨-٦٧١	برثاي (بركتايت)
٥٧٣-٥٧٢	كليفو	٧٠٠-٦٨٨	جونبرت
٥٩٠-٥٨٤	أوثاري	٧٠١-٧٠٠	ليوتبرت
٦١٦-٥٩٠	أدالولد	-٧١٢	انسبراند
٦٣٦-٦٢٦	أريولد	٧٤٣-٧١٢	ليتوبراند
٦٥٢-٦٣٦	روثاري	٧٤٤-٧٤٣	هلدبراد
٦٥٣-٦٥٢	رودولد	٧٤٩-٧٤٤	راتشيس
٦٦٢-٦٥٣	أربرت الأول	٧٥٦-٧٤٩	استولف
-٦٦٢	جودبرت	٧٤٤-٧٥٦	دسدريوس

جدول (٧)
ملوك القوط الشرقيين في إيطاليا

٥٢٦-٤٩٣	ثيوريك العظيم	٥٤١-٥٤٠	هلدباد
٥٣٤-٥٢٦	أثالريك	-٥٤١	إراريك
٥٣٦-٥٣٤	ثيودهات	٥٥٢-٥٤١	توتيلا
٥٤٠-٥٣٦	وتيجيز	٥٥٣-٥٥٢	تيا

جدول (٨)
ملوك القوط الغربيين في إسبانيا

أيورك	٤٨٣-٤٦٦	سيسيبوت	٦٢٠-٦١٢
ألرك الثاني	٥٠٦-٤٨٣	ركارد الثاني	٦٢١-٦٢٠
أمالرك وثيودريك	٥٢٢-٥٠٦	سونثيلا	٦٣١-٦٢٠
أمالرك (بمفرده)	٥٣١-٥٢٣	سيسيناند	٦٣٦-٦٣١
ثيوديس	٥٤٨-٥٣١	خنزيلا	٦٤٠-٦٣٦
ثيودبجزل	٥٤٩-٥٤٨	تولجا	٦٤١-٦٤٠
أجيلا	٥٥٤-٥٤٩	خندازونث	٦٥٢-٦٤١
أتاناجلد	٥٦٧-٥٥٤	ركسونث	٦٧٢-٦٥٢
ليوفا الأول	٥٧٢-٥٦٧	وامبا	٦٨٠-٦٧٢
ليو فيجلد	٨٨٦-٥٧٠	إرويج	٦٨٧-٦٨٠
ركارد الأول	٦٠١-٥٨٦	أجيكا	٧٠١-٦٨٧
ليوفا الثاني	٦٠٣-٦٠١	ونزا	٧١٠-٧٠١
وتريخ	٦١٠-٦٠٣	رودريك	٧١١-٧١٠
جوندمار	٦١٢-٦١٠		

جدول (٩)
الوندال في إفريقية

جزريك	٤٧٧-٤٣٩	ثراساموند	٥٢٣-٤٩٦
هونريك	٤٨٤-٤٧٧	هلدريك	٥٣١-٥٢٣
جونثاموند	٤٩٦-٤٨٤	جليمر	٥٣٤-٥٣١

جدول (١٠)
الأمويون في الأندلس

٧٥٥	عبد الرحمن الأول (الداخل)	١٠٠٩	محمد الثاني (للمرة الثانية)
٧٨٨	هشام الأول (الراضي)	١٠٠٩	هشام الثاني(للمرة الثانية)
٧٩٦	الحكم الأول (المنتصر)	١٠١٢-١٠١٦	سليمان (للمرة الثانية)
٨٣٢	عبد الرحمن الثاني (الأوسط)	١٠١٦	على الناصر بن حمود
٨٥٢	محمد الأول	١٠١٧	عبد الرحمن الرابع (المرتضى)
٨٦٦	المنذر بن محمد	١٠١٧	القاسم المأمون بن حمود
٨٨٨	عبد الـلـه بن محمد	١٠٢١	يحيى المعتلي بن على بن حمود
٩١٢	عبد الرحمن الثالث (الناصر)	١٠٢٢	القاسم (للمرة الثانية)
٩٦١	الحكم الثاني (المستنصر)	١٠٢٣	عبد الرحمن الخامس(المستظهر)
٩٧٦	هشام الثاني (المؤيد)	١٠٢٣	محمد الثالث (المستكفي)
١٠٠٨	محمد الثاني (المهدي)	١٠٢٥	يحيى بن علي (للمرة الثانية)
١٠٠٩	سليمان (المستعين)	١٠٢٧-١٠٣١	هشام الثالث (المعتد)

جدول (١١)
ملوك أرغونة

١١٠٤-١١٣٤	ألفونس الأول (المحارب)	١٢٩١-١٣٢٧	جيمس الثاني
١١٣٤-١١٣٧	راميرو	١٣٢٧-١٣٣٦	ألفونس الرابع
١١٣٧-١١٧٣	بترونيلا	١٣٣٦-١٣٨٧	بطرس الرابع
١١٣٧-١١٦٢	ريموند برنجار	١٣٨٧-١٣٩٥	حنا الأول
١١٦٢-١١٩٦	ألفونس الثاني	١٣٩٥-١٤١٠	مارتن
١١٩٦-١٢١٣	بطرس الثاني	١٤١٢-١٤١٦	فردناند الأول
١٢١٣-١٢٧٦	(جيمس الأول الفاتح)	١٤١٦-١٤٥٨	ألفونس الخامس

حنا الثاني	١٤٧٩-١٤٥٨	(بطرس الثالث العظيم)	١٢٨٥-١٢٧٦
فردناند الثاني(الكاثوليكي)	١٥١٦-١٤٧٩	ألفونس الثالث	١٢٩١-١٢٨٥

جدول (١٢)
ملوك قشتالة

ألفونس العاشر (الحكيم)	١٢٨٤-١٢٥٢	فرناند الأول(العظيم)	١٠٥٦-١٠٣٣
سانشو (شانجة) الرابع	١٢٩٥-١٢٨٤	سانشو (شانجة)الثاني	١٠٧٢-١٠٥٦
فردناند الرابع	١٣١٢-١٢٩٥	ألفونس السادس	١١٠٩-١٠٥٦
ألفونس الحادي عشر	١٣٥٠-١٣١٢	أوراكا	١١٢٦-١١٠٩
بطرس (القاسي)	١٣٦٩-١٣٥٠	ألفونس السابع (الأرغوني)	١١٢٦-١١٠٩
هنري الثاني	١٣٧٩-١٣٦٩	ألفونس الثامن	١١٥٧-١١٢٦
حنا الأول	١٣٩٠-١٣٧٩	سانشو (شانجة) الثالث	١١٥٨-١١٥٧
هنري الثالث	١٤٠٦-١٣٩٠	الفونس التاسع	١٢١٤-١١٥٨
حنا الثاني	١٤٥٤-١٤٠٦	هنري الأول (القديس)	١٢١٧-١٢١٤
هنري الرابع	١٤٧٤-١٤٥٤	فردناد الثالث	١٢٥٢-١٢١٧
فردناند الخامس (الكانوليكي)	١٥٠٤-١٤٧٤		

(ب) كونتتات صقلية		
شارل الثاني (الأعرج)	١٢٨٥-١٣٠٧	روجر الأول	١٠٦١-١١٠١
روبرت	١٣٠٧-١٣٤٣	سيمون	١١٠١-١١١٣
جوانا الأولى	١٣٤٣-١٣٨٢	روجر الثاني(العظيم)	١١١٣-١١٢٩

<table>
<tr><td>شارل الثاني (الأعرج)</td><td>١٢٨٥-١٣٠٧</td><td>(ب) كونتتات صقلية</td><td></td></tr>
<tr><td></td><td></td><td>روجر الأول</td><td>١٠٦١-١١٠١</td></tr>
<tr><td>روبرت</td><td>١٣٠٧-١٣٤٣</td><td>سيمون</td><td>١١٠١-١١١٣</td></tr>
<tr><td>جوانا الأولى</td><td>١٣٤٣-١٣٨٢</td><td>روجر الثاني(العظيم)</td><td>١١١٣-١١٢٩</td></tr>
<tr><td>شارل الثالث</td><td>١٣٨٢-١٣٨٦</td><td>(ج) ملوك صقلية</td><td></td></tr>
<tr><td>لادسلاوس</td><td>١٣٨٦-١٤١٤</td><td>روجر الثاني (العظيم)</td><td>١١٢٩-١١٥٤</td></tr>
<tr><td>جوانا الثانية</td><td>١٤١٤-١٤٣٥</td><td>وليم الأول</td><td>١١٥٦-١١٦٦</td></tr>
<tr><td>(هـ) ملوك صقلية من بيت أرغونة</td><td></td><td></td><td></td></tr>
<tr><td>مارتن الثاني</td><td>١٤٠٩-١٤١٢</td><td>وليم الثاني</td><td>١١٦٦-١١٨٤</td></tr>
<tr><td>فردناند الأول</td><td>١٤١٢-١٤١٦</td><td>تنكرد</td><td>١١٨٤-١١٩٤</td></tr>
<tr><td>ألفونس الخامس</td><td>١٤١٦-١٤٥٨</td><td>وليم الثالث</td><td>١١٩٤-</td></tr>
<tr><td>حنا (الثاني)</td><td>١٤٥٨-١٤٧٩</td><td>هنري السادس(الإمبراطور)</td><td>١١٩٤-١١٩٧</td></tr>
<tr><td>فردناند الثاني (الكاثوليكي)</td><td>١٤٧٩-١٥١٦</td><td>فردريك الثاني (الإمبراطور)</td><td>١١٩٧-١٢٥٠</td></tr>
</table>

جدول (١٥)
السلاطين العثمانيون

١٢٩٩-١٣٢٦	عثمان	١٤١٣-١٤٢١	محمد الأول
١٣٢٦-١٣٦٠	أورخان	١٤٢١-١٤٥١	مراد الثاني
١٣٦٠-١٣٨٩	مراد الأول	١٤٥١-١٤٨١	محمد الثاني (الفاتح)
١٣٨٩-١٤٠٣	بايزيد الأول	١٤٩١-١٥١٢	بايزيد الثاني
		١٥١٢-١٥٢٠	سليم الأول

جدول (١٦)
ملوك بوهيميا

١٢٥٣-١٢٧٨	أوتوكار الثاني	١٣٧٨-١٤١٩	ونسلاوس الرابع
١٢٧٨-١٣٠٥	ونسلاوس الثاني	١٤١٩-١٤٣٧	سجسموند
١٣٠٥-١٣٠٦	ونسلاوس الثالث	١٤٣٧-١٤٣٩	ألبرت النمساوي
١٣٠٦-١٣٠٧	رودلف الأول (هابسبورج)	١٤٣٩-١٤٥٧	لادسلاوس
١٣٠٧-١٣١٠	هنري الكارنثياوي	١٤٥٧-١٤٧١	جورج
١٣١٠-١٣٤٦	حنا لكسمبرج	١٤٧١-١٥١٦	لادسلاوس
١٣٦٤-١٣٧٨	شارل (الإمبراطور)	١٥١٦-١٥٢٦	لويس

جدول (١٧)

ملوك هنغاريا

القدسي ستيفن(الأول)	١٠٣٩-٩٩٧	سجسموند	١٤٣٧-١٣٨٧
القديس لادوسلاوس (الاول)	١٠٩٥-١٠٧٧	ألبرت النمساوي	١٤٣٩-١٤٣٧
أندرو الثاني	١٢٣٥-١٢٠٥	لادوسلاوس الأول البولندي	١٤٤٤-١٤٤٠
شارل الأول روبرت	١٣٢٤-١٣١٠	لادوسلاوس الخامس	١٤٥٧-١٤٤٥
لويس الأول العظيم	١٣٨٢-١٣٤٢	ماتياس كورفينوس	١٤٩٠-١٤٥٨
ماري	١٣٨٥-١٣٨٣	لادسلاس الثاني	١٥١٦-١٤٩٠
شارل الثاني	١٣٨٦-١٣٨٥	لويس الثاني	١٥٢٦-١٥١٦

جدول (١٨)
ملوك بولندا

١٠٢٥-٩٩٣	بولسلاس الأول	١٣٧٠-١٣٣٣	كازمير الثالث (العظيم)
١٣٠٥-١٢٩٥	ونسلاوس الأول (البوهيمي)	١٣٨٢-١٣٧	لويس العظيم (الهنغاري)
١٣٠٦-١٣٠٥	ونسلاوس الثاني	١٣٨٦-١٣٨٢	هدويج
١٣٣٣-١٣٢٠	لادوسلاوس الأول	١٤٣٤-١٣٨٦	لادسلاوس الثاني
١٣٣٣-١٣٢٠	لادوسلاوس الأول	١٤٤٤-١٤٣٤	لادوسلاوس الثالث
		١٤٩٢-١٤٤٥	كازمير الرابع

الهوامش

١- نعيم فرح، تاريخ أوروبا السياسي في العصور الوسطى، جامعة دمشق، دمشق ١٩٩٥، ص ٩-١٥.

٢- صلاح مدني، تاريخ العصور الوسطى في أوروبا الفترة الأولى بين نهاية القرن الرابع والقرن الحادي عشر- الميلاديين، مطبقة الإنشاء، دمشق، ١٩٧٣م، ص ٣-٣٤,

٣- المرجع نفسه، ص ٣٥-٣٧,

٤- المرجع نفسه، ص ٣٨-٤٢.

٥- المرجع نفسه، ص ٤٤-٤٧.

٦- نور الدين حاطوم، تاريخ العصر الوسيط في أوروبا، دمشق، د.ت، ص ٤٦٩-٤٩٦، فرح، تاريخ أوروبا، ص ١٥٣-,١٥٦

٧- فرح، المرجع نفسه، ص ١٥٧-,١٦٢

٨- المرجع نفسه، ص ١٦٣-,١٧١

٩- هـ أ . ل. فشر، تاريخ أوروبا في العصور الوسطى، ج ١، القاهرة، د.ت. ص ١٥٧-,١٦٨

١٠- سعيد عبد الفتاح عاشور، أوروبا في العصور الوسطى، ج ١، القاهرة، ص ٢٤٣-,٢٨٦

١١- عاشور، المرجع نفسه، ص ٢٨٠-٢٨٦، فرح، تاريخ أوروبا في العصور الوسطى، ص ٥٩-,٨١

١٢- فرح، المرجع نفسه، ص ٨٢-,٩٠

١٣- فرح، المرجع نفسه، ص ٩١-,٩٥

١٤- فرح، الحضارة الأوروبية، ص ٩٩-,١١٢

١٥- المرجع نفسه، ص ١٧-,٢٧

١٦- المرجع نفسه، ص ٢٨-٣٣.

١٧- المرجع نفسه، ص ٣٤-,٥٢

١٨- المرجع نفسه، ص ٥٣-,٦٩

١٩- المرجع نفسه، ص ٧٠-,٨٨

٢٠- عاشور، المرجع السابق، ص ٢٨٦-٣٠٠، مدني، ص ٢٣١-,٢٣٧

٢١- مدني، المرجع السابق، ص ٢٣٨-,٢٤٥

٢٢- المرجع نفسه، ص ٢٤٦-,٢٥٦

٢٣- محمود سعيد عمران، معالم تاريخ أوروبا في العصور الوسطى، ط ٢، دار النهضة العربية، بيروت، د.ت، ص ١٥١,

٢٤- المرجع نفسه، ص ١٥٦-١٦٢.

٢٥- المرجع نفسه، ص ١٦٣-,١٦٣

٢٦- فرح، الحضارة الأوروبية، ص٧٥-,٨٠

٢٨- المرجع نفسه، ص ٨١-,٨٦

٢٩- المرجع نفسه، ص ٨٧-,٩١

٣٠- المرجع نفسه، ص ٩٢-,٩٣

٣١- عمران، معالم تاريخ أوروبا، ص ١٦٧-,١٧١

٣٢- المرجع نفسه، ص ١٧٢-,١٧٦

٣٣- المرجع نفسه، ص ١٧٧-,١٨٣

٣٤- المرجع نفسه، ص ١٨٣-,١٨٤

٣٥- فرح، الحضارة الأوروبية، ص ٩٩-,١٠٥

٣٦- المرجع نفسه، ص ١٠٥-,١٠٨

٣٧- عمران، المرجع السابق، ص ٢٤٣-,٢٥٥

٣٨- المرجع نفسه، ص ٣٥٦-,٢٦٣

٣٩- المرجع نفسه، ص ٢٦٤-,٢٦٥

٤٠- المرجع نفسه، ص ٢٣١-,٢٣٧

٤١- المرجع نفسه، ص ٢٣٨-٢٣٩.

٤٢- فرح، تاريخ العصور الوسطى، ص ١٠٩،-١١٣

٤٣- المرجع نفسه، ٢٣٢،-٢٩٩

٤٤- المرجع نفسه، ص ٣٠٠،-٣٠٤

٤٥- محمـود سـعيد عمـران، الإمبراطوريـة البيزنطيـة وحضـارتها، ط١، دار النهضـة العربيـة، بـيروت، ٢٠٠٢م، ص٢٩٩،-٣١٥

٤٦- فرح تاريخ العصور الوسطى، ص ٥٤٥،-٥٨٩

٤٧- خليل إبراهيم السامرائي، دراسـات في تـاريخ الفكـر العـربي، ط١، دارك الكتـب للطباعـة والنشرـ الموصـل، ١٩٨٥،ص٣٨٣-٤١٢.

المراجع

- خليل إبراهيم السامرائي، **دراسات في تاريخ الفكر العربي**، الموصل، ١٩٨٥.
- سعيد عبد الفتاح عاشور، **اوروبا في العصور الوسطى**، الجزء الأول، القاهرة.
- صلاح مدني، **تاريخ العصور الوسطى في أوروبا في الفترة الأولى، بين نهاية القرن الرابع والقرن الحـادي عشر- الميلاديين**، دمشق، ١٩٧٣.
- فشر، هـ أ. ل، **تاريخ أوروبا في العصور الوسطى**، الجزء الأول، القاهرة.
- محمد سعيد عمران، **معالم تاريخ أوروبا في العصور الوسطى**، الطبعة الثانية، بيروت، (د.ت).
- ـــــــــــــ، **الإمبراطورية البيزنطية وحضارتها**، الطبعة الأولى، بيروت ٢٠٠٢.
- نعيم فرح، **تاريخ أوروبا في العصور الوسطى**، دمشق، ١٩٩٥.
- ـــــــــــــ، **الحضارة الأوروبية في العصور الوسطى**، دمشق، ١٩٩٥.
- نور الدين حاطوم، **تاريخ العصور الوسطى في أوروبا**، دمشق، (د.ت).

المحتويات